W0302508

EUROPAVERLAG

PETER MATHEWS

Harro Harring

Rebell der Freiheit

DIE GESCHICHTE DES DICHTERS,
MALERS UND REVOLUTIONÄRS
1798 – 1870

EUROPAVERLAG

MIX
Papier aus verantwortungsvollen Quellen
FSC® C014889

© 2017 Europa Verlag GmbH & Co. KG,
Berlin · München · Zürich · Wien
Umschlaggestaltung: Hauptmann & Kompanie
Werbeagentur, Zürich, unter Verwendung zweier Bilder
von © ÖNB/Wien PORT_00020390_01 und © Paul Harro Harring /
Instituto Moreira Salles Collection
Redaktion: Rüdiger Dammann
Layout & Satz: Robert Gigler, München
Druck: Pustet, Regensburg
ISBN 978-3-95890-067-7

Alle Rechte vorbehalten.
www.europa-verlag.com

INHALT

Erzähle auch uns davon,
Göttin, Tochter des Zeus,
und fang einfach irgendwo an.

(frei nach Homer,
Die Odyssee, 1. Gesang)

Prolog: Harro Harring – Wer?

Wenn Sie den Namen Harro Harring noch nie gehört haben, geht es Ihnen nicht anders als den allermeisten Germanisten oder Historikern. Selbst Heinrich-Heine-Ludwig-Börne-Vormärz-Spezialisten ist der Name meist nicht geläufig. Er ist der »Dichter Unbekannt« des 19. Jahrhunderts. Und einer der maßgeblichen Rebellen des Vormärz und Kämpfer für ein Europa ohne Grenzen. Seine Abenteuer, Werke, Taten, Erfolge und Niederlagen ergeben in der Summe eine Art »Meistererzählung« der gescheiterten bürgerlichen Revolution von 1848.

In den Aufzählungen der 1848er-Revolutionäre sucht man ihn heute allerdings oft vergebens, denn er wurde verfolgt, verfemt und dann vergessen. Zu seiner Zeit – vor allem in der Zeit vor 1848 – war Harro Harring berühmt, berüchtigt und wurde viel gelesen. Seine »Memoiren über Polen« wurden in wenigen Wochen zum Bestseller, bis sie von der preußischen Zensur verboten wurden. Sein Steckbrief lag an allen Grenzstationen des Deutschen Bundes aus. Allein die Ankündigung, Harro Harring würde erscheinen, löste in manchen Zeiten bei den Liberalen freudige Unruhe und den Behörden diplomatische Hektik und Truppenbewegungen aus. Als bayrische Soldaten ihn im Mai 1832 nach dem Hambacher Fest verhaften wollten, floh er nach Bergzabern und in die Stadt Weißenburg im Elsass. In Bergzabern stellten sich die Bürger dem Militär in den Weg und verhalfen ihm so zur Flucht. In Weißenburg ermöglichten sie seinen Verbleib in Frankreich. Und 1849 ging der junge Henrik Ibsen in Christiania, dem heutigen Oslo, mit tausend anderen auf die Straße, als man Harring wegen eines Theaterstücks bei Nacht und Nebel außer Landes schaffen wollte. Der »Fall Harring« beschäftigte danach die skandinavische Politik über Jahre.

Wer war dieser Harro Harring?

»In London ist meine Qual eingetroffen, jener skandinavische Dichter, der der beste Mann auf der Welt ist und der quälendste Dummkopf dieser Zeit«, schrieb 1842 der nach England geflüchtete Revolutionär und spätere Nationalheld Italiens Giuseppe Mazzini an seine Mutter.

Karl Marx überzog ihn 1852 in seinem »Die großen Männer des Exils«[1] seitenlang mit Hohn und Spott und endete mit dem vernichtenden Urteil über »die Abenteuer unsres demagogischen Hidalgo aus der soderjylländischen Mancha. In Griechenland wie in Brasilien, an der Weichsel wie am La Plata, in Schleswig-Holstein wie in New York, in London wie in der Schweiz: Vertreter bald des Jungen Europa, bald der südamerikanischen Humanidad, (...) verkannt, verlassen, ignoriert, überall aber irrender Ritter der Freiheit, (...) wird aller Welt zum Trotz von sich sagen, schreiben und drucken, dass er seit 1831 das Haupttriebrad der Weltgeschichte war.« Wer sich wie Harring über die »communistischen Spekulationen« von Marx erregte, konnte keine Gnade erwarten. Marx gab im Londoner Exil den scharfen Ton vor, den noch hundert Jahre später alle »Abweichler« von der kommunistischen Parteilinie zu erwarten hatten.

Noch 1854 verschickten die Hamburger Polizeibehörden über den so Beschimpften einen Steckbrief an die Grenzbehörden der deutschen Bundesstaaten: »Alter 56; Statur: mittel; Aussehen: etwas kränklich; Haar: schwarz; Bart: schwarz, über das ganze Gesicht gewachsen; Augen dunkel. Hat eine Narbe nach einer Stich- oder Schusswunde. Sprache: deutsch, dänisch mit etwas deutschem Akzent, englisch, spanisch, russisch. Alles sehr fließend.«

Selbst die Beschreibung der Polizei zeichnete den Rebellen als verwegene Figur. Er musste unheimlich wirken. Harro hatte keine dunklen, sondern graue Augen, von der Farbe des Watts, und keine schwarzen Haare, sondern welche, die mit dem trockenen Gras der Marsch gefärbt zu sein schienen. Er war nicht besonders groß, eher schmal. Aber er trug gern einen Dolch bei sich. Und gelegentlich eine Pistole. Aber am meisten fürchteten sich die Jäger vor seinen Hunden.

Harro Harring.
Geboren am 28. August 1798 auf dem Ibenshof in Wobbenbüll bei Husum in Nordfriesland, erstochen am 15. Mai 1870 in St. Helier auf der Insel Jersey von eigener Hand.

Ein Weltbürger, der, in Nordfriesland aufgewachsen, 50 Jahre lang wie ein »Odysseus der Freiheit« durch die Welt zog. Ein Dichter von Hunderten Gedichten und Liedern, vielen Romanen, Essays, die kaum erschienen, bald verboten waren und heute komplett vergessen sind. Ein Rebell, der sich mal Hamlet, mal Kasimirowicz, mal Steward nannte, 22 Mal im Gefängnis oder der Abschiebehaft landete, der überall schrieb, Manuskripte und Koffer zurückließ und nur eins fürchtete: die Furie Suicidia.

Er schrieb romantisch, pathetisch, zärtlich und brutal, am Puls seiner Zeit. Der bayrische König applaudierte ihm. Ein Dichter als Rebell, der die Welt, aber nicht sich selbst liebte. Ein liebenswerter Kerl und penetranter Besserwisser in einer Person, einsam wie eine Möwe am Himmel. Widersprüchlich, aufbrausend und tief traurig, wie das von Niederlagen und Aufbruch geprägte 19. Jahrhundert in Person.

Karl Marx hasste Harring und dessen Freund Mazzini als Konkurrenten. Er meinte, Harrings lächerliche Schriften hatten »am 4. November 1831 das unverhoffte Glück, vom Bundestag verboten zu werden. Das allein hatte dem braven Streiter noch gefehlt, jetzt erst erhielt er die verdiente Bedeutung und zugleich die Märtyrerweihe.« Der Kommunist freute sich als mitfühlender Zeitgenosse über die reaktionären Aktionen des Absolutismus, weil sie einen Gegner trafen.

Marx verspottete »Die Großen Männer des Exils« im Sommer 1852. Er übergab den Text im Juli an den Ungarn J. Bangya, der ihm versprach, das Werk in Berlin zu veröffentlichen, und dem Autor ein stattliches Honorar zahlte. Ungewöhnlich für einen Boten, der das Manuskript denn auch in Berlin nicht an einen Buchhändler, sondern an die preußische Polizei auslieferte. Den Buchhändler, der es angeblich bestellt hatte, gab es nicht.

Zufällig – oder doch nicht? – stand der empfangenden Polizeibehörde Ferdinand von Westphalen vor. Der war preußischer Innenminister und Halbbruder von Jenny von Westphalen, der Frau von Karl Marx. Familienbande waren in den Jahren der deutschen Reaktion nichts Ungewöhnliches, und dass revolutionär Gesinnte gegen Geld als informelle Mitarbeiter der monarchischen Geheimdienste arbeiteten, auch nicht. Man nannte diese informellen Mitarbeiter Konfidenten, Vertraute. Der Deutsche Bund unterhielt mit Russland und Österreich in dem Mainzer Informationsbüro schon seit den Dreißigerjahren des 19. Jahrhunderts einen international arbeitenden politischen Geheimdienst. Das war neben der mangelnden Einigkeit der Demokraten der entscheidende Grund, warum sich die Opposition in Deutschland nie richtig organisieren konnte und ins Exil getrieben wurde. Die Folge bestand unter anderem darin, dass sich der Gesinnungsterror eines Robespierre in deutschen Landen umkehrte. Er entwickelte sich in den Händen der Herrschenden zu einer perfekten Überwachungsbürokratie, deren Effektivität bis ins 20. Jahrhundert Maßstäbe setzte. Die zarten Pflanzen der demokratischen Bewegung des Vormärz wurden unter Spitzelberichten begraben.

Bereits 1831, vier Jahre vor dem Verbot der Schriften von Heinrich Heine, wurden Harrings Schriften und alle seine zukünftigen Arbeiten per Beschluss des Obersten Organs des Deutschen Bundes, des Bundestages, verboten. Der Besitz von Flugschriften mit Liedern des Autors stand unter Strafe. Selbst Heine vermied es, in den von ihm redigierten »Annalen« bei einem von Harring verfassten Bericht über Griechenland den Namen des Autors zu nennen, und andere trauten sich nicht, seine Bücher zu verlegen.

Nach seiner Flucht 1830 aus Polen wurde Harring nicht nur vom russischen Geheimdienst, sondern auch von österreichischen, preußischen, badischen Agenten und später dem Mainzer Informationsbüro beobachtet, verfolgt und überall, wo er in deutschen Landen auftauchte, verhaftet, eingesperrt und ausgewiesen. Man hielt ihn für einen gefährlichen Demagogen, heute würde man sagen: »Gefährder«, weil er mit dem Warschauer Aufstand und der »heiligen Schar« der Exil-Polen, dem Frankfurter Wachensturm, dem Hambacher Fest, dem Aufstand in Savoyen in Verbindung gebracht wurde. Und tatsächlich war er überall dabei, aber seine Waffe waren die Worte. Aus dem romantischen Dichter, der voller Pathos Rosen und Möwen besang und vor allem der weiblichen Leserschaft gefallen wollte, wurde der politische Agitator, der sich Freiheit und Fürstentod auf die Fahnen schrieb.

Harrings aktive Zeit als Dichter, Maler und Rebell ist auch politisch eine Epoche. Es ist die Zeit des Deutschen Bundes, wenige Jahre nach dem Wiener Kongress von 1815 bis zur Proklamation des Deutschen Reiches und Harrings Tod im Jahr 1870.

Er war Augen- und Tatzeuge der metternichschen Herrschaft im Deutschen Bund, war am griechischen Freiheitskampf gegen die

Osmanen beteiligt, war Chronist des Warschauer Aufstands gegen das russische Zarenreich, auf dem Hambacher Fest, Teil des »Jungen Europa«, kämpfte für Frauenrechte, trat gegen die Sklaverei in Südamerika ein und wollte Freiheit für sein Friesland. Ein Ahasver der Revolution, der dem Jahrhundert dabei zusah, wie es sich verwandelte, und der nach Kräften daran mitwirkte.

Aber wie und warum wird einer, der Künstler werden will, Rebell oder Märtyrer? Harro war früh vaterlos geworden. Ein Junge mit großer Sehnsucht nach dem Wahren, Schönen, Guten. Er lernte Malen, zog dann aber nach Griechenland und mit einer Freischar in den Krieg gegen die Osmanen – mit dem Schlachtruf »Freiheit oder Tod« auf den Lippen. Was trieb ihn nach Hellas? Identitätssuche, Gerechtigkeitsfieber oder die Sehnsucht, durch den eigenen Tod dem Leben Bedeutung zu geben? Von allem etwas, vor allem aber die romantische Sehnsucht nach Identität, Individualität und Freiheit. Diese Suche war der Zeitgeist des 19. Jahrhunderts und der politischen Romantik. Aber nicht nur.

Harro Harring war ein Kind seiner Zeit, getrieben von einer Gesellschaft, die sich selbst nicht traute, und geprägt von Bürgern, von denen verlangt wurde, als Untertanen zu leben. Man strebte nach Einheit, Recht und Freiheit, aber das war lange nicht zu haben. Es gab keine Pressefreiheit, und jede Versammlung stand unter dem Verdacht der Verschwörung. Die demokratische und liberale Bewegung wurde von Politikern wie Metternich gefürchtet und bedrängt, verfemt und verfolgt. Dabei waren die Forderungen der Rebellen zu Beginn moderat. Sie wollten eine Heimat, sie wollten Freiheit und Gleichheit. Und sie wollten ein »Ich« sein, sich verlieben, kämpfen, siegen und traurig sein. »Traurig bin ich sowieso«, war die dunkle Seite der Romantik, deren Vertreter unterdrückt wurden, aber auch überfordert waren von der Verwandlung des Jahrhunderts.

Bei einer seiner vielen Verhaftungen, 1856 in Hamburg, trug Harring einen Zettel bei sich. Auf dem stand: »Sans patrie y sans nation. Harro.« Er war Friese, Däne, Skandinavier, Deutscher, Europäer, US-Bürger, vor allem aber Kosmopolit – und eben dadurch heimatlos.

Nach 1870, der Reichsvereinigung, gab es die Einheit in deutschen Landen. Aber es kamen nicht nur die Länder und Fürstentümer, sondern auch die Unarten zusammen. Es blühten Untertanengeist und Chauvinismus, später Rassismus und Größenwahn. Und die Philosophie eroberte die Straße: »Proletarier aller Länder vereinigt euch.« Die Entdeckung des ICH, das zu Beginn des 19. Jahrhunderts als Aufklärung die Welt veränderte, wurde politisch vom WIR, der kollektiven Identität, dem Volk, der Nation, der Klasse zurückgedrängt. Harring, der als Ich so gern im Wir der Gemeinschaft aufgegangen wäre, blieb letztlich allein.

Harring entdecken?

Die Manuskripte von Harring lagen vergessen und verstaubt im hintersten Regal, und sie zu lesen war so vergnüglich wie beschwerlich. Was damals gefiel, macht heute Mühe. Es ist wie mit der Mode, der Geschmack und das Gefühl für Material und Schnitt ändern sich. Über Harring ist die Zeit hinweggegangen. Damals war er verboten, heute ist er vergessen. Aber die Mühe lohnt sich. Ihm erging es so ähnlich wie seinem geliebten Vorbild Lord Byron, der auch zu seiner Zeit weltberühmt, später fast vergessen wurde. Harring war ein spätes, aber wie Byron ein Kind der Romantik, und »nachdem sich die geistige Orientierung erneut gewandelt hatte, waren Byrons Werke, *die durch und durch das romantische Ideal verkörperten, aber nicht darüber hinausgingen,* ipso facto entwertet« – so erklärte der italienische Dichter Giuseppe Tomasi di Lampedusa die Gründe für das Vergessen.[2] Und ein weiterer Grund kam bei beiden hinzu. Byron benutzte wie Harring durchaus gängige, aber ältliche Stilmittel und Versformen. Lampedusa markierte Byrons Stil so: »Er goss neuen

Wein in alte Schläuche.« Harring schrieb auch in Jamben und Stanzen und schaffte eben nicht oft, wie es Heine und Börne gelang, modern in Wort und Form zu erscheinen. Er teilte mit ihnen, wie vor ihm Byron, Shelley und Keats, das Schicksal, im Exil leben müssen. Nur so früh wie die Engel der englischen Poesie ist Harring nicht gestorben, sodass er noch erleben musste, wie er im Abgrund des Vergessens verschwand.

Harring scheint so etwas wie die schwarze Möwe der deutschen Literatur zu sein. Er war viele, aber keiner von den vielen blieb bislang nachhaltig im Gedächtnis. Ein fliegender Schatten, der die Denkmäler von Heine, Börne und Marx bekleckert. Harring ist schwer zu fassen und neu zu entdecken. Als Maler – das war er auch – war er mittelmäßig, aber als zeichnender und schreibender Chronist der Verhältnisse und der Sklaverei um 1840 in Brasilien noch heute eine singuläre und wichtige Quelle.

Als Lyriker war er zu seiner Zeit äußerst populär, als Romancier und Theaterdichter ein Zeitgeistautor, der seine Saison in München hatte. Als Berichterstatter über die russische Herrschaft in Polen war er einzigartig unerschrocken und hat durch Verbot und Verfolgung bitter dafür bezahlt. Hans Christian Andersen fühlte sich bei der Lektüre von Harring dann doch an Texte von Freund Heine erinnert. Als Revolutionär war er berühmt und ist gescheitert wie die Revolution selbst. Als Mensch hat er gelitten, an sich und für uns, das hatte er auch mit Byron gemein. Der dänische Bildhauer Bertel Thorvaldsen notierte nach einer Porträtsitzung mit Byron: »Er war, vor allem anderen, furchtbar erpicht darauf, tief unglücklich auszusehen.« Leider spielte Harro dieses Gefühl nicht, sondern lebte es. Und doch hat er gesiegt. Seine Ideen von einem freien Europa ohne Grenzen, einer Welt ohne Sklaverei, der Gleichheit von Mann und Frau sind heute unsere Werte. Er war einer der ersten modernen Europäer.

Das 19. Jahrhundert hat die Welt verwandelt, und Harring war dabei, vogelwild. Sein Gesang weckte die Menschen, sein Schatten ließ die Herrschenden für einen Moment zucken, und wenn er seinen Mantel anzog, begannen die Geschichten. Harro Harring hat diese Geschichten seines Lebens selbst so oft erzählt, dass er sich zuletzt an die Wahrheit gar nicht mehr erinnern konnte.

1
Memoiren eines Kindes
1810 Ibenshof – 1817 Husum

Eine Möwe kommt geflogen,
Hat den Sänger erblickt,
Auf der Fahrt durch die Wogen
Ach! von Kummer gedrückt.
Hat den friesischen Knaben
Zu dem Sänger erkannt,
Dessen Lieben dort begraben
Am Nordfriesen-Strand.
Ist vertraut mit den Worten.
Mit des Sängers Gemüth;
Kehrt zurück nun nach Norden,
Bringt dem Volk dieses Lied.
Bringt ein Büchlein voll Lieder,
Ein gar winzig kleines Buch,
Legt am Strand es dort nieder
Und entfernt sich im Flug.

Harro Harring,
Die Möwe, 1835[3]

1810 Ibenshof

Harro und seine Brüder

Zwischen Wollgras und Lichtnelken liegend, einen Arm weit von sich gestreckt, flogen seine Gedanken mit dem Wind, der die Wolken am wassergrauen Himmel vor sich hertrieb, über den Deich hinaus aufs Meer zum Großvater, dem Seemann, der irgendwo gen Sonnenschein segelte, auch wenn in der dunklen Stube geraunt wurde, dass Kosaken ihn erdrosselt hätten. Ganz nah wollte der Junge der Ewigkeit sein, einen Herzschlag nah. Er spürte das Feuchte, das langsam aus der Erde hoch in seine Kleider kroch. Dunkel und dürr, nicht Felsen und nicht Erde schien ihm diese Schwere zu sein, nicht Wasser, nicht Luft. Der ganze Himmel drückte auf seine kleine Brust.

Den Blick ins Grau gerichtet, tastete er mit seinen Fingern nach der Butterblume, die sich nach der Sonne streckte. Er befühlte die Blätter der Pflanze so zärtlich, so behutsam, als wären es die Finger seines Bruders Sievert, die aus dem Grab ans Licht drängten. Der kleine Sievert lag knapp einen halben Meter neben ihm unter der Erde. Im letzten Frühjahr war er gestorben – am Brustübel.

Von rechts kamen jetzt Hühner stolziert. Der Junge suchte nach kleinen Steinchen und warf sie kraftlos nach den Störern. Aber die dummen Dinger hielten die Kiesel für Leckerbissen und pickten aufgeregt danach. Harros Bruder Hans Christian hätte diese gefiederten Truppen beim Namen nennen können, hätte gewusst, wer mit wem verwandt ist und ob Mutter Huhn weiß oder braun gewesen war, wer Eier legte und wen der Hahn besonders gerne trat. Er, Harro, hingegen konnte nicht einmal die Arten oder, wie Hans Christian es nannte, die »Banden« auseinanderhalten. Auch Hans Christian, der Hüter der Tiere, lag neben Sievert in der feuchten Erde, tot wie zwei weitere Brüder und neben ihnen der Jüngste, der nur drei Sommer bei ihnen gewesen war. Jedes Jahr im Frühjahr holte Gott einen Sohn des Harro Wilhelm Martens und seiner Frau Margarete Dorothea Sievers zu sich.[4]

Keiner von ihnen war so alt wie Harro geworden, der, entgegen allen düsteren Erwartungen, bereits den achten Winter überstanden hatte. Alle waren sie mit geweihtem Wasser aus der großen silbernen Terrine getauft worden. Ein Erbstück der Mutter, aus der der Vater bei jedem Fest und jeder Beerdigung den Punsch ausschenkte und meist nicht nur den ersten Schluck »Auf das Wohl meiner Söhne«, sondern auch die Neige trank, um dann irgendwann im Rausch ins Dunkel hinauszustürzen, zum Deich, wo er sich, Gott und die Welt verfluchte. Zum Entsetzen der Knechte hatte er einst in seinem heillosen Zorn eine Pechtonne angezündet, die hoch auf einem Mast am Deich vor den Engländern warnen sollte. Denn die hatten im Jahr 1806, als Napoleon die Quadriga aus Berlin entführte, Dänemark und die Insel Helgoland genommen. Die Welt stand in Flammen, und Harro Wilhelm Martens, der Deichgraf, wollte mit Feuer löschen.

Der Vater

Zerrissen von nagenden Leiden / Verzehrt von vergeblicher Gluth, / Musst' er die Hallen meiden / Und eilt zur Meeresfluth. / Hier saß er auf feuchtem Sande, / Zur Nacht im Sturm allein, / am lebenleeren Strande / In Nebel und Mondenschein. / Er griff in die gold'nen Saiten, / Die Möwen umflogen sein Haupt, / Er sank in die öden Weiten / Erbittert – der Liebe beraubt. / Die Möwen nur hörten ihn klagen, / Zum rauschenden Saitenklang; / Wenn er von verlor'nen Tagen: / Von Leben ohn' Liebe sang.[5]

Da niemand ihn hörte, in Husum nicht, in Schleswig nicht und in Kopenhagen auch nicht, wütete der Vater im Haus, ließ die Mutter und die ihm gebliebenen Söhne seinen Hass auf die Welt spüren. Harro wäre so gern mit dem Vater gegen die böse Welt gezogen, aber der sah nur die toten Brüder und in Harro den Lahmen, den Letzten seines Geschlechts.

Eine Möwe schrie am Himmel, und wenn der Junge die Augen schloss, hörte er sie *frei – frei – frei* krächzen. Alles wurde lichtlos um ihn herum, die Zeit blieb stehen, und die Welt hörte auf zu sein. Er spürte, wie die Wärme der Herbstsonne, die eben noch seine Nase gekitzelt hatte, schwächer und das Dunkel schwärzer wurde. Er glaubte, über einem Abgrund des Nichts zu schweben, unsterblich und zugleich rettungslos verloren. *Tot – tot – tot* schrie der Vogel am Himmel. Der Junge blinzelte in Erwartung der ewigen Finsternis und hustete vor Schreck, als er erkannte, dass es der Vater war, der sich wie eine Gewitterfront vor das Himmelsbild geschoben hatte. Mit der Stiefelspitze stieß er an des Jungen Bein und brummte: »Sag Martin, er soll den Gaul anspannen.« Und ohne seinen Jüngsten noch weiter anzusehen, stapfte er davon.

»Kind, Harro, was machst du?« Die Mutter kam mit fliegender Schürze aus dem Haus gestürzt und riss ihren Sohn von den Gräbern hoch, stellte ihn auf den gesunden Fuß und klopfte mit kräftigen Schlägen die Erde von seinem Anzug. »Die kalte Erde, oh Gott! Und der schöne Anzug! Wir müssen los, es ist Hochzeit! Wenn du bloß nicht krank wirst, verrückter Kerl! Hörst wieder das Gras wachsen?« Halb schrie und schlug sie ihn, halb schlang sie die Arme um seinen dünnen Körper, als wollte sie ihn zu Tode drücken. Der Tod, dachte der Kleine, ist ein Freund. Er nickte den Brüdern zu und ließ sich von der Mutter ins Haus tragen, eine heiße Milch einflößen und in eine Decke hüllen, während sie immer wieder klagte: »Nicht du! Nicht auch noch du! Versprich mir, dass du bleibst«, schluchzte sie und schlug den dummen Jungen, bis er langsam aufhörte zu husten und ihr weinend versicherte, sie nie zu verlassen.

Der Vater war schon vorgeritten, er hasste es, auf die Familie warten zu müssen. Außerdem hatte er unterwegs noch »Sachen« zu erledigen, von denen niemand im Haus wusste und wonach auch niemand zu fragen wagte.

Martin, Harros älterer Bruder, hatte die Kutsche vorgefahren. Martin lernte Latein, Griechisch, Hebräisch beim Pastor Clausen in Hattstedt und konnte reiten – die beste Voraussetzung, um später ebenfalls Pastor zu werden, in einem Land, wo die Gläubigen so störrisch waren, dass ein Seelsorger seine Schäfchen von weit auseinanderliegenden Höfen einzeln in die Kirche treiben musste, wollte er nicht vor leeren Bänken predigen. Der Vater verabscheute die Pfaffen und verbot es, in seinem Haus vom Teufel und dem Ende aller Zeiten zu reden. Die Mutter packte ihren Jüngsten und setzte ihn mit dem Korb, der den Reiseproviant enthielt, zwischen sich und den Ältesten. Der Wagen rollte in den ausgefahrenen Spuren des Wegs schaukelnd dahin, und kaum hatte das Gefährt die schützenden Mauern des Hofes verlassen, blies ein stetiger Wind der kleinen Gesellschaft so heftig entgegen, als wolle er sie zurück auf den Ibenshof treiben. So weit man blicken konnte, sah man grüne Wiesen, durchzogen von Gräben, die schnurgerade auf die Linie des Horizonts zuliefen. Hinter ihnen das in der grünen Öde liegende Nest, der Ibenshof, mit den Linden vor dem Wohnhaus, den Pappeln auf der Pferdekoppel und den mächtigen Strohgiebeln, deren größter sich mit einem breiten Rücken gegen den von der See kommenden Wind stellte. Harro vermisste sein Heim bereits, kaum dass sie den Hof verlassen hatten. Ein Bild würde er malen, dachte er, als er jetzt zurückschaute, genau von diesem Punkt aus. Malen konnte er auch mit der linken Hand, wenn die rechte nicht wollte.

Die Hochzeit war ein Ereignis für die ganze Gegend. Kutschen und Pferde wurden auf der Koppel neben der Scheune der Brauteltern abgestellt, auf der Diele war eine große Tafel aufgebaut, und auf langen Tischen dampfte bald die Hochzeitssuppe. Harro Wilhelm Martens saß, zusammen mit dem Pastor, ganz vorn in der Nähe des Brautpaares und bekam als einer der Ersten aufgefüllt.

Während die Kinder der Nachbarn durch den Garten tobten, saß der kleine Harro, den der Husten und eine Lähmung plagten, auf einer Truhe in der Diele, durch die die Mägde mit Platten, Töpfen und überschäumenden Krügen voller Bier hasteten. Als wenig später die Tische beiseitegeräumt wurden und die Musiker aufspielten, die von weit her, wohl aus Husum, kamen, spürte Harro, wie die Töne in seinen Ohren schmerzten. Je mehr Röcke flogen, desto heftiger wünschte er sich, nein, nicht zum Tanz und auch nicht in den Garten zu den Kindern, sondern zu seinen Brüdern unter die Erde.

»Hüte dich vor Nekkepenn«

Zu Hause vor der Tür der Stube mit seinem Malbrett sitzend, hörte der Junge die Geschichten der Besucher, die von englischen Kreuzern und der Blockade von Tönning flüsterten, über Kanonen staunten und vom drohenden Krieg gegen England erzählten; Namen wie Bonaparte und Bernadotte, Nelson und Robespierre schwirrten durch die Stube. Und dass man in Husum die riesige Kirche von Alt St. Katrin abgerissen und die ganzen Bänke und geschnitzten Tafeln verkauft hätte. Meistbietend. Der Krieg machte in diesen Zeiten den Geschäften den Garaus.

Der Vater saß schweigend daneben, er hatte mit den Pfaffen und ihren Kathedralen ohnehin nichts am Hut, sollten sie den Tand doch verschachern. Er hatte als Deichgraf den Deich zu schützen, und der musste erhöht werden, denn Husum versandete langsam. Da konnte man nicht auch noch eine viel zu große Kirche retten, auch wenn das einigen in Husum nicht gefallen mochte.

Harro malte die großen Drucke aus England nach, die sein Bruder ihm in einem Buch vom Straßenleben in London zeigte, Bilder von Soldaten und Gewehrfeuer, von Explosionen und Schlachtengetümmel. Der Vater hatte keinen Blick dafür, er fand es schade um das schöne Papier, das der Junge da mit seinen eigenen Vorstellungen vom Krieg schwärzte. Er musste die Miliz organisieren, und als im Sommer 1808 das von Franzosen und Holländern gefangen genommene spanische Regiment *Asturia* am Hof vorbei nach Hamburg eskortiert wurde, standen die Bauern hinter ihrem Anführer Harro Wilhelm Martens mit ihren Sensen und Vorderladern an den Wegen und beobachteten, wie der Tross auf Heuwagen und Lastkarren sich langsam durch den tiefen Sand der schleswigschen Geest quälte.

Manchmal schlich Harro sich auch unter die Bank am Ofen, der so mollig warm war und die Feuchtigkeit aus dem Pullover trieb, um den Männern und Frauen am Tisch zu lauschen. Nicht immer kreisten ihre Gespräche um den Krieg. Wenn das Gebell der Seehunde von der anderen Seite des Deichs zu hören war, dann fing irgendeiner an, vom Meermann zu erzählen, der die Gestalt eines Wichts im Seehundmantel hatte.

»Hüte dich vor Nekkepenn«, hörte er die warnende Stimme des Vaters, und die anderen murmelten beifällig oder nickten stumm. »Der hat mal bei Sturm die Frau eines Kapitäns geholt, damit sie bei der Geburt seines Kindes hilft. Alles ging gut, und er beschenkte sie mit Gold und Silber.«

»Sind deshalb die Kapitäne auf Föhr und Sylt so reich?«, wollte ein vorwitziger Knecht wissen.

Der Vater nickte. »Aber Reichtum ist Fluch«, erzählte er weiter, um den Neid des Knechts nicht zu schüren, »denn Nekkepenn erinnerte sich Jahre später, als seine Alte faltig geworden war, an die schöne Seemannsfrau und wollte sie nehmen. Er sah das Schiff des Sylter Schiffers und befahl seiner Frau, Salz anzurühren, damit ein Sturm das Schiff untergehen lasse. Nekkepenn machte sich währenddessen auf den Weg zur Witwe, schlüpfte in die Gestalt eines stattlichen Fahrensmannes und ging an den Strand, wo die Frau nach ihrem Mann Ausschau hielt.«

»So ein Hund!«, hörte man den Knecht schimpfen, und die Hände der Mägde flogen vor Aufregung nur so dahin, während sie die kaputten Sachen stopften. Als der Vater dann auch noch erklärte, dass Nekkepenn die Tochter der Witwe mit Ringen und Ketten behängte und verkündete: »Inge ist meine Braut«, da schluchzten die Frauen auf der Bank, und der Knecht schüttelte den Kopf und murmelte: »Wat fürn Düwel!«

»Wer bist du?«, habe die Tochter den Fremden gefragt. »Und was willst du?« »Ich bin dein Freier und morgen dein Mann.« »Lass mich, ich lieb dich nicht«, rief ihm die junge Frau zu, und Nekkepenn bellte wie ein Seehund. »Wenn du mir morgen meinen Namen sagst, bist du frei, sonst hole ich dich bei der nächsten Flut«, so habe er sich dann von der Tochter der Witwe verabschiedet.

Der Vater nahm einen langen Schluck aus dem Krug und wischte sich bedächtig den Schaum vom Mund, um die Spannung im Raum zu steigern. Er genoss es, dass sich in der Stube wohliger Schrecken verbreitete und alle wissen wollten, wie die Geschichte ausgegangen sein mochte. »Nekkepenn, der sich seiner Sache sicher war, tanzte in der Nacht am Strand und sang:

Delling skel ik Bruu; / Miaren skel i baak / Aurmiaren wel ik Bröllep maak. / Ik jit Ekke Nekkepenn, / Min Bri'd es Inge fan Raantem, / En dit weet nemmen üs ik aliining. (Heute soll ich brauen, / Morgen soll ich backen; / Übermorgen will ich Hochzeit machen, / Ich heiß Ekke Nekkepenn, / Meine Braut ist Inge von Rantum, / Und das weiß niemand als ich allein.)[6]

Inge aber war ihm heimlich in die Dünen gefolgt und hatte alles gehört. Und als Nekkepenn sie am nächsten Tag holen wollte, schleuderte sie ihm schon von Weitem entgegen: »Du heißt Ekke Nekkepenn und ich bleib Inge von Rantum.« Der Meermann erschrak, raste wie wild ins Meer zurück, ein tosender Sturm brach los. »Und immer wenn es stürmt, wissen wir jetzt, dass Ekke Nekkepenn wieder einmal grollt, weil Inge ihn abgewiesen hat«, beendete der Vater seine Erzählung.

Hannes, der Knecht, hatte längst sein Bier ausgetrunken und meinte: »Das stimmt, immer wenn Janne nicht will, kommt Sturm auf«, sagte er und bekam im nächstens Moment von seiner heimlichen Geliebten eins hinter die Ohren.

»Was macht der Junge noch da?« Erst jetzt hatte der Vater, der sich ärgerte, dass der Knecht die anderen zum Lachen brachte, Harro entdeckt. »Ab mit ihm in die Koje!« Die Mutter zog Harro unter der Bank hervor und trug ihn ins Bett.

Harro wusste, dass die Flut alles holen kann. Wenn der Sturm und die dunklen Wolken kamen und nachts an den Fenstern und dem Dach rüttelten, schien der Meermann seinen Tribut einzufordern. Er hatte selbst gesehen, wie Nekkepenn im letzten Frühjahr gewütet hatte. Ja, was der Vater da erzählte, das war die böse Wahrheit. Tapfere Inge! Ob das Meer wohl Ruhe geben würde, wenn sie damals mit Nekkepenn gegangen wäre? Und dann träumte der kleine Harro von Rantum, der untergegangenen Insel. Nekkepenn würde sich irgendwann das Land holen, auch wenn er es niemandem verriet. Und der Junge hatte Angst um seine Mutter.

Der Deichgraf stirbt

Harro fand sich mit seiner Lähmung ab. Alle Ärzte, die auf den Hof kamen oder in Husum um Rat gefragt wurden, erklärten die Krankheit für »incurabel«, unheilbar. In die Schule konnte er nicht gehen, für den weiten Weg wäre er zu schwach gewesen. So blieb Harro, malend und lesend, auf dem Hof; ein Lehrer kam zu ihm und brachte ihm Lesen, Schreiben, Rechnen und die wichtigsten Texte der Bibel bei.

Der Vater litt an der Welt, an seinen toten Söhnen, an den Schulden, die er wegen der unruhigen Zeiten machte. Staatsanleihen wurden ihm nicht zurückgezahlt, die Ernte verregnete, und um die republikanische Sache stand es schlecht. Der lahme Sohn sah ihn meist nur morgens zu Pferde, mit gewaltigen silbernen Sporen an den schwarzen Stiefeln wie einst Wallenstein, in einen engen, bis an den Hals zugeknöpften Rock gekleidet, von oben herabblickend, um seinem Sohn, der ihn so bewunderte, doch nur verächtlich den Pferdearsch zu zeigen und vom Hof zu reiten. Wenn er abends heimkam, in die Stube stürzte und die Mutter herumkommandierte, verkroch sich Harro unter der Bank und sah, wie der Vater von Tag zu Tag verfiel. Das Brustübel seiner Söhne hatte ihn eingeholt, er lag mit Fieber im Alkoven, redete wirr, hustete Blut, und Koliken quälten ihn. Der Tyrann stürzte langsam zu Boden wie ein Denkmal, das man auf zu weichem Grund errichtet hatte. An einem Tag kurz vor Pfingsten 1810 rief er nach Martin, er solle sein Pferd satteln. Dann stand er auf, setzte sich auf einen Stuhl, zog seine Weste an und sah hinaus.

Kennst du mein Land – an Tal und Hügel leer /
Am Inselstrand siehst du die Dünen glänzen /
Die bieten Trotz der Brandung, stolz und hehr /
Ob auch mit Schaum sich Wasserberge kränzen /
Stürzt, kaum geboren, doch die Well' herab, /
sich selbst vernichtend, in ihr eigen Grab.

Harro sah ihm zu, zupfte ihn am Ärmel seines Hemdes, aber der Vater, den Tod vor Augen, gönnte seinem Sohn keinen Blick mehr und starb auf dem Stuhl. Die Mutter hielt den Kleinen umschlungen, so als wolle sie ihn nie mehr loslassen. Selbst im Tod erschien ihm der Vater unberührbar. In Harro stieg eine zitternde Wut auf, dass der Vater sich von ihm nicht verabschiedet oder ihn auf seine letzte Reise mitgenommen hatte. Die Mutter glaubte, der Sohn würde frieren, und wickelte den Jungen in ihren weiten Rock.

Die Kindheit wird begraben

Für Trauer blieb keine Zeit – der Ruf, dass der Herr vom Ibenshof sich den Wolkenmantel übergeworfen habe und der Ebbe gefolgt sei, verbreitete sich so schnell, wie die Möwen landeinwärts flogen. Und noch bevor die Flut einsetzte, kamen sie aus Hattstedt und Husum, um den Deichgrafen zu beerdigen und dem jungen Harro stumm über den Kopf zu streichen.

Es hätte kein schönerer Tag sein können, um sich begraben zu lassen. Die Linden vor der Tür standen im üppigsten Grün, die wilden Heckenrosen blühten, hier und da reckte eine hohe Sonnenblume ihren Kopf nach dem Licht. Unter großem Gefolge wurde der Sarg zum Friedhof getragen, und als er dort hinabgelassen wurde, standen die Männer an, um Harro Wilhelm Martens Erde hinterherzuwerfen. Die klitschnasse Krume klatschte auf den Sarg, als würde jemand eine dumpfe Trommel schlagen.

Danach begab sich die Trauergemeinde in die Diele des Ibenshofs, wo für den Leichenschmaus gedeckt war und nach alter Sitte »Erb-Bier« ausgeschenkt wurde – für die ganze Bagage aus den umliegenden Orten. Weder Harro noch seine Mutter konnten wissen, dass an diesem Tag mehr als ein Toter zu Grabe getragen wurde. Das Leben auf dem Hof, mit seinen Hühnern, Pferden und den abenteuerlichen Geschichten am Tisch – alles das lag seit Langem schon ebenfalls im Sterben. Harros Kindheit wurde an diesem Tag begraben.

Da man zwei männliche Vormünder brauchte, um die Erbschaft zu regeln, denn das dänische Gesetz in den Provinzen erlaubte es Frauen nicht, zu erben, bestimmte die Mutter einen Bruder und einen Freund ihres Mannes dazu, das Erbe zu verwalten – keine gute Wahl, wie sich herausstellte. Der einst so stolze Besitz ging zu Nutz und Frommen der Vormünder Stück für Stück in das Eigentum anderer über, angeblich der Schulden wegen. Das Land wurde aufgeteilt, Möbel und Tiere wurden versteigert. Selbst die fünf Hunde, Harros einzige Freunde, verschwanden mit den Besuchern, die einst als Gäste kamen und nun zu Gläubigern wurden. Der frommen Mutter blieb nur der lahme Sohn und außer ihm einige wenige Sachen, die in einen Weidenkorb passten.

»Der Herr hat es gegeben, der Herr hat es genommen. Der Name des Herrn sei gelobt«, tröstete sie sich. So wurde aus der Gutsbesitzerin binnen Jahresfrist eine Untermieterin in einer kleinen Kate neben der Schmiede in Hattstedt.

Das Pendel

Der kleine Harro klammerte sich an seine Mutter und sie sich an ihn. Er war lahm und blieb lahm, bis ein neuer Arzt in Husum davon hörte und zu ihnen kam. Er redete beruhigend auf den Jungen ein und behandelte ihn mit einem Pendel, das er vor Harros Augen hin und her schwingen ließ – eine neumodische Methode, die die Bauern auf ihren Warften für Teufelswerk und Hexerei hielten. Der Arzt sagte: »Schau auf das Pendel und hör mir zu.« Dabei murmelte er geheimnisvolle Sprüche, bis der Kleine einschlief. Die Mutter flüchtete in den Garten und flüsterte Gebete, fürchtete sie doch, ihren Gott mit diesem Frevel zu erzürnen, aber mehr noch, ihren Sohn zu verlieren. In der Hypnose träumte Harro, dass Gott tot sei und Materie, die große Mutter, ihn erdrücke. Aber nachdem er wieder aufgewacht war, wurde der Druck auf seiner Brust in den folgenden Wochen immer schwächer, auch Arm und Bein spürte er wieder, sodass er bald mit den anderen Jungen im Dorf spielen konnte. Heilung durch die Kraft der Gedanken, daran sollte Harro von nun an für immer glauben.

Blockadespiel

»Fang den Spion« hieß das Lieblingsspiel der Dorfjungen. Sie machten es wie die Alten. Sie hofften, Engländer zu erhaschen, die sich heimlich über den Deich schlichen, um die Blockade vor Tönning zu durchbrechen. Klaas, der Sohn des Müllers, übernahm die Rolle des Engländers. Er sollte versuchen, den Stolz der Friesen, die Insel Helgoland, zu erobern. Helgoland, das war in diesem Spiel die Mühle von Hattstedt; Harro und der Nachbarjunge Broder waren gute friesische Kämpfer und der Wind auf ihrer Seite. Harro lag mit seinem Holzschwert im wogenden Gras, das in seiner Fantasie zum »blanken Hans«, zur Nordsee, wurde, lugte über die grünen Wellen, lauschte dem Rauschen der Mühlenruten, die »Wusch, Wusch, Wusch« mit den Flügelspitzen über die Galerie sausten, und wartete auf seine Kaper. Klaas musste über das Grasmeer kommen, wenn er siegen wollte. Aber der Müllerssohn kannte sich aus auf seinem Erbe: Er umging die Blockade und kroch wie ein Freibeuter von hinten auf die Galerie zu, bis er plötzlich, triumphierend »Victory!« rufend, hinter den beiden auf der »Insel«, der Galerie der Mühle, stand. Harro drehte sich um und sah Klaas vor Freude auf und ab hüpfen, als ihn – wusch – ein rasender Mühlenflügel am Kopf traf und er lautlos von der Bildfläche verschwand. Harro rannte zur Galerie und stürzte die Treppen hoch: Da lag der Freund zerschmettert am Geländer. Der Tod hatte den Kampf um Helgoland gewonnen.

Broder, der Pechvogel, purzelte Monate später auf das Grab vom alten Ketel, als Harro und er nach dem Konfirmandenunterricht auf der Friedhofsmauer balancierten, und brach sich ein Bein. Man schiente die Knochen zwar, aber zurück blieb ein Krüppel, ein Bauer in Not.

Mit zwölf war Harro ein Halbwaise, der nicht mehr lahm war, aber bis auf die Grundrechenarten, etwas Latein und das Vaterunser nicht wirklich etwas gelernt hatte. Doch er hatte Glück, als es sich nach der Konfirmation ergab, dass der Zollamtmann Todsen den Sohn des ehemaligen Deichgrafen von Wobbenbüll in sein Haus und in die Lehre nach Husum nahm. Harro hatte mutig um die Anstellung nachgesucht. Die Mutter hatte zwar inzwischen eine Wohnung bei Verwandten gefunden, aber Harro wollte ihr nicht mehr auf der Tasche liegen. Er wusste, dass er kein Bauer oder Fischer werden würde. Er wollte in die Welt, Abenteuer erleben.

1813 Husum

In der Lehre

Husum gehörte zu Dänemark wie ganz Schleswig-Holstein bis Altona. Aber Dänemark war pleite, und der Zollinspektor musste zusehen, dass die Bürger ihre Steuern und Abgaben zahlten. Die Bauern vor der Stadt waren seit 1805 keine Leibeigenen mehr, aber sie hatten auch kein eigenes Land, und so knebelten die Pachtverträge sie genauso wie vorher die Abhängigkeit. Die Kontinentalsperre, mit der die Engländer den Handel unterbanden, ließ den Umschlag im Hafen stagnieren, und mancher Fischer, mancher ehrbare Kaufmann konnte nur durch Schmuggel noch Geschäfte machen. Harro wohnte in einer kleinen Kammer im Zollamt, das ehemals das Kavaliershaus des Husumer Schlosses gewesen war. Das Zollamt war zugleich die königlich-dänische Polizeiaufsicht und Verwaltung in der Stadt und für die umliegenden Gemeinden. Man kassierte Zölle und Abgaben, führte Buch über den Handel, erteilte Genehmigungen, entschied, was im Interesse des Staates war.

Harro musste Botengänge erledigen, runter zum Hafen zu den Schiffen und in die Kontors, an den Reetdachkaten und Steinhäusern vorbei, über den großen leeren Markt und immer achtgeben, dass die aufgeweichten Straßen seinen Rock nicht beschmutzten, dass ihm die Hühner nicht zwischen die Beine liefen oder ein streunender Hund ihn biss, sodass die Papiere, die er zu transportieren hatte, womöglich in den Dreck fielen. Sein Weg führte ihn auch öfter zu dem kleinen Kontor, in dem Georg Friedrich Weltz arbeitete. Er handelte mit Wein aus seiner Heimat Speyer, von wo aus er nach Husum geflohen war, als man ihn dort zum Militär einziehen wollte. Weltz war zwölf Jahre älter als Harro und zeichnete ebenfalls gern. Wenn Harro etwas Neues gezeichnet hatte, steckte er das Blatt zwischen seine Amtspapiere, und sie setzten sich auf den Hof und plauderten über Malerei, ihre Vorgesetzten oder die Völkerschlacht.

Mehr noch als auf Pfützen und Hundekot musste Harro darauf achten, wem er auf seinen Dienstgängen begegnete. Wehe, er ging an einem Senator oder der Frau Senator in der Eile einfach vorbei! Vor solchen Würdenträgern hatte er einen »Bückling« zu machen, steif stehen zu bleiben, seine Mütze zu ziehen, sich zu verbeugen und zu warten, bis die Herrschaft vorübergegangen war. Wenn er sie auf seinem Weg überholen wollte, musste er warten, bis sie nickten und ihn vorbeiließen. Er hatte später genau zu berichten, wem er begegnet war und was derjenige gesagt hatte. Dabei kam es auf jedes Wort an. Ob beispielsweise die Frau Gemahlin Zollinspektor in einen Gruß mit eingeschlossen war oder von der Frau des Pastors mit diesem spitzen Unterton bemerkt wurde: »Sagen Sie dem Herrn Zollinspektor einen schönen Gruß. Es war schade, dass ich ihn am Sonntag nicht in der Messe gesehen habe.« Wenn eine solche Information nicht sofort und mit genauer Schilderung der Umstände rapportiert wurde, konnte das zu außerordentlichen gesellschaftlichen Verwicklungen führen. Die gute Gesellschaft war empfindlich.

Die Geschäfte gingen nicht gut, die kleinen Räuchereien und Zuckerkochereien waren antiquiert, der große Handel war zum Erliegen gekommen, und so achtete man darauf, was der andere hatte oder sich leistete, und fragte sich, warum man selbst so knapsen musste. Das Armenhaus St. Jürgen war immer voll, und der Magistrat ächzte unter den Kosten. Man überlegte, ob man das Konfirmationsalter heraufsetzen sollte, damit die Mägde und Knechte nicht so früh heirateten und nicht so viele Kinder bekamen.

Harro hustete wieder, denn bis auf den kurzen Sommer war die Stadt grau und feucht, und die offenen Feuerstellen, in denen alles verbrannt wurde, was irgendwie Wärme gab, qualmten und machten ihm im Verbund mit dem Nebel, der ständig zwischen den Häusern hing, das Atmen schwer. Seine angegriffene Brust rebellierte, und er hustete sich die Lunge aus dem Leib, hatte Fieber und fürchtete, dass er seine Lehre nicht fortsetzen könnte. Sooft er konnte, blieb er in der Amtsstube, zeichnete und las, bis ihm die Augen schmerzten.

Er kopierte Steuerlisten und schrieb Briefe, die Todsen ihm aufgab, las heimlich den »Altonaer Courier« und illustrierte Blätter, nachdem der Bürovorsteher sie studiert hatte. Die Zeitungen kamen einmal in der Woche mit der Post. Er war neugierig auf die Welt, Husum schien ihm eng, und doch war er geborgen. Der Justizrat von Wardenberg und der Steuerinspektor Heinrich Todsen hatten ein Auge auf ihn, den Halbwaisen. Sie kümmerten sich um ihn, fast so, als habe er zwei Väter.

Ersatzvater Todsen

Harro saß bei den Todsens jeden Mittag mit an der langen Tafel und aß Suppe und Hafergrütze, manchmal kamen ein Hering oder eine gebratene Taube auf den Tisch. Todsen liebte die Künstler und die Bücher. Das war ungewöhnlich für einen Beamten, erlaubten diese sich doch gemeinhin außer Kartenspiel, ihrer Pfeife und gelegentlichen Ausflügen aufs Land keinerlei Ausschweifungen. In Husum gab es keine Buchhandlung, sondern man musste sich Bücher aus Altona schicken lassen oder sie bei fliegenden Händlern kaufen, die zu den Markttagen in die Stadt kamen. Todsen hatte sich trotz seiner jungen Jahre eine Bibliothek zugelegt, in der sich alles befand, was in Mode war und aus der sich Harro ausleihen konnte, was er mochte.

»Junger Mann«, sagte Todsen eines Tages am Mittagstisch, »das Papier im Kontor gehört dem König. Ihre Arbeitszeit übrigens auch.« Harro errötete, er ahnte, was jetzt kommen würde. »Es ist nicht dafür da, dass Lehrlinge während der Bürozeiten darauf herumkritzeln.« Todsen hatte plötzlich einen Bogen in der Hand, auf dem Harro ein Bild des englischen Zeichners Hogarth zu kopieren versucht hatte.

Harro war entgangen, dass Todsen alles mitbekommen hatte. Oder hatte Delff ihn verpetzt? Der Schreiber Delff saß über seiner Schüssel gebeugt und löffelte unbeteiligt seine Suppe weiter. Er tat, als würde er nichts verstehen. Todsen redete weiter, und Harro befürchtete, dass er ihm gleich seine monatliche Sonntagsfreizeit zur Mutter streichen oder ihn dazu verdonnern würde, die Stube zu fegen.

»Heute ist mit der Post aus Altona Lektüre gekommen. Eine wohlfeile Ausgabe des ›Don Karlos‹ von Schiller und etwas über das Leben eines Künstlers aus Schleswig.«

»›Don Karlos‹ ist sicher interessant«, sagte Harro leise.

Harro hatte schon von dem Meister aus Weimar gehört und »Die Räuber« gelesen. Er brannte darauf, das Buch in die Finger zu bekommen.

So wie Asmus Jacob Carstens sein

»Den les ich erst mal. Ich denke mir, das Leben des Asmus Jacob Carstens[7] könnte gefallen. Ein Maler aus Schleswig, der bis Rom gelobt wurde.« Todsen deutete auf das Buch, das oben auf dem Stapel lag. »Aber nur nach Feierabend und nur mit sauberen Fingern!« Todsen lachte, und Harro nickte. In der schummrigen

Stube konnte nur Delff, der ihm direkt gegenübersaß, sehen, dass der Herr Lehrling vor Aufregung ganz rote Ohren bekommen hatte. Bücher, dachte der Schreiber, pah, mir wäre ein Hering lieber.

Was Harro in dem Buch von Karl-Ludwig Fernow über den Maler Asmus Jacob Carstens las, war eine Offenbarung. Ihm war, als habe jemand *sein* Leben im Voraus gelebt. Carstens kam aus Schleswig, wurde dort 1754 als Sohn eines Müllers und der Tochter eines Advokaten geboren. Der Vater starb, als der Junge neun war, seine Mutter verlor ihr Erbe. Carstens konnte schlecht rechnen, aber gut malen – wie Harro. Weil er kein Geld hatte, konnte Carstens nicht bei Tischbein Malerei studieren, sondern musste für fünf Jahre bei einem Weinhändler in die Lehre. Ein Seelenbruder! Harro verschlang die Schilderung des Künstlerlebens, als sei es ein Bericht über die eigene Zukunft. Welch ein Geist! In Kopenhagen studierte Asmus die Antike. Er verbrachte ganze Tage beim Betrachten der Skulpturen im Kopenhagener Antikensaal, schlief bei den Gipsabgüssen von griechischen und römischen Statuen und schilderte dies seinem Biografen als Augenblicke größten Glückes.

Das war es, was Harro wollte, nicht das Kopieren von Frachtlisten, das ihm die schönsten Jahre raubte. Er wollte ein Künstler werden. »Das wahre Leben eines Künstlers besteht in der Ausbildung seiner Anlagen und in der Ausübung seines Talents«, schrieb Fernow, und Harro nahm dies als seinen Katechismus.

Asmus Carstens hatte sich geweigert, eine silberne Medaille und ein Stipendium vom dänischen König anzunehmen, weil er meinte, Günstlingswirtschaft und nicht wahre Liebe zur Kunst sei für das Urteil ausschlaggebend gewesen. Stattdessen ging er auf eigene Rechnung nach Italien und scheiterte. Jahre später aber trieb es ihn wieder nach Rom, er studierte die Werke Raffaels und Michelangelos, zeichnete die Mythen der Antike und ließ das klassische Erbe so perfekt wiederaufleben, wie kein Römer es vermocht hatte. Im Alter von 44 Jahren starb er in der Ewigen Stadt. Am Husten. Auf seinem Grab entstand ein Relief nach einer seiner berühmtesten Zeichnungen: »Die Nacht und ihre Kinder Schlaf und Tod« hieß das Bild. Es zeigte in einer fantastischen Allegorie die schönste aller Mütter mit einem toten und einem schlafenden Kind in ihrem Schoß. Dahinter das Schicksal mit verhülltem Haupt und einem Buch, aus dem die drei Parzen die Geschicke der Menschen vortragen.

In dem Buch stand: »Kann man dem Sänger des Waldes verargen, dass er im kehrenden Frühlinge dem Käfig entflieht, wo er einen traurigen Winter hindurch seines Gesanges wegen gefüttert wurde?« Hier schilderte jemand sein, des Sängers Harro Leben, der Käfig war Husum, die Suppe an Todsens Tisch das Futter im Käfig. Harro las das Buch wieder und wieder und träumte sich fort aus der grauen Stadt am Meer: Er würde nach Rom gehen, die Sixtinische Kapelle besuchen und vor Carstens' Grab auf dem *Cimetro accatolico* auf die Knie fallen. Vorher würde er in Kopenhagen Kunst studieren und die Goldmedaille gewinnen. Carstens war 1798 gestorben, in dem Jahr, als Harro geboren wurde. War dies nicht ein Wink des Schicksals? Hatte er nicht den Auftrag, Asmus zu beerben?

»Freiheit ist das Element des Genies«, in solchen pathetischen Formulierungen Fernows sprach er fortan, wenn er sich mit Todsen am Mittagstisch unterhielt. Er wollte so schnell wie möglich der Fron seiner Lehre entfliehen, die ihn allerdings vor dem Hunger bewahrte. Aber künftig würde ihn die Sehnsucht ernähren! Harro schwebte zum Spott und Vergnügen seines Förderers von nun an in höheren Sphären. Sein Dienstherr las Schiller, und Harro zitierte Fernow: »Musste nicht auch Schiller sein Dichterleben, das ihm unsterblichen Ruhm und unserer Literatur einen höheren Glanz gab, erst durch die eine gewaltsame Zerreißung der Bande, die ihn an sein Vaterland und an einen Fürsten knüpften, erringen?«

Der Lebensplan

»Ja, Herr Harro, das mag ja sein, aber wo ist der Fürst und wo der Dichter?«, fragte Todsen, der seinem Schützling auf den Dielen der Amtsstube halten wollte, wenigstens bis zum Ende der Lehrzeit. Harro aber hatte längst einen Entschluss gefasst. Er schrieb Todsen einen Brief, in dem er ihm seinen Lebensplan darlegte. Nach Abschluss der Lehre würde er nach Kopenhagen gehen und Malerei studieren; er bat darum, sich noch in Husum auf sein Studium vorbereiten zu dürfen. Todsen und von Wardenberg wussten, dass sie diesen Luftikus nicht halten konnten, sie wussten auch, dass er für die Juristerei oder das Pfaffentum nicht geeignet war. Er war eine Möwe, die kein Nest hatte, sondern um die Welt ziehen musste – vielleicht war es der Zeitgeist, der den Jungen hinaustrieb. Sie sympathisierten mit ihm, und möglicherweise, so hofften sie, würden sie, in ihrer gemütlichen Amtsstube sitzend, aus den Briefen, zu denen sie ihren Lehrling verpflichteten, ein wenig von der großen weiten Welt erfahren. So wie die Seeleute von ihren großen Fahrten erzählten, würden sie dann die Stuben der Husumer Bürger mit Geschichten erwärmen können. Sie zögerten, wie es ihrem Amte angemessen war, und willigten dann ein.

Schiller bei den Schafen

Harro bekam – wenn im Amt etwas Ruhe war – eine Freistunde und durfte zeichnen. Die Augen machten ihm zu schaffen, und manchmal musste er in die Dämmerung der Stube flüchten, weil das Licht ihn blendete und Kopfschmerz verursachte. Aber lesen konnte er auch mit einem Auge, und so las er denn den »Don Karlos« und lernte ihn auswendig. Und in seiner Sonntagsfreizeit, wenn er sich frühmorgens von Husum zur Mutter nach Hattstedt auf den Weg machte, hörten die Möwen, wenn sie denn nicht solche Ignoranten wären, Schiller. Hörten sie, was der Zollamtslehrling Harro Paul Harring der Welt an einem Sonntagmorgen im Sommer auf seinem Weg zwischen Husum und Hattstedt, zwischen den Knicks auf der Chaussee über die Gräben zurief?

Lass mich weinen, /An deinem Herzen heiße Thränen
weinen, / Du einz'ger Freund. Ich habe Niemand – Niemand /
Auf dieser großen weiten Erde Niemand. /
So weit das Scepter meines Vaters reicht, /
So weit die Schifffahrt unsre Flaggen sendet, /
Ist keine Stelle – keine – keine, wo /
Ich meiner Thränen mich entlasten darf, /
Als diese. O, bei Allem, Roderich, /
Was du und ich dereinst im Himmel hoffen, /
Verjage mich von dieser Stelle nicht.[8]

Harro kämpfte mit Schillers Worten um die Anerkennung seines Vaters, der da hinter dem Deich begraben war: »Ich steh' nicht auf – hier will ich ewig knien, Auf diesem Platz will ich verzaubert liegen, In dieser Stellung angewurzelt.« Er wechselte den Tonfall, drehte sich zum Baum, der nun Karlos war, und ließ die Königin sprechen: »Rasender! Zu welcher Kühnheit führt sie meine Gnade? Wie? Wissen sie, dass es die Königin, dass es die Mutter ist, an die sich diese Verwegne Sprache richtet?« Wieder Karlos: »Und dass ich sterben muss! Man reiße mich von hier aufs Blutgerüste! Ein Augenblick, gelebt im Paradiese, Wird nicht zu theuer mit dem Tod gebüßt.«

Harro ging nach vorn auf die Schafe zu, eins sprang zur Seite, und es kam ein wenig Bewegung in dieses Wollmeer. »Gott, Gott! Ich gehe – Ich will sie ja verlassen – Muss ich nicht, Wenn sie es also fordern? Mutter, Mutter, Wie schrecklich spielen sie mit mir! Ein Wink, ein halber Blick, ein Laut aus ihrem Munde, Gebietet mir, zu sein und zu vergehen. Was wollen sie, dass noch geschehen soll? Was unter dieser Sonne kann es geben, Das ich nicht hinzuopfern eilen will, Wenn sie es wünschen?«

Harro stand da mit ausgebreiteten Armen, als Königin sagte er: »Fliehen sie.« Karlos schrie: »O Gott!« Die Königin flehte den Baum an: »Das Einz'ge, Carl, warum ich sie mit Thränen Beschwöre – fliehen sie! – eh meine Damen«, Harro deutete auf die unruhig gewordenen Schafe, »eh meine Kerkermeister sie und mich beisammen finden und die große Zeitung vor ihres Vaters Ohren bringen.« Er drehte sich um, trat vor die blökenden Herde und rief: »Mein Schicksal – es sei Leben oder Tod.« Nie war der Himmel über Nordfriesland mehr Schiller als an diesem Morgen. Nie mehr Sturm und Drang, wo doch die Sonne schien. Der Wind kam auf und schob ihn sacht zur Mutter.

Das Frühstück bei Mutter, der Spaziergang mit der kleinen Freundin vom Hof, wo die Mutter Unterkunft und Gesellschaft gefunden hatte, der Weg zum Friedhof, der junge Mann veränderte seinen Gang, er war im Geiste auf der Bühne, er war Carstens, der Maler, dem klassischen Ideal verpflichtet, er war Karlos, der Kronprinz, der in der Mutter die Geliebte sah, und hatte in Jette seine Prinzessin Eboli, die ihn nie verraten würde. Er begehrte Jette in seinen Träumen, behandelte sie aber wie eine Schwester. Sie sah in ihm eine schöne Sonntagsabwechslung vom eintönigen Leben im Dithmarscher Einerlei.

Einige Jahre später, als er die Mutter besuchte und er Jette auf dem nächsten Hof verheiratet fand, bedauerte er sich selbst und beklagte sein Schicksal als Werther. Goethes Leidensbuch war da bereits eine alte Kamelle, aber immer noch à la mode, denn im Norden gehen die Zeiten langsamer, und die Gefühle brauchen länger. Harro, der anfing, an Enttäuschungen schicksalhaften Gefallen zu finden, hatte einen weiteren Grund – die anderen erfahren wir bald –, sich der Freiheit zu opfern.

Harros Abschied und Ankunft Theodor Storms

Und so schnürte am Ende der Lehrzeit das junge Genie seinen Ranzen. Er packte ein wenig Wäsche, einen Sack voller Flausen, hochfahrende Pläne und die Tränen und Ermahnungen seiner geliebten Mutter, Stifte, etwas Geld und einige Bogen Zeichenpapier, ein Geschenk seines Gönners, das ihm den Anfang in Kopenhagen erleichtern sollte, in den Tornister. Der Abschied fiel kurz und knapp aus, denn die Herren mussten dem neuen Justizrat nebst Gemahlin ihre Aufwartung machen. Die Frau des Advokaten Johann Casimir Storm, eine geborene Lucie Woldsen, war am 14. September mit einem Sohn niedergekommen. Die Storms und die Woldsens gehörten zu den Patriziern der Stadt, und dem Amtmann und seinem Gehilfen war es Ehre und Pflicht, den Neubürger zu begrüßen. Der junge Vater hatte mit 25 Jahren seine Kanzlei eröffnet und das Haus ein paar Schritte entfernt vom Zollamt erworben.

Von Wardenburg und Todsen saßen im Begrüßungszimmer der Kanzlei, während oben die Frauen sich um den Kleinen und die junge Mutter sorgten. Das Kind bekamen sie nicht zu sehen. »Der eine kommt, der andere geht«, bemerkte von Wardenburg, als sie einen Schnaps auf den Vater des Kindes getrunken hatten.

»Wie meinen?«, fragte der Anwalt, der befürchtete, so nebenbei von einem plötzlichen Tod zu erfahren.

»Ach, das ist nur so ein Gedanke. Sie wissen doch, verehrter Justizrat, wir hatten in unserem Büro den Sohn des Deichgrafen vom Ibenshof in der Lehre.«

»Ja, er brachte mir gelegentlich Unterlagen.«

»Ganz recht«, sagte von Wardenburg, »der junge Mann hat eine künstlerische Ader, und wir erlaubten ihm, nach Kopenhagen zu gehen, die bildende Kunst zu studieren.«

»Ein Schreiber wird Maler?« Storm schüttelte den Kopf. »Was für Zeiten!«

»Ja, ja, er hat das Zeichnen im Blut und Flausen im Kopf. Und zu erben hat er auch nichts. Also soll er sein Glück suchen«, meinte von Wardenburg.

»Mein Sohn wird – wie es in der Familie Tradition ist – und so wie Sie und ich Jurist.« Der junge Vater Storm stellte die Zukunft seines Sprösslings klar und schenkte nach.

»Na denn, auf das Wohl des Nachfolgers.« Die Männer prosteten sich zu in der Gewissheit, dass die Welt wie sie ist, von Männern wie ihnen zusammengehalten wird. »Auf die Kunst«, sagte Todsen und erhob sein Glas. Und als er den irritierten Blick des jungen Vaters sah, fügte er hinzu: »ehrenvoll zu leben«.

Im September 1817 verließ der Maler und Dichter in spe Harro Paul Kasimir Harring Husum, um die Welt zu erobern, während ein kleiner Schreihals seinen Hunger in die Stube und den grauen Himmel krähte. Er wurde auf den Namen Hans Theodor Woldsen Storm getauft und später der große Dichter seiner Stadt.

Harring und Storm waren grundverschieden. Ein Luftgeist der eine, die Bodenständigkeit in Person der andere. Und sicher hätte sich Storm nicht für den gescheiterten Weltdichter interessiert, wenn er später nicht um ein Attest gebeten worden wäre. Der Advokat Theodor Storm war 1867 zum obersten Gerichtsherrn in Husum bestellt worden, hatte nach dem Tod seiner Frau Constanze neu geheiratet und liebte die Überschaubarkeit seiner Heimat und der Verhältnisse.

Harring stellte zu dieser Zeit von seinem Exil in Jersey aus beim Norddeutschen Reichstag einen Antrag, in seine Heimat zurückkehren zu dürfen. Man verwies die Bitte zur Begutachtung nach Husum, wo der Landvogt dazu Stellung nehmen sollte. »Harring«, so schrieb Storm »gilt übrigens hier für einen ausgemacht überspannten Kopf und ist absolut einflusslos, es dürfte demnach kein Grund vorhanden sein, dem alten müden Abenteurer die Rückkehr und das Grab in der Heimat zu versagen.«[9]

Der Landvogt war, der Tradition Genüge leistend, in die Fußstapfen seines Vaters getreten und hatte Jura studiert, aber auch literarische Ambitionen entwickelt. Er kannte Harring wohl nur aus den Schilderungen anderer und hatte dessen Versuche, 1848 die Revolution nach Friesland zu tragen, am Rande mitbekommen. Dabei wäre der weitgereiste Friese eine treffliche Quelle für seine Geschichten von Land und Leuten gewesen. Storm urteilte freundlich über den Weltenbummler: »Harring ist, wie von ihm angegeben, auf der Landstelle Ibenshof in der Hattstedter Marsch, Amt Husum, geboren. Sein Vater, welcher Besitzer jener Stelle und außerdem Deichgraf war, geriet in Vermögensverfall und Concours. Der Sohn Harro Harring kam als Schreiber auf das Zollamt zu Husum, von dort, da er Talent zum Malen zeigte, ging er zum Teil mit Unterstützung der Regierung auf die Dresdner, später auf die Kopenhagener Akademie und machte während der Zeit zugleich seine ersten schriftstellerischen Versuche. Er gab jedoch die Malerei wieder auf und begann seine eigentliche Schriftstellerlaufbahn und seine abenteuerlichen Weltfahrten.«

EXKURS – Napoleons Idee von Europa

Während der junge Harring, von seiner Freiheit träumend, in die Welt zog, versuchten andere das überall auflodernde Freiheitsfieber in den Griff zu bekommen. Gerade war Napoleon Bonapartes Traum von einem vereinten Europa unter der Herrschaft der Grande Nation und nach den Maßstäben der Französischen Revolution geplatzt. Der Plan der Weltherrschaft der bürgerlichen Revolution, mit der Freiheit des Individuums und des Eigentums und der auf rechtlicher Gleichheit beruhenden Gesellschaftsordnung Frankreichs war 1805 bei Trafalgar und endgültig 1815 bei Leipzig und Waterloo am Widerstand Englands und des verbündeten Europas gescheitert.[10]

Napoleon hatte Unmögliches gewollt. Er wollte das Erbe der Französischen Revolution vollstrecken und gleichzeitig ein Kaiserreich Europa nach den Maßstäben der Antike unter seiner Führung errichten. Nach seiner Niederlage wurde er nach St. Helena verbannt. Die Sieger ihrerseits versammelten sich in Wien, und Vertreter von über 200 Staaten, Körperschaften und Städten berieten über ein Jahr lang die Neuordnung Europas.

Auch der Allianz der Sieger unter der Leitung Österreichs war klar, dass die monarchistische Kleinstaaterei den Problemen der sich durch die Technik und die aufkommende Mechanisierung und Industrialisierung wandelnden Welt nicht mehr gerecht wird und wohl nur so etwas wie ein Völkerbund ein Gleichgewicht unter den Herrschenden bewahren könnte.

Da mit dem Sturz Frankreichs keine Weltmacht die Vorreiterrolle für sich beanspruchen konnte, man zudem Kräfte auf dem Balkan und östliche Kräfte bündeln musste, Russland in Polen gegen Aufständische kämpfte, und man weiter südlich das Osmanische Reich in die Schranken zu verweisen suchte, in Spanien ein Bürgerkrieg begann, Portugal sich in Erbstreitigkeiten der Krone zerrieb, der Vatikan faktisch pleite war und England sich zur Kolonialmacht aufschwang, waren alle auf Kompromisse angewiesen. Ein Ergebnis für die Fürsten Europas war der »Deutsche Bund«, der die deutschen Kleinstaaten in einen politischen Verband zwang. Das geschah unter der Leitung des österreichischen Außenministers und späteren Staatskanzlers Fürst Metternich, der die europäische Politik der ersten Hälfte des 19. Jahrhunderts nachhaltig bestimmte. Er strebte eine »Einheit in Vielfalt«, ein Föderativsystem der Staaten an, um einen Umsturz von außen und innen zu verhindern.

Dieses System war mit schwankenden Machtverhältnissen entsprechend fragil. Es ging nicht um Gestaltung der Zukunft, sondern um Bewahrung des Status quo. Der Abschied vom Absolutismus begann. Einig war der Adel sich deshalb, dass man den republikanischen Umtrieben und Ideen Einhalt gebieten musste.

Metternich zielte auf einen »großen europäischen Staatenbund«[11], der dem Wunsch der Fürsten nach Ruhe und Sicherheit entsprach. Nach der Ermordung des Dichters August von Kotzebue durch den Burschenschafter Karl Ludwig Sand fasste man 1819 die »Karlsbader Beschlüsse«, mit denen über die Rechte der einzelnen Staaten hinweg das Verbot von Burschenschaften, Berufsverbote für unbotmäßige Professoren und eine Zensur der Presse durchgesetzt wurden. Der überaus erfolgreiche Komödiendichter Kotzebue galt dem Burschenschafter als Landesverräter, weil er dem russischen Zaren Berichte geschickt hatte, in denen er die Universitäten, wie etwa Jena und Gießen, als Brutstätten der Revolution diffamiert hatte. Die Beschlüsse waren der Hebel, um die revolutionären Bestrebungen mit Repression in den Griff zu bekommen. Alle liberalen und nationalen Ideen wurden für die nächsten Jahrzehnte als Demagogie gebrandmarkt und mit einem wuchernden Polizei- und Spitzelapparat verfolgt – und Harro Harring sollte einer der am hartnäckigsten Verfolgten werden.

2
Hamlet sein

1819 Dresden – 1820 Wien, von Wien nach Kopenhagen

Ob ich hier ein gleiches Herz gefunden?
Glaub es nicht, die Zunge spricht im Wahn.
Was so tief das arme Herz empfunden
Nimmer wird's im Reich des Lebens nahn?
Wort gehalten wird in jenen Räumen
Was ich hier erblickt, es naht mir dort
Und Erfüllung harrt den schönsten Träumen,
Und Vergeltung harrt an jenem Ort
Dorten werd ich alles wiederfinden,
alles so das Schicksal mir geraubt,
Nacht und Dunkel wird dem Auge schwinden
Hab ich hier nicht treu und fest geglaubt?[12]

1819 Dresden

Einladung beim Kronprinzen

»Todsen, lieber Todsen! Lesen Sie geschwindt, geschwindt!« Harros Feder hetzte über das Papier, musste er doch seinem Freund und Mäzen in Husum seinen Triumph melden, nachdem er ihn so oft mit Bitt- und Bettelbriefen traktiert hatte – und es sein Leben lang machen würde. Todsen war bis zu seinem Tod Harros Adresse für alle Freude, aber noch mehr für Jammer, Leid und Heimweh. Es war bereits eine Woche vergangen, seit der dänische Gesandte ihn zur Tafel in sein Haus geladen hatte, und dann passierte das Unerhörte: Der Kronprinz Christian von Dänemark, der 1814 für fünf Monate König von Norwegen gewesen war und jetzt mit seiner Frau Karoline Amalie und seiner Entourage eine Reise durch das Europa der schönen Künste machte, war von Karlsbad kommend in Dresden eingetroffen, hatte im »Hotel de Russe« in der Wilschruffer Gasse Logis genommen und wollte ihn – auf Empfehlung seines väterlichen Freundes Dahl – sehen. Harro erhielt die Einladung um sechs Uhr nachmittags und sollte sich abends um zehn Uhr im Landhaus des dänischen Gesandten einfinden. Er konnte es kaum fassen, bürstete seinen schwarzen Rock dreimal, knöpfte ihn bis auf den letzten Knopf zu und zupfte den weißen Kragen zurecht. Dann kämmte er seine inzwischen länger gewordenen Locken, setzte die schwarze Samtmütze auf, die er so lange hin und her schob, bis seine hohe Stirn zur Geltung kam. Er war nicht viel gewachsen, seit er die Heimat verlassen hatte, auf fünfeinhalb Fuß oder einen Meter siebenundsechzig, wie in Frankreich seit der Revolution gemessen wurde, kam er. Er war ein wenig blass von dem Dauerhusten, und seine Augen waren so grau wie der Himmel über Husum. Stolz war er, dass ihm inzwischen seitlich an den Wangen ein Bart wuchs. Den blonden Flaum auf der Oberlippe allerdings sah man kaum und er rentierte das Rasieren nicht. Einzig seine Zähne machten ihm Kummer. Der viele Tee hatte sie gelb gemacht.

Da stand der mit Politik nicht gerade vertraute Malstudent in seiner revolutionären altdeutschen Tracht, nahm das Samtbarett wieder vom Kopf und übte in seinem Zimmer die respektvolle Begrüßung eines Monarchen. Kein Kratzfuß, kein Diener, sondern ein deutliches, aber nicht zu devotes Kopfnicken. Es wollte ihm ganz passabel gelingen, weil er Derartiges ständig vor seinen Professoren vollführen musste. Sein Vermieter, der Leutnant von Berggold, salutierte lachend vor dem ausgehbereiten Studenten und gab seinem Mieter einen Rat mit auf den Weg. »Reden Sie nur, wenn Sie angesprochen werden.«

Harro hatte noch ein wenig Zeit, er war nervös und ging in sein Zimmer zurück. Aber da fand er zwischen seinem Malzeug, den Paletten, dem Pferdeschädel und einer vom Sockel gebrochenen Gipsfigur nicht, was er suchte, denn er suchte nichts. Überall Skizzen, Unfertiges, Bücher über Anatomie und Reitkunst, Goethes »Torquato Tasso«, ein Brief der Mutter lagen auf dem zerwühlten Bett. Er nahm ihn, las die Ermahnungen: »Habe Gott vor Augen und im Herzen.« Und legte ihn beiseite. Er kämmte sich noch einmal das Haar, klopfte die Mütze aus, nahm einen Schluck Wasser aus der Karaffe und sah zum Fenster hinaus. Die Elbe, die Hügel der Sächsischen Schweiz. Das Leben ist schön, dachte er, aber warum bin ich dann nicht heiter?

Der Freund Johann Christian Dahl

»Hej, Harro, komm herunter, die Majestät wartet.« Unten vor dem Haus stand Johann Christian Dahl. Er, der schon ein paar Monate länger in Dresden war, hatte Harro unter seine Fittiche genommen, wohl auch, weil er so schön mit dem Friesen heimatliches Dänisch »schnacken« konnte.

»Lass uns am Fluss entlanggehen«, sagte der Freund, der ein paar Häuser weiter an der Elbe wohnte. »Der Prinz, höre ich, ist noch im Theater, er sieht sich ›Die Braut von Messina‹ an.« Dahl war 30 Jahre alt, kam aus Norwegen, war bereits ein berühmter Landschaftsmaler und hatte an der Akademie der Künste eine Professorenstelle bekommen. Harro hatte ihn in Kopenhagen nur einmal gesehen, aber hier in Dresden hatte Dahl ihn so freundlich aufgenommen, als wäre er ein Bruder.

Die Stadt war wie ein lebendiges Gemälde. Man konnte sich an einen beliebigen Platz stellen, und in jede Richtung war der Anblick erfreulich. Die Kirchen, das Schloss, der Zwinger, die Brühlschen Gärten, die Brücke, all das hatte für den jungen Friesen, der mit dem weiten Blick über das Watt aufgewachsen war, etwas Überwältigendes. Und das alles war ja nicht nur Kulisse. Hinter der einen Kuppel wurde Theater gespielt, dort in der Kreuzkirche sang jede Woche ein Chor berückend schön, in der Gemäldegalerie des Zwingers konnte man vor der Sixtinischen Madonna Raphaels auf die Knie sinken, Rubens, van Dyck, Rembrandt, Dürer und Holbein, die Ansichten Dresdens von Bernardo Bolletto, genannt Canaletto studieren. In den kirchenhohen rot, blau, grün tapezierten Sälen hingen die gewaltigen Gemälde über- und nebeneinander.

In einem technischen Kabinett maß das Thermometer von Fahrenheit die Temperatur, und die Luftpumpe von Leupold konkurrierte um die Aufmerksamkeit der antiken Gipsabdrücke in der mengsschen Sammlung oder der Pistolen und Säbel in der Rüstkammer. Und dann erst die Gärten und Parks, boten sie doch vor allem im Sommer reichlich Schatten. Und was war schöner, als an einem milden Abend auf der Elbpromenade den dort flanierenden jungen Damen nachzusehen?

Ein Sommergewitter entlud sich über der Stadt, als die Männer aufbrachen. Der Regen kühlte die schwüle Luft des Tages ein wenig. Die beiden sprangen von Stein zu Stein und hielten sich einen Mantel über den Kopf, um nicht wie begossene Pudel beim Kronprinzen zu erscheinen. Dahl blieb plötzlich stehen, er sah in den wolkenumtosten Himmel und gegen die Sonne, die stromabwärts von unten die schwarzen Wolken beschien und sie in den höheren Lagen schwefelgelb leuchten ließ.

»Was für Wolken«, sagte Dahl. Die Sonne fand ein Wolkenloch und schuf ein Licht, als würden die Gebäude von innen glühen. Und davor stürzte Wasser wie ein Vorhang senkrecht in die träge dahinfließende Elbe. Dahl formte aus Daumen und Zeigefinger einen Rahmen und hielt ihn vor die Augen, als würde er einen Ausschnitt bestimmen. Zu gern hätte er seinen Skizzenblock hervorgeholt und das sich schnell verändernde Wolkendrama festgehalten.

»Das Licht verschwindet«, sagte Dahl einen Moment später zu Harro, der ebenfalls versuchte, mit den Händen einen Bildausschnitt zu finden. »Jetzt müssen wir doch zusehen, dass wir das Essen nicht verpassen. Einen Prinzen lässt man nicht warten.« Er hakte Harro unter, der nicht vor Nässe, sondern vor Aufregung zitterte, denn wenn es heute Abend gut ging, würde er etwas für seine Zukunft tun können. Dahl war die Ruhe selbst, war er doch einer der Gründe, warum der Prinz nach Dresden gekommen war. Und er war sich sicher: Seine Bilder waren gut. Vor allem Dahl und Friedrich, die wollte der Prinz sehen, hatte der Gesandte gesagt, und Harro kam mit, weil er ein dänischer Untertan in der Fremde war.

Der Prinz war nie allein. Immer umgaben ihn zwei, drei Männer, waren Damen in seiner Nähe, standen Diener hinter ihm, versuchte das Gefolge so dicht wie möglich bei ihm zu sein. Der Salon des Landhauses war mit Kerzen festlich beleuchtet, eine große Tafel war in einem Speisesaal gedeckt, und als sie eintraten und ihre nassen Mäntel abgaben, war der Prinz noch ganz im Gespräch über das Theaterstück, das er gerade gesehen hatte.

»Da hat der Schiller auf seine alten Tage uns Theaterleuten

noch einmal Mores gelehrt«, sagte der Theatermann auf Französisch an die Majestät gewandt. »Die Rückkehr des antiken Chors auf die Bühne, das ist es. Das ist neu und klassisch zugleich.«

»Oui«, erwiderte der Prinz, der in seinem Frack und dem weißen Kragen eben wie ein Fürst daherkam, auch wenn er keine königliche Uniform trug. Einzig seine schwarzen Locken irritierten ein wenig, und wenn man nicht gewusst hätte, dass er aus Odense kommt, wäre er auch als Franzose durchgegangen. Sein Blick suchte den Raum ab, aber der Theatermann wollte nicht von ihm lassen. »Wenn Schiller noch leben würde, wäre Ihr Leben sicher auch ein Stoff für ihn gewesen«, schmeichelte der Intendant.

»Wie meinen?«, fragte Christian amüsiert.

»Na ja, Ihre Überfahrt nach Christiansborg als Matrose durch die Linien der Engländer, Ihre Reden an das norwegische Volk für die nationale Sache, Ihre Krönung, das ist doch Stoff für großes Theater.« Die umstehenden Herren räusperten sich ob der lockeren Rede.

»Na, verehrter Herr Intendant, das ist Politik. Sie vergessen die Abdankung und die ehelichen Kabale. Es ist erst der erste und zweite Akt, und wenn es so bliebe, wäre es eine Tragödie. Aber wir lieben doch das dramatische Lustspiel. Warten Sie ab, was die Zeit uns bringt, n'est-ce pas? Ich empfehle Geduld.« Der Mann langweilte ihn mit seiner Lobhudelei, und der Prinz war froh, als er seinen Maler Dahl entdeckte.

Er rief durch den Saal: »God kveld borger Dahl. Hvordan gar det malerkunst?« Er lachte und ging auf ihn zu, den Theaterdirektor entließ er mit einem Kopfnicken. Mit dem Prinzen vollführte der Schwarm der Leute einen Schwenk, und Dahl und Harring standen unversehens im Mittelpunkt der Gesellschaft.

Dahl verbeugte sich artig, aber der König in spe ergriff seine Hand und legte die andere auf seine Schulter. »Schön, Sie zu sehen, Meister.«

Harro hielt sich am Rand, wäre am liebsten unsichtbar geworden. Und dann machte Dahl, was er sich trotz seiner Unsicherheit am sehnlichsten wünschte. Er drehte sich, nachdem er mit dem Prinzen ein paar Freundlichkeiten ausgetauscht hatte, um und sagte zu seinem Gesprächspartner: »Darf ich Ihrer Durchlaucht einen Landsmann vorstellen? Ein in Sachen Malerei durchaus talentierter junger Mann aus Friesland.«

Harro wurde rot und schaute auf den Boden.

»Wie man an seiner Tracht sieht, ein Schwarzer. Ist er schon lange hier?«, fragte der Prinz und blickte ihn an.

»Ja, nein, Majestät«, Harro verhaspelte sich. »Seit März. Vorher studierte ich in Kopenhagen.«

»Hat es ihm dort nicht gefallen?«

»Doch, Kopenhagen ist sehr schön und der Antikensaal in der Akademie einzigartig.« Fast hätte Harro gesagt, dass er sich Kopenhagen nicht leisten konnte, aber der Prinz kam ihm zuvor.

»Teures Pflaster, mein Kopenhagen. Wenn ich nicht ständig Medaillen und Stipendien vergeben würde, wäre die Akademie leer.« Er wandte sich um: »Selbst unsere Besten gehen in den Süden. Nicht wahr, Dahl?«

Dahl wusste sich zu helfen. »Das Licht, Majestät. Es ist zwar im Norden unvergleichlich, aber ein Künstler muss das Licht des Südens gesehen haben, um das des Nordens gestalten zu können.«

»Wie wahr«, sagte Christian, »alle reden vom Licht. Der Goethe auch, und Friedrich malt Licht, als sei es die Offenbarung.« Er wandte sich wieder an Harro. »Ich besuche morgen den Meister Dahl, um mir seine Bilder anzusehen. Sie malen auch? Dann bringen Sie doch eine Arbeit, die Sie zeigen mögen, zu Dahl, wenn es keine Umstände macht.«

Harro konnte seine Freude kaum zurückhalten, gleichzeitig erfasste ihn Panik. Was sollte er der Majestät zeigen? Er hatte außer ein paar Zeichnungen nur ein großes Selbstporträt angefangen. Es war vorzeigbar, ja, aber weder Dahl noch der Professor an der

Akademie hatten es gesehen. Wenn es nun als misslungen beurteilt würde?

»Kommen Sie zu Tisch, Herr Künstler«, sagte der Prinz, der sich lieber wie ein Bürger benahm, zu Harro. Er bemerkte, wie schüchtern der junge Mann war. »Wollen wir doch mal sehen, was die Dresdner Küche uns zu bieten hat. Ich hoffe keinen Stockfisch.« Die Umstehenden lachten, und der Prinz sagte: »Den machen sie nämlich in meiner Heimat über alle Maßen vortrefflich.«

Harro durfte fünf Plätze vom Prinzen entfernt neben Dahl Platz nehmen. An der Tafel sah er auch die Prinzessin Caroline Amalie, die sich vorher mit den anderen Damen im anderen Salon befunden hatte. Harro war fasziniert von der Frau, die ein schulterfreies schwarzes Kleid trug und lustige flinke Augen hatte.

»Das nächste Mal, lieber Bergh«, sagte der Prinz in seiner kleinen Ansprache zu Tisch zu seinem Botschafter, »räumen wir das Pianoforte in den Salon, dann kann meine Frau uns etwas vorspielen. Sie spielt vortrefflich.«

»Ich bitte vielmals um Entschuldigung«, sagte der Gesandte, aber Christian war viel zu gut gelaunt, um das als Vorwurf zu meinen.

Bergh war es auch, der am nächsten Tag im Atelier den Auftrag bekam, Harro ein Stipendium auszuzahlen, was ihm die Arbeit für ein Jahr ermöglichen sollte. Das Bild, das er zu Dahl ins Atelier gebracht hatte, wurde gnädig beiseitegestellt, und der Prinz diskutierte lieber mit Dahl über die Komposition von Bildern und über Rom, wohin beide noch reisen wollten.

»Ich war auch bei Friedrich«, sagte der Prinz. »Das ist ja ein ganz famoser Mann. Er ist frisch verheiratet und seine Frau schwanger und seine Bilder … Aber was sag ich, Dahl, Ihre Kunst ist auch nicht zu verachten.«

Harro profitierte von dem Wohlwollen, das der Prinz Dahl und der Kunst im Allgemeinen entgegenbrachte, und der Gesandte lud ihn zu einem wöchentlichen »Freitisch«. So konnte er sich fortan einmal in der Woche beim Botschafter satt essen und mit ihm über Kunst und Politik reden. Und der Kronprinz erteilte Harro einen Auftrag. Er solle ihm von dem Geld der Unterstützung eine eigene Arbeit liefern. Dann würde man sehen, welch Talent er habe, und ihn entsprechend unterstützen.

Der Tod des Jünglings

War es das, was er sich erträumt hatte? War er deshalb nach Kopenhagen, nach Kiel gegangen, war über Hamburg und Hannover durch den Harz gewandert, nach Leipzig und schließlich Dresden gepilgert? Ja, er war auf dem Weg, ein Künstler zu werden, malte und zeichnete nach Gipsmodellen und porträtierte Pferde. Er wollte jetzt Bataillenmaler werden, nicht nur Mord und Totschlag, nein, erhabene Ritter malen, die im Kampf für die Freiheit fielen. Aber vor das Pathos hatte die Akademie die Anschauung gesetzt. Ein Schlachtenmaler müsse vor allem etwas von der Anatomie der Pferde verstehen, riet man ihm. Er besuchte also das Colloquium des Hofrats Seiler über die Anatomie der Pferde. Die Lehrstunden fanden in der Tier-Arzney-Anstalt statt, wo er gemeinsam mit zukünftigen Veterinären die Muskelpartien der Gäule begutachtete. Der Hofrat benutzte dazu sowohl das lebende Objekt wie auch Kadaver, die vor den Augen der Studierenden zerlegt wurden. Es war eine körperliche Zumutung und nicht nur eine künstlerische Herausforderung. Zu den Gasen aus den Därmen der Pferde kam der säuerliche Geruch von Erbrochenem, und selbst manchem Stallknecht war der Blick in das Innere eines Rosses zu viel des Guten. Aber da Harro auf einem Bauernhof aufgewachsen war, warfen ihn der Gestank und die Gedärme nicht so leicht aus der Bahn, obwohl der Tod erbärmlich stank.

Endlich war er Künstler. Er war gleichzeitig stolz und unzufrieden und fühlte sich nicht wohl in seiner Haut. In den Briefen an

Todsen klagte er wieder über Geld, das zu knapp war und zu schnell ausgegeben sei. Ein Freitisch bei dem Gesandten hieß eben auch, sich entsprechend zu kleiden. Der einfache schwarze Rock reichte da nicht, und gelegentlich musste man an Kleidung zulegen. Das kam zwar der Eitelkeit zupass, hielt man ihn in der Stadt doch für einen dänischen Grafen, wenn er auch nur Sohn eines Deichgrafen war.

Harro zeichnete für die Majestät, er wählte ein Motiv, das zu seiner Gemütslage passte. »Der Tod des Jünglings für die Religion« sollte es heißen, aber er hätte es auch »Der Tod des Jünglings für die Freiheit« nennen können, denn die Freiheit war zu seiner Religion geworden. Das Bild fiel jedoch nicht so aus, wie er es sich vorstellte. Harro hatte etwas Größeres vor Augen, allein seine zeichnerischen Mittel reichten nicht. Er machte seine Augen verantwortlich, die wenige Zeit, das mangelnde Geld. Er war mit sich nicht zufrieden, fand Erklärungen und lud das Bild, das einen tödlich verwundeten Fahnenträger in gepanzerter Rüstung auf einem sich aufbäumenden Pferd umringt von Angreifern zeigte, mit Erklärungen auf. Das Bild war mehr als das in Öl gemalte Porträt, an dem er auch arbeitete. Es war ein Widerschein seines Gemütszustands. Nachts und nur für sich schrieb er sich den Druck von der Seele.

Brich junges Herz in Deinen dumpfen Schlägen! / Entfliehe schnell o eitler Lebenstraum! / Lass mich am Ende dunkler Erdenwege / der ruhe Land des Friedens Palmen schaun / Verzeiht mir Gott, wenn ich das Leben hasse / Zieh immer diese Stunden vor Gericht. / Ach – ob ich auch den Muth, die Hoffnung fasse / und ob ich sähe gläubige Zuversicht / so schickt doch schnell die schwache Sonne nieder / Und mich umwölbt dann Nacht und Dunkel wieder / In meine Seele schleicht die Schwermuth ein.

Seine Studien der Pferdekörper zahlten sich aus, die Gäule sprangen und galoppierten über das Blatt, aber es war weniger das Zeichnen, das ihn interessierte, es war die Geschichte, vom Tod für ein Ziel, sei es Religion oder Nation oder seine Generation. Harro war der sterbende Jüngling, der vom Licht der Freiheit getroffen wurde. Was er von den anderen Studenten hörte über den Krieg und die Burschenschaften, trieb ihn um. Unter den Kommilitonen zirkulierte die Rede eines Gießener Schwarzen, eines Sprechers der Burschenschaften Germania, eines gewissen Karl Follen. Das Zeichen des Geheimbundes waren die Buchstaben MHBG, die für das Motto standen: »Im Herzen Muth, Trotz unterm Huth, am Schwerte Bluth, macht alles Gut.«

Follen soll gesagt haben: »Wir müssen die Volksfreyheit erlangen durch jedes Mittel, welches nur immer sich uns bietet. Aufruhr, Tyrannenmord und alles, was man in gewöhnlichen Leben als Verbrechen bezeichnet und mit Recht straft, muss man einfach nur zu den Mitteln zählen (...) zu den Waffen, welche gegen die Tyrannen allein uns übrig bleiben.« Harro schauderte, aber diese Worte waren ihm aus dem Herzen gesprochen, der Tod, ganz gleich wie er ihn ereilen sollte, wurde seine Sehnsucht. Und wenn nicht er selbst, dann sollten die Tyrannen und Verräter sterben. Es entsprach dem Geist der Zeit, so glücklich traurig zu sein, denn die Politik hatte jeden Schwung verloren, überall lauerten Vorschriften, Zensur und Verbote. Er wusste nicht, was er tun konnte, außer sich zu kleiden wie die Schwarzen.

Im Atelier von Caspar David Friedrich

Die Pferde auf seiner Zeichnung für den Prinzen waren aus der Roß-Arzney-Anstalt, aber das Licht hatte er von Friedrich. Dahl hatte Harro eingeladen, in seinem Haus zu wohnen, und ihn in das Atelier des Meisters mitgenommen. Es war fast leer: eine Leinwand auf der Staffelei, an der Wand eine Reißschiene. Die

Paletten und Farben, Lineale und Rechtecke im Raum davor. An der Wand lehnten das Rückenbild eine Frau, die in einem bodenlangen Kleid die Morgensonne betrachtete, und Bilder aus Greifswald, ein majestätisch stolzes Segelschiff. Harro und Dahl sahen sich um. Auf dem Tisch lagen Skizzen mit so konzentriertem Strich, dass Harro vor Ehrfurcht kaum hinsehen mochte. Hier wirkte ein höheres Wesen. Das kleine, kaum zwei Hände breite Bild, das gerade in Arbeit war, befand sich in der Vorzeichnung. Linien und Quadrate zeigten eine abstrakte Komposition, das eigentliche Motiv war nur angedeutet. Ein fast entwurzelter Baum an einem schrägen Hang. Die Äste schienen sich an dem Nachbarbaum festhalten zu wollen und gaben direkt in der Mitte des Bildes den Blick auf den Mond frei. Eine Neumondnacht, am Hang skizziert, zwei Gestalten in Rückenansicht, die mit dem Betrachter den Mond anschauten. Harro wird später in seinem Roman »Rhonghar Jarr« über das Bild schreiben: »Was seit Jahrhunderten fremd war, tritt wieder ans Tageslicht; der Deutsche hat sich einen Rock machen lassen, wie ihn die Väter trugen, und schreitet in diesem Rock einer Zukunft entgegen.«[13]

»Zwei Männer, ein Bild betrachtend«, sagte Friedrich, der leise hereingekommen war und Harro und Dahl vor dem Bild stehen sah.

Friedrich begrüßte Dahl, dann Harro, der ganz benommen war und am liebsten sofort tausend Fragen gestellt hätte.

»Wo haben Sie das gemalt?«, fragte Dahl, um dem jungen Freund etwas die Bangigkeit zu nehmen.

»Ich glaube, der Ort heißt Sehnsucht oder Abgrund.« Friedrich lachte. »Er liegt ganz nahe bei Herzen.« Friedrich deutete auf das Bild. »Und die beiden Männer da, das sind Sie und unser Freund Harro. Echte Demagogen auf dem Weg der Freiheit entgegen. Noch ist es dunkel wie in Deutschland, aber der Morgen wird das Licht bringen.«

»Ich trage solche Mützen nicht«, sagte Dahl. »Das ist Ihr Schwager, das erkennt man doch. Und das ist der Bommer, der Ihnen die Farben anreibt.« Dahl deutete auf die rechte Figur. »Diese tyrannische Mode ist doch verboten, habe ich gelesen. Fürst Mitternacht, Entschuldigung, Herr Metternich hat sie doch in Karlsbad verbieten lassen. Und die Burschenschaften gleich mit.«

»Ja, da freut es mich natürlich besonders, dass unser junger Freund hier sich davon nicht einschüchtern lässt.«

Dahl erwiderte: »Ja, unser Harro eignet sich trefflich zum Märtyrer. Ich werde ihn malen, mit dem Rücken vor einem Abgrund.«

Friedrich ging zu Harro und klopfte ihm auf die Schulter. »Die wahre Poesie, das sind unsere Träume, und Musik wie Bilder sind nur Bruchstücke. Wir müssen einfach sein, denn daraus entsteht das Geheimnis. Was trinken die Herren?«

»Was Ihr Keller zu bieten hat«, sagte Dahl.

»Einen Wein von der Saale?«, fragte Friedrich und ging in den Nebenraum, wo Gläser und Flasche bereits bereitgestellt waren.

»Ob wir nun malen oder musizieren oder Worte drechseln, wir müssen die Welt erfinden, denn wie bisher geht es nicht weiter. Junger Mann, Sie müssen denken, empfinden und machen, allein mit Geschicklichkeit wird alles Trödel.«

Harro hatte die ganze Zeit keinen Ton herausgebracht, auf die Bilder gestarrt und den Worten des Meisters gelauscht. Selbst die Geschicklichkeit der Hände war manchmal das Problem, aber davon ahnte der Meister ja nichts. Ja, die Empfindungen, die waren da, so tief, dass sie ihm fast das Herz zerrissen, aber wie tief die Verzweiflung, wenn sich von dem, was vor dem Auge schon so klar erschien, nichts auf dem Papier wiederfand?

Dahl fragte, wie es der Frau und dem Kind ginge, und nach dem dritten Glas nahm Harro dann doch allen Mut zusammen und fragte: »Warum malen Sie so oft den Tod?«

Dahl verschluckte sich. Stille. Friedrich sah den jungen Mann an. »Wer ewig leben will, der sollte sich dem Tod ergeben.«

Harro nickte. Friedrich lachte und fügte an: »Aber dafür sind Sie noch ein wenig zu jung, Kollege.«

»Skol, ihr romantischen Helden«, sagte Dahl und schenkte nach. Sie tranken, und Friedrich sah auf den jungen lockigen Mann, der vielleicht kein großer Maler, aber ein Mann mit dem Herzen auf dem rechten Fleck war.

Der Zweifel

Harro ahnte, dass, so vergnüglich und voller Anerkennung das Studium der Malerei für ihn gerade war, sie letztlich nicht sein Feld sein würde. Friedrich lud seine Bilder mit Geist auf, Dahl mit Leben, beides wollte ihm nicht recht gelingen. Er wollte sein wie Carl Sand, der sein Leben für das Vaterland gegeben und den Verräter Kotzebue umgebracht hatte, für die Freiheit fechten und sterben wie der Jüngling auf seinem Bild. Aber er konnte das nicht äußern, denn seine Existenz hing daran, seine Ausbildung als Maler weiterzuführen. Wie sollte er Todsen und Wardenberg, Dahl und dem Kronprinzen erklären, dass er jetzt kein Maler, sondern Poet, besser noch Demagoge oder Märtyrer werden wollte?

Dahl liebte die Malerei und das Leben, er nahm die Dinge leichter, er war bereits ein berühmter Maler, und alle Welt suchte seine Nähe. Auf Harro war in Dresden so viel eingestürzt, dass er es gar nicht so schnell verarbeiten konnte. Im Künstler-Verein hatte er die junge Irin kennengelernt, die ihn so gern hinter der Hecke im Park traf, und da waren die Feste, die Lieder. Er war verwirrt, er zog mit seinen Kollegen hinaus in die Sächsische Schweiz zum Malen vor der Natur, sang die Lieder der Burschenschaften, dichtete heimlich und tanzte auf den Festen des Künstlervereins. Gleichzeitig schrieb er an Todsen, dass er in Dresden das traurigste Jahr seines Lebens zugebracht habe. Vielleicht wollte er Todsen trösten, damit all der Jubel, der vorher aus Harros Briefen nach

Husum drang, nicht klang, als würde Harro nur dem guten Leben frönen. Vielleicht war Todsen auch der einzige Freund, dem er anvertrauen konnte, wie traurig er in seinem Herzen war. Er schrieb Todsen auch über sein Selbstporträt und erzählte von einer Landschaft mit großen Figuren, im Hintergrund das Meer und stürmische Luft – eine Ebene mit kolossalem Hünengrabe, im Vordergrund ein Sänger unter einer alten Eiche, der die Laute spielt, zwei Ritter scheinen dem Lied zu horchen, und neben ihnen grasen und schnauben die Rosse, ein Schimmel, ein Rappe, ein Fuchs. Er hatte alles, seine ganze Weltsicht in das Bild gelegt, das im Zentrum ihn selbst in deutscher Tracht und der dänischen Flagge an der Mütze zeigte.

Er hatte das Porträt mit einigem Erfolg in der Akademieausstellung gezeigt. Dann schnitt er es zu einem Brustbild zurecht. Weg mit der Landschaft, den Rossen, dem Meer. Es blieb nur noch der schwermütige Friese. Den entsetzten Freunden sagte er, er könne es so besser transportieren, aber es entsprach wohl seinem Gemüt, sich kleinzumachen.

Mit süßem Beben

Er fühlte wie Hamlet, Shakespeares blasser Dänenprinz, der davon träumte, seinen Vater zu rächen, und an seinem Tiefsinn zugrunde ging. Harro hatte eine Aufführung in Leipzig im Theater gesehen und eine Lesung des Stücks im Salon des Herrn Ludwig Tieck gehört und war wie ehedem von Don Karlos nun von Hamlet inspiriert. Er war Hamlet, ganz Deutschland war Hamlet, aber er war auch zum Kampf bereit. Konnte man Hamlet und Krieger sein?

Ludwig Tieck, der Übersetzer und Dramaturg an Dresdens Hoftheater, führte ein offenes Haus und hatte zwei wunderschöne Töchter. Dahl hatte ihn dort eingeführt, und die jungen Frauen interessierten sich für Harro. Sie hatten Harro auch auf einem

Ball des Künstlervereins mitgenommen, ganz zur Freude der Mutter, die den jungen Mann hübsch an Geist, Herz und Aussehen fand. Er hatte sich für den Ball seidene Strümpfe gekauft, der Saal war mit weißem Damast, roten Schleifen und goldenen Sternen dekoriert, und ein Chor der Künstler sang. Und dann, es war schon fast früher Morgen und sie hatten getanzt, getrunken und Lieder gesungen, holten die jungen Damen ein Blatt Papier aus der Tasche, gingen auf die Tanzfläche und begannen zu singen:

In einem Thale, friedlich stille,
Sah eine Rose einst ich stehen,
Begabt mit hoher Anmuth Fülle
Wie ich noch keine je gesehen.

Harro war mit einem Male knallrot geworden. Da sangen die beiden sein Lied, das er für eine junge Frau geschrieben hatte, die er anbetete und deren Nähe er suchte, wann immer es Gelegenheit gab. Sophie, die erwähnte Irin, und ihr Vater, der in Dresden geschäftlich zu tun hatte, beteiligten sich lebhaft am gesellschaftlichen Leben der Stadt. Sie sahen in Harro einen interessanten jungen Mann, der die Gunst des Kronprinzen von Dänemark und einiger anerkannter Professoren besaß. Alles in allem ein sittlicher Umgang, und Sophie wollte wohl nichts von der Schwärmerei des Studenten ahnen, der sich nachts in Versen verlor und es doch nicht schaffte, der Angebeteten seine Sehnsucht zu gestehen.

In einem Anflug von Leichtsinn und Bekennertum hatte er sein Lied an Sophie den Mädchen zum Lesen gegeben, weil sie so gedrängelt hatten. Vielleicht hatte er auch gehofft, die Worte würden auf zauberhafte Weise die Besungene erreichen. Jetzt standen die Schwestern da und sangen:

Und mich ergriff's mit süßem Beben
Bezaubert stand ich vor ihr da;
Ach es durchfloss mein Herz ein Leben
Wie nimmer, nimmer mir geschah
Das Wonnelied der Rose weilet
In meiner treuen warmen Brust
Und in der fernen Zeit enteilet
Mir nie des Bildes sel'ge Lust.

Ein Student war aufgesprungen und hatte seine Fidel genommen und spielte zu der Melodie. Harro wäre vor Stolz und Scham fast im Boden versunken, aber die Freunde klatschten, und die Mädel sangen weiter:

In trüb umwölkten Trauerstunden
Da zeigt sich mir der Rose Bild
Und schnell ist Leid und Gram verschwunden
Und jede Zähre ist gestillt
Denn jene Rose ist die Holde,
die sich mein liebend Herz erkor.
Weg mit des Krösus Glanz und Golde.
Der, wer nicht liebt, bleibt stets ein Thor.

Die Damen verbeugten sich und riefen: »Hoch lebe unser Dichter Harro, er lebe hoch.« Auch die Freunde ließen ihn hochleben und prosteten ihm zu. Nur die junge Frau, deren Bild er mit der Rose meinte, war schon mit einem anderen gegangen.

Er schrieb himmelhoch jauchzend an Todsen – »die Welt ist schön« – von seinen Erfolgen, um ein paar Zeilen weiter, zu Tode betrübt, das Schicksal des Jünglings Harring zu beklagen: »Wo wohnst du dunkle Macht, die du mir verlorene Jahre zurückbringen kannst?«

Zu Tode betrübt

Die jungen Frauen suchten seine Nähe, aber er schob immer wieder Arbeit vor, sie vermuteten die irische Studentin hinter seinem Versteckspiel, aber Harro war nur verwirrt. Ja, Menschenliebe, Mutterliebe, die Liebe zur Freiheit, aber mehr? Die andere Liebe, die zwischen zwei Menschen, vielleicht Mann und Frau, so fühlte er, könne nur gleiche Herzen binden. Er wusste, wer sein Herz erreichen konnte. Aber die Angebetete war vergeben, unerreichbar wie der Himmel. Zum schönen Bunde und ohne Gleichheit und Harmonie wird keine Liebe existieren können. Und doch träumte er, dieses Herz zu finden, und gleichzeitig fürchtete er: Wie schrecklich würde es sein, eins zu verlieren. So kam es, wie es kommen musste. Eines Tages saß er zum Tee bei den Eltern der Angebeteten, als die Mutter ihm ein durch den Transport beschädigtes kleines Ölporträt eines jungen Mannes zeigte und ihn bat, es zu firnissen. »Aber gern«, sagte Harro, nahm das Bild in die Hand und fragte: »Ein stolzer Mann. Wen stellt es dar?« – »Es ist eine Überraschung für Sophie«, sagte die Mutter, »es ist das Bildnis meines zukünftigen Schwiegersohns.«

Die Liebe, die Religion, die Freiheit

An einem der nächsten Tage stürzte er, als er über eine Barriere springen wollte, in der Reitbahn vom Pferd. Das Pferd hatte gescheut und ihn abgeworfen, aber er kam mit dem Schrecken und ein paar blauen Flecken davon. Der Jüngling fühlte sich jedoch dem Tode nah, und so malte er auch. Er hatte dem Kronprinzen noch eine Arbeit abzuliefern, was lag näher, als das eigene Schicksal zu illustrieren? Er zeichnete immer noch an dem Jüngling in Rüstung, der sterbend im Sattel sitzt, von einer Lanze durchbohrt und von zwei Reitern bedrängt. »Der Tod eines Jünglings für die Religion«. Der Titel gefiel ihm immer noch. Aber im Moment hieß diese Religion Sophie. Er notierte »Die Liebe ist das höchste im Leben, aber höher als das Leben steht die Freiheit.« Und von oben links die Strahlen des Lichts, Caspar David Friedrichs Metapher der Erlösung. Für die Religion der Freiheit sterben, wenn er schon die Liebe nicht erlangen konnte, das erfüllte ihn und die Luft in den Dresdner Kneipen und Stuben, bei Bier und Wein. Harring war mit diesen Aufwallungen nicht allein, die Luft war voll von diesem Pathos. Trotzdem, man konnte ja nie wissen, brachte er das Blatt mit Empfehlungsschreiben seiner Professoren an den Kronprinzen auf die Post.

Carl Sand – Mörder oder Märtyrer

Abends sagten die angehenden Künstler sich gegenseitig romantische Verse wie die von Theodor Körner auf:

Dreymal darf der Mensch so süß erwärmen, /
dreymal ist's dem Glücklichen erlaubt, /
Dass er in der Liebe Götterarmen /
an des Lebens höhre Deutung glaubt.

Aber in die romantische Stimmung des Lichts der Offenbarung schob sich langsam, aber stetig eine andere Farbe. So wie am Abend die Sonne am Himmel erst vom hellen Schein in ein leuchtendes Orange und dann ins Zwielicht sinkt, um sich mit einem Zwinkern zu verabschieden, so verdunkelten die politischen Umstände und Umtriebe auch den heiteren Geist, den die lieblichen Hügel und Eierschecken der Dresdner Gegend ausstrahlten. In Karlsbad hatte die Versammlung der Regierungen des Deutschen Bundes das Verbot der Burschenschaften beschlossen, nachdem der Student Carl Sand in Mannheim den Dichter und Gesandten Kotzebue erstochen hatte. »Verräter« nannten sie den Komödiendichter, und unter den Studenten herrschte nicht nur klammheimliche Freude, sondern offene Sympathie mit dem

Mörder, den sie einen Freiheitskämpfer nannten und der, nachdem man ihn verurteilt und hingerichtet hatte, zum Märtyrer wurde. Wer ein Stück Holz vom Schafott sein Eigen nennen konnte oder wenigstens eine Tonpfeife mit dem geschnitzten Bildnis des Schwarzen, der spürte das aufmunternde Nicken oder die zustimmend klopfende Hand auf seiner Schulter.

Die Burschenschaften im nahen Jena und in Gießen wurden von der Obrigkeit ausgehoben, ihre Schränke und Tische aufgebrochen und es wurde nach verräterischen Schriften und Briefen gesucht. Man tarnte sich, verließ die Stadt, floh. Einige dieser Helden kamen nach Dresden. Unter ihnen auch Wilhelm Boldemann, ein Medizinstudent, in dem Harro sofort einen Herzensfreund fand. Boldemann war das, was Harro gern sein, besser werden wollte: ein Sänger der Freiheit. Abends in den Kellern der Studenten, auf den Paukböden wurden keine romantischen Lieder gesungen, da wurde mit den Krügen auf den Tisch geklopft, und sie sangen das Lied der Burschenschaften: *Freiheit, die ich meine, die mein Herz erfüllt / Komm mit deinem Scheine, / süßes Ebenbild*, tranken wieder, klopften Sprüche, und die Lieder wurden wilder: *Wir schwören Hass und wider Rath dem feilen Fürstenknecht / Der feig' bedeckt von Schand und Schmach / verletzt das Völkerrecht / Der heimlich schlicht und ohne Muth zu wagen, was er sinnt; / Als Wicht verkauft mit Leib und Blut / Verrath am Volk beginnt*!

Schopenhauer beim »Italiener«

Sie waren in Körper und Geist berauscht, sie berauschten sich am Pathos, tranken reichlich Bier und Wein und Tee, als wäre es das Blut der verhassten Obrigkeit. Boldemann war aus Jena nach Dresden gekommen, bevor ihn die Polizei erwischen konnte. Sie trafen sich bei Chiappone, einem »Italiener« in der Schlossgasse, der in einem der schmalen Häuser an der Ecke zur Wilsdruffergasse einen kleinen Laden unterhielt, in dem Salami di Verona, pommersche Gänsebrüste, Bayonner Schinken von der Decke hingen, auf den Tischen Fische aus der Elbe, allerlei Käse und Pasteten aus Frankreich und Wein von Rhein und der Saale verkauft wurden. Das Besondere am Chiappone aber war die Liebe des Wirts zur Kunst. Er ließ sich von einem Kunststudenten aus Harros Nachbarschaft die Türen mit seinen Waren in Öl bemalen. Aber der Freund war ein Schlemihl, er erklärte dem Wirt, nur »nach der Natur« malen zu können, und so hatten sie eine Zeit lang reichlich beste Speisen im häuslichen Angebot, denn der Künstler aß schneller, als er malte, und es dauerte, bis der freundliche Wirt zwar irgendwann den auf Holz gemalten Warenkorb, nicht aber die Ware selbst zurückbekam. Hinter der Salumeria, eben durch die appetitlich bemalten Türen vom Verkaufsraum getrennt, befanden sich die Gasträume, in der sich die Dresdner Kunstszene traf. Man wisperte, wenn Karl Maria von Weber abends nach der Oper vorbeikam, räumte schnell für ihn einen Platz frei, und auch Ludwig Tieck ließ sich sehen. Wer hier einen Tisch bekam, gehörte dazu. Und Chiappone gab den Maître de Plaisier, jeder hatte das beglückende Gefühl, ein besonderer Gast zu sein. Harro und Wilhelm aßen, wenn sie es sich leisten konnten, ein Salamibrot oder eine Minestrone, tranken ein Bier, Wein war ihnen zu teuer. Und sie lauschten den Gesprächen der Arrivierten, die hier im Hinterzimmer offen redeten, aber so, dass die Spione nichts zu notieren hatten. Wenn der Philosoph Schopenhauer ins Chiappone kam, entspann sich immer ganz großes Theater. Besonders gern kam er, wenn er wusste, dass gleichzeitig der Liederkreis tagte, sich Gedichte vorlas und eben Lieder sang oder diskutierte, was in der Abendzeitung stand oder demnächst stehen würde.

Aber wenn Schopenhauer auftauchte, dann war es mit der Gemütlichkeit dahin, dann wehte nicht nur Knoblauch- und Trüffelduft durch die Gaststube, sondern schnitt scharfer Geist und Spott durch den Tabaksqualm. Einmal hatte Harro das Glück, in der Nähe des Meisters zu sitzen, und konnte ein Gespräch anhören. Schopenhauer war gerade aus Danzig zurück, wo er leidige Geldangelegenheiten zu klären hatte, berichtete aber seinem Freund Schulze von Italien. »Lieber Schulze, probier den Schinken, den kriegst du auch in Venedig nicht besser, glaube mir.«

Schulze spießte die dünnen Scheiben auf seine Gabel und drapierte sie auf ein Stück Brot, während Schopenhauer sich vorbeugte: »Du weißt doch, dass ich in Venedig den Byron besuchen wollte, der da die Kanäle unsicher machte. Ich hatte mir zu dem Zweck vom alten Goethe – der übrigens im Moment ganz meschugge ist von so einem persischen Dichter und seine junge Geliebte mit orientalischen Oden auf den Diwan zwingen will –, also, ich hatte den Weimarer gebeten, mir ein Empfehlungsschreiben an den Engländer mitzugeben.«

Schulze nickte und kaute. Boldemann wollte etwas sagen, Harro legte aber den Finger auf die Lippen, um ihm anzuzeigen, dass er schweigen möge.

Schopenhauer redete weiter: »Hat der Geheimrat gemacht und ich also mit meiner Liebsten auf den Lido, ein wenig flanieren und überlegte, den Lord zu besuchen. Der war allerdings Stadtgespräch. Die Damen sprangen fast in den Canal Grande, wenn der mit seiner Gondel vorbeifuhr, und man sagte, dass er keine von der Bordkante stieß, die sich zu ihm herüberbeugte.«

Schulze kaute und nickte. Als wolle er sagen: mehr, mehr.

Schopenhauer lehnte sich zurück. »Also ich mit meiner Dulcinella am Arm spaziere auf dem Strand am Lido, da kommt der Galan doch auf einem Ross angaloppiert, an uns vorbei, und das Mädel schreit nur: *Ecco il poeta inglese*. Und wäre mir beinahe in Ohnmacht gefallen. Den ganzen Tag konnte sie von nichts anderem reden als von diesem *poeta inglese*. Ich sage dir, Schulze, so gern ich ihn getroffen hätte, aber das wollte ich mir nicht antun. Ich fürchtete mich vor den Hörnern, die ich mir garantiert geholt hätte.«

»Und?« Schulze konnte kaum erwarten, was jetzt noch passieren sollte.

»Na, ich habe den Brief von Goethe behalten, aber den Galan nicht besucht.«

»Oh«, sagte Schulze.

»Das kannst du laut sagen, lieber Freund. Ich hab's bedauert und meiner Dulcinella den Lord gegeben. Zum Wohl.«

Wilhelm Boldemann und der romantische Terror

Die beiden Mithörer am Nebentisch tranken auch einen Schluck, und Schopenhauer sah zu ihnen herüber. Er hatte gemerkt, dass sie gelauscht hatten. Aber Harro und Wilhelm taten so, als hätten sie sich die ganze Zeit über etwas anderes unterhalten.

»Wie bist du über die Grenze gekommen?«, fragte Harro Wilhelm. »Hast du einen Pass?« – Einen Pass zu bekommen und damit die Möglichkeit, die Grenzen der Länder und Fürstentümer und Städte des Deutschen Bundes überqueren zu können, war schwierig und meist nur mit Fürsprache einer höheren Stelle oder mit Bestechung möglich.

»Ich hab geschworen, ich sei ein Kerzenzieher.« Boldemann lachte. »Aber das war eine Lüge.« Harro lachte unsicher. Wie offen Wilhelm sprach! Boldemann begann – allerdings leise und vornübergebeugt, sodass am Nebentisch niemand etwas mitbekam – zu erzählen von dem Aufstand, der nur noch eine Frage der Zeit sei und für den man in ganz Europa werben müsse, von Karl Follen, dem großen Denker und Redner vom Wartburgfest, wo alles seinen Anfang genommen hatte, und dass man alles dem hehren Ziel unterzuordnen habe: »Meineid«, flüsterte Wilhelm, »existiert gar nicht, das ist so ein Versuch, die Leute an der Ehre zu packen. Aber pah – wenn es die Haut rettet, würde ich alles beschwören!«

»Aber die Ehre«, warf Harro ein.

»Ehre? Was ist Ehre? Wir wissen, dass die Menschenwürde unsere Ehre ist. Die wird uns verweigert. Es geht um unser Selbstbewusstsein, um das, was wir erreichen wollen. Wenn du am Galgen hängst, verlierst du es – das Bewusstsein. Prost Freiheit.« Boldemann hob den Krug.

Harro flogen die Worte im Kopf herum. Selbstbewusstsein, Bewusstsein, Ehre am Galgen. »Auf die Freiheit«, sagte Harro und trank.

Boldemann erwies sich als großer Konspirator. Er musste sich vor der Polizei in Acht nehmen. Sein eigentlicher Plan, nach Wien und Pest zu gehen, um dort die Studenten von der Bewegung für die Bürgerrechte zu begeistern, ließ sich ohnehin nicht verwirklichen. Metternichs Polizei in Wien war zu gut organisiert, als dass sie sich mit gefälschten Papieren oder hochfliegendem Gerede zufriedengeben würden. Wenn er mit Harro etwas zu besprechen hatte, gingen sie spazieren und mieden die Gasthäuser. Zu viele Spitzel und Mithörer gab es dort. Boldemann war unruhig. Er hatte von Verhaftungen seiner Freunde erfahren, auch er wollte die Stadt verlassen. Man hatte ihn schon erkannt. Es war nur eine Frage der Zeit, bis eine Depesche mit den Jenaer Berichten hier ankam. Rund um das Schloss gab es zu viele neugierige Augen und Ohren. Boldemann erzählte vom Wartburgfest im Jahr 1817. »Du hättest die Flammen sehen sollen, in denen die Preußischen Polizeigesetze und die Schmierereien vom Kotzebue loderten«, sagte er, »und der Code Napoleon. Wir haben den Militärzopf verbrannt und Luther geehrt.«

Am 18. Oktober 1817, dem vierten Jahrestag der Völkerschlacht bei Leipzig und dem dreihundertsten Jahrestag von Luthers Thesenanschlag in Wittenberg, waren fünfhundert von Friedrich Ludwig Jahn inspirierte Turner und Studenten der zwei Jahre zuvor gegründeten Burschenschaften auf die Wartburg gezogen, um sich, gemeinsam mit den in schwarzem Rock mit roten Aufschlägen und goldenen Knöpfen uniformierten studentischen Kämpfern des Lützower Freikorps, zur Einheit und Freiheit Deutschlands zu bekennen. Man will »deutsch« sein, lehnt Provinzialismus wie Kosmopolitismus und das Judentum ab und verbrennt während der Feierlichkeiten unter anderem die Schriften Kotzebues und den *Code Napoleon*. Der *Code Napoleon* oder auch *Code civil*, das Zivilgesetzbuch der Franzosen, das auch nach deren Niederlage noch in den deutschen Provinzen galt, war im Kern die Umsetzung der Prinzipien »Freiheit, Gleichheit, Brüderlichkeit« in Gesetzesform. Er garantierte die Freiheit für jeden (Mann), Gewerbefreiheit, Gleichheit vor dem Gesetz, den Schutz des Privateigentums und die Trennung von Staat und Kirche. Die Burschenschafter aber wollten Freiheit von fremden Mächten, vor allem vom russischen Zaren, feierten ihr »Deutschtum« und warfen alles, was ihnen fremd vorkam, »ins Feuer«. Und so war die Wiedergeburt des deutschen Wir-Gefühls auf der Wartburg gleichzeitig eine Absage an die individuelle Freiheit und die Errungenschaften der Französischen Revolution – mit nachhaltigen Folgen für die demokratische und soziale Entwicklung in deutschen Landen.

»Auf Freiheit und Tod«

Harro konnte nicht genug bekommen, wenn Wilhelm von dieser Geschichte und den »Grundsätzen« sprach, von Freiheit der Rede, nationaler Einheit und Abschaffung der Fürsten. Und sie redeten über Carl Sand, der die »Fratze der Reaktion«, den elenden Skribenten Kotzebue erstochen hatte. Davon und von dem notwendigen jakobinischen *terreur* redeten sie nur leise, denn seit dem Mord wurden die Burschenschafter als »Demagogen« verfolgt. Es schauderte ihm bei dem Gedanken, jemandem einen Dolch in den Leib zu rammen. Ob er dazu in der Lage wäre? Sand soll gerufen haben: »Dem ruchlosen Verführer, zum völligen Verderben unseres Volkes«, bevor er zustach. Nein, man konnte das nicht gutheißen, aber welch ein Mut! Wir werden seine Eltern besuchen, wenn wir in der Gegend sind, beschlossen sie. Und sagten: »Psst«, und legten die Finger vor den Mund.

Und wenn er statt Boldemann nach Wien gehen würde, fragte Harro. Wilhelm lachte. »Das willst du tun? Hier hast du dein Auskommen, einen Freund als Lehrer, der König leiht dir ein Pferd, und Dresden hat schöne Mädchen. Harro, was ist mit dir? Geht es dir zu gut?« Wilhelm sah seinen Freund an, der seit Tagen nur noch ein trauriges Gesicht machte.

»Nein, nein«, wehrte er ab. Wilhelm musste ja nicht wissen, dass die sophiehaltige Luft in Dresden ihn keinen Moment mehr zur Ruhe kommen ließ. »Ich wollte immer schon mal nach Wien. Und ich kenne zwei Kommilitonen, die auch vorhaben, dort hinzugehen.«

»Ach ja?« Wilhelm warf einen Stein in die Elbe, und sie gingen und redeten eine Weile. Wilhelm schien mit sich zu ringen, und Harro schien es überall besser als da, wo er – wo Sophie – war. Wilhelm sah einen Moment auf den träge dahinfließenden Fluss, dann drehte er sich zu Harro um, legte ihm wichtig beide Hände auf die Schulter und sah ihm tief in die Augen. »Na dann, Bruder Harro. Wenn das so ist. Wir müssen alle Opfer bringen. Follen sagte zu mir, und das sage ich jetzt zu dir, mein Freund: lieber eine gegen Gottes Gebot verstoßende Tat begehen, wenn dadurch das Volk gerettet werden kann. Auf Freiheit und Tod.«

Harro schossen die Tränen in die Augen. Das war der Ritterschlag. Er war einer der Ihren, einer der Unbedingten, nicht nur von Gestalt, sondern auch aus Berufung und Auftrag. »Ja«, sagte er, »auf Freiheit und Tod.«

In den nächsten Stunden erläuterte Wilhelm bei einem langen Spaziergang auf den Elbwiesen bis hinunter zum Schloss Pillnitz dem Genossen, welche Nachrichten Harro wem zu überbringen hatte. Unterwegs kehrten sie in einem der Gasthäuser auf einen Schluck ein, ließen sich über die Elbe setzen und liefen auf der anderen Seite zur Stadt zurück. Harro schien bei diesem Spaziergang zu wachsen, sein Schritt wurde unmerklich fester, seine auf dem Rücken verschränkten Hände hielten sich gegenseitig. Harro fühlte sich.

Wien 1820

In geheimer Mission

Der Plan, nach Wien zu gehen, wollte wohlüberlegt sein, und Harro begründete ihn in Briefen an Todsen und gegenüber den Professoren mit der Aussicht, dort besser in Schlachtenmalerei ausgebildet werden zu können. Er durfte weder sagen noch andeuten, dass er vorhatte, die Studenten von Wien und Pest für den Aufstand zu gewinnen. Er musste diesen Vorsatz geheim halten, denn sonst war er in Gefahr, nicht nur die Protektion des dänischen Prinzen, sondern auch seine Freiheit zu verlieren. Harro wollte einfach weg aus seinem Glück des Tierkadaverzeichnens, weg von den philosophischen Vorträgen bei Tieck, weg aus Dresden, damit er nicht täglich befürchten musste, seiner Sehnsucht in Person, der schönen Irin, über den Weg zu laufen. Fügte sich damit nicht alles auf das Beste? In den Tod zu gehen für die Freiheit und vorher noch Prag, Wien, Budapest zu sehen, wie den Kummer zurücklassen für das große Ziel? Er war gelegentlich in die Kirche gegangen, hatte sich protestantische Predigten wie katholische Messen angehört. Der Chor in der Kreuzkirche mit seinen Bach-Motetten, war für ihn so etwas wie der Klang des Heiligen Geistes. Das Göttliche, war nichts weniger als das Ich, die Freiheit, das war die Schöpfung und das Ich die Idee des absolut freien Wesens. Seine Zeichnung für den Prinzen sollte diesen Gedanken darstellen, denn die Kunst, so hatte er bei Novalis gelesen, trug das Göttliche in sich. Und gleichzeitig war dieses Göttliche Glaube und Liebe und Wissen und Wille. Was man mit allen Sinnen will, also mit Liebe will, das ist auch von Gott gewollt, und dieser Gott war nichts anderes als das Ich und damit Harro. Die Freiheit um ihrer selbst willen zu lieben, uneigennützig zu sein, ließ den Tod wie die letzte Freiheit erscheinen. Deshalb redeten die jungen Idealisten so sehnsuchtsvoll vom Tod, schien die Revolution der Weg dahin.

Der Friese schnürte ganz irdisch seinen Rucksack, gab sein Zimmer in dem Haus an der Frauenkirche Nr. 677, 2. Treppe, auf, verabschiedete sich auf bald und wider Willen – ein Ton, eine Zeile von »ihr« und alles wäre anders gekommen – von Sophie und ihren Eltern, von den brühlschen Terrassen und Chiappone, holte sich von Dahl gute Wünsche und ein Lachen ab, schickte Sachen mit der Post nach Hause oder stellte sie unter und ging auf Wanderschaft. Um über die Grenzen zu gelangen, hatte der dänische Gesandte ihm einen Pass ausgestellt und ein Empfehlungsschreiben vorausgeschickt.

Erst zum Friseur

Wien war ganz anders als Prag, Dresden oder Hamburg. Das Erste, was Harro auffiel, war die schlechte Luft, die ihm den Atem nahm. Die Dächer und Bäume der Stadt waren aschgrau von Staub gefärbt, sodass seine Augen und die strapazierte Lunge sich gewöhnen mussten. Die Ursache waren die Donaukiesel, mit denen die Straßen befestigt werden. Die Kiesel wurden von den Kutschenrädern zermahlen und der feine Staub, zusammen mit dem trockenen Pferdemist der Fiaker, vom ständig durch die Gassen pfeifenden Wind aufgewirbelt. Die zweite Überraschung war die gänzlich andere Mode. Der Wiener trug kurze »pantalones«, einen Frack mit langen Rockschößen und auf der Straße einen »Boulevardhut« mit breiter Krempe. Harring erregte in seiner verbotenen altdeutschen Tracht und mit den langen Haaren sofort Aufsehen.

Das Empfehlungsschreiben vom dänischen Gesandten traf bei

der Fremdenpolizei auf Argwohn, waren doch die Skandinavier nicht Teil des Deutschen Bundes und somit verdächtig. Jeder Fremde hatte sich, sobald er in der Stadt nächtigte, immer an- und abzumelden, damit die Obrigkeit wusste, wer sich wo aufhielt. Der Inspektor runzelte – nachdem er Harro die entsprechende demutgebietende Zeit hatte warten lassen – die Stirn und befragte ihn nach dem Anlass seines Aufenthalts.

»Ich möchte Malerei studieren und werde mich in den nächsten Tagen an der Akademie immatrikulieren.« – »Ach so, der dänische Battaillenmaler ist er«, sagte der Beamte und suchte ein Papier, denn Harro war ja avisiert worden.

»Es würde die Sache mit der Aufenthaltsgenehmigung vereinfachen, wenn der junge Herr sich einvernehmlich zeigen würde«, sagte er und räusperte sich.

Harro verstand nicht. »Wie meinen?«, fragte er.

»In Wien legt man Wert auf eine gewisse ...«, er deutete mit den Händen wedelnd offenbar unaussprechlich Selbstverständliches an, »... ach, Sie wissen schon«, sagte der Polizist und notierte etwas.

»Herr Polizeirat meinen mein Äußeres?«

»Gewissermaßen. Die Tracht«, sagte der Inspektor, vermied es aber, ihn anzusehen, räusperte sich: »Die Haare.«

Er schwieg, Harro schwieg. Der Inspektor notierte etwas, Harro erwog für einen Moment den Aufstand, blieb aber doch freundlich.

»Und sonst steht meinen Studien nichts im Wege?«, fragte er.

»Wenn aus der obersten Verwaltung – und da kann man nie wissen – keine Bedenken angemeldet werden, könnten Sie, Ihr Entgegenkommen vorausgesetzt«, er machte mit den Fingern eine Schnipp-Schnapp-Schere, »in den nächsten Tagen mit positiven Nachrichten rechnen.«

»Es wird mir ein Vergnügen sein, die Dienste der hiesigen Barbiere zu beanspruchen.«

Harro stand auf, verbeugte sich und ging. »Verehrter Polizeirat, ich empfehle mich.« Harro kochte innerlich, aber wie hatte Boldemann gesagt, selbst ein Meineid war erlaubt, wenn er der Sache nützte.

Die Männer trugen in Wien eben einen kurzen Haarschnitt, und lange Haare schienen als Vorbote von Rebellion gedeutet zu werden. Auch wenn es stimmte, war es Willkür. Den schwarzen deutschen Rock, dies verbotene Kleidungsstück, machte der Änderungsschneider zum kurzen *english coat*, mit Samtkragen. Man erlaubte Harro, in Wien zu bleiben, verlangte aber, dass er sich von Zeit zu Zeit im Polizeibüro meldete. Nach Ungarn weiterzureisen, das erlaubte man ihm nicht.

Wiener auf Abruf

Jetzt war Harro ein Wiener auf Abruf und saß, sooft es ging, im Kaffeehaus. Einen Verlängerten zu trinken und Türken, Griechen und Griechinnen, Juden, Armenier und Ungarn zu zeichnen, die dort vorübergingen, wurde Arbeit und Vergnügen zugleich. Oder mit einer Tonpfeife wie die Türken auf den Polstern zu liegen, zu paffen und sich die Flaneure anzusehen, das war das reinste und fast kostenlose Vergnügen, auch so etwas wie Freiheit, mochten doch die Spitzel ihn belauern, wie sie wollten.

Harro ging mit den Freunden nach Schönbrunn, das Schloss und die gestutzten Hecken bewundern, und es zog ihn in den Prater. Was da zwischen den Buden für ein Verkehr war, erstaunte den friesischen Jüngling immer aufs Neue. Hunderte Droschken, dazwischen Mönche, die schönsten Griechinnen und die Musik beim Heurigen. Beliebt waren unter Studenten und Künstlern die Melodien eines gewissen Schuberts, der bei dem Grafen Esterhazy die Töchter unterrichtete und gefühlvolle Lieder schrieb. Lieder schreiben, ja, auch das wäre eine Möglichkeit, dachte er sich und reimte. Harro verfasste vielversige Sonette, aber er malte in der Akademie auch fleißig Pferdeärsche, und wenn es sich ergab, ein Porträt gegen Geld. Natürlich sah er die »Zauberflöte« und die »Braut von Messina« im Theater an der Wien. Nach Hause schrieb er trotzdem vom »Glück, das ich niemals besessen, dennoch verloren hatte«. Daneben schrieb er Bettelbriefe an wohlmeinende Damen und den Dänenprinzen, schließlich wollte die Freiheit finanziert sein, und Wien war zwar ein staubiges, aber auch teures Pflaster. Außerdem hatte man als Student gesellige Verpflichtungen.

Und Boldemanns Auftrag, die heilige Sache der Burschenschafter in die Walachei zu tragen? Alles der Reihe nach. Ungarn ist von Wien nicht weit, und mit dem Schiff kommt man bequem nach Pest. Harro schiffte sich ein, aber kurz nach Pressburg war Schluss. Die Grenzer hatten keinen Gefallen an seinem dänischen Pass. Sie hielten ihn auch jenseits von Wien für einen Demagogen. Und so beließ er es bei einem Ausflug an die Grenze, er wollte sich nicht sagen lassen, er hätte es nicht versucht. Der Aufstand in Ungarn wurde mangels hochherrschaftlicher Erlaubnis verschoben. Die Zeit war noch nicht reif, sagte er sich. Sein revolutionärer Eifer hielt sich noch in Grenzen.

Dahl schrieb ihm einen Brief, dass er zu dem Kronprinzen nach Neapel fahren würde. Gern hätte Harro sich ihm angeschlossen, aber Dahl antwortete, es sei besser, Harro würde nach Kopenhagen gehen, dort könne er mit einem Stipendium rechnen.

1820 von Wien nach Kopenhagen

Ein Bild für Carl Sands Eltern

Harro verließ Wien unverrichteter Dinge bereits nach zwei Monaten und wanderte die Donau entlang bis Regensburg. In Würzburg traf er Freund Boldemann. Der hatte dort eine Turnanstalt eingerichtet, und gemeinsam beschlossen sie, den Eltern von Carl Sand im Namen der Burschenschaft zu kondolieren. »Ich werde ein Bild von der Wiese malen, auf der ihr Sohn den Tod fand«, versprach er den Eltern. Dann wanderten sie nach Mannheim, wo er »Sands Wiese« zeichnete. Später machte er davon ein Ölbild und schickte es Sands Eltern. Sie zogen weiter den Rhein entlang bis nach Scheveningen, wo sie mit einem Frachtensegler – ein Friese findet immer ein Schiff – nach Tönning schipperten und zum Bruder nach Neuenkirchen fuhren. Endlich konnte er die Mutter wiedersehen. Welch Freude! Und Jette? Verheiratet. Welch ein Jammer!

Wilhelm Boldemann ging nach einigen Tagen wieder nach Bonn zurück, um weiter Medizin zu studieren. Harro hatte inzwischen die Nachricht erreicht, dass der Prinz ihm in Kopenhagen ein Stipendium zukommen lassen würde. Sonnige Aussichten. Und was könnte schöner sein als ein Sommer in Dänemark?

Ein Sommer mit Wilhelm Bissen in Charlottenlund

Harro machte sich nach Kopenhagen auf und verbrachte mit seinem Freund Hermann Wilhelm Bissen aus Schleswig, der wie er in Kopenhagen Kunst studierte, den Sommer 1821 in Charlottenlund. Das war der Ort der Sommerfrische des dänischen Königshauses nahe der Hauptstadt. Blühende Gärten, in denen Holzvillen standen, ein Buchenhain, der Schatten spendete und vor dem

Wind von der See schützte, die, wenn man vor dem Haus stand, durch die Bäume blitzte. Auf dem Wasser des Schlossteichs schwammen Schwäne, und in der Nähe des Schlosses herrschte reger Verkehr von Wandersleuten, Bauernwagen und Kutschen, die den Markt besuchten, auf dem Bude an Bude, Zelt an Zelt standen. Wilhelm und Harro zeichneten. Wilhelm ließ mit Vorliebe die Damen und die Pferde Modell stehen, ihm fielen die akademischen Studien leicht, ja alles wurde unter seiner Hand plastisch. Harro hatte sich eine Harfe besorgt und strich, zum Entzücken der vorbeischlendernden jungen Damen, über die Saiten. Ein sphärischer Klang, begleitet vom Summen der Bienen und dem Trillern der Vögel, schwebte in den Buchen und Eichen. Harro legte seine Sorgen und Zweifel in die Klänge. Wenn er Bissens Zeichnungen sah, erkannte er den Künstler. Bissen war ein wahrer Freund. Er munterte Harro auf, aber der widmete sich lieber seinen dunklen Gedanken, als dass er malte. Sein rechtes Auge tränte, und er ahnte, dass die Malerei auch aus diesem körperlichen Grund nicht seine Zukunft sein könnte. Obwohl man ihm Talent bestätigte und er damit wohl immer etwas verdienen konnte. Allein die Unfähigkeit, umzusetzen, was er vor seinem geistigen Auge sah, versetzte ihn in Trauer. Sollte er nicht lieber Theologie studieren wie der Bruder? Die Theologie als milchgebende Kuh, die Malerei und Literatur als Steckenpferd betreiben? Das kam nicht infrage, denn für die Theologie fehlte ihm die Kenntnis von Latein und Griechisch. Bissen sagte dem Freund: »Dichte, mein Sänger«, denn seine Gedichte waren voller Schwung und Pathos wie der Flug der Möwe. Seine Worte und Reime waren wie das warme Wasser des Sunds, das die Freunde beim Baden umschloss.

Bissen bewarb sich an der Akademie um eine goldene Medaille, die ein dreijähriges Stipendium in Rom bedeuten würde, und spornte Harro an, Gleiches anzustreben, damit sie gemeinsam reisen konnten. Aber Harro las lieber. Und er hatte seinen ersten Band mit Gedichten zum Drucker gegeben.

Morgens, wenn die Sonne noch nicht zu sehen war, aber schon das Meer heller werden ließ, saß er über den Büchern. Die Geschichte der Griechen faszinierte ihn, und er zeichnete eine griechische Familie auf der Flucht, die vor Mörderhunden in ein Boot geflüchtet war. Und las in den Depeschen die Briefe aus Konstantinopel, in denen vom Aufstand des Griechen Ypsilantis berichtet wurde und vom Mord am Patriarchen der Ostkirche. Und er nahm die lauter werdenden Rufe aus deutschen Landen zur Kenntnis, sich für die Freiheit der Griechen zu engagieren.

Harro hatte mit Bissen gescherzt und ihn von der Sache der Griechen zu überzeugen versucht. Aber Wilhelm zeichnete lieber die antiken Griechen ab. »Ja, die Griechen! Sollen sie doch die Türken zum Teufel jagen«, sagte er, »meinen Segen haben sie.«

»Aber wir können doch nicht zusehen, wenn man sie erschlägt«, empörte sich Harro.

»Und, was denkst du, soll ich tun?«

»Kämpfen. Mit Herz und Schwert. Teurer Bissen«, Harro packte ihn bei den Schultern, »lass uns für Hellas kämpfen.«

»Ich kann ein wenig mit dem Stift und mit Hammer und Meißel umgehen. Ich kämpfe für die Schönheit in Marmor und auf Bütten. Das ist mein Schlachtfeld.« Bissen hob sein Glas und trank.

»Aber die Freiheit…«, sagte Harro.

»Ist nicht zu teuer mit dem Tod bezahlt. Ja, ja«, sagte Bissen. »Gib mir einen Schnaps und lass uns auf das Leben trinken. Das ist mir lieber.« Er stand auf und suchte im Schrank nach der Schnapsflasche, die sie für ernste Zwecke aufbewahrt hatten.

»Nein Wilhelm«, sagte Harro, »so viel Eigensinn steht uns nicht zu. Wir müssen den Griechen zu Hilfe eilen. Stell dir die glückliche Stunde vor, wenn wir dem Feinde gegenübertreten. Und wenn dann eine Kugel dies Herz mit den versteinerten Bildern des Paradieses trifft.« Harro legte die Hand auf die Brust.

»Harro, bist du unglücklich? Das Leben hier ist doch schön. Und sieh dir die Mädchen an! Eine schöner als die andere, und wir sind königliche Stipendiaten, die zu schönsten Hoffnungen Anlass geben. Harro, lass den Tod, lass die Trauer um Jette und Sophie, lebe!« Bissen hielt ihm ein Glas mit Schnaps hin.

Aber Harro war wie im Fieber. »Warum bin ich so unglücklich geworden, dass ich mich nur glücklich fühle in meinen Träumen?«, sagte er zum Haus hinaus. Bissen trank, und Harro drehte sich um. »Ich tröste mich, dass ich nicht traurig geworden bin, sondern es von jeher war.«

Bissen nahm den Freund in den Arm. Ihre Freundschaft konnte nichts und niemand erschüttern. Auch wenn sie nach diesem Sommer nie wieder länger zusammen sein sollten, sorgte der später berühmte und erfolgreiche Bildhauer mit Geld und jeglicher Unterstützung für seinen Freund.

21.

3
Freiheit oder Tod – die tragikomischen Abenteuer eines Philhellenen

1821 über Hamburg nach Marseille – 1822 nach Hellas

Heran, heran! – die Kreuzesfahne wehet
Auf, freier Jüngling! Auf! – zaudre nicht!
Dich lockt ein Pfad der hin zum Lichte gehet,
Ein golden Ziel ist allen jetzt erhöhet,
Dich ruft der Herr, dich mahnt die heil'ge Pflicht!
Mit Schwertern sollst du einen Altar bauen
Auf Feindes Leichen sollst du ihn erhöhn!
Der Heide soll mit namenlosem Grauen,
Auf Hellas Flur sein blutig Ende sehn.

1821 über Hamburg nach Marseille

Abschied von der Mutter

Die griechische Sache erfasste Harro, sie war sowohl Ziel als auch Beweis, dass er bereit war, sich für die Liebe zu opfern. Endlich waren seine ersten Gedichte in dem Band »Blüthen der Jugendfahrt« gedruckt, und in Vorsehung hatte er das Motto gewählt: »Muthig zog ich in die Weite, / Mit des Christen treu Geleite, / In des Lebens Sturm hinaus.«

Als Erstes schickte er Sophie einen Band. Ob sie sich als Rose erkennen und spüren würde, dass er bereit war, alles für ihre Liebe zu geben? Harro schrieb die ersten Gedichte für Hellas, der Gedanke an den Kreuzzug spornte ihn an, Französisch und Griechisch zu lernen, denn seine Reise nach Morea, so bezeichnete man den Peloponnes, sollte über Marseille gehen, wo sich die Freiheitstruppen sammeln sollten. Er bereitete seine Abreise im Geheimen vor, denn obwohl überall Begeisterung für die Sache der Menschheit zu spüren war, gab es genügend Spitzel, die dahinter die Vorbereitungen für einen allgemeinen Aufstand vermuteten. Jede Rebellion, auch für das ferne Hellas, konnte die Menschen befähigen, den Aufstand und Kampf an sich zu lernen. Harro war hin- und hergerissen von der Sehnsucht nach Sophie und dem Kampf für die Freiheit. Er schrieb von Schleswig aus an Bissen: »Soll ich denn nun dahin gehen? So denke dir alles und du sagst erst heftig; Nein! Und dann – Ja. Soll ich die zarte himmlische Rose ihres Lebens noch mehr verletzen? Kann sie es ertragen, dass ich von ihr gehe zum sicheren Tode, und wie ihre Brust es sagt – hinfort gesandt durch sie?« Ihn schüttelten die Zweifel. Auch seiner Mutter musste er den Entschluss noch beibringen.

An einem Sonntag nach der Predigt in der Kirche seines Bruders in Neuenkirchen hatte er sich in der Stube zu ihr gesetzt und ihr den Plan offenbart. Sie blieb ganz ruhig, strich ihm über den Kopf und sah ihn lange an. Sie weinte nicht und sagte nur: »Ach.« Und dann: »Du wirst mir aus Griechenland wohl nicht schreiben können, aber denke an mich, wenn es dir wohl geht.« Sie stand auf, ging dann zu ihrer Truhe und holte ihr schwarzes Brautkleid hervor. »Ich kann dir daraus eine Tracht nähen«, sagte sie. »Ich habe das Kleid zu meiner Vermählung mit deinem Vater getragen und bei seiner und den Beerdigungen deiner Brüder. Ich will zu keiner Beerdigung mehr gehen.« Es war guter englischer Stoff, und sie musste nicht allzu viel ändern, sondern nur den Rock kürzen und die Spitzen ablösen, denn Harro war von ähnlich schmaler Gestalt wie sie. Und so trug er denn für lange Zeit das Brautkleid seiner Mutter auf dem Leib. Er schrieb darüber ein Gedicht:

Ein Sänger stand am Nordmeerstrand,
Für Hellas' Kampf bereit,
Die Mutter mit ihm tief empfand,
Sie besprachen das Waffenkleid.

»Ich will dir geben ein Waffenkleid«,
Die Mutter mit dem Sohne spricht –
»von festem Tuch aus alter Zeit,
Du findest es besser nicht.«

Die Mutter sprach's und sucht hervor
Ihr Brautkleid von schwarzem Tuch,
Das sie in Trauertagen nur
Am Sarg der Lieben trug.

»Daraus lass dir machen ein Waffenkleid
Mein Sohn – und denke mein!
Das Kleid ist am Altar geweiht –
Und der Segen des Herrn sei dein!«

Der Jüngling trägt die schwarze Tracht
Dem Sühnungstod entgegen
Und hat an die Mutter oft gedacht
Auf wilden Sturmeswegen:

Ich selber trug die schwarze Tracht,
Das war die Mutter mein,
Die dem Sohn das Brautkleid dargebracht
Drum soll sie besungen sein.[14]

Eine engere symbolische Verbindung von Mutter und Sohn ist kaum denkbar. Harro ließ nicht, wie man vermuten könnte, sein altes Leben hinter sich, um die Welt zu verändern, sondern er strebte im Gewand der Mutter dem »Sühnungstod« entgegen. Der Sühnungstod geht auf ein Edikt des Kaisers Decius (ca. 190 bis 251 n.Chr.) zurück, der von seinen Untertanen Opfer verlangte, die die Christen nicht geben wollten. Es ist Harros Synonym für die Bereitschaft, »für die Sache«, oder eben profaner, weil Sophie ihn verschmähte, zu sterben. Manchmal ist das eine vom anderen nicht zu trennen.

Muttersohn als Märtyrer?

Er will nach Griechenland in den Krieg ziehen, weil Freiheit in Deutschland zu erlangen unmöglich erscheint. Er will dort sterben, weil seine Angebetete ihn nicht erhört. Wenn man ihm böse sein will, war es ein persönlicher Liebesfeldzug des Muttersohns in der Tracht des Freiheitskämpfers. Aber das wäre ungerecht, denn Harro war durch und durch ein Romantiker, auch im politischen Sinne. Er war selbstlos wie eigensinnig, wollte sich im großen Menschheitskampf selbst verwirklichen, zog aus der Sache seine persönliche Legitimation. Wer die Sache verriet, verriet ihn, wer ihn verriet, verriet die Sache. Sein Märtyrertum machte den

Umgang mit ihm wohl manchmal schwierig. Diese Haltung sollte ihn sein Leben lang begleiten, ihm im Wege stehen, aber auch seinen späteren Ruhm als Revolutionär begründen.

Am Tage seiner Abreise im September 1821 erzählte er auch Todsen von seinem Plan. Der gute Freund wusste, dass er ihn nicht aufhalten konnte. Er fand es »nicht recht richtig«, sich von den Türken totschießen zu lassen, aber gab Harro wie immer seinen Segen. Sein Bruder begleitete ihn bis nach Heide, wo endlich eine lang ersehnte Nachricht von der Liebsten aus Dresden eintraf. Der Brief Sophies war kühl und voll höflichen Danks für das Buch, aber kein Wort der Sehnsucht, kein auch nur angedeuteter Wunsch, ihn zu sehen. Also blieb es bei seinem Entschluss: Freiheit oder Tod.

Hamburger für Hellas' Freiheit

In Hamburg wollte Harro sich einer Gruppe um den Major C. W. Dannenberg anschließen, von dem er gehört hatte, dass er ein Freiwilligenkorps aufstellen wollte. Aber der Hamburger Senat verbot auf Weisung Metternichs jegliche Unterstützung der griechischen Sache, und Dannenberg war Beamter und gehorchte. Er quittierte den Dienst, verkaufte sein Hab und Gut und zog allein in den Süden. Harro blieb noch bei der freundlichen Familie Schröder, die am Jungfernstieg wohnte und eine sehr hübsche Tochter hatte. Die Schröders waren eine Institution in der Stadt, hatten sie doch unter der Besatzung durch die Franzosen – als man die Hauptkirchen als Pferdeställe nutzte – durch ihre Gastfreundschaft den französischen Kommandanten davon abgehalten, die Stadt beim Abzug 1814 niederzubrennen.

Die Hamburger Bürger standen der Sache der Griechen sehr aufgeschlossen gegenüber. Man gab Harro 40 Taler als Honorar für seine Hellas-Gedichte, die aber dann doch nicht erschienen. Auch wenn es sich in Hamburg und Altona gut aushalten ließ und er schnell viele Freunde fand, zog es ihn fort. Mitte Oktober setzte er sich also allein in die Postkutsche nach Göttingen und verließ die Stadt. Er wollte Boldemann treffen, aber der war bereits im Sommer nach Spanien und Frankreich gezogen und hatte sich in Marseille nach Griechenland eingeschifft. Harro würde ihn unter Waffen in Morea treffen! Überall, wo er Station machte, diskutierte man über Hellas. Carl Follen und andere organisierten eifrig und hofften, im Süden ein Heer von möglichst zehntausend Mann auf die Beine stellen zu können. Diese Truppe, so wurde hinter vorgehaltener Hand geraunt, sollte sich am Jahrestag der Völkerschlacht von Leipzig in der Nähe der Schweizer Grenze versammeln. Aber es war mehr Wunsch denn Wille. Harro traf in Aschaffenburg nur auf die von Dannenberg avisierten Mitstreiter, die auch nach Marseille wollten.

Rotbärte, Landsknechte und eine schöne Spanierin

Auf der Reise über Bern und Zürich und dann auf der Rhône traf er die unterschiedlichsten Gestalten, vom polnischen Adligen bis zum entlassenen Offizier, vom Neffen eines Theologieprofessors, der gerade aus Brasilien kam, bis zu kriminellen Abenteurern aus Überzeugung, daneben Carbonari aus dem Piemont, Kuriere des »Jünglingsbundes«, Medizinstudenten mit Dolch, ehrenwerte Militärs und eine spanische Witwe, die auf dem Weg in den Süden nicht gern allein sein wollte. Seine Mitreisenden waren rohe Burschen, die, wenn sie abends in die Schenken am Fluss einkehrten, Jagd machten auf Wein und Weib. Die Motive der meisten Krieger waren nicht eben edel, viele waren schlicht auf schnelles Geld und Vergnügen aus. Eine Truppe von Helden war es wahrlich nicht.

Die Spanierin lud Harro ein, ein Zimmer in ihrer Herberge zu mieten, wohl auch weil sie sich damit sicher wähnte vor den Nachstellungen der Rotbärte und Landsknechte, die weder

Charme noch Scham kannten. Harro war so von seiner Menschheitsmission beseelt, dass er manche Zeche der Kameraden zahlte. Der Spanierin gegenüber, immerhin Witwe eines Schweizer Offiziers und einige Jahre älter als er, gab er sich als Kavalier. Das fand sie so bezaubernd, dass sie Harro ihre Zuneigung auch körperlich zeigen wollte und er in der Herberge plötzlich einer schönen, überaus wohlgeformten Sängerin gegenüberstand, deren Reize nicht viel mehr als eine Mandoline und ihr langes Haar verbargen. Harro wusste gar nicht, was da mit ihm geschah.

»Sie sind ein Schwärmer«, begann Isabella. »Sie wollen nach Griechenland, aber ich sehe Sie auf einer Fahrt zum sicheren Tod, und doch erblicke ich in Ihnen das Bild des Lebens, der blühenden Kraft. Sie sind ein Schwärmer, und wenn ich mich nicht irre, bestärkt in Ihrer Schwärmerei durch Unglück, was der Jugend als wahres und einziges Unglück begegnet, durch zertrümmerte Hoffnungen in glühender Liebe.« Harro schoss das Blut in den Kopf. Er mochte sie gar nicht ansehen. Die Fremde, deren Hitze er förmlich spürte, fuhr fort. »Ich will die Tiefe Ihres Kummers nicht erforschen, Ihre Schwermut kündet mir, dass Sie leiden, und ich mag es nicht, einen Jüngling gebeugt zu sehen.« Isabella zupfte auf den Saiten ihrer Mandoline, und Harro zerfloss in wundersamen Gefühlen. Der Zauber des Liedes machte Isabella mutiger, sie ging auf ihn zu. Harro blieb die Luft weg. Die Frau war so nah, wie selbst Sophie ihm nicht gekommen war, sie drängte sich an ihn und spielte. Plötzlich riss eine Saite. Stille. Harro war, als würden Flammen aus den Dielen des Raums emporschlagen. Er hatte Angst vor dieser Nähe und ging zum Fenster, zwischen ihm und der Tür nur die Verführung selbst. Auf der Straße sah er einen Kameraden vorbeigehen, riss in seiner Furcht vor der Frau das Fenster auf und rief hinunter: »Suchst du ein Zimmer, Kamerad? Warte, ich helfe dir!«

»Entschuldigen Sie mich«, rief er der Schönen zu und stürzte aus der Tür. Der Gesang und der Klang der Saiten erstarben.

Später, er hatte dem Kameraden einen Strohsack besorgt und teilte mit ihm seine Kammer, hörte er noch lange Lachen und Poltern aus dem Zimmer der Schönen. Mit ihm sprach sie kein Wort mehr und vermied es, am nächsten Tag mit der Gruppe weiterzureisen. Harro sah sie erst in Marseille wieder, sie tat da aber so, als würde sie ihn nicht kennen. Harro und die Freiwilligen fuhren mit der Extrapost nach Aix und marschierten von dort nach Marseille.

Die Philhellenenschar

Fritz Sieveking, der gute Geist aus Hamburg, der Harro gleich nach seiner Ankunft in der Stadt mit Kleidung, Wohnung und einer schönen Summe Geld versorgt hatte, sagte ihm, er solle ins Café du Parc gehen, dort würden sich die Philhellenen versammeln und auf das Schiff nach Morea warten. Die Sievekings waren Anhänger der Französischen Revolution und des Freiheitskampfes der Griechen, aber durch die Franzosenzeit in Hamburg wie alle Hanseaten finanziell stark gebeutelt worden. Nun suchten sie mit »Wagen und Winnen«, dem Leitspruch der hanseatischen Kaufleute, ihr Glück in der Fremde. Harro hatte gleich nach seiner Ankunft die Kaserne aufgesucht, in der die Philhellenenschar kampierte, unter ihnen sein Landsmann Henrik Kroyer, den er bereits aus Kopenhagen kannte. Henrik hatte nach dem Tod seines Vaters erst Medizin und dann Philologie studiert, bevor er sich den Griechenfreunden anschloss. Gemeinsam gingen sie in das Café du Parc, wo sie einen weiteren Landsmann, den jungen Johann Stabell, treffen wollten. Das Café wurde von einer in die Jahre gekommenen Madame geführt, die mit lockeren Sprüchen, der Fülle ihrer körperlichen Reize und barschen Anweisungen ihr Etablissement regierte, das mit hohen Spiegeln, einem zierlichen Büfett und Marmortischen einen vornehmen Eindruck machte. Die Stammkundschaft bestand aus Soldaten, Abenteurern und Schöngeistern, die alle auf die Einschiffung nach Morea warteten. Stabell, ein junger blonder Däne mit Kussmund, sah Harro abschätzend an, als er ihn durch die Tür kommen sah. Kroyer stellte sich vor, und Stabell meinte sogleich: »Also ein Holsteiner. Das hätte ich nicht gehofft.« Harro ignorierte ihn daraufhin, denn die Bezeichnung »Holsteiner« benutzten die Dänen für alle Fremden, die sie nicht mochten. Harro beachtete ihn nicht weiter, sondern versuchte die Versammelten in dem Lokal etwas genauer kennenzulernen. Ein Hauptmann Sanders beklagte das Schicksal seiner Frau und rief ihm zu: »Sei willkommen, junges Blut. Unsere Jahre zusammen machen zwei volljährige Türkentöter. Trink einen Schnaps mit mir, Bruder.« Ein junger Mann in der Uniform eines preußischen Leutnants verkündete: »Es steht schlecht mit unserer Einschiffung. Immer noch kein Schiff in Sicht.« Das Café war voller Franzosen, Piemonteser, Spanier, Deutscher und Dänen, die sich alle mehr oder weniger langweilten und darauf warteten, endlich die Reise in den ersehnten Tod antreten zu können. Vom Tod handelten auch alle Gespräche. Wieder und wieder wurden die kargen Meldungen vom Kampf in Morea wie Kautabak durchgekaut, und immer abenteuerlicher wurden die Gräuel der Türken und die Heldentaten der Hellenen. Jedes noch so kleines Vorkommnis in Marseille, ob Reiter angekommen oder ein Schiff beladen wurde, der Mistral sich ankündigte oder die Fischer einen dicken Fang gemacht hatten, wurde zum Gerücht, zur Vermutung, zur Gewissheit – für die man nötigenfalls sterben würde. Das war unterhaltsam für einen Tag oder eine Woche – aber auf die Dauer unerträglich, die Tage mit immer denselben Gesichtern und deren Ansichten zu teilen. Da gingen sie dann ins Theater oder in die Tanzpaläste wie das Café Genois. In der Handels- und Hafenstadt Marseille war es so wie an all diesen Orten in der Welt. Alles war käuflich, alles musste schnell gehen. Man gab nicht feinsinnige Komödien von Molière, sondern Possen der übelsten Art. Bei jedem Stück traten Jongleure und Seiltänzer auf, im Parkett wurde gezecht, und in den Logen, die von außen nicht einsehbar waren und von denen man nur durch ein kleines Quadrat im Gitterfenster auf die Bühne sehen konnten, war manchmal ein lauteres Lachen und Stöhnen zu hören als auf der Bühne.

Ein Duell

Die Philhellenen tranken, rauchten und langweilten sich. Und weil dies an die Nerven ging, der Tanzboden und dort angezettelte Händel kein wirklicher Ersatz für das Schlachtfeld waren, bekam man sich auch untereinander in die Haare. Karl Lasky, ein Schlesier und Student aus Jena, der in der Armee Napoleons gedient hatte und sich mit militärischer Literatur den Tag vertrieb, beanspruchte die Führung eines Korps, ein Hamburger Rittmeister namens Chevalier ebenfalls. Die Männer kamen sich in die Quere, ein Wort ergab das andere, die Fehde war unausweichlich, die Frage der Ehre musste geklärt werden. Das bedeutete, man duellierte sich. So trafen sich die Duellanten heimlich am Morgen mit Pistolen vor der Stadt. Chevalier war ein guter Schütze und traf Lasky am Kopf, der anschließend nur durch ärztliche Kunst gerettet werden konnte, auch wenn ihm die linke Wange und das Ohr zerschossen blieben.

Inzwischen warteten 75 Philhellenen seit zwei Monaten auf die Einschiffung, und in dieser Zeit duellierten sich zwei Dutzend Kämpfer mit Pistole, Säbel oder Fäusten. Das beunruhigte nicht nur die militärische Führung des Korps, sondern auch die französische Polizei, und immer wieder drohte man, die Waffen einzuziehen. Harro hatte von Fritz Sieveking einen Damaszener Säbel geschenkt bekommen, den Hamburger Griechenfreunde gestiftet hatten, und trug ihn wie eine Auszeichnung.

Die Stimmung war angespannt. Auch Stabell war nervös und brüskierte Harro vor versammelter Mannschaft. Er schrie ihn an: »Du bist ein ehrloser Wicht, dem der Säbel auf dem Boden schleift und der nicht wert ist, dass wir dich einen Dänen nennen.« Das kannte er ja schon. »Du siehst gar nicht aus wie ein Däne. Wer weiß, welch kleinen schwarzhaarigen Vagabunden deine Mutter getroffen hat.«

»Schweig, du Hundsfott«, schrie Harro ihn an und ging auf ihn los. Einen Augenblick später hatte Stabell Harros Hand im Gesicht.

Stabell schwieg verdutzt, hob dann seine Tabakspfeife zum Schlag und wollte sich auf Harro stürzen. Aber die Umstehenden hielten ihn fest und redeten auf ihn ein.

Nach einer Pause sagte Kroyer: »Stabell fordert dich auf Pistolen.«

»Einverstanden«, erwiderte Harro.

»Wann?«, fragte Kroyer.

»Morgen früh um sieben am Chateau de verre.«

Der Abend war gelaufen. Harro ging mit schweren Gedanken nach Hause. So würde also sein Leben enden, bevor er für die Sache der Freiheit eintreten konnte. Für ihn war das keine Sache zwischen aufbrausenden jungen Männern um die Ehre der Mutter, sondern der Kampf Friese gegen Däne, eine nationale Sache. Und der Tod, sagte er sich, würde schöner sein, als es dieses Leben war.

Morgens vor sieben Uhr gingen sie los. Harro übergab einen Brief und das Medaillon mit dem Bild von Sophie in einem Portefeuille an einen Sekundanten, verabschiedete sich von den Anwesenden, legte Mantel und Jacke ab, nahm die Pistole und stellte sich Stabell im vereinbarten Abstand gegenüber. Stabell war wie Harro bleich, eine Möwe schrie über ihren Köpfen. Der Sekundant kommandierte: auf drei! Sie drückten beide ab. Harro wurde nicht getroffen, und nachdem der Rauch sich verzogen hatte, standen beide sich gegenüber wie zuvor.

»Er hat absichtlich in die Luft geschossen«, rief Stabell wütend, kam auf Harro zu und warf ihm die Pistole vor die Füße.

Die Sekundanten empörten sich und meinten zu dem Dänen, wer sich so unehrenhaft verhalte, der sei nicht satisfaktionsfähig, sie weigerten sich, die Pistolen erneut zu laden. Dabei sahen sie sich vielsagend an. Hinterher meinte einer, die Pistolen seien nur mit Pulver und nicht mit Kugeln geladen gewesen. Das ahnte Harro nicht. Die Sekundanten einigten sich, dass die beiden ihr Ehrenhändel frühestens in Morea mit dem Säbel fortsetzen dürften. Alle gingen in die Stadt zurück, wo um zehn Uhr eine Generalversammlung der Philhellenen angesetzt war. Dort wurde noch einmal ein striktes Duellverbot erlassen, und wer dabei ertappt würde, müsse mit dem Ausschluss von der Expedition rechnen.

1822 nach Hellas

Durch Einheit nur kann großes Werk gedeihen,
Und nichtig ist im Kampf zerstreute Kraft,
D'rum haltet stets in unseren engen Reihen;
Wo hoher Muth das große Werk erschafft.
Bereit, dem Grab als Opfer sich zu weihen,
Sey nie durch Zwietracht uns're Schar erschlafft;
Voll Hochgefühl als Eines Bundes Glieder
Sind wir fortan dem Tod geweih'te Brüder.[15]

Das Korps verlässt Marseille

Endlich ging es los. Am 10. Januar 1822 verließ die Bombarde »St. Marie«, ein Zweimast-Schoner mit Kanonen, den Hafen von Marseille. An Bord 34 Philhellenen, darunter 25 Deutsche. Die Dänen, Friesen und »Holsteiner« zählten jetzt als Deutsche, außerdem waren sechs Franzosen und drei Polen dabei. Eine bunte Gesellschaft, die sich unter Deck die Schlafplätze teilen musste.

Es war die dritte Expedition, die Marseille Richtung Morea verließ. Harro hatte mit den Kameraden vor dem Auslaufen noch eine Andacht gehalten und zu diesem Zweck verfasste Verse an die Kreuzfahrer verlesen.

Das Schiff hatte bessere Tage gesehen, und die ältesten Besatzungsmitglieder waren die Holzwürmer, die sich Tag für Tag mit feuchter Eiche den Darm vollschlugen. Harro tröstete, dass das Schiff einen tüchtigen Steuermann, den Friesen Johann Heise, an Bord hatte. Mit dem verstand er sich gleich, und Heise meinte, der Kahn würde noch für drei Reisen gut sein. Zum Frühstück bekam jeder einen Schluck Rum, wer keinen Kaffee hatte, trank ihn pur. Das Essen wurde nach der Mannschaftsliste verteilt, damit niemand zu kurz kam oder eine doppelte Portion aß. Kurz vor dem Auslaufen hatten sich in Marseille einige Kämpfer still und leise verabschiedet und verkündet, sie wollten lieber in der Heimat als in der Fremde kämpfen. Der Verdacht kam auf, dass sie den Freitisch in der Kaserne so lange wie möglich genutzt hatten. Feiglinge, Spione oder Nassauer, die einen vollen Topf, aber nicht die Sache der Griechen schätzten. Die Fahrt ging an der Küste nach Osten und dann südlich an Korsika und Sardinien vorbei auf die Liparischen Inseln zu. Einmal tauchte ein türkischer Korsar im Fernrohr auf und versetzte die Besatzung in Alarmbereitschaft. Eine härtere Prüfung für die Moral und die Gesundheit war der Januarsturm, der den morschen Kahn an den Rand seiner Existenz brachte. Die Philhellenen mussten unter Deck, und die Luken wurden geschlossen. Harro konnte, weil er Heise beim Abdichten eines Lecks helfen konnte, die hohen Wellenberge und die Gischt in vollen Zügen an Deck genießen. Es war ihm lieber, der tobenden Skylla ins Auge zu sehen, als unter verschlossenen Luken blind den Untergang zu erwarten. Am Morgen darauf beruhigte sich der Sturm. Sie passierten Stromboli und am Abend mit achterlichem Wind die Straße von Messina. Der Rest der Überfahrt mit Kurs auf Navarino verlief ruhig, nur dass Stabell es nicht lassen konnte, gegen Harro zu stänkern. Aber die Kameraden hielten ihn davon ab, ihn anzugreifen.

»Und es schickte ihnen einen günstigen Fahrwind die helläugige Athene, einen frischen West, der rauschte über das weinfarbene Meer.« Homer auf den Lippen, stand Harro mit den Kameraden am Bug, hinter ihm blähte sich das Focksegel, einige fliegende Fische begleiteten sie, und noch bevor Land in Sicht war, schwebte eine Möwe ein und wies wie ein Lotse die letzten Meilen bis zur Küste. »Und es fiel der Wind voll mitten in das Segel, und die Woge brauste gewaltig, die purpurne, um das Bug des Schiffes, wie es fuhr.« Wie würde es ihm ergehen? Bisher hatte das Leben ihm ja leider nur Ahnung und nicht den wahren Genuss geboten. Jetzt würde sich das Schicksal erfüllen, die Antike wieder auferstehen – oder sie als Helden sterben lassen.

EXKURS – Osmanische Zustände

Das klassische Hellas war schon tausend Jahre, bevor die Osmanen im Jahr 1453 Konstantinopel und in den Jahren danach den Balkan eroberten, Geschichte und weitgehend vergessen. Die Bauten der Antike verfielen, die Marmorgötter stürzten ins Meer oder wurden unter Schutt begraben, aus Tempeln baute man Ziegenställe, und die Schriften der Dichter wurden in alle Winde zerstreut. Die Osmanen versperrten den Zugang zum Schwarzen Meer und zogen Jahr für Jahr gen Norden, 1529 erschienen sie erstmals vor Wien. Die Werke der Hellenen waren bereits Hunderte Jahre vorher in Bibliotheken in Bagdad, Damaskus oder Alexandria gelandet, ihre Philosophie wurde wie die Samen des Löwenzahns in alle Welt zerstreut, zertreten, missachtet und doch an den ungewöhnlichsten Orten gepflegt. Die Ideen des Platon und Aristoteles gelangten schon früh auf Papyrus geschrieben von Athen über Byzanz auf Eselsrücken nach Bagdad, wo es Wissenshäuser gab, die der Wissenschaft einen dort nie wieder erreichten Auftrieb gaben, um erst gefeiert, später verschmäht auf einer Ziegenhaut mit dem Kamel nach Kairo transportiert zu werden. Sie segelten von Alexandria mit dem Schiff nach Marrakesch und gelangten mit den Sarazenen nach Cordoba. Sie wurden vom Altgriechischen ins Arabische, ins Hebräische und schließlich ins Lateinische übersetzt und entfalteten von Andalusien aus ihre Wirkung, bis man sie dann in den Klöstern Italiens vor allzu neugierigen Augen zu verbergen suchte. Das alte Hellas verfiel währenddessen, wurde an der Küste von den unterschiedlichsten Fürsten und Völkern besetzt und belagert, bis die Osmanen sich endgültig aufmachten, Europa zu erobern.

Wenn die Bauern ihren Zehnten und die Kopfsteuer bei den Lehnsherren, den Spahis, ablieferten, sich nicht gegen die Auslieferung der zehnjährigen Jungen, die Knabenlese für das Heer der Janitscharen wehrten, waren die neuen Herren zufrieden und überließen den orthodoxen Popen die kleine Gerichtsbarkeit, während im Großen die Scharia galt. Aber die orthodoxen Patriarchen gingen nicht weniger autoritär mit den Bauern und Fischern um als die Agas der Osmanen. Und so gelangte das Gift der Vergeltung in die Herzen, und die patriarchalischen Traditionen lebten fort.

Die reichen griechischen Bürger gingen nach Byzanz und später nach Konstantinopel, sammelten sich in Fener, einem Viertel am Goldenen Horn unweit des Topkapi-Serails, dem Sitz des Sultans. Sie machten sich als Mediziner, Alchemisten und Händler der »Hohen Pforte«, wie die Regierung der Osmanen hieß, unentbehrlich. Aber der Glanz, den Süleyman der Prächtige im 16. Jahrhundert verbreitete, hielt nicht vor, denn die Eroberungspolitik traf auf zunehmenden Widerstand. Auch die Griechen besannen sich langsam auf ihr Erbe, der Patriarch Samuel übertrug im 18. Jahrhundert Platon ins Neugriechische und ließ die Schriften von Voltaire für seine Leute übersetzen.

Der Druck von außen auf das Osmanische Reich nahm zu. Als Katharina II. 1768 gegen die Hohe Pforte in den fünften von elf türkisch-russischen Kriegen zog und auf griechisches Gebiet kam, wurden die Russen wie Brüder empfangen, und als Russland wenig später gegen die Tataren auf der Krim vorging, waren griechische Freiwillige an ihrer Seite.

Die Französische Revolution und vor allem die Eroberungsfeldzüge Napoleons hatte die Lage in Europa schließlich völlig durcheinandergebracht. Vertreter von über 200 Staaten und Fürstentümern trafen sich ab September 1814 zuerst in London und dann in Wien, um die Grenzen und Einflussgebiete neu festzulegen. Das Osmanische Reich wurde als Ordnungsmacht anerkannt, blieb aber bei den Verhandlungen außen vor, der Balkan spielte nur am Rande eine Rolle. Man wusste, dass das Osmanische Reich »krank« war, zögerte aber den Sturz hinaus, weil man sich nicht in der Lage sah, die dann aufkommenden Probleme im Orient zu lösen. Vielmehr hoffte man, dass die »Hohe Pforte« sich nach Westen orientieren und Reformen zulassen würde. Nachdem man im Wiener Palais am Ballhausplatz ausgetanzt, neue Grenzen gezogen, den Deutschen Bund gegründet und auf Initiative Englands die Sklaverei geächtet hatte, blieben trotzdem viele Fragen offen. Gleichzeitig wurde der Gedanke an eigenständige Nationalstaaten zwar in vielen Fällen verworfen, aber es fanden sich überall viele Philhellenen, die die Idee eines griechischen Nationalstaates unterstützten. Freunde gründeten eine attische Gesellschaft, die im Geheimen arbeitete und im Laufe der Zeit 80 000 Verbündete in ganz Europa sammelte, vor allem in deutschen Landen. Zwar hatte schon 1798 der Grieche Rhigas aus Velestin den Aufstand gegen die Osmanen gewagt und war auf dem Schaffott gelandet, aber sein Ruf »Zittere, übermächtiger Sultan, die Umwälzung ist nahe, aus meinem Blute werden die Rächer des Vaterlandes erwachsen« war fortan das Motto der Philhellenen.

Als sich Anfang 1820 der junge Grieche Alexander Ypsilantis, ein griechischer Adliger, der als Offizier in der Leibwache des russischen Zaren gedient und bereits 1812 für die russische Armee gegen Napoleon gekämpft hatte, sich bereit erklärte, den Oberbefehl über die Aufständischen zu übernehmen, begann der Aufstand. Das Unternehmen schien erst unter einem glücklichen Stern zu stehen, hatte doch der Sultan selbst die Griechen bewaffnet, um den Aufstand eines lokalen Statthalters niederzuschlagen. Der Zeitpunkt schien günstig, und so ging Ypsilantis im März 1821 über den Pruth, die russisch-osmanische Grenze, und rief die Griechen auf, gegen die Herrschaft der Türken zu rebellieren. Auch auf dem Peleponnes brach kurz darauf, angeführt vom Erzbischof von Patras, der Aufstand aus.

Der osmanische Sultan Mahmud II. war nicht nur an seiner Nordgrenze ständig mit dem russischen Reich in Konflikt. In Konstantinopel musste der Sultan seine eigene Truppe, die Janitscharen, in Schach halten, die sich gegen eine Militärreform und den Abbau von Privilegien wehrte. In Ägypten und auf der arabischen Halbinsel kämpften seine Truppen gegen die Wahabiten, die einen eigenen Staat gegründet hatten, und sein Statthalter in Kairo, der gebürtige Albaner Muhammed Ali Pascha, betrieb mit seiner albanischen Truppe Politik auf eigene Rechnung und löste sich von der Hohen Pforte. Im Kampf gegen den Aufstand in Morea brauchte Mahmud II. aber den albanischen Verbündeten.

Die Situation schien also günstig. Ypsilantis hatte bei seinem Aufstand zudem auf die Unterstützung der Russen, deren Offizier er ja war, gerechnet. Aber Zar Alexander dachte nicht daran, den Aufstand zu unterstützen, zu sehr fürchtete er einen unkontrollierbaren Konflikt mit den Osmanen und entließ den Offizier unehrenhaft. Mahmud II. schickte daraufhin alle verfügbaren Truppen in die Walachei, und die von Nachschub abgeschnittene kleine Truppe Ypsilantis’ wurde innerhalb weniger Wochen aufgerieben. Aber der Aufstand hatte begonnen und ließ sich nicht mehr aufhalten. Am ersten Januar 1822 verabschiedeten 59 in Epidaurus versammelte Agas, Kaufleute und Heerführer, als Nationalversammlung eine erste Verfassung Griechenlands:

Da die griechische Nation unter der schaudervollen ottomanischen Herrschaft das höchste drückende und beispiellose Joch der Tyrannei nicht zu ertragen vermocht und es mit großen Aufopferungen abgeschüttelt hat, so verkündigt sie heute durch ihre legitimen, in einer Nationalversammlung zusammengetretenen Repräsentanten vor dem Angesichte Gottes und der Menschheit ihre politische Existenz und Unabhängigkeit.

In der Bucht von Navarino

Wenige Wochen später kam die Schar der Philhellenen in die Bucht von Navarino, die von der Natur als ein idealer Hafen angelegt war, von Homer in der Odyssee als das antike Pylos beschrieben. Es war der Ort, an dem Telemachos, Odysseus' Sohn, auf der Suche nach seinem Vater landete. Eine Landzunge schützte die Reede vor der offenen See, und die Festung und die Stadt lagen auf einem Hügel und thronten über der Bucht und dem Hinterland.

Jetzo erhob sich die Sonn' aus ihrem strahlenden Teiche / Auf zum ehernen Himmel, zu leuchten den ewigen Göttern / Und den sterblichen Menschen auf lebenschenkender Erde. / Und die Schiffenden kamen zur wohlgebaueten Pylos, Neleus' Stadt. / Dort brachten am Meergestade die Männer / Schwarze Stiere zum Opfer dem bläulich gelockten Poseidon / Neun war der Bänke Zahl, fünfhundert saßen auf jeder; / Jede von diesen gab neun Stiere. Sie kosteten jetzo / Alle der Eingeweide, und brannten dem Gotte die Lenden.

So beschreibt der dritte Gesang der Odyssee die Landung des Telemachos in Pylos. Das Schiff mit den Philhellenen lief bei gutem Wetter in die Bucht ein, aber da waren keine Stiere. Nur ein paar Hunde suchten den Strand nach Essbarem ab. Die Befehlshaber zogen für den ersten Landgang ihre Ausgehuniformen an, Kommandant Byren seinen schwarzen Rock mit sieben Orden, der französische Hauptmann eine feuerrote Uniform. Begleitet wurden sie von einem weiteren Hauptmann, der sich sein altgriechisches Lexikon unter den Arm klemmte, um den Übersetzer zu geben. An Bord wurde die Vorratskammer geöffnet, es wurde getrunken und gesungen.

Harros Widersacher Stabell hatte nur auf die Ankunft gewartet, um sich mit einem Dolch auf ihn zu stürzen. Er schrie: »Einer, nur einer von uns soll Griechenland betreten. Ich will mich rächen, ich hab's geschworen, der Schurke soll sterben!« Aber die Kameraden sprangen dazwischen, bevor Harro sich wehren musste, packte Heise Stabell am Kragen und schrie ihn an: »Willst du über Bord oder willst du bluten? Wicht.« Sie sperrten ihn unter Deck ein und berieten, was man mit dem Jüngling machen sollte. Das Bordgericht entschied, ihn gnädig zu behandeln. Wie einen Unmündigen, mit dem Harro sich nicht zu schlagen braucht. »Möge er sich doch vor dem Feind beweisen«, sagten sie. Zu groß war die Freude über das, was da kommen sollte. Sie prassten mit ihren Vorräten und verschenkten den Rest ihrer Verpflegung an die Besatzung des Schiffes. Alles in der Hoffnung, am Strand mit dem Fleisch der schwarzen Stiere gefüttert zu werden. Doch am Ufer erschienen nur ein paar Griechen, die die Ankömmlinge hochleben ließen. In der Festung waren vielleicht noch 80 Familien. Die Philhellenen wurden in einem Haus untergebracht, das bessere Tage gesehen hatte. Siebenhundert Türken sollten bei der Eroberung Navarinos ihr Leben gelassen haben und verbrannt sein. Man zeigte ihnen am Fuße der Festungsmauer und in den Häusern die verkohlten, im Todeskampf erstarrten Leichen. Niemand machte Anstalten, sie zu bestatten.

Harro taumelte in eine Kirche, die noch Wochen vorher Moschee und Jahrhunderte davor Kirche gewesen war, kniete sich vor die Madonna und das Bild des heiligen Georg und dankte, lebendig bis hierher gekommen zu sein. Das würde also auch sein Schicksal sein, in einer Ecke ein Haufen Asche, die der Wind durch die Gassen weht. Darauf erkundete er die engen Straßen der kleinen Stadt. Überall die Spuren des Kampfes, von Ruß geschwärzte Häuser. Die Kinder führten untereinander den Krieg weiter, bewarfen sich mit der Asche ihrer Eltern und bedrohten sich mit Dolchen.

Sieben Piaster

Harro vertrieb zwei kleine Griechen, die dabei waren, einen etwa fünfjährigen kleinen Türken zu quälen. Als er sich später in ein Kaffeehaus setzte, um eine Pfeife zu rauchen – es brauchte für ein Kaffeehaus hier nur einen *Mangal*, einen Holzkohleofen, ein paar Becher, einen Topf zum Kochen und ein paar Decken –, war der Junge, den er eben gerettet hatte, schon da, um ihm Feuer zu bringen. Er warf die glühende Holzkohle von einer Hand in die andere, wartete, bis Harro seinen Tabak in den Tonkopf gestopft hatte, und reichte ihm den weißen Glutkern. Als der Kaffeehausbesitzer bemerkte, dass der Knabe Harro gefiel, sagte er zu ihm: »Willst du ihn kaufen? Er hat keine Eltern mehr. Ich bin sein Onkel und gebe ihn dir für sieben Piaster.« Harro war verwirrt. Wie konnte man ein Kind verkaufen wollen?

»Sieh, er ist gesund. Er macht alles, was du willst. Sieh, wie zart seine Haut ist. Er wird dir Vergnügen machen.« Er schnalzte mit der Zunge und verdrehte verschwörerisch die Augen. Was sollte Harro mit dem Knaben? Um seine Sachen zu tragen, war er zu klein. Und was sollte ein Kind im Kampf? Es würde nur stören.

Harro verstand nicht und konnte sich nicht vorstellen, was man mit einem Knaben anfangen konnte. Seine Kameraden, die auch ihre Pfeife rauchten, lachten nur und redeten von »griechischer Liebe«. Harro lehnte ab, der Mann zuckte nur verständnislos mit den Schultern und scheuchte den Jungen davon. Der weinte bitter ob der vertanen Rettung. Aber solange Harro in Navarino war, suchte der Junge stets seine Nähe. Harro gab ihm gelegentlich ein paar Münzen und etwas zu essen.

Die Festung selbst war schlecht gesichert. Sie waren 40 Philhellenen und 80 schlecht bewaffnete Griechen. Es gab 40 Kanonen, von denen nur drei funktionstüchtig waren. Und es gab nichts zu essen. Noch nicht einmal mit Geld bekam man Brot. Einen Angriff der Türken hätten sie nicht überstanden, so schlecht waren sie gesichert. Aber die Türken ließen sich nicht blicken. Hunger und Langeweile wurden stattdessen zum Feind. Irgendjemand trieb eine Violine auf, das einzige Instrument weit und breit. Und als die Geige einem ungarischen Kameraden in die Hände fiel und er ihr die wundervollsten Töne entlockte, gerieten die Griechen völlig aus dem Häuschen. Sie tanzten und schossen in die Luft. Wenn es allerdings nachts auf Wache ging, waren sie weniger aktiv. Um zu verhindern, dass die Posten auf der Festungsmauer einschliefen, machte man kleine Feuer, und die Wachen mussten sich reihum in Abständen Parolen zurufen. Weiter passierte nichts. Weder waren Türken zu sehen, noch verbesserte sich die Versorgungslage. Gelegentlich lief ein Schiff in den Hafen ein. Dann gab es wenigstens neue Nachrichten.

Wo bitte ist der Tod?

Ypsilantis war geschlagen und nach Siebenbürgen, unter den Schutz der Österreicher, geflüchtet. Die Österreicher hatten ihm zuerst zugesagt, dass er nach Amerika auswandern dürfte, ihn dann aber in die Festung Theresienstadt in die Nähe von Prag verbracht. Auch die Habsburger wollten keinen Aufstand in Morea, weder einen Konflikt mit Russland noch mit der Hohen Pforte. Sie folgten der Ansicht ihrer verstorbenen Kaiserin Maria Theresia, die die Griechen für kulturlos hielt und Morea noch nicht einmal geschenkt haben wollte.

Der aufständische Osmane Ali Pascha wurde von Sultanstruppen auf dem Balkan bezwungen und hingerichtet. Aber die griechische Revolution war trotzdem nicht aufzuhalten, es hatte sich eine eigenständige Regierung gegründet, und in ganz Europa machten sich Freiheitskämpfer auf, die Sache von Hellas zu unterstützen. Unter den Herrschenden war man sich uneins. Während Metternich fürchtete, Europas mühsam ausgehandeltes Gleichgewicht könnte durch Griechenland aus der Waage geraten und zudem die aufrührerischen Kräfte stärken, sympathisierten Bürger und auch Regenten wie am bayrischen Königshof mit der Rebellion.

Die Befreier in Navarino erfuhren, dass die erste Expedition der Philhellenen fast vollständig aufgerieben worden war. Harro fragte nach seinem Freund Wilhelm Boldemann, und man sagte ihm, der sei entweder in Argos oder in Kalamata, wo er als Arzt alle Hände voll zu tun hätte. Da wollte Harro nun hin und schloss sich einer Expedition an. Später berichtete er Todsen: »Bei unserer Ankunft in Griechenland schlug alles fehl. Wir konnten keinen Sold, ja nicht einmal Brot kriegen, und wer kein Geld hatte, sah dem Hungertod entgegen, der in Argos im Spital mehrere hinweggerafft hat. Statt Krieg nur ein Possenspiel der griechischen und türkischen Bauern. Kein organisiertes Militär auf ganz Morea und keine Aussicht, sondern die ganze Unmöglichkeit, dass sich das Volk je organisieren lasse. Ein deutsches Korps war noch weniger zu errichten, da sich die Deutschen, welche früher hergeeilt waren, alle zerstreut und viele schon auf der Rückreise waren.«

Den Jungen musste er zurücklassen, wohl wissend, dass ihn die Sklaverei erwartete. Ein Gutes hatte der Aufbruch jedoch. Harro konnte endlich den Streithammel Stabell hinter sich lassen. Der wollte bleiben und auf Hauptmann Normann warten, der mit dem nächsten Schiff aus Marseille kommen wollte. Harro schrieb Berichte in den Norden, zu den wackeren Hamburgern, die sie so gut versorgt hatten.

Das Freikorps

Sie waren 13 Mann mit fünf klapprigen Gäulen, wechselweise gingen acht zu Fuß, während fünf Männer ritten. Harros Ausrüstung: ein Tornister aus Seehundfell und ein großer grauer Mantel, der zugleich als Zelt, Bett und Decke diente, sein Hamburger Damaszenersäbel, eine Muskete, Dolch und Pistole. Kaum hatten sie Pylos verlassen, begann es zu regnen. Sie zogen die Eselswege auf den sanften Hügeln entlang, vorbei an Olivenhainen und dürren Feigenbäumen. Was sie zuerst sahen, wenn sie sich einem Dorf näherten, waren die Ziegen, dann die Hunde. Nichts deutete darauf hin, dass sich dieses Land im Aufstand befand. Doch kaum hatten sie am Abend eine Hütte für die Nacht und Schutz vor der Nässe gefunden, hörten sie in der Ferne die Kanonen von Navarino Alarm schießen. Griffen die Türken die Festung an? Ausgerechnet jetzt, in ihrer Abwesenheit? Wollte der Tod sie nicht? Später erfuhren sie, dass die Ankunft von Normann die Türken erzürnt hatte und es tatsächlich zu einem Gefecht gekommen war.

Sie kauften der Bäuerin in ihrer Unterkunft eine Ziege ab, schlachteten sie, und nach dem Braten gab es Kaffee, dessen Bohnen zuvor zwischen Steinen zermahlen wurde. Wie süß konnte das Soldatenleben sein, wenn nur der griechische Wein nicht so harzig gewesen wäre. Diese Rast war das genaue Gegenteil von Navarino, wo man für Geld nur Steine oder Kinder kaufen konnte. Gastfreundschaft begegnete ihnen auch im nächsten Ort, wo sie von Griechen in Nationaltracht – rot bestickte Jacke, schwanenweiße Tunika, rote Strümpfe, ein um die Hüften geschlungener Schal, in dem silberne Pistolen steckten – begrüßt wurden. Sie begleiteten die Truppe eine kurze Strecke, bis sie durch einen Fluss waten mussten. Wie freute Harro sich, bald Boldemann wiederzusehen und mit ihm die Wanderung durch die deutschen Lande zu besprechen, die sie vor einem Jahr unternommen hatten.

Den Ort Kalamata überragte eine Burg wie damals am Rhein. Harro fragte auf dem Marktplatz andere Philhellenen nach Wilhelm, suchte ihn in der ganzen Stadt. Man zeigte ihm einen »Germano«, einen Deutschen. Sie stellten sich vor und fanden viel Gemeinsames. Der Germano hieß Bernhard Moßdorf und kam aus Leipzig. Ein Jurastudent, der sich bereits im Frühjahr 1821 Ypsilantis angeschlossen hatte und mit der »Heiligen Schar« aufgerieben worden war. Sein Begleiter war Alexis Glarakis, ein Grieche, der in Deutschland Medizin studiert hatte. Beide waren nach Ypsilantis' Verbannung durch Griechenland geirrt und auf verschlungenen Wegen nach Kalamata gekommen, weil sie gehört hatten, dass sich hier ein Freikorps bilden sollte. Harro fragte Moßdorf, ob er etwas von Boldemann gehört hatte. Der blickte auf den Boden und sagte: »Er ist tot.« Das traf Harro wie eine Kugel. »Wir haben ihn in Argos begraben«, ergänzte er.

Eben wollte er selbst sterben, dann erlebte er einen Moment des einfachen Glücks der Freiheit und nun dies. Wilhelm hatte, so berichteten die beiden, in Argos die Pestkranken behandelt. Es hatte dort an allem gefehlt, an Nahrung, frischem Wasser und Medizin, sodass er schließlich selbst erkrankte und ihm niemand mehr helfen konnte. Moßdorf und Glarakis waren von den Griechen enttäuscht, sie erzählten von ihren Demütigungen und Verlusten, die sie erlitten hatten. Sie hatten nur noch einen Wunsch und der hieß, weg von hier. Aber es gab keine Möglichkeit, das Land zu verlassen.

Harro wollte jetzt zu Wilhelm, zu seinem Grab nach Argos, bevor er sich entscheiden würde, wie es in Griechenland mit ihm weitergehen sollte. Unter Leitung des Hauptmanns Byren brachen sie einige Tage später nach Argos auf. Für den Transport hatte man ihnen Lasttiere gegeben, die man vorher von Bauern requiriert hatte. Bereits nach zwei Stunden Marsch traten ihnen in einem Dorf bewaffnete Männer entgegen und verlangten die Pferde zurück. Aber Byren ließ seine Truppe die Waffen zücken, die Bauern verscheuchen und weiterreiten. Die Landschaft wurde immer bizarrer, und der Weg ging mal steil auf-, dann wieder über Terrassen abwärts. Die Bergkuppen waren schneebedeckt, während in den Tälern die Oliven in sattem Grün standen. In dem Bergstädtchen Scala wollten sie übernachten, aber als sie im Mondschein in den Ort einzogen, erschien er ihnen wie die Residenz des Todes. Das Städtchen war wie ausgestorben, noch nicht einmal Hunde strolchten durch die wenigen Gassen.

Die Schar sollte im Haus eines Aufsehers oder Statthalters der Regierung übernachten. Man nannte diese Verwalter »Ephoren«, nach Beamten des antiken Sparta, aber kaum mehr als der Name war davon geblieben, und das Tor des zugewiesenen Hauses blieb verschlossen. Erst nach beharrlichem Klopfen mit Gewehrkolben an das Tor erschien in einem Türspalt der Kopf einer alten Frau, die die Kämpfer mit allen möglichen Schimpfwörtern belegte und sie mit schriller Stimme »zum Teufel« wünschte. Der Kommandant wollte sich von ihr nicht vertreiben lassen, aber sie hatte weitere Argumente: zwölf Gewehrläufe, die plötzlich aus den Fenstern der Umgrenzungsmauer ihrer kleinen Festung auf die Männer gerichtet wurden.

Unter Räubern

So zogen sie weiter, bis ihnen ein Bauer Obdach auf seinem Hof gewährte. Verpflegung gab es keine. Als Harro nachts aus einem Krug trank, löschte er zwar seinen Durst, aber nahm wohl auch auf, was ihn einige Tage später niederstrecken sollte. Die Nacht und der Morgen waren kalt, und in der dunkelsten Stunde hatte sich einer der einheimischen Führer davongemacht. Sie ritten los, nachdem zum Frühstück jeder eine teuer erstandene getrocknete Feige gegessen hatte. An einer unübersichtlichen Stelle war plötzlich ein weiterer Scout mit dem Pferd und dem Gepäck des Hauptmanns wie vom Erdboden verschwunden. Kurz darauf, auf einem engen Pfad in einem Tal, konnte sich die Gruppe nur im Gänsemarsch vorwärtsbewegen und sah sich plötzlich von einer Übermacht Bewaffneter umzingelt. Sie lagen hinter Felsen versteckt und riefen der Gruppe zu, sie solle anhalten. Der Anführer der Bande trat hinter einem Vorsprung hervor. Ein griechischer Räuberhauptmann, wie man ihn sich in den Salons und Kneipen vorgestellt hatte. Wilde dunkle Augen im schönen trotzigen Gesicht, schwarze schulterlange Locken unter einem Schal, eine schmutzige Tunika, aber glänzende Waffen und Sandalen. Zu aller Überraschung sprach er italienisch: »Nehmt euer Gepäck und gebt uns die Pferde.« Den Soldaten blieb nichts übrig, als zu gehorchen, wenn sie nicht wie Spatzen abgeschossen werden wollten.

Byren sagte, sie seien Verbündete Ypsilantis' und gehörten zum griechischen Militär. Aber den Räuber interessierte das nicht. Er sagte verächtlich: »Der Fürst Ypsilantis ist ein Fremder, wie ihr. Ich bin hier der Oberste des Volkes. Wenn ihr nach Kalamata zurückkehren wollt – gut. Der Weg nach Argos ist gesperrt.«

Was war zu tun? Die Räuber boten gegen ein Schutzgeld sicheres Geleit an. Die Pferde müssten sie allerdings zurücklassen. Da standen die Helden nun in Arkadien, um das griechische Volk von den Tyrannen zu befreien, und wurden nicht nur ausgeraubt, sondern auch gedemütigt. Entsprechend war die Stimmung der selbstlosen Kämpfer aus dem Norden. Der preußische Leutnant wollte sofort zurück in seine Kneipe nach Aschaffenburg, und der Hauptmann Winter lud alle zu seiner Hochzeit in die Schweiz ein, wenn sie denn lebend aus diesem Tal herauskommen würden. Sie zahlten und trotteten deprimiert zurück nach Kalamata. Harro verabschiedete sich innerlich davon, für und in Griechenland zu sterben. Er wollte lieber mit seinen Waffen für die Freiheit kämpfen. Mit Worten, mit Bildern. Die Felsklüfte, die malerischen Trachten, die feurige Sprache, all das formte sich vor seinem Auge und auf seinen Lippen schon zu kollektiven Epen und brannte sich in seine Seele. Er würde den Göttern berichten von seiner Irrfahrt, die erst am Anfang stand und länger dauern sollte als die des Odysseus.

Der Degen als Lösegeld

Die Wirklichkeit des Aufstands hatte seinen hochfahrenden Erwartungen nicht standgehalten, und dennoch wollte er sich durch die Verderbten nicht seine Träume zerschießen lassen. Sie konnten ihm sein Pferd, aber nicht die Ideale rauben. Aber noch war die praktische Seite der Sache nicht ausgestanden, denn Harro war, obwohl er weder Sold gesehen noch einen Schuss abgegeben hatte, Soldat der griechischen Befreiungsarmee. Glarakis und Moßdorf hatten in Kalamata inzwischen einen Kapitän gefunden, der sie gegen eine happige Summe auf seinem Schiff mit nach Ancona in Italien nehmen wollte. Harro beschloss spontan, sich ihnen anzuschließen. Doch plötzlich traten die sonst unsichtbaren Ephoren auf den Plan, sie verkündeten, dass der – sie deuteten auf Harro – junge Germano nicht gehen dürfe, und stellten Bedingungen für seine Entlassung aus griechischen Diensten. Er sollte sich freikaufen. Aber womit? In der Kanzlei der Ephoren redete man auf ihn ein, die Sache der Freiheit nicht zu verraten. Denn gerade sei die Meldung gekommen, dass die Russen den Pruth überschritten hätten und den Griechen zu Hilfe eilen würden. Das Blatt würde sich wenden. Jetzt würde jede Hand und ganzer Mut gebraucht. Aber Harro wollte nicht mehr. Sein griechischer Kamerad appellierte an die Menschlichkeit der Ephoren. Auch das nützte nichts.

»Wenn ich mich loskaufen soll, dann müsst ihr mir erst meinen Sold für die geleisteten Dienste zahlen«, verlangte Harro. Daraufhin meinte einer der pelztragenden Beamten: »Wir haben euch nicht gerufen.«

Ausschlaggebend für das befreiende Entlassungsdokument aus der Hand des Ältesten war dann schließlich das Geld, das der Verkauf des Damaszener Säbels der Hamburger Bürgerschaft erbrachte. Harros Gefährten zerstreuten sich danach in alle Winde. Hauptmann Byren wollte nach Malta, drei schifften sich nach Korfu, einer nach Smyrna ein, und der Rotbart hatte nichts, wo er hin und womit er überleben konnte. Er schlug sich später, wie man hörte, auf Beerdigungen durch, erklärte den Hinterbliebenen, er sei ein Kriegskamerad des Verstorbenen, um so wenigstens gelegentlich zu einem Totenschmaus zu kommen. Er gehörte zu den über 230 Philhellenen, die letztlich in Morea für die Freiheit starben.

Harro verkaufte seine anderen Waffen, weil der Kapitän sich weigerte, sie mit an Bord zu nehmen, und packte seinen Tornister. Die Genueser Galeasse lag zum Auslaufen bereit. Von seinem griechischen Abenteuer blieben ihm eine Tonpfeife, ein dreckiger Fes, die Erinnerung und das moreatische Fieber.

4
Rom – Fieber des Herzens

1822 Ancona, Rom, Livorno

1822 Ancona

In Quarantäne

Als er die Küste von Kalamata das letzte Mal sah, war ihm, als habe er eine Leiche zu Grabe getragen, die Leiche einer Geliebten. Er hatte seine himmlische Braut, die Freiheit, dort als Leiche gesehen. Er las noch einmal den letzten Brief seiner irischen Freundin aus Dresden, den er in einem kleinen Kuvert verwahrt hatte. Wie kühl, wie distanziert sie schrieb. Auch diese Liebe, so wurde ihm klar, war vorbei. Er stellte sich an die Reling und zerriss Sophies Brief in kleine Fetzen, so klein, dass auf ein Stück Papier nur noch ein Wort passte. Dann warf er die Handvoll Worte der Möwe zu, die hinter dem Heck in der Luft segelte und auf Nahrung lauerte. *Rose –Theater – Sie – verehrter – Grüße – weg – leider – werde – Wetter.* Die Möwe kreischte, stürzte sich auf die kleinen Zettel, doch die Worte waren schneller, umschwirrten sie, der Wind wirbelte sie hoch und weg, drückte andere ins Wasser, wo sie in der Gischt verschwanden. Der Vogel, der im Gegenlicht schwarz wirkte, stürzte sich in ein Wellental und kam ohne Beute zurück. Ein Fetzen lag an Deck, Harro hob ihn auf, auf seiner Fingerspitze tanzte für kurze Zeit ein *»ach«* und verschwand von einer Böe erfasst im adriatischen Himmel.

In einer der folgenden Nächte begann er zu fiebern. War es das faule Wasser, das ihn niederstreckte, oder die Enttäuschung? Er war in Morea gewesen, wollte sich für die Freiheit opfern, aber weder hatte er auch nur einen Schuss abgegeben, noch war ein Türke seines Säbels ansichtig geworden. Nichts war gelungen. Jetzt kämpfte er tatsächlich um sein Leben, das Fieber schüttelte ihn durch, und die Wellen der Adria taten das Übrige. Es ging Richtung Norden, nach Ancona, wo das Schiff auf Reede die gelbe Flagge, das Zeichen für Kranke an Bord, nach oben setzen musste. Quaranta giorni, 40 Tage würde man das Schiff festhalten, wenn bekannt würde, dass jemand an moreatischem Fieber litt. Man kochte ihm Tee, brachte Brühe, damit er aufrecht vor dem Hafenarzt stehen konnte und man ihn an Land ließ, ins Lazaretto. Die Quarantänestation von Ancona war eine Festung, ringsum mit Wasser umgeben, eine Insel, zu welcher man über eine Zugbrücke gelangte.

Fieberträume

Ancona war eigentlich eine griechische Stadt, denn in mancher Straße sah man nichts als griechische Läden, bunte griechische Kleider, die Kaffeehauswirte waren meistens Griechen, und die griechische Sprache hörte man fast so häufig wie Italienisch. Das Lazarett war als Pentagon gebaut und bildete einen geräumigen Hof, in dessen Mitte eine Kapelle stand. Auch die Form der Kapelle war sechseckig, sodass die Andächtigen draußen vor den Fenstern beten konnten, ohne einander näher zu kommen, als es die Quarantäne-Ordnung erlaubte. Das Stationsgebäude hatte zwei Stockwerke und war in einzelne Wohnungen eingeteilt. Harros Gedanken flogen zur Mutter, deren schwarzes Kleid er immer noch trug und das nun seine Schuldigkeit getan hatte. »Der Jüngling trug die schwarze Tracht, Dem Sühnungstod entgegen, Und hat an die Mutter wohl oft gedacht auf wilden Sturmeswegen: Ich selber trug die schwarze Tracht. Das war die Mutter mein, die dem Sohn das Brautkleid dargebracht. Drum soll sie besungen sein.« Im Fieber schwitzte er Verse aus wie Wasser. Er »himmelte«, ein Zustand, in welchem der Sterbliche schwebt, wenn er die Erde zu verlassen scheint und im Geiste sich dahin wendet, wohin ihn ein fester Glaube zieht, wenn ihm das Leben als ein irdischer Narrenkram zu Füßen liegt. Er lag auf Stroh, dem Himmel näher als dem Leben. Flöhe, Wanzen und allerlei Getier waren seine Bettgenossen. Sein Hirn krampfte, die Hitze folterte ihn, sodass er seine Kleider aufriss, seine Knochen glühten, als seien sie mit Blei ausgegossen. Dieser Schmerz besonders auf der rechten Seite und links unter der Schädeldecke war unerhört, weder Reißen noch Stechen, nur glühender Brand. Jeder Fußtritt auf dem steinernen Boden, jede kleinste Erschütterung schmerzte. Bei jeder Bewegung der Gelenke fühlte er ein leises Knarren, als ob jede Feuchtigkeit vertrocknet sei.

Einer seiner Mitleidenden war ein Asiate. Er hatte sich in Konstantinopel für 300 Piaster eine Frau, eine Mohrin, gekauft, die mit eigenem Charme und großem Lachen die Eingeschlossenen bekochte und versorgte. Der Chinese musste sein exotisches Eigentum eifersüchtig vor den lüsternen Blicken und Griffen der anderen Männer schützen, die weder eine Schwarze noch so eine dralle Schönheit je von Nahem gesehen hatten. Als der asiatische Kaufmann sah, wie jämmerlich das Fieber Harro zusetzte, kam er zu ihm, holte aus den unendlichen Tiefen seiner Kästen und Schachteln eine Schatulle, öffnete sie und formte ein Stück des Inhalts zu einer erbsengroßen Kugel.

»Was ist das?«, fragte Moßdorf.

»Opium«, sagte er und legte Harro die Erbse auf die Zunge. Der verlor nach einigen Minuten das Bewusstsein – und das war gut; so fühlte er wenigstens keinen Schmerz mehr, die zehntausend Teufelchen konnten in seinen Därmen tanzen, wie sie wollten, der Schlafmohn bekam sie alle.

Harro fantasierte:

Sah dich schäumen dort am Pylos Mauern, an Maina's Ufer
und um Ithaka – Doch still davon. Mich fasst ein eisig
Schauern – Die Freunde, die ich hingeopfert sah, –
Sie rächen möcht' ich! – ach, und nur betrauern.
O rausche Meer! und übertön' den Schmerz, der zehnfach
mich ergreift zu dieser Stunde!

Er himmelte mehrere Tage, ganze Verse, Episteln, Tragödien. Alle, alle brannten sich in sein vertrocknetes Hirn, sie waren Nahrung und Folter. Und dann war es irgendwann vorbei, und er lebte wieder, bekam Durst und Hunger. Die schwarze Schöne verwöhnte ihn mit Feigen und Bouillon. Die aus Smyrna importierten Feigen, die für viele Tage seine einzige feste Nahrung bildeten, waren delikat. Mit jeder Feige kam ein wenig Leben zurück. Harro wurde täglich kräftiger. Den heftigsten Schmerz empfand er in den Beinen und im rechten Oberarm, es blieb eine dauerhafte Erinnerung an Griechenland.

Harro schrieb an Todsen und Flor, einen Studienfreund aus Dresden in Rom. Ohne Moßdorf hätte er die ganze Sache nicht überstanden. Der half ihm mit Geld, besorgte Kleidung, vor allem blieb er bei Harro, bis der genesen war. Er saß an seinem Lager, an die kühle Wand gelehnt, und las ihm vor. Dantes Schilderung der Hölle wäre angemessen gewesen, aber in seinem Gepäck fand sich nur der »Faust«. »Nur« ist falsch gesagt. So zwischen Wachen und Schlafen den Goethe zu hören, die deutsche Sprache in ihrer vollkommensten Weise, das ließ ihn träumen, von Auerbachs Keller, von den Spaziergängen an der Elbe in Dresden, den dunklen Mauern und dem hohen Pechfeuer am heimischen Strand, von seiner Grete, die mal wie Jette, mal wie Sophie, die spanische Donna oder die schöne Mohrin aussah.

Der Kirchenstaat

Während die Bürger »den Griechen« in der Stadt mit Sympathie begegneten, die Freiheitshelden schon mal auf einen Kaffee oder auf einen Becher Wein in eine Trattoria baten, war die Polizei misstrauisch und wollte mit Revolutionären nichts zu tun haben. Die Herrschaft der Franzosen war erst ein paar Jahre vorbei, und Ancona gehörte zu Rom, zum Kirchenstaat *Stato Pontificio,* den der inzwischen todkranke Papst Pius VII. regierte. Der hatte zähen

Widerstand gegen die säkularen Ansprüche Napoleons geleistet und ihn exkommuniziert. Daraufhin war er von dem Korsen gefangen genommen worden und hatte ihn zum Kaiser krönen müssen. Doch letztlich war er Sieger geblieben und hatte mithilfe des Wiener Kongresses 1815 den Vatikan auf die politische Landkarte zurückgebracht. Er wollte die Aufklärung zurückdrehen, und seine Beamten in Ancona wollten den Jüngern der Französischen Revolution keine Hilfe leisten.

Harro erklärte, dass er nach Rom reisen wolle, sobald er zu Kräften gekommen sei. Der Beamte verweigerte ihm die Papiere und bestand darauf, er müsse direkt in den Norden zurückkehren. Moßdorf erhielt dieselbe Antwort. Ihnen blieb nichts anderes übrig, als zum Bürgermeister zu gehen. Das war ein ehrwürdiger älterer Herr, der sich ausführlich nach dem Befinden und den Ereignissen in Griechenland erkundigte. Aber letztlich war es wohl Harros erbärmlicher Zustand, sein zu Haut und Knochen abgemagerter Körper, der ihn Milde walten ließ. Harro konnte ihm auch einen Brief von Flor zeigen, der seine Ankunft sehnlichst in Rom erwartete. Sie erhielten das Papier – allerdings mit dem stigmatisierenden Hinweis, sie kämen aus Morea – und machten sich auf den Weg.

1822 Rom

Auf der »Via Dolorosa«

In der Karwoche kamen Harro, Moßdorf und Glarakis in Rom an. Am Karfreitag schwiegen die Glocken, um dann tags darauf umso länger zu läuten. Die Menschen strömten in die Kapellen und den Vatikan, um den Segen abzuholen. Sie waren per Kutsche durch die Apenninen gereist. Nichts brauchte Harro jetzt dringender als etwas Fleisch auf die Rippen, und die Aussicht darauf stieg, je näher sie Ostern und Rom kamen. An der Spanischen Treppe stiegen sie aus der Kutsche.

Der erste Gang führte sie in die Via Condotti, obwohl man nicht sagen konnte, dass Harro ging. Einen Arm um die Schulter von Moßdorf gelegt, mit dem anderen eine Krücke haltend, um die weichen Knie zu entlasten, nur mit Hemd und Hose bekleidet, zog der Friese hinkend mit seinem Bündel wie auf der »Via Dolorosa« in die Heilige Stadt ein. Mit seiner Krücke bot er einen bemitleidenswerten Anblick für die Dresdner Freunde, die ganz in der Nähe wohnten und die Neuankömmlinge vom Fenster aus gesehen hatten. »Harro«, riefen sie. Und: »Hurra, unsere Griechen sind da.« Der Empfang war Fürsten würdig. Sie wurden umarmt und geherzt und legten die wenigen Sachen bei den Freunden in der Wohnung ab. Fast in einem Triumphzug wurden sie in die inoffizielle »deutsche Botschaft« in der Via de Condotti 85, das Caffè Greco, geleitet und unter allgemeiner Zustimmung mit Brot und Fragen versorgt. Selbst Goethe und Winckelmann waren in Rom nicht so empfangen worden. Das Caffè war seit über einem halben Jahrhundert der Treffpunkt vor allem der Künstler in Rom. Jetzt war es fest in deutscher Hand, hier versammelten sich die Denker, Maler und Bildungsreisenden aus dem Norden, um zu diskutieren. Hier aß und trank man, hierher bestellte man seine Post, wenn man keine feste Adresse hatte, hier wurden Geschäfte und Kontakte vermittelt – kurz gesagt, das Caffè Greco in Rom war der Vatikan der deutschen Kultur. Hier tranken Könige und Hungerleider, Künstler und Möchtegerne, Kaufleute und Schlemihle ihren Kaffee oder Wein, hier tagte der Hilfsverein der deutschen Künstler, hier wurden Atelierbesuche vereinbart und die Modelle ausgeführt. Kurzum es lohnte sich. »Harro, erzähl, wie viel Türken hast du erschossen?« – »Ich habe gehört, der griechische Wein schmeckt wie Harz.« – »Hast du Ypsilantis gesehen?« – »Und die Griechinnen? Sehen die alle aus wie Aphrodite?« Man sparte nicht mit gebratenem Fisch, Wein und Dolci. Harro wurde schwindelig ob all der neuen und alten Freunde, er redete, trank, aß und umarmte die Welt.

Sie machten Pläne, wollten sich all das ansehen, was Asmus Jacob Carstens so bildreich geschildert hatte und was seit der Lektüre seiner Biografie in Husum an Vorstellungen in seinem Kopf herumgeisterte. Er wollte zu seinem Grab, in den Vatikan, er wollte alles aufschreiben, was er erlebt hatte. Aber zuerst aß und aß er, als müsste er alle Sonntagsbraten der vergangenen Monate nachholen. Zum Glück übernahmen die Freunde die Zeche. Später verließen sie das Caffè, gingen zur Spanischen Treppe, wo die Wasser der Fontana della Barcaccia angenehm rauschten und für klare Luft im stickigen und verqualmten Quartier sorgten, vorbei an den Straßenständen mit Fischen, die auf den kleinen Holzkohleöfen vor sich hin brutzelten. Überall drängten sich Menschen an ihnen vorbei, die zur Messe gingen oder von ihr kamen. Die Dresdner Freunde erzählten, was sie alles besichtigen, wovor sie sich in Acht nehmen sollten. Harro war wie im Rausch, wusste nicht mehr, wann er wo was sah. Sie gingen gemeinsam durch das deutsche Viertel, fast dreitausend Gäste aus dem Norden hatten sich allein in den Straßen um die spanische Treppe angesiedelt oder wohnten dort vorübergehend.

Harro war nach Rom gekommen, um sich auszuruhen, nun schien es ihm, als wäre er im Paradies gelandet. Er wollte wie alle, die hier den Geburtsort des Wahren, Schönen, Guten sahen, nach Schönheit streben. Ihm schwirrte der Kopf, er war satt und trunken. Und er träumte, wie es wäre, wenn er wie Dante sich selbst als anderen zu einer Figur in seinem Roman des Lebens machte. »Ich bin und bin nicht.« Dachte er. »Sein oder Nichtsein.« Wie verlockend. War es der Wein, das überstandene Fieber, war es die Reise, all das Schöne der Bauten und Menschen hier, das ihn so verwirrt klar sehen ließ? Sein Name schwirrte ihm durch den Kopf, die Buchstaben tanzten einen Reigen. Harro Harring. Gnirrah Orrah, Ingharr Rorrah, Rhonghar Jarr. Er sah vor sich »Rhonghar Jarr«, den Helden seiner eigenen Geschichte.

Das Alter Ego Rhonghar Jarr

Er hatte in Dresden den »Werther« als eines seiner Lieblingsbücher studiert. Jetzt in Rom nahm er sich vor, den »Meister« zu lesen. Allein um zu lernen, wie aus der eigenen Lebensgeschichte ein Roman werden kann. Fortan war er Harro, der Erdling, und der Friese Rhonghar Jarr, der lebte, wie es im Buch geschrieben stehen sollte, und Hamlet, nach dessen Vorbild er strebte. Er würde noch in viele Rollen schlüpfen. Harro fabulierte, träumte, fieberte von den Reisen des Friesen, die er schreiben würde, wie er auf den Spuren des Geheimrats und natürlich darüber hinaus wandeln würde zum Entzücken des Publikums. Er fühlte sich wie neugeboren, wie ein Küken, das sich durch die Schale pickte und staunend in die Welt sah. Er begrub die Idee in seinem Herzen, aber von da an sah er Rom als Künstler, Dichter, Chronist, trunken und traurig zugleich.

Harro schlief bei den Dresdner Freunden auf einem improvisierten Lager. Ostern verging mit der Suche nach einem Zimmer, Bittgängen zum dänischen Gesandten Brondstedt und Briefen in die Heimat, in denen er um Geld bat. Er sah sich die Osterfeierlichkeiten auf dem Petersplatz an. Später ging er in den Dom, zu Michelangelo, aber zunächst berauschten die Brunnen, die Treppen, die Paläste, das Kolosseum seine Sinne.

Am nächsten Morgen, weckte ihn Moßdorf, sie hatten verabredet, die Werkstätten des ungekrönten Königs aller Künstler zu besuchen, Bertel Thorvaldsen. Vorher mussten sie noch auf die Gendarmerie und ihren Aufenthalt genehmigen lassen. Dort wurden ihre Papiere lange untersucht. Seit Ancona wiesen sie die Papiere als aus Morea kommende Reisende aus, was sie – wie sie jetzt erkannten – für immer verdächtig machte. Man bestellte sie für die nächsten Tage wieder ein. Durch Vermittlung konnten sie ein Zimmer an der Piazza Barberini im dritten Stockwerk des Lorenzo-Hauses mieten. Es war eine Wohnung, die in der »Hand der Deutschen« war und in der lange Zeit ein Bildhauer aus Mecklenburg – ein Freund Asmus Carstens' – gewohnt hatte. Viele Künstler nahmen Rom als ihre Universität und studierten dort einige Jahre. Das war das wahre Examen in dieser Zeit, mehr als den Doktor zu machen galt es, ein Römer zu sein.

In Thorvaldsens Atelier

So bald wie möglich gingen sie in Thorvaldsens Atelier, ganz in der Nähe. Durch ein Tor kam man in einen Garten, dessen Blumen und kühle Grotten von mehreren Arbeitsräumen umgeben waren. Eine wirkliche Manufaktur, mit vielleicht drei Dutzend Helfern, die an einer Vielzahl Skulpturen arbeiteten. Es wurde Ton geschlagen, Gips angerührt, Marmor gesägt, es wurden Kisten gezimmert und Statuen vorgehauen. Thorvaldsens Helfer und Schüler arbeiteten, liefen umher, sahen sich Pläne an. Und mittendrin der Meister. Thorvaldsen arbeitete mit Hammer und Meißel an einer Marmorstatue. Nicht nur die Skulptur, auch der Bildhauer war eine imposante Erscheinung. Groß, im Leinenkittel, mit leuchtend weißem Haarschopf und klarem Blick, nickte er den Besuchern kurz zu und war dann wieder ganz bei seiner Arbeit. Thorvaldsen war in jenem Jahr 52 Jahre alt und auf dem Höhepunkt seines Ruhms. Seit 1797 hatte er in Rom das Erbe von Asmus Jacob Carstens und Johann Joachim Winckelmann angetreten. Der eine Maler und einer der ersten deutschen Römer, der andere Bibliothekar und Kunsthistoriker, der die Liebe der Deutschen zur Antike geweckt hatte. Sie hatten für Thorvaldsen den Boden bereitet, den er nun mit seinem Genie bestellte und mit seiner Bildhauerei nach antikem Vorbild den Kunstsinn und das ästhetische Verlangen einer ganzen Epoche prägte.

Harro sah sich im Atelier um. Ein Gehilfe flüsterte ihnen zu, was sie da zu sehen bekamen. Da war eine sitzende Figur mit Kugel und Zirkel, die erste Studie für die Statue des Astronomen Copernicus. Dahinter standen die Anfänge eines Pferdes. Thorvaldsen arbeitete nach der Natur. Als Harro den Entwurf sah, erinnerte er sich an seine Studien in Dresden und die Tier-Arzney-Anstalt. Vielleicht würde er das Zeichnen wieder aufnehmen, denn der Ort verströmte wie die ganze Stadt eine Aura des Gestaltenmüssens. Als Thorvaldsen gesagt wurde, wer ihn besuchte, legte er sein Werkzeug aus den Händen und kam sofort auf Harro zu. Er begrüßte ihn auf Dänisch.

»Welch Freude, einen Landsmann zu sehen«, sagte er. »Wie lange seid ihr schon in Rom?« Harro musste ihm die kurze Fassung des griechischen Abenteuers erzählen.

»Seht euch die Schönheit dieser Stadt an. Schaut alles an! Es ist so großartig hier«, schwärmte Thorvaldsen. »Das größte Geschenk ist hier die Kunst. Nicht die, die ihr selbst machen wollt. Alle wollen hier Kunst machen. Aber das ist zweitrangig. Erst müsst ihr sehen lernen, die Dinge begreifen. Im eigentlichen Sinn des Wortes.« Er streichelte den Arm seiner entstehenden Statue. »Erst wenn ihr euch sattgesehen habt an Kunst und Natur, sollt ihr zu Stift und Feder greifen.« Gerade hatte Harro ihm sagen wollen, dass er sich animiert fühlte, wieder malen zu wollen, obwohl er dies eigentlich aufgegeben hatte. Aber er schwieg jetzt. Der Meister lud die Besucher in seine Wohnung ein. »Kommt zum Essen zu mir, wann immer ihr wollt. Ihr müsst mir mehr von Griechenland erzählen.« Sein Blick war danach schon wieder zu seiner Arbeit gewandert und prüfte, was noch zu tun sei.

»Ich werde euch abfragen, was ihr gesehen habt«, sagte er scherzhaft. »Und wehe, ihr kennt euch dann nicht aus.« Lachte, nahm den Hammer und setzte mit leichter Hand an, die marmorne Hand zu vollenden.

Die Muse Vittoria Caldoni

Bald hielt Harro das lebendige Vorbild der marmornen Hand selbst in seinen Händen. Es war die Hand von Vittoria Caldoni. Sie stand da, und ihm war, als wäre eine Göttin aus dem Olymp herabgestiegen. War zuvor wieder Sophie aus Dresden durch seinen Kopf und seine Träume gegeistert, war es hier um ihn geschehen. Die Caldoni war in Rom eine Institution. Die Maler und Bildhauer rissen sich um die schöne Winzerstochter aus Albanom, die im Sommer 1822 gerade einmal 16 Jahre alt war. Sie war mit 13 Jahren von August Kestner, dem hannoverschen Gesandten am Heiligen Stuhl, bei einer Landpartie entdeckt und Thorvaldsen vorgestellt worden. Auch jetzt war Kestner ihr Begleiter, er beargwöhnte jeden, der sich ihr näherte. Kestner schilderte gern seine erste Begegnung mit der Schönen, er schwärmte von ihr: »Das schöne Mädchen in ihrem scharlachroten Wams, dessen Ärmel mit echtem Gold verbrämt waren, und ihr über alle Beschreibung schönes Gesicht von antiker Bildung war umrahmt von ihrem schneeweißen Kopftuche, welches über der Stirn eine Pyramide bildet und über den Nacken in mäßiger Linie herunterhängt.« Er sprach diese Sätze, als würde er einen Prospekt diktieren, »wie eine Blume stand sie da, jungfräulich, bescheiden, schüchtern«.[16]

Kestner selbst war ein Mythos, lebendige Geschichte. Seine Mutter war Charlotte Buff, in die der junge Goethe sich verliebt hatte und die dann das Vorbild für Lotte wurde. Vittoria lächelte Harro träumerisch an. Das konnte sie am besten, und sie faszinierte die Männer mit diesem hypnotischen, leicht melancholischen Blick, der aus dem ebenmäßigen Gesicht mit der geraden Nase strahlte. Den Kopf auf dem schwanenhaft schönen Hals leicht gebeugt, den kleinen Körper in Tracht und Faltenröcken verborgen, stand sie da wie eine lebendige Göttin. Kestner und eine Dame, bei der sie während ihrer Aufenthalte in Rom in der Villa Malta wohnte, achteten darauf, dass die Herren sich ihr nicht allzu sehr näherten. Wer sie malen oder nach ihr modellieren wollte, musste in die Villa Malta gehen und später das Ergebnis Kestner vorzeigen, damit kein falsches Bild der Schönen in die Welt kam. Das verstärkte noch ihre Aura der Unnahbarkeit. Auch Harro war ergriffen von ihrem Anblick. Sie lächelte ihn an, sprach aber kein Wort. Moßdorf stieß Harro in die Seite, denn der konnte den Blick gar nicht von ihr wenden. »Thorvaldsen will dich sprechen«, raunte er Harro zu. Der nickte und starrte weiter die junge Frau an. Der gefiel dies offenbar.

Eine edle Spende

»Harring, junger Freund«, sagte der Hausherr, als Harro vor ihm stand. »Ich habe gehört, Sie dichten?«

»Ja, ich habe ein kleines Büchlein mit Gedichten veröffentlicht.« Plötzlich war er als Künstler gefragt, während er sich eben noch in die Rolle als Kavalier imaginierte.

»Na, das wollten Sie mir doch wohl nicht vorenthalten?«

»Nein, gewiss nicht. Ich habe noch ein Exemplar von meinem Buch im Gepäck. Ich werde es Ihnen morgen bringen.« Harro war stolz. Offenbar hatte der dänische Gesandte, bei dem sie vorgesprochen hatten, eine Bemerkung darüber gemacht und ihn ohne sein Wissen als Künstler etabliert.

»Es soll Ihr Schade nicht sein, junger Freund. Ich hörte, die finanzielle Lage ist etwas angespannt.« Thorvaldsen blickte Harring lächelnd an. Der wurde verlegen und sagte: »Ja, aber ich habe an den Kronprinzen geschrieben und um Unterstützung gebeten. Und der Gesandte hilft auch.«

»Soso, dann wollen wir der Kunst mal auf die Sprünge helfen.« Thorvaldsen klopfte Harro auf die Schulter, rief einen seiner Bediensteten herbei, flüsterte ihm etwas zu, und kurz darauf kam derselbe mit einem kleinen Beutel und überreichte Harro diskret ein Säckchen mit schweren Münzen. Thorvaldsen beobachtete dies und lachte. Harro war beschämt und erleichtert. Jetzt konnte er seine Zeche zahlen, sich einen Rock kaufen und Moßdorf den Kredit zurückzahlen, denn der hatte seit Ancona alle Kosten ausgelegt. Und er konnte sich vielleicht ein Modell leisten, um nach der Natur zu zeichnen. Ein wenig Übung wäre nicht schlecht. Es waren so viele nach Kunst gierende Gäste in der Stadt, dass seine Zeichnungen und vielleicht Porträts die Reisekasse aufbessern könnten.

Abschied vom Freund Moßdorf

Vittoria wartete im Garten, sie hatte eine Freundin dabei, die, wenn nicht gar so schön, ebenfalls sehr liebreizend war. Harro konnte es kaum erwarten, mit ihr zu sprechen. »Ich möchte Sie malen.« Vittoria lachte. Harro ließ alle Zurückhaltung fahren, um sie zu beeindrucken, redete von Dahl und Friedrich, mit denen er in Dresden als Maler verkehrt hatte, aber Vittoria verstand nicht, lächelte und schwieg. Er hätte später nicht sagen können, ob sie nur schüchtern oder gar stumm war.

Bernd Moßdorf war erleichtert, dass Harro ihm das Geld zurückgeben konnte. Er war ja jetzt schon fast ein Jahr von Leipzig weg, hatte in Griechenland in Harro zwar einen guten Freund gefunden, aber seine Ideale und seine Reisekasse hatten vorerst arg gelitten. Die ästhetischen Verzückungen der deutschen »Römer« waren ihm zwar sympathisch, und er war auch brav mitgegangen, wenn Harro ihn zu allen möglichen Bauwerken, zum Friedhof, auf dem Carstens lag, und in Ateliers schleppte. Aber er war Jurist und suchte nach einem Weg zur Gerechtigkeit, den er in Galerien schwerlich finden würde. Das Geld beflügelte seine Pläne zur Rückreise. Schweren Herzens ließ Harro den Freund ziehen, als ahnte er, dass er ihn so bald nicht wiedersehen würde. Er sah ihn tatsächlich nie wieder.[17]

Sievekings Säbel

Mit den Dresdner und dänischen Freunden ging es hinaus in die Natur zum Zeichnen, auf die Feste und in die Kneipen. Eines Tages, es war spät und die Freunde hatten sich gemeinsam an einer Portion Osso bucco gütlich getan, spürte Harro plötzlich eine Hand auf der Schulter. »Und wo ist der Säbel?« Hinter ihm stand Sieveking aus Hamburg, der ihm in Marseille so wohlgesinnt gewesen war. Harro freute sich, ihn zu sehen. Der Hamburger Kaufmann offenbar nicht, denn er begann: »Lieber Harring, Sie hier? Sind die Griechen denn schon befreit? Habe ich etwa etwas verpasst?« Harro wollte aufstehen und ihn begrüßen, aber Sieveking drückte ihn auf den Stuhl nieder, beugte sich zu ihm und zischte ihn an: »Doch nicht auf dem Felde der Ehre gestorben?«

»Sie haben getrunken, Sieveking«, fuhr ihm einer der Dresdner Freunde in die Parade.

Sieveking hob den Kopf: »Ja, den besten Roten, den sie in dieser Taverne haben. Und alles selbst bezahlt.« Er nahm das Glas, trank und deutete auf Harro: »Im Gegensatz zu diesen Schnorrern hier, die große Reden führen und bei der ersten Gelegenheit das Hasenpanier ergreifen.«

»Beherrschen Sie sich!« Der Freund war aufgesprungen und griff sich den Hanseaten.

Sieveking, der seinen Spaß gehabt hatte, verbeugte sich vor der Gesellschaft. »Ich bitte vielmals um Vergebung, wenn ich dem Herrn nahegetreten bin. Lassen Sie uns auf das freie Hellas trinken.« Er nahm seinen Becher und dann seinen Hut und zog davon.

»Idiot«, sagte ein Kollege und setzte sich wieder zu Harro, und auch sie mussten erst einmal den Schreck hinunterspülen, waren einen Moment sprachlos, um dann umso heftiger zu fluchen. Insgesamt waren die deutschen Feuilletonisten in den römischen Cafés, Osterien und Trattorien den jungen Habenichtsen gegenüber nicht wohlgesinnt. Man nannte sie Hungerleider oder Schnorrer. Meist hatten diese Claqueure zwar selbst wenig Eigenes zu bieten, aber dafür umso mehr Meinung und Moral.

Der gelehrige Schüler in Sachen Liebe

Harro hatte es zuerst gut getroffen, er fand Unterstützung, aber je länger er in Rom war, desto schwieriger wurde seine Situation. Er zweifelte wieder einmal am Sinn des Lebens. War er nun ein Maler? Er zeichnete und machte sich auch an ein Bildnis in Öl. Er hatte zusammen mit zwei Malerfreunden zwar nicht Vittoria, aber eine junge Freundin der Caldoni engagiert, und sie hatte ihnen in ihrer Wohnung Modell gesessen. Harro hatte ein sehr anmutiges Porträt von ihr gezeichnet, das ihr sehr schmeichelte. Den Freunden war klar, dass sie nach der Sitzung besser schon ins Caffè vorausgehen und Harro mit der Schönen allein lassen sollten. Sie täuschten Eile und eine Verabredung vor, und plötzlich saß sie da auf dem Stuhl, die Schultern entblößt, und Harro allein vor ihr mit dem Zeichenbrett auf den Knien. Er wollte – so war es verabredet – noch eine Skizze machen. Die junge Giulia sah ihn an, und Harro konnte nicht wegsehen. Sein Stift zitterte fahrig über das Papier. Giulia trug eine Bluse, deren Kragen mit einem Band geschlossen und vor der Brust verknotet war. Harro blickte zu ihr, dann auf das Papier, und es schien ihm, als stiege ihm sein Blut wie bei der Flut in Kopf und Glieder. Giulia bewegte sich nicht, sondern zog den Knoten des Kragens auf, der Stoff der Bluse glitt ganz langsam über ihre Schultern, und unter der Bluse kam ihre glatte, olivfarbene Haut zum Vorschein. Sie sagte immer noch nichts, zog mit den Fingerspitzen an der Bluse, sodass sie ihr Augenblicke später um die Hüften hing. Harro war rot geworden, so etwas hatte er noch nie gesehen. Er sah zur Tür, die hatten die Freunde geschlossen. Giulia deutete mit einer Kopfbewegung zum Fenster, deren Läden offen standen und schönes Licht hereinließen. Harro stand auf, legte das Zeichenbrett und den Stift auf den Boden und schloss das Fenster. Giulia zog den Kamm aus ihrer Frisur, und eine Welle schwarzer Haare ergoss sich über die Schultern. Als Harro sich umdrehte, stand sie vor ihm. Sie roch wie ein Korb voller Jasminblüten und Austern. Harro war ganz von Sinnen. Giulia nahm sein Gesicht und küsste ihn. Sie wusste, was sie tat, und Harro wurde ihr gelehriger Schüler in einem Fach, das für ihn bis dahin eine ferne Wissenschaft war und für das man, wie er bisher glaubte, das Examen der Ehe brauchte. Unser Maulheld, der sonst um keinen Ausruf des Entzückens und des Pathos verlegen war, der die ganze Welt mit großen Worten umfassen konnte, verstummte für einen Augenblick vor Glück, erfuhr, dass sein Körper noch zu etwas anderem imstande war, als einen Kopf und einen Tornister zu tragen. Er stand aber auch neben sich, sein Geist hielt ihn vom Fallen ab, ihm wurde schwarz vor Augen. Schwarz wie die Graberde auf dem Ibenshof, schwarz wie die Stiefel seines Vaters, schwarz wie das Brautkleid seiner Mutter. Er traute sich nicht, die Augen aufzumachen, und so verschmolzen seine Lust und die Scham zu einer düsteren Melange. Er hätte sofort und auf der Stelle Giulia Oden gewidmet. Aber sie war nicht das Mädchen, das er damit beeindrucken konnte, ihre Hände forderten anderes. Sie hätte seine Worte auch nicht verstanden, denn sie sprach nur Italienisch. Nach der Ekstase, in der es eine Täterin und ein lächelndes Opfer gab, hatten sie eine Zeit lang noch beieinandergelegen. Harro träumte von Dramen, in denen sie auftreten würde. Er schämte sich der Sünde. Aber Giulia stand auf und zog sich an, nahm Harros Zeichnung von ihr, deutete auf das Bild, dann auf sich, was wohl so viel bedeuten sollte wie: Das Bild ist für mich? Harro nickte, er hätte ihr in diesem Moment die Welt geschenkt, wenn er den Schlüssel dazu gehabt hätte. Und so verschwand Giulia mit dem besten Bild, das der junge Friese je gemalt hatte, in den römischen Abend. Und unser Held zog zwei Stunden später ins Caffè ein, genoss das anerkennende Schulterklopfen seiner Kameraden, verbat sich aber Nachfragen. Der Wein ging an diesem Abend auf sein Konto, und er verlor über Giulia auch später kein Wort, so verwirrt hatte ihn dieses Erlebnis. Und sein Gewissen meldete sich: Jetzt hatte er Miss Sophie Glown in Dresden für immer verraten, auch wenn sie nie auf seine Treue Wert gelegt hatte. In der Nacht träumte er heftig: Alles war Täuschung! Alles war Lug und Trug, Wahn und Torheit! Und die größte Narrheit war die Liebe! Er träumte, dass er an Sophies Grab saß, im Garten der Villa Borghese. Er zeichnete hohe Pinien und trauernde Zypressen, und neben ihm wälzten sich die Genossen im Grünen und freuten sich des Lebens.

Fieber des Herzens

Der Bildhauer und Wohngenosse Hermann Ernst Freund munterte ihn am nächsten Morgen auf, aber Harro steckte in einer Krise, blieb mit Fieber im Bett und schrieb an seinen Freund Wilhelm Bissen nach Kopenhagen, der gerade eine Goldmedaille und damit ein Stipendium in Rom gewonnen hatte.

»Wilhelm! und wenn all' unsere Träume nur Träume waren! wenn all' unsere Bilder von dem, was wir nur ahnen und hoffen – Bilder, leere Ahnung, eitle Hoffnung wären! – wenn das, was wir Wahrheit nennen, Lüge wäre! – wenn die Ewigkeit ein Nichts – wenn Unsterblichkeit ein Phantom wäre! – wenn einst Alles, Alles sich auflöse in eine öde, tote Leere, gleich der, die meine Brust nun füllt? – Wenn wir unser Haupt zur Ruhe legen sollten, um einzuschlafen auf ewig; wie nun Alles schlummert in mir, was einst lebte und sich unsterblich wähnte! Wenn die Ahnung, dieses Eine, was uns beseelt als göttlicher Odem, wenn diese Ahnung ein schaudervoller Wahn wäre, ein Fieber des Herzens, ein falscher Wechsel, das Meisterwerk des Satans wäre, der Welten, gleich Seifenblasen umhertreibt, gleich Seifenblasen, welche zerstießen in Nichts mit all ihrem Glanze, mit all ihrer Scheinpracht!«

Harro blieb in Zweifel verstrickt und isolierte sich in Rom mehr und mehr von seinen Freunden. Es schien, als würde er vor der Kunst fliehen, die man von ihm erwartete. Kroyer, das Großmaul, war auch in Ancona gestrandet und bat schriftlich um Hilfe. Aber Harro konnte die Bitte nur weiterleiten, aus Bettlersolidarität. Harro wartete nur noch auf Giulia, ging auf die Feste, aber der Spott auf den »Griechen« nahm nicht ab, auch wohl, weil nichts Neues von ihm kam. Giulia traf er nur noch einmal, bevor sie zurück zu ihrer Familie fuhr. Im Juli nahm er eine Einladung des Kronprinzen zum Vorwand, Rom zu verlassen. Enttäuscht verließ er die Ewige Stadt.

Er konnte reisen, weil sein Busenfreund Bissen die ihm von der Kopenhagener Akademie überreichte Goldmedaille versilbert hatte. Er hatte sie verkauft und Harro das Geld geschickt. Eine großzügige Geste der Freundschaft, über die Bissens Eltern fassungslos waren.

1822 Livorno

Ist Tod wohl Schlaf, da doch nur Traum das Leben
Und Freuden wie Visionen uns entschwinden,
Da Seligkeiten geistergleich entschweben
Und wir das Sterben doch als Schmerz empfinden?
John Keats

Auf der Suche nach Milordo

Diener, Bedienstete, Kellner hörten an den Tischen die Gespräche ihrer Herren, belauschten, was die Damen sich im Garten über die Ingleses und den Milordo in der Villa Dupuy berichteten, und erzählten, was sie sahen und hörten, in der Küche weiter. Von dort gelangte es in die Gassen, die Kirchen, die Kneipen, auf die Karren und Kutschen und schließlich auch zu Harro, der von Rom über Florenz nach Livorno gekommen war. Man raunte, der Milordo sei in den letzten Tagen ungehalten gewesen. Im Garten vor dem Haus hätten sich die Diener mit Messern bedroht und darum gestritten, wer mit dem Maulesel zum Brunnen gehen musste, um Wasser zu holen. Ausbeuter, sollen sie geschrien haben. Milordo sei auf den Balkon getreten und habe heruntergebrüllt, dass er jeden erschießen werde, der nicht sofort seine Arbeit täte. Und am Treppenabsatz der Villa hatte er Moretti, seine Bulldogge, angekettet. Der Hund würde jeden anfallen, der die Treppen hinauf ins *piano nobile* wollte.

Harro hörte erst gelangweilt zu, das Gewäsch war so interessant wie eine alte Depesche. Als er aber hörte, von wem die Rede war, wurde er neugierig und konnte gar nicht genug von den Berichten bekommen. Man sprach über Lord Byron, den größten lebenden Dichter Englands, ach was, der Welt. Goethe ja, der war auch groß, aber Goethe war alt und in Weimar und Byron erst 34 Jahre alt und in der Nähe.

Shelleys Tod

Es war heiß im Sommer 1822, im Erdgeschoss der Villa hatte sich – wie man hörte – ungebetener Besuch, eine Familie Hunt aus England, einquartiert, und der Lord quälte sich in Trauer und mit den Gedanken, was man mit den Leichen der Ertrunkenen machen sollte. Das Undenkbare war geschehen. Der Dichter

Percy Byshe Shelley, sein Freund Williams und ein Bootsjunge waren mit der »Don Juan«, Shelleys neuem, nur acht Fuß langem Boot, von Lirico aus in einen Sturm gesegelt und verschollen und dann tot an den Strand zwischen Viareggio und Massa gespült worden. Der Milordo hatte alle Hebel in Bewegung gesetzt, sie zu suchen, war selbst mit seinem Schiff die Küste entlanggefahren. Endlich, nach zehn Tagen hatte man sie am Strand gefunden. Aber die Beziehungen zur Obrigkeit der Toskana waren miserabel, man hielt das Gefolge des Lords und ihn selbst für Aufrührer, für Verbündete der Carbonari und für Raufbolde. Außerdem fürchtete man Krankheiten durch die verwesenden Leichen und verbot, sie zu transportieren.

Das letzte Jahr hatte für die Engländer nur Ärger und Trauer gebracht. Erst starb John Keats, Englands lyrische Hoffnung, dann Byrons kleine Tochter Allegra einsam im nahen Kloster. Jetzt war die Revolution selbst, war Shelley ertrunken. Oder war er gar ermordet worden? Williams als ehemaliger Marineoffizier und auch Shelley selbst galten als gute Segler, das Boot war neu und schnell »wie eine Hexe«. John Edward Trelawny, der Shelley das Segeln beigebracht hatte und Byrons neues Schiff, die »Bolivar«, kommandierte, soll Shelley, so die Gerüchte in den Trattorias, angeboten haben, die »Don Juan« ins Schlepptau zu nehmen und nach Livorno zu bringen. Aber der hatte das Angebot und die Warnungen der Fischer in Livorno buchstäblich in den Wind geschlagen. Was sollte der Sturm diesem Liebling der Götter schon anhaben? Außerdem hätte Shelley die Schmach, als Beiboot von Byron in Livorno anzukommen, wohl nicht ausgehalten, sagte man. Aber der Meeresgott Poseidon kannte kein Erbarmen und verzieh keine Eitelkeit. Nun lagen die Leichen am Strand von Viareggio und mussten irgendwie beerdigt werden. Während Lord Noel sich in der Beletage düstere Gedanken über den Tod und die Ewigkeit machte, darüber sinnierte, ob er für die Befreiung Südamerikas oder Griechenlands sein Leben aufs Spiel setzen sollte, organisierte sein Freund Trelawny das Nötige. Mary, die Frau Shelleys, war in Tränen aufgelöst, und der Gedanke, dass sie ihren Geliebten im Sand zurücklassen sollte, schien sie fast umzubringen. Mary wollte, dass Percy neben ihrem Sohn in Rom beerdigt wird. Wenn schon nicht in Gänze, dann wenigstens seine Asche. Trelawny identifizierte die Leichen, begrub sie vorläufig unter einem Haufen Sand und besorgte bei der Quarantänebehörde die Genehmigung, dass sie an Ort und Stelle eingeäschert werden konnten. Das animierte auch die Fantasie Byrons, der an einen großen Katafalk, einen Scheiterhaufen, dachte, wenigstens etwas, was der Größe des Kameraden angemessen sei.

Harro wollte Byron sehen, ihm vom Kampf der Griechen, besser der Philhellenen erzählen. In Livorno hatte er begonnen, griechische Trachten zu zeichnen, weil er hoffte, damit ein wenig seine Reisekasse aufbessern zu können. Er liebäugelte mit dem Gedanken, den Lord zu fragen, ob er ihm Porträt sitzen möge. Ein Byron-Bild würde sich besser verkaufen als die Trachten und die Bildnisse der eitlen Bankiers und ihrer Damen, mit denen sich Harro sonst über Wasser hielt. So machte er sich auf den Weg nach Montenero, der auf einem Hügel vor der Stadt liegenden Villa des Lords. Aber kaum hatte er sich durch die heißen Straßen den Hügel hinaufgequält und war auf dem Weg zur Villa, kam ihm ein Tross von Reitern und Kutschen entgegen. Vorweg preschten Reiter, offenbar Offizielle, dahinter in einem offenen Zweispänner Byron in Begleitung eines Mannes. Wie im Flug rauschte der Heros vorbei. Ein kurzer Blick genügte und Harro wusste, Byron ist sein Mann. Dieser kurze Moment, zehn Sekunden vielleicht, war mehr, als wenn sie zehn Minuten gesprochen hätten. Byron war eine Attraktion, dieser Augenblick genügte, Harro zu faszinieren. Er musste sich hinterher den Staub der Straße aus den Haaren schütteln und hob die Hand zum Gruß, aber die Kutsche war bereits hinter einer Biegung verschwunden. Er ging zurück in die Stadt und wurde von einem Bauern mitgenommen. Als ihm in einer Schenke jemand erzählte, die Engländer würden am Strand von Viareggio Leichen verbrennen, hielt ihn nichts mehr auf. Er ging Stunden an der Küste und am Strand entlang, das Schauspiel zu sehen.

Lord Byron im Meer

Von Weitem sah er die Rauchsäule, aber als er näher kam, war das Feuer schon erloschen. Die Beteiligten torkelten am Strand entlang, sie hatten den Wein nicht nur zum Löschen der Flammen benutzt. Auf Reede lag Byrons Schiff, und man hielt Ausschau nach Mylord, der irgendwo da draußen schwamm. Er war ins Wasser geflohen, als er den bläulich grün verfärbten Körper des Freundes gesehen hatte. Nur am Hemd und seinen Stiefel hatte man Shelley erkennen können, der Rest war durch die Wochen im Wasser und im Sand in den Zustand der Zersetzung übergegangen. Byron hatte gesagt, er könne jeden Toten am Gebiss identifizieren. Aber als er die Masse toten Fleisches sah, die nur noch durch das Hemd in Form gehalten wurde, und der Spaten an den Kopf im Sand krachte, flüchtete er. Er hatte Trelawny gefragt, ob er nicht den Schädel bergen konnte. Aber der hatte abgelehnt, er wollte nicht, dass der Kopf dieses großen Poeten auf einem Kaminsims oder als Trinkbecher endete. Man hatte Wein und Kräuter ins Feuer gegossen, um den Gestank zu bändigen. Byron hatte sich ins Meer gestürzt und mit den Füßen im Wasser Shelleys Verse deklamiert:

Der Tod ist hier, der Tod ist dort /
Der Tod regiert an jedem Ort; /
Drunten, droben, ringsum droht /
Grimm der Tod – auch wir sind Tod.

Einer der Diener hatte dies Harro zugeraunt, als Harro ihn nach dem Geschehen befragte. Shelleys Herz war wie durch ein Wunder nicht verbrannt, sondern ganz geblieben, der Zeremonienmeister Trelawny hatte es an sich genommen und die Diener angewiesen, die Asche des Toten in einen Kasten zu füllen. Nun stand Harro vor dem Scheiterhaufen, ergriffen und zu spät gekommen. Er sah Byron, der erschöpft aus dem Meer stieg, ging auf ihn zu, wollte ihn begrüßen, ihre Blicke trafen sich, aber seine Diener sprangen herbei, warfen ihm eine Decke über, und Leigh Hunt und Trelawny versorgten ihn mit trockener Kleidung und Wein. Kurz darauf setzten sie den Lord in die Kutsche, den Kasten mit Asche und Herz nahm Trelawny auf seine Knie. Harro blieb zurück, stand da, fror und konnte es nicht über sich bringen, sich an der noch glimmenden Glut Shelleys zu wärmen. Was hätte er ihm nicht alles sagen wollen, von Hellas und der Freiheit. Byron war sein Mann, ein Geist, ein Wille. Aber er war auch beschämt, weil er ihn nicht erkannte. Byron sah ihn nicht, den Seelenbruder, wo er doch hätte spüren müssen, dass hier ein friesischer Sänger gleichen Gemüts, gleicher Fasson stand.

20.
N. 1

5
Alles Theater

1822 München –
1825 Schweiz, München – 1826 Wien –
1827 Prag – 1827 München

Jetzt oder nie! – Des Schicksals Würfel liegen;
Jetzt gilt es, sterben oder siegen;
Euch ruft das Vaterland.
Ergreift die Waffen, Söhne der Hellenen!
Ein schöner Sieg wird Eure Thaten krönen,
Des Nachruhms Unterpfand.[18]

1822 München

Harro wird Grieche

In Piemont hielt man ihn für einen aufständischen Carbonari. Das Motto der geheimbündlerischen Freimaurer lautete *Iustum necare reges Italiae* – Es ist gerecht, Italiens Könige zu töten. Die Carbonari hatten sich ein Jahr zuvor gegen den dortigen König Victor Emanuel I. erhoben und ihn zu politischen Zugeständnissen gezwungen. Seitdem wurden sie, wie auch die »Demagogen« und Burschenschafter im Gebiet des Deutschen Bundes, verfolgt. Harro war durch sein abgerissenes Aussehen der erst wenige Jahre zuvor aufgestellten Truppe der Carabinieris auffällig geworden. Der Vermerk in seinem Pass, dass er in Griechenland gewesen war, genügte, um ihn als unerwünscht zu betrachten. Man brachte ihn unter Begleitung an die Schweizer Grenze und schob ihn ab. Eine Erfahrung, die er im Laufe seines Lebens noch Dutzende Male machen sollte. Er ging nach Zürich, wo man den Friesen jetzt als »Griechen« feierte und Geschichten vom heldenhaften Kampf hören wollte. Aber als Harro nur zögerlich vom Mut und mehr vom Unmut über die Hellenen sprach, nannten die Griechenverrückten ihn einen »Vagabunden«, einen Verräter an der Sache der Freiheit. Nicht nur in der Schweiz war man geradezu versessen vom hellenischen Freiheitskampf. Bürger, Soldaten, Handwerker, Abenteurer, alle wären am liebsten sofort losmarschiert, Hellas vom Türkenjoch zu befreien. Ein Major der sich formierenden »Deutschen Legion« trieb seine böswilligen Unterstellungen so weit, dass Harro meinte, seine Ehre retten zu müssen, indem er den Soldaten zum Duell forderte. Aber Malerfreunde verhinderten den Unsinn, beruhigten die Situation und beauftragten Harro, für den Zürcher Künstlerverein ein Panorama mit dem Titel »Die Rückkehr der Griechen und Griechinnen nach einem Siege« zu zeichnen. Harro erkannte, dass seine Zweifel nicht ihre Zeit hatten, besann sich und malte und dichtete von nun an pathetische Verse für Hellas' Sache, die trotz allem seine Sache war und blieb.

Der dänische Kronprinz ließ ihm ausrichten, dass er von ihm keine Zuwendung mehr zu erwarten habe, und verwies ihn nach München. Der bayrische Kronprinz Ludwig werde sich seiner annehmen. Harro sagte sich: Ich bin Maler. Klar bin ich ein Maler. Dahl sagt es, Bissen und Thorvaldsen legen ein gutes Wort für mich am dänischen Hof ein. Oder doch nicht? Die Unsicherheit über seine Bestimmung war wie das Auf und Ab der Schweizer Berge. Himmelhochjauchzend wie die Schneegipfel in der Sonne und tags darauf zu Tode betrübt und dunklen Gemüts wie die schattenvollen Täler. Harros Stimmung fuhr Berg und Tal mit ihm. Er hatte Angst zu versagen, wusste nicht, woher er sein Brot nehmen sollte, und war gleichzeitig voller Tatendrang und Todessehnsucht. Die persönliche Demütigung, dass er in Morea nichts bewirken konnte, die Unsicherheit, Maler oder Dichter oder doch nur ein Hungerleider zu sein, machten ihm zu schaffen.

Er floh vor dem Zürcher Geschnetzelten aus Griecheneuphorie und Biedersinn und machte sich auf den Weg nach München. Dort traf er am Weihnachtsabend 1822 ein. Freunde aus Kopenhagen erwarteten ihn mit improvisiertem Juleglög, einem mit Kräutern aufgekochten Rotweinpunsch, Schweinsbraten und Semmelknödeln und wie üblich mit Fragen nach dem Kampf um Griechenlands Freiheit. Aber Harro war müde und traurig, der Winter tat das Übrige, und ihm stand nicht der Sinn nach Revolution. Er verbrachte die nächsten Monate schwermütig mit Freunden in den Bergen, wanderte nach Tirol, meldete sich zwar nicht auf der Kunstakademie, malte aber ein Bild für den Dänenprinzen und hoffte auf Antwort und Geld. Zermürbende Monate später kam beides, 25 Dukaten, aber da war er innerlich schon wieder Dichter, hatte die Malerei aufgegeben und schrieb, was die Stimmung ihm diktierte: ein dramatisches bühnentaugliches Gedicht, »Der Corsar«, über fiktive Ereignisse auf der Insel Gyaros.

Mit Hellas erobert Harro Münchens Theater

In München schlug dem Philhellenen ungeahnte Sympathie entgegen, und als er zum 25. Dienstjubiläum von König Max Joseph sein Lobgedicht »Lyratöne« auf den Griechenfreund veröffentlichte, wurde gar die Königin auf ihn aufmerksam und dann der Intendant des Residenztheaters, der unbedingt das dramatische Griechenlob auf die Bühne bringen wollte. Harro reagierte sofort auf die Schmeichelei und schrieb gleich ein Theaterstück: »Die Mainotten«. Ein Stück von Liebe, Treue und Verrat mit edlen Griechen, bösen Türken, einer hübschen Sklavin und selbstlosen Geliebten, ebenjenes ebenso dramatische wie triviale Hin und Her von Gut und Böse, das dem Publikum gut gefiel, weil es bekannte Gefühle mit der Aura des Orients und einer guten Sache paarte. Das Münchner Publikum war entzückt, jubelte, als Harro nach der Aufführung auf die Bühne kam. Er schrieb an Todsen: »Ein unbeschreibliches Gefühl durchdrang mich an jenem Abend, als ein versammelts Volk bey meinem Hervortreten beym Anblick meiner schwankenden Gestalt in lauten Jubel ausbrach.«[19] Auch die überregionale Presse feierte dieses erste authentische Stück für den griechischen Freiheitskampf. Man sah über die einfache Handlung hinweg, schwelgte über die blumige Sprache und machte aus Harro einen gefolterten Gefangenen der Türken. Harro dementierte halbherzig, zu sehr schmeichelte ihm die Aufmerksamkeit des Boulevards.

Aber hinter den Kulissen braute sich schon wieder Ungemach zusammen. In Münchner Literatenkreisen neideten ihm manche seinen Aufstieg. Der Intendant des Hoftheaters, Johann Nepomuk von Poißl, mochte Harros Pathos und plötzlichen Erfolg nicht besonders und lehnte die nun in schneller Folge von Harro eingereichten Stücke ab. Als der König und die Königin einen Theaterbesuch avisierten, nahm er kurzfristig »Die Mainotten« vom Spielplan und ließ stattdessen das Stück »Die Feinde«, ein zeitgemäßes Trauerspiel des Freiherrn Ernst von Houwald, aufführen.

Harro, der sich inzwischen ganz vom burschenschaftlichen Outfit verabschiedet hatte und sich nach der Mode kleidete, vermutete hinter den Geschehnissen die Machenschaften der Zensurbehörden und des Frankfurter Bundestages und hielt sich fortan in München mit politischen Stellungnahmen zurück. Trotz der Griecheneuphorie waren den bürgerlichen Kreisen die Demagogen und Philhellenen mit ihren umstürzlerischen Ideen doch suspekt. Seine Griechentexte versuchte er über Freunde weitab in Hamburg und Dresden unterzubringen und galt dort als authentische Stimme der Griechenfreundschaft.

In der Brust ein Revolutionär, im Äußeren ein Bürger, Harro spürte nicht nur aus diesem Widerspruch den Wahnsinn in sich aufsteigen. Anerkennung, Ablehnung, Intrigen, Zurückweisungen und Spott waren seine Begleiter. Und er liebte Marie Wanney, die Hofschauspielerin und Hauptdarstellerin in den »Mainotten«, die seinen Erfolg durchaus faszinierend fand, aber nicht ihn. Sie war zwischenzeitlich mehr dem wohlbestallten Geigenvirtuosen, Konzertmeister und Komponisten Bernhard Molique zugetan, wollte ihn heiraten und ließ den stellungslosen Harro mit seinem Kummer allein. Der meinte, er müsse ihr eine sichere Existenz bieten, und setzte alles auf eine Karte. Er ging zum Intendanten, um als Theaterdichter in Lohn und Brot zu kommen. Poißl ließ ihn auflaufen. Harro, immer zu schnellen Entschlüssen geneigt, brach nach zwei Jahren enttäuscht seine Zelte in München ab. Er verabschiedete sich von den Münchnern öffentlich auf seine Art: »Möge das allgemeine Wohlwollen, dessen ich mir hier erfreute, auch in der Ferne mir zu Theil werden, wie ich fortan, durch manche schöne Rückerinnerung an München geknüpft, meinen regen

Willen darthun werde: jegliches mir geschenkte Vertrauen jederzeit zu rechtfertigen – allen Freunden mein Lebewohl! – München am Tage meiner Abreise, den 11. Jän. 1825. Harro Harring aus Dänemark.« Niemand hielt ihn auf, und er schlug die Tür nicht zu.

1825 Schweiz

Er ging im Januar 1825 nach Zürich, wo er seinen Freund Reinhard Sprüngli verabschiedete, der, ähnlich enttäuscht vom Stillstand der Freiheitsbewegung, im Begriff war, nach Südamerika auszuwandern. Wieder ein Kämpfer weniger. Harro haderte mit seinem Schicksal. Aber kaum war der Freund abgereist, setzte er sich wie im Übersprung an den Tisch und schrieb innerhalb von Tagen das Drama »Der Student von Salamanca«. Ganz in der dunklen Verfassung, die Harro mit sich herumtrug, beginnt es so:

Nie Freude schwand aus unsrer Väter Burg / Und Angst und Trübsal zogen bey uns ein, Und weilen hier, und weichen nun nicht mehr. Der Tod ist eingekehrt in dieses Schloss / Und schaurig weht sein Odem durch die Hallen. Und löst des martervollen Daseyns Band. Don Rodrig's Blick starrt in sein Inn'res nur, Und ohne Glanz steigt ihm die Sonn' empor, Die seines Kummers jungen Tag verkündet. / Wenn doch der letzte Morgen erst erwachte/ Der uns, entscheidend, Tod bringt oder Leben.

Eine ganz eigene Mischung aus Pathos und Ironie, die sich gelegentlich nur als die doppelte Brechung einer überhöhten Sehnsucht verstehen ließ. Es scheint, Harro meinte es so, und doch ahnte er selbst, wie lächerlich er war.

Er schickte das Stück gleich nach München. Zu seiner Überraschung wurde es angenommen und bezahlt – aber dann doch nicht aufgeführt. In schneller Folge schrieb er weitere Erzählungen und Stücke, die er unter dem Titel »Cypressenlaub« bei Xaver Meyer in Luzern verlegte. Und dann malte er wieder, zeichnete Auftragsporträts von Züricher Bürgern.

Am Vierwaldstätter See traf er Maler- und Griechenfreunde, die planten, ein Garde-Cavallerie-Regiment und ein Korps mit Schweizergardisten von Neapel aus nach Morea zu verschiffen. Harro war mit seinen Kenntnissen über die Lage auf dem Peloponnes willkommen. Gleich war er wieder bereit, sich eine militärische Zukunft vorstellen zu können. Er schrieb sich auf der Soldliste des Philhellenenkorps als Leutnant ein und eilte zurück nach München, seine Sachen zu arrangieren, seinen Nachlass zu verteilen, Briefe an die zukünftig Hinterbliebenen zu schreiben und sich ein wenig auf die Schulter klopfen zu lassen. Aber wieder kam es anders. Und wieder spielte der Tod seine Rolle. Die Sache mit der Flotte aus Neapel hatte einen Haken. Die Schweizer Freunde bekamen weder Schiff noch Genehmigung, noch genügend Geld zusammen.

1825 München

Audienz bei Ludwig I.

Als er am 13. Oktober in München ankam, hatte in Schloss Nymphenburg »das beste Herz« aufgehört zu schlagen. König Maximilian I. Joseph war gestorben, und die ganze Stadt war erschüttert. Man trauerte um den König, der so sehr auch einer der ihren war, der nicht nur bei offiziellen Auftritten, sondern auch alltags mal auf dem Markt oder in einem Wirtshaus auftauchte, der das Königsein als Beruf betrachtete und seinen Feierabend haben wollte. Der König war tot. Harros Hoffnung richteten sich sogleich auf den neuen König Ludwig I., der schon als Kronprinz seine Begeisterung für die Sache der Griechen mit Geld und Gedichten Ausdruck verliehen hatte. Es lebe der König. Jetzt schienen die Karten neu gemischt zu werden und die Schnüffelei der metternichschen Zuträger würden keine so offenen Ohren am Hof mehr finden. Ludwig hob die Pressezensur auf und ließ aufrüttelnde Verse in die Zeitung einrücken: *»Hellenen! Kämpft den Kampf des Todes! / Verlassen von der ganzen Welt, / Kämpft in der Glut des Abendrotes, / Das nun auf Hellas' Trümmer fällt.«*

Es dauerte nicht lange, und Harro wurde zur Audienz an den Hof bestellt. Bereits Tage vorher überlegte er, was er mit dem König alles besprechen könnte: Er wollte sich über den seiner Meinung nach ignoranten Intendanten Poißl beschweren, dem König die gerade gedruckten und in feines Leder gebundenen Werke überreichen und sich so als Hofdichter empfehlen. Oder als Literaturprofessor an der Universität. Am besten wäre, dachte Harro sich, über Hellas zu sprechen. Mit dem letzten Geld kaufte er ein neues Paar Schuhe und Seidenstrümpfe und erschien zur Privataudienz. Der König war freundlich, ganz so als würde man von Grieche zu Grieche sprechen, und nach der Begrüßung ging es gleich zum Thema. Vom Haushofmeister wurde Harro zugeflüstert, langsam und sehr deutlich zu sprechen, der König würde schwer hören.

Der König begrüßte Harro mit einem Kopfnicken und einem Handschlag. »Haben Sie vom schrecklichen Schicksal Byrons gehört?«, begann Ludwig.

»Ja, er hat sich für die Sache geopfert«, erwiderte Harro und ergänzte: »Thorvaldsen hat ihm ein vorzügliches Porträt gewidmet. Ich sah das Modell einer früheren Arbeit in seinem Studio.«

»Stimmt, Sie waren ja in Rom. Ist die Sache mit Missolunghi nicht schrecklich? Jetzt dauert die Belagerung schon fast zwei

Jahre«, sagte die Majestät. »Wir müssen etwas tun. So untätig zu sein macht mich ganz nervös.«

»Ja, vielleicht hätte Byron noch etwas ausrichten können, aber das Fieber ist stärker als tausend Türken. Ich habe es am eigenen Körper erfahren.«

»Lieber Harring, was meinen Sie? Sollten wir nicht einige junge Griechen, die der Krieg ohne Eltern zurückgelassen hat, in unsere Obhut nehmen?«

»Sehr gute Idee, Majestät.«

Der König schaute aus dem Fenster, dann Harro an und sagte: »Und wir gründen für die Sache Griechenlands einen Hilfsverein. Und zur Eröffnung spielen wir ihre ›Mainotten‹? Wie finden Sie das?«

Harro errötete. »Sie sind zu gütig, Majestät, aber ob das in die Pläne des Herrn Intendanten ...«

»Papperlapoißl.« Ludwig lachte über seinen eigenen Witz und wandte sich an seinen Sekretär. »Schreiben Sie an den Intendanten, dass das Stück unseres verehrten Dichters gleich nach Ende der Trauerzeit für meinen geliebten Vater aufgeführt wird.«

»Es ist mir eine Ehre, Majestät.«

»Wir Hellenen müssen zusammenhalten, lieber Harring. Wir werden den Kampf schon noch gewinnen. Der Türke soll sich wundern. Noch einen Tee?«

Aussicht auf Karriere

Froh gestimmt, mit dem Brief des Königs an den Intendanten in der Tasche, verließ Harro die Residenz. Er sah sich schon als Hofbeamter, als Bibliotheksdirektor, als Universitätsprofessor, zumindest aber mit einer auskömmlichen Pension als Hofdichter ausgestattet. Welch Triumph! Und tatsächlich schien alles gut zu laufen. Ach was, besser konnte es nicht gehen. Außer in Missolunghi. Da versuchten am 14. April die restlichen 3000 Krieger und 7000 Unbewaffnete die Belagerung zu durchbrechen. Aber die Aktion war verraten worden, und über 8000 Menschen starben im Feuer der türkischen Flotte, andere starben am folgenden Tag, als die Türken die Stadt stürmten und die in der Festung Verbliebenen das Pulvermagazin in die Luft sprengten. Die Sache der Griechen schien endgültig verloren, und im August fiel auch noch Athen. Aber Ludwig wollte nicht aufgeben, er gründete seinen Griechen-Verein, und zur Gründungsfeier wurden in Anwesenheit Seiner Majestät die »Mainotten« aufgeführt, ein wahres Fest der Solidarität. Man jubelte Harro zu, faktisch als Ersatz für die Griechen.

Zwar kam der König später dann nicht zur Premiere seines Stückes »Der Wildschütze«, weil er – vielleicht ahnte Poißl das – in Italien weilte, aber der Hof und die Gesellschaft bemühten sich um den Günstling des Herrschers. Er wurde gemalt, auf Empfängen herumgereicht, der berühmte Hanfstängl fertigte eine Lithografie von ihm an, und in Harro stieg ein Gefühl auf, doch zu Höherem bestimmt zu sein.

Gottfried Semper kommt nicht zum Duell

Natürlich gab es Neider, Intriganten, und Harro war viel zu aufbrausend und leicht verletzbar, als dass er Provokationen aus dem Weg gehen konnte. Ein Student aus Hamburg spottete darüber, dass er mit dem Rock des Burschenschafters wohl auch die Gesinnung abgelegt habe und eine Hofschranze geworden sei. Jedenfalls forderte der junge Gottfried Semper ihn zum Duell. Harro willigte ein, aber unter der Bedingung, das »Spiel« solle in Ulm stattfinden. Er wollte sich nicht in Bayern duellieren, damit er keine Schwierigkeiten bekäme, falls der bayrische Hof davon erführe. Also ab nach Württemberg. Am 21. Februar, zwei Wochen nach seiner Audienz bei Ludwig I., hätte seine Karriere beendet sein können. Es war ein Duell auf Pistolen auf zwölf Schritt Entfernung vereinbart. Harro war da und bereit. Er hatte wieder einmal alles geregelt und erwartete das Schicksal. Aber der Todesschütze erschien nicht zur vereinbarten Zeit am vereinbarten Platz, sondern schickte seinen Sekundanten mit der Bitte, die Sache doch zu verschieben. Dem Semper sei nicht wohl, er könne unmöglich erscheinen. Er hatte im reinen Sinne des Wortes Schiss. Harro ließ das nicht durchgehen, verbreitete die Nachricht, und der Student konnte sich in München nicht mehr in Gesellschaft wagen. Der später berühmte Architekt Semper verließ die Stadt Richtung Paris, und Harro reimte selbstironisch: *Ich werde noch auf Erden / Mal etwas Großes werden. / Die Kerls zieh'n an und schlagen / Das Schießrohr an den Kragen, / Als ob, zu meiner Ehr', / Ich schon was Großes wär'.*

Der Absturz kam dann schnell. Aus einer Anstellung in München am Theater oder der Universität wurde nichts. Der König, wohl aus Wien von Metternichs allgegenwärtigen Einflüsterern gewarnt, beließ es bei einer kleinen Unterstützung, und Poißl schob die nächsten Produktionen des Friesen auf die lange Bank und bewegte sich nur noch auf Weisung von oben, bevor er etwas von diesem Dichter anrührte. Harro reagierte gereizt, und als Carl Carl, eigentlich Carl Andreas von Bernbrunn, Direktor des Theaters am Isartor, ankündigte, er werde in Wien das Theater in der Josephstadt übernehmen, schloss er sich ihm kurz entschlossen an. Die Aussicht, eine feste Anstellung als Theaterdichter in Wien zu erhalten, war wenigstens der Spatz in der Hand.

1926 Wien

Ein schlechtes Stück

Die Polizei in Wien kannte Harro schon und war gut informiert über seine Berühmtheit in München. Am Theater lief es schleppend an, Harro bekam vom Intendanten Carl den Auftrag, das sprachlich missglückte Stück »Sterner und Psitricher« des beim Publikum beliebten Lokaldichters Karl Meisl zu überarbeiten und aus der Prosa metrische Verse zu machen. Harro reimte, so gut es ging, und das Stück kam unter dem Titel »Rudolph von Habsburg vor Basel« auf die Bühne, ohne dass Harrings Mitarbeit erwähnt wurde. Meisl wollte Harring ausbooten und schwärzte ihn bei der Polizei an in der Hoffnung, man würde ihn ausweisen und er das ganze Honorar – und natürlich den Ruhm – einkassieren können. Harro wehrte sich und gewann. Man erwähnte ihn auf dem Theaterzettel. Aber das Stück fiel krachend durch, und als es dann später in Budapest und Prag vor leeren Rängen aufgeführt wurde, hatte Meisl seinen Namen ganz zurückgezogen, und Harro erntete den Spott. Wieder standen Ruf und Ehre auf dem Spiel, und er erklärte öffentlich, er habe nur einige Dialoge verbessert und die Sprache veredelt, sei aber nicht der Autor. Auch die eigenen Stücke in Wien wurden jetzt, wie Harro seinen Freunden gegenüber klagte, von Carl verhunzt. Das Auftrags-Libretto einer Oper mit dem Titel »Die Schöne der Nacht« wurde zwar vom Schubert-Freund Franz Lachner vertont, aber dann doch nicht aufgeführt. Zum Pech kam der Ärger, denn die Wiener Polizei schien ihn jetzt endgültig als Philhellenen identifiziert zu haben, beobachtete ihn, durchsuchte seine Wohnung und wies ihn schließlich aus. Harro, der wieder einmal fürchtete, »mein Leben scheint mir ein Opfer der Zeit zu werden«, verzog sich mit Depressionen und Fieber ins Bett, und nachdem sich Dichterfreunde, Schauspieler und Journalisten beim Polizeipräsidenten für ihn verwandten, durfte er weitere vier Wochen bleiben.

Wohin sollte er gehen? Zurück nach München? Er käme als Verlierer. Maler in Zürich? Welch öde Aussicht. Ein Engländer auf »Grand Tour« fragte ihn, ob er ihn nach Italien oder in den Orient begleiten möchte. Ein Friese als Diener? Oder nach Hamburg? Oder wieder nach Dresden? Harro fieberte, er sah überall Spitzel, selbst in dem Buchhändler Eckstein, der ihm angeboten hatte, dass er in seinem Laden arbeiten könne, um eine bürgerliche Existenz nachweisen zu können. Er fürchtete sich nicht nur vor den Metternich-Spitzeln, sondern auch vor den Redemtoristen, einer allgegenwärtigen Sekte von Katholiken, die bis in die Hofburg Anhänger hatte und ähnlich konspirativ agierte. Die Polizei kam, durchsuchte mehrmals seine Wohnung, kontrollierte, ob er noch fieberte.

Mutter und Tod

In diesen Wochen der Depression und des Fiebers starb in Sehestedt seine Mutter im Alter von 59 Jahren. Die Post machte Umwege, zu oft hatte er in den letzten Monaten die Anschrift gewechselt, wurde kontrolliert, die Briefe wurden von der Polizei, dann von den Freunden vor dem Kranken zurückgehalten. Als er vom Tod erfuhr, war es zu spät, um in den Norden zur Beerdigung zu reisen. Alles war getan, der Segen erteilt. Harro wäre dazu auch gar nicht in der Lage gewesen. Er, der so eine enge Beziehung zu seiner Mutter hatte, der sie »vergötterte«, wie er alles, was er liebte, ins Pathetische überhöhte, kehrte nicht in die Heimat zurück und schrieb in den folgenden Jahren nichts über ihren Tod. Es brauchte bis ins Jahr 1838, als er in London im Exil war, bis er sich dem Thema widmen konnte. Unter dem Titel »Young Alfred. Ein Roman in Briefen zur Beleuchtung Englands und der Engländer mit Berührung Britischer Zustände in Ostindien« beschreibt er einen jungen Mann, dessen Mutter im Sterben liegt.

Sein Protagonist schwärmt: »Meine Mutter ist mir das All' und das eine, das mein Leben zu einem höhere Dasein erhob.« Er vergöttert die Mutter und wird von ihr erdrückt. Als er das Sterbehaus in England erreicht, zeigt sich die symbiotische Beziehung von Mutter und Sohn. Im Roman schildert eine Freundin in einem Brief die Begegnung des Sohnes mit der Mutter auf dem Totenbett: »Alfred erblickte die Leiche der Mutter, welche die Natur in jeder Hinsicht so reizend geziert hatte. Noch keine vierzig Jahre, schön, ja, fast schöner, wie sie in der letzten Periode ihrer Leiden gewesen, lag sie da mit jenem Ausdrucke der Seelenruhe und der Seelengröße, mit jenem Lächeln der Entsagung, das die Lippen umschwebte, erbleicht unter dem Kusse des Todesengels. Ein Nu – ein Schrei, der dem Laut eines brechenden Herzen glich – und Alfred stürzte neben die Leiche, die Mutter umarmend und krampfhaft an seine Brust drückend, Lippe auf Lippe gepresst, als hoffe er, mit diesem Kuss das entschwundene Leben der ewig Teuren zurückrufen zu können. In dieser Umarmung verlor er das Bewusstsein. Mit unendlicher Mühe gelang es dem herbeigeeilten Hausarzt, die Leiche vom erstarrten Jünglinge zu trennen. Ohne Spur des Lebens wurde er in sein Zimmer aufs Bett getragen.«[20]

Nur mit den Mitteln des animalischen Magnetismus, der den achtjährigen Harro schon einmal von der Lähmung befreite und dem Harro später sehr zugewandt war, wurde der Scheintote wieder zum Leben erweckt. Aber der Tod der Mutter hatte den jungen Mann verändert. »Mit dem Erwachen schien eine Lücke im Gedächtnis des Leidenden entstanden, die der Arzt mit Geistesgegenwart benutzte, indem er auf die wehmütigen Erkundigungen des Sohnes, ihm berichtete, dass die Leiche der Mutter schon beerdigt sei.« Auch die Freundin Louise nahm die Veränderung wahr: »Sein ganzes Wesen unterlag einer Umgestaltung.

Die schwer zu bezeichnen ist. – Sie kennen jenen tiefen Ernst, der den seltsamsten Kontrast bildet zu seiner Jugend. Diese Richtung hat nun durchaus Vorherrschaft gewonnen und ist mit einem düsteren Schweigen verknüpft, das er ungern bricht.« Alfred wäre, so schreibt er an anderer Stelle, gern wie eine indische Witwe mit der Mutter in den Tod gegangen. Seine Mutter konnte ihn nie loslassen, er löste sich nie von ihr. Noch Jahre später beherrschte die »Furie« sein Leben. Mutter und Tod, das war und blieb eins. Ein Grund, warum er nie einfache Beziehungen zu Frauen aufbauen konnte. Ein Grund, warum er später so unbarmherzig gegen seine Gegner schrieb und den Tod nicht zu fürchten schien.

Bei erster Gelegenheit eskortierte man ihn zur Grenze, und Harro kam im März 1927 krank in Prag an.

1927 Prag

Der Engel, der um mich waltet,
der meint es so gut mit mir
Doch eh sich das Unheil entfaltet
Muss ich fort – fort! – fort von hier.
(aus Stella Wina)

Die schöne Gräfin

Dunkel wie der Grund der Moldau war seine geistige Verfassung, als er mit der Postkutsche in Prag eintraf. In Wien hatte er begonnen, seine Erinnerungen zu schreiben. Er war fast 30 Jahre alt, und es schien ihm an der Zeit, Zeugnis abzulegen. Es sollte ein Roman werden von den Fahrten eines Friesen. Aber es sollte nicht von ihm, Harro, handeln, sondern von Rhonghar, dem so viel edleren, besseren Ich. Ein Spiegelbild seiner Seele, aber auch der Schatten einer Generation, einer Idee. Unterhaltend und wild. Aber zunächst mal war er krank, und man half ihm. Prag tat ihm gut, hier war die metternichsche Polizei nicht so allgegenwärtig wie in Wien. Man freute sich in der Moldaustadt über den talentvollen Mann und die Abwechslung, die er in die Provinz brachte. Er fand ein Zimmer im Palais der Gräfin Morzin, und mit der Fürsorge kamen auch seine Lebensgeister zurück.

Er begann zu schreiben, und mit dem Schreiben kam die Liebe. Sie erschien in Gestalt von Ludmilla Wratislaw, der Tochter der Gräfin Antonie Wratislawa aus altem böhmischen Adel. Die Gräfin sorgte dafür, dass die Zensur erlaubte, dass sein Trauerspiel »Theokla« aufgeführt wurde, und der in Ludmilla verliebte Harro schrieb sich die Liebe von der Seele. Seine Verse, die er in dem Gedichtband »Stella Wina« öffentlich machte, lesen sich wie das Tagebuch eines verliebten Krebses, der aus seinem Panzer geschlüpft ist und sich ohne seine Verse schutzlos fühlt:

Ohne Lied – was ist mein armes Leben? /
Und mein Lied, was ist es ohne dich?

Er war verliebt, ahnte aber, dass diese Liebe nicht zu einem glücklichen Ende führen würde, denn wenn jemand seiner Angebeteten solche Verse widmet, hat er die Tragödie schon vor Augen:

Und nun will ich – mein Lebewohl dir bringen /
Und nicht betrüben will ich länger dich /
Ich will im letzten Kampf mich selbst bezwingen /
Oh wüsst ich nur, ob du wohl denkst an mich. /
Wenn meine Lieder nicht mehr zu dir dringen /
Wenn auch des letzten Klanges Echo schwieg /
Bey Gott – mein Leben wär nicht arm zu nennen /
Doch nein – du darfst ja nicht den Sänger kennen.

Eine Sehnsucht nach dem Scheitern durchwehen die vielen hundert Zeilen, die dabei voller Pathos und Schwulst sind, aber gleichzeitig auch selbstironisch:

In dreißig Jahren dreimal lieben /
heißt immer die Liebe piano getrieben. /
Nun denk ich aber, es sei genug /
ich addiere – das Sümmchen – ist ein Fluch.

Und voller Erkenntnis, dass seine Lebenserfüllung die Sublimierung sein könnte und die Literatur nur Ersatz, dichtet er:

Ihr wundert euch, dies Buch enthält zwey Dritteil Liebesklänge? /
Ist doch die Lieb' allein die Welt der Lieder und Gesänge.

Jetzt war es nicht die Tragödie des Lebens, die ihn krank machte, sondern die Liebe zu Ludmilla. Was hätte er nicht alles getan, um sie zu gewinnen. Und Ludmilla war nicht abgeneigt. Aber eine böhmische Gräfin liiert mit einem mittellosen Dichter? Das konnte nicht sein.

Harro schrieb am Rhonghar, seinem Lebensroman. Er wollte seiner Ludmilla zeigen, dass er, der Friese, für »rüm hart, klaar kimming«, ein weites Herz und einen klaren Horizont, stand. Er erzählte von seiner Jugend, seinen Reisen und wandte sich im Text immer wieder an die ihm einzig vorstellbare Leserin.

Ypsilantis in Theresienstadt

Mit der Lebens- und Leidenslust kam auch die politische Leidenschaft zu Harro zurück. Hatte er sich in Wien und dann auch in Prag politische Zurückhaltung auferlegt, galt er doch überall als Philhellene, und das Schicksal der Griechen, das bei Missolunghi so katastrophal zu enden schien, blieb tatsächlich seine Sache.

Die alliierten europäischen Mächte, England, Frankreich und auch das Zarenreich Russland, wollten den Peloponnes nicht den Osmanen überlassen. Die Hohe Pforte, der Sitz der osmanischen Herrschaft am Bosporus, hatte zwar mit dem ehemals albanischen und jetzt ägyptischen Feldherrn Muhammed Ali Pascha einen Konkurrenten um die Vorherrschaft im Reich zum Verbündeten gemacht, und Ali hatte Missolunghi erobert, doch im Juli 1927 unterzeichneten die Alliierten einen Vertrag, in dem sie von den Osmanen einen Waffenstillstand in Griechenland verlangten. Auf dem Landwege war das nicht durchzusetzen, es blieb nur der Weg über das Meer.

In der Hoffnung, dass die Sache der Griechen noch nicht verloren sei, erinnerte man sich in Prag daran, dass ganz in der Nähe, in Theresienstadt, der Initiator des Griechenaufstands Alexander Ypsilantis mit seinem Gefolge seit sieben Jahren in Festungshaft saß. Theresienstadt lag an dem kleinen Flüsschen Eger und war vom österreichischen Kaiser Joseph II. ab 1780 als Garnisonsstadt errichtet worden. Es gab beiderseits des Flusses Festungen, das heißt, die gesamte Stadt war von einer Mauer umgeben und verfügte über Kasernen, Verliese, unterirdische Gänge. Alles war so angelegt worden, um einen möglichen Angriff der Preußen abzuwehren. Da sich aber die politische Großwetterlage nach Napoleons Sturmlauf durch Europa verändert hatte, Österreich sich mit den deutschen Fürstentümern, inklusive Preußen, im Deutschen Bund verständigte, wenn auch nicht wirklich verstand, änderte sich die Funktion der Festung. Wenn man sie schlecht einnehmen konnte, so die Überlegung, kam man auch schlecht hinaus. Und so wurde Theresienstadt, noch während an den Anlagen gebaut wurde, zum Gefängnis. Die Anlage wandte sich nicht mehr gegen einen äußeren Feind, sondern hier konnte weggesperrt werden, wer als gefährlich erschien.

Besuch im Gefängnis

Einer der ersten und prominentesten Gefangenen war der Generalmajor der 1. Husaren Division des Zaren, der in Konstantinopel geborene Sohn des osmanischen Fürsten Moldawiens und der Walachai, der Grieche Alexander Ypsilantis, Anführer des griechischen Aufstands. Man hatte ihn, nachdem seine Truppe von den Osmanen geschlagen und er nach Österreich geflohen war, verhaftet und eingesperrt. Einen Prozess gab es nicht.

Der Großfürst Clemens Metternich wollte weder Russland einen Vorteil auf dem Balkan verschaffen, noch einen Konflikt mit dem Osmanischen Reich befördern. Metternich setzte auf Ruhe und sperrte Ypsilantis weg. Der Vertraute und mitinhaftierte Adjutant Ypsilantis, der Dichter Georg Lassanes, hatte ein Gesuch an den Prager Polizeipräsidenten gerichtet, dem Gefangenen die Ausreise nach Leipzig zu gestatten. Ypsilantis sei in der Haft krank geworden. Davon erfuhr Harro und nahm Kontakt zu Lassanes und Ypsilantis auf. Er musste dabei konspirativ vorgehen, stand er doch trotz allen Wohlwollens unter Beobachtung der Behörden. Und obwohl Harro sonst immer alles seinen Freunden, besonders Todsen nach Husum, schrieb, hielt er sich hier an die Regeln der Verschwiegenheit.

Der einzige Besuch, den Ypsilantis empfangen durfte, waren Verwandte und Offizielle. Die Gattin des ehemaligen russischen Botschafters in Wien, die Fürstin Rasumowski, erfüllte diese Bedingungen, denn die Familie Ypsilantis gehörte zum russischen Adel. Geld, gute Worte und die k.u.k Adelsfreundlichkeit verschafften der Fürstin eine Besuchsgenehmigung. Und Harro nahm, vielleicht in der Rolle ihres Dieners, an dem Besuch teil.

Ypsilantis, der in der Schlacht von Dresden als russischer Gardeoffizier seinen rechten Arm verlor, hatte 1820 mit seiner Schar den Pruth, den Grenzfluss zum Osmanischen Reich, überquert und damit den Unabhängigkeitskrieg um Hellas entfacht. Jetzt, in

Haft, ging es ihm nicht gut. Die kalten Gemäuer der Festung setzten ihm zu, er war blass und schmal und litt zudem an einem Erbleiden, der Dystrophia myotonica, Muskelschwäche. Über seiner Uniform trug er einen Umhang, mit dem er das Fehlen seines rechten Arms kaschierte, und freute sich, die Fürstin zu sehen. Seine Augen leuchteten unter seiner hohen Stirn. Der erst 35-Jährige sprach schleppend, und seine Muskeln schienen nicht mehr richtig zu funktionieren. Er setzte sich, nachdem er die Fürstin umarmt hatte, wieder auf einen Stuhl. Während Ypsilantis mit der Fürstin auf Russisch über das Befinden redete, nahm Lassanes Harro zur Seite. Er wollte wissen, was es über die Bestrebungen der Alliierten in Morea zu sagen gab. Harro berichtete, was er von Ludwig I. wusste und dass der König ein großer Freund der Griechen sei und für die Sache Geld sammle. Ludwig wäre sicherlich bereit, den Gefangenen zu helfen und bei sich aufzunehmen. Er, Harro, habe schon an ihn geschrieben und warte täglich auf Nachricht aus München.

»Und wenn nicht?«, fragte Lassanes.

»Es ist schwer, hier hineinzukommen«, sagte Harro, »die kleine Festung ist gut gesichert.«

»Der Fürst«, flüsterte Lassanes, »ist nicht in der Lage zu fliehen. Er ist zu schwach und bedarf dringend ärztlicher Hilfe. Sonst könnten wir durch die unterirdischen Gänge entkommen, wenn draußen jemand auf uns wartet.«

Harro nickte. »Besser wäre es, sie würden durch das Tor, ganz offiziell hinauskommen«, sagte Harro.

»Im Moment sehe ich aber keinen, der in Wien oder Prag ein solches Papier ausstellt«, winkte Lassanes ab.

»Da wäre auch die Fürstin die beste Adresse. Sie könnte bei Hof vorstellig werden.« Harro lächelte zu der Fürstin und dem General hinüber. »Wenn das zu lange dauert, hätte ich da noch eine andere Idee.«

Befreiungsversuch à la Shakespeare

Harro beugte sich zum Ohr des Griechen und flüsterte ihm zu: »An sich ist nichts entweder gut oder böse, sondern das Denken erst macht es dazu.«

Lassanes sah ihn fragend an, und Harro fuhr fort: »Ist dies schon Tollheit, hat es doch Methode.«

Lassanes schüttelte den Kopf, Harro lächelte und sagte: »Shakespeare. Hamlet.«

»Sie sprechen in Rätseln, Bester.«

»Na«, rief Alexander, der von dem Geflüster etwas mitbekommen hatte, »für Verschwörungen und Aufstände bin ich hier zuständig. Ich habe gehört, unser Gast ist ein Waffenbruder.«

Harro wandte sich Ypsilantis zu: »Fürst, ja, ich war in Morea, und seitdem scheint Hellas mein Schicksal zu sein. Ich kämpfe für die Freiheit mit der Feder.«

»Ich hörte davon«, sagte Ypsilantis. »Der Dank Griechenlands sei Ihnen gewiss.«

»Ja, Herr, ehrlich sein heißt, wie es in dieser Welt hergeht: Ein Auserwählter unter Zehntausenden sein, sagt Hamlet zu Polonius. Ihr Kampf ist mein Kampf«, sagte Harro und setzte hinzu: »Ich werde alles tun, was möglich ist, Sie aus diesem Kerker zu befreien.«

»Ach, junger Mann, das ist löblich. Aber die Vorsehung hat wohl vorgesehen, dass ich hier vermodere, während in der Heimat das Volk stirbt«, antwortete Ypsilantis.

»Wenn Sie erlauben, ich glaube, Ihre Stunde wird kommen. Russland, England und Frankreich lassen sich das Mittelmeer nicht nehmen. Es wird zum Kampf kommen. Und dann wird man Sie brauchen, mein Herr.« Harro redete, als sei er eine seiner Theaterfiguren.

Die Fürstin lächelte. »Unser Dichter ist an Enthusiasmus nicht zu übertreffen.«

»Ich merke schon«, sagte Ypsilantis, »wenn die Griechen es schon nicht richten, braucht es die Engländer und«, er zeigte auf Harro, »die Friesen.«

Harro verbeugte sich.

»Und wenn Sie frei sind, lieber Alexander«, sagte die Fürstin, »kommen Sie zuerst nach Wien. Da haben wir uns ein schönes Palais gebaut. Da können Sie sich erholen und auf Ihre Aufgabe in Hellas vorbereiten.«

»Ich bin bereit, liebe Fürstin, schon seit acht Jahren«, lachte Ypsilantis.

Während Harro mit Lassanes gesprochen hatte, war ihm Hamlet durch den Kopf gegangen, und als sie nun die Festungsmauern hinter sich ließen, machte er einen Plan. Die Befreiung Ypsilantis' musste inszeniert werden wie ein shakespearesches Drama. Die Fürstin sollte überall und öffentlich für die Freilassung Ypsilantis' werben, dann würde die Meldung, dass der Fürst freigelassen wird, niemanden überraschen. Harro plante keine militärische Aktion, das war zwar reizvoll, aber dafür war er nicht wirklich der richtige Mann. Außerdem hatte er weder Waffen noch Gefährten, die sich auf solch ein Abenteuer einlassen würden. Aber Harro kannte sich aus mit Theater. Am Theater konnte jeder in jede Rolle schlüpfen, es gab Verwechslungen – und war die Welt nicht voller Gerüchte und Falschmeldungen? Könnte man nicht den Festungskommandanten überreden, dass eine Theatertruppe in der Festung den »Hamlet« aufführt? Das Stück selbst hatte ihn auf die Idee gebracht. Dort benutzt der Dänenprinz eine Theatertruppe auf der Burg Helsingör, um den Mord an seinem Vater nachspielen zu lassen und so den wahren Mörder zu finden. Wie wäre es, wenn man zeitgleich mit der Aufführung dem Festungskommandanten einen Befehl Metternichs überbringen würde, der die sofortige Freilassung Ypsilantis' anwies? Ein wenig Theater, falsche Briefe, Verwechslung und Überraschungsmomente – das Leben als großes Theater, und Harro wäre in dieser Aufführung so etwas wie ein Rosenkrantz oder Guildenstern. Tunlichst nicht der Narr Yorick. Dann könnte man Ypsilantis und Lassanes in der Verwirrung aus der Festung geleiten und sie mit einer schnellen Kutsche über die Grenze nach Leipzig bringen. In München würde König Ludwig I. dem Anführer der Griechen Sicherheit bieten.

Gerüchte verhindern die Flucht

Aber nicht nur diese Inszenierung wollte vorbereitet sein, auch musste organisiert werden, was dann geschehen sollte. Denn Ypsilantis sollte, wer sonst, Präsident einer griechischen Republik werden. Er weihte die Fürstin in die Pläne ein, und die agierte klug. Tatsächlich schien die Befreiung möglich. Wären da nicht die Gasthöfe unterhalb der Burg, die schwatzhaften Schauspieler, klatschsüchtigen Damen, ängstlichen Beamten, nervösen Künstler und ein in Konspiration nicht geübter Philhellene gewesen, es hätte gut gehen können. Ging es aber nicht. Wie aus dem Nichts tauchte plötzlich im Schatten der Burg das Gerücht auf, Ypsilantis sollte mit Gewalt aus Theresienstadt befreit werden. Die Polizei und Bewacher waren alarmiert, die Wachen wurden verstärkt, der ganze Plan fiel in sich zusammen. Der so sorgfältig formulierte und von einem Kopisten vortrefflich gefälschte Befehl zur Freilassung des Gefangenen mit dem kaiserlichen Siegel wanderte ins Feuer, die Theatertruppe blieb am Ständetheater, und Harro musste fliehen.

Er musste Prag sofort verlassen, denn es war nur eine Frage von Tagen, bis herauskommen würde, wer den Plan ausgeheckt hatte. Und die Aussicht, auch in den kalten Mauern der kleinen Festung Theresienstadt zu vermodern, war unangenehm. Aber um die Sache selbst stand es nicht schlecht. Als Harro Ende Oktober nachts mit einem letzten Schluchzen seine Ludmilla zurückließ und nach München aufbrach, wendete sich im antiken Pylos die Geschichte.

EXKURS – Die Schlacht von Navarino

Die osmanische Flotte unter dem Kommando von Ibrahim Pascha stand nach der Verkündung des Waffenstillstands durch die Alliierten unter ständiger Beobachtung. Englische, russische und französische Fregatten und Linienschiffe verfolgten die Osmanen durch das Mittelmeer, um zu verhindern, dass sie die Kontrolle über die zivile Schifffahrt im östlichen Mittelmeer erlangten. Es ging zudem das Gerücht, die Osmanen wollten den Peloponnes mit Menschen aus Afrika und Asien bevölkern.

Die Flotte hatte sich schließlich in die Bucht von Navarino, dem einzigen Tiefwasserhafen auf der adriatischen Seite des Peloponnes, zurückgezogen, um die osmanische Herrschaft über Morea zu festigen. Die Besatzungen der Schiffe wurden zu Expeditionen ins Landesinnere geschickt, und die Kommandanten auf beiden Seiten bemühten sich, eine Schlacht zu verhindern. Die Alliierten forderten die osmanischen Befehlshaber auf, alle kriegerischen Akte zu unterlassen. Da sich die osmanische Seite in Abwesenheit des Oberbefehlshabers zu Entscheidungen nicht befugt sah, liefen die alliierten Schiffe ebenfalls in die Bucht ein. Nun lagen sich 27 Schiffe mit 1300 Kanonen auf der Seite der Alliierten und 65 Schiffe mit etwa 2000 Kanonen auf der Seite der Osmanen gegenüber. Aber die Osmanen konnten weder vor – die Engländer, Franzosen und Russen hatten den Ausgang der Bucht versperrt – noch zurück, da war der Strand von Pylos. Etwa eine Stunde lang lagen sich die Flotten in gespannter Erwartung gegenüber.

Als dann ein türkisches Schiff ein Boot zu Wasser ließ, vermuteten die Engländer, es sei ein »Brander«, ein mit Pulver beladenes Boot, das als Bombe gegen ein englisches Linienschiff gelenkt werden sollte. Die Engländer ließen daraufhin eine Pinasse mit Soldaten zu Wasser, was wiederum ein ägyptisches Schiff als Angriff wertete und auf das Boot schoss. Die Engländer antworteten mit einer Breitseite. Von da an war kein Halten mehr. Die osmanische Flotte lag so dicht beieinander, dass sie nicht manövrieren konnte, und die Alliierten hatten die Kanonen mit größerer Reichweite und schossen los. Jeder Schuss ein Treffer, denn auch wenn man vorbeischoss, lag dahinter noch ein Schiff. In den folgenden acht Stunden versank die osmanische Flotte in der Bucht von Navarino. Etwa 6000 Türken und Ägypter starben, 4000 erlitten Verletzungen. Die Alliierten verloren kein Schiff, aber 174 Seeleute, und hatten 475 Verletzte. Die Bronze der Kanonen, die auf den Grund der Bucht sanken, sollte später in Europa das Material für manches Denkmal – wie die Bavaria in München – liefern.

Die Vorherrschaft der Osmanen über Griechenland war durch dieses – wie die britische Regierung bemerkte – »ungelegene Ereignis« gebrochen. Das osmanische Reich erholte sich von der Niederlage nicht mehr. Es war der Anfang vom Ende des Osmanischen Reichs fast einhundert Jahre später. Griechen waren an der Schlacht von Navarino nicht beteiligt. Die Sache war entschieden, jetzt konnten die Russen von Norden aus vorrücken, und es dauerte nur bis zum Sommer 1828, bis Sultan Mahmut II. die Unabhängigkeit Griechenlands anerkennen musste.

1827 München

Du hast meinen Himmel zerstöret, den Himmel der Poesie!
Dass nun sich mein Herz empöret
In giftiger Ironie.
(Aus Serenaden und Phantasien eines friesischen Sängers)

Des Königs Pläne für Griechenland

Als Harro am 27. Oktober 1827 Prag und seine Geliebte fluchtartig verließ, war die Kunde vom Sieg der Alliierten in Navarino noch nicht bis nach Böhmen vorgedrungen. Die Befreiung Ypsilantis' war missglückt, aber es schien Bewegung in der Sache. Der Fürst würde womöglich auf legalem Wege freikommen und im November nach Leipzig reisen können, hörte Harro und erhielt den Rat, Prag baldmöglichst zu verlassen, denn Metternichs Polizei sei ihm auf den Fersen. Harro floh nach München und schrieb dem König einen Brief mit der Bitte, sich für Lassanes' Freilassung einzusetzen. Der König empfing ihn daraufhin in den ersten Tagen des Novembers, aber er sprach mit ihm nicht über Ypsilantis oder Lassanes, sondern über die so günstige Entwicklung in Griechenland im Allgemeinen. Die Verbündeten England, Frankreich und Russland hatten inzwischen den ehemaligen Gegenspieler Ypsilantis', Ioannis Kapodistrias, als Präsidenten eingesetzt. Die Engländer garantierten die Unabhängigkeit, aber der ehemals in russischen Diensten stehende Präsident vertrat einen eigenen Kurs, der weder den Schutzmächten noch den griechischen Clans, die nicht schlecht vom osmanischen Nepotismus profitiert hatten, gefiel. Das neue Griechenland war schon pleite, bevor es überhaupt gegründet wurde, denn die widerständigen Griechen hatten ihre Truppen im Bürgerkrieg nur mit dem Geld der Schutzmächte finanzieren können. Mit 60000 Goldtalern stand der neue Staat bei den Helfern in der Kreide. Der von seinen innergriechischen Gegnern als »russischer Präfekt« geschmähte Ioannis Kapodistrias wurde 1831 vom Bruder und dem Sohn des vom Präsidenten inhaftierten Fürsten von Mani beim Kirchgang ermordet.

Der die Griechen – oder besser: sein Bild von den Griechen – liebende Bayernkönig hatte über die reine Solidarität hinausgehende Interessen an Griechenland. Er wollte von Harro hören, ob die bayrischen Pläne schon bis in die Literatenkreise und nach Prag vorgedrungen waren. Harro wusste von nichts. Als er erfuhr, dass man plante, dem jungen Prinzen Otto die Herrschaft über Hellas zu übertragen, erbitterte ihn das. Sein Verhältnis zum König, der sich vom Philhellenen zum Machtpolitiker wandelte, kühlte in der Folgezeit merklich ab. Harro hatte auf eine griechische Republik gehofft, und nun sollte die Revolution damit enden, dass die Griechen einen König aus Bayern bekommen.

Die Machtübernahme geschah mit bayrischer Gründlichkeit. 1832 einigten sich die Schutzmächte in London darauf, den damals 16-jährigen Otto zum König von Griechenland zu machen. Die Bayern zogen mit Tausenden Beamten und Militärs nach Hellas, um das vom Bürgerkrieg verwüstete Land in einen »ordentlichen« Nationalstaat umzurüsten. Noch herrschten dort die Warlords, Phanaroiten, so nannte man die Lehnsherren aus Konstantinopel und Auslandsgriechen. Sie plünderten gemeinsam die Landbevölkerung aus. Man richtete Schulen ein, ersetzte das islamische Gesetz der Scharia durch ein System von Gerichten und erhob zum Ärger der Menschen Steuern. Auf Vorschlag von im Exil lebenden Griechen sollte darüber hinaus auch eine neue, an das Altgriechische angelehnte Sprache, *Katharevousa* genannt, eingeführt werden. Das führte allerdings dazu, dass sich die neuen Herrscher mit dem Volk nicht mehr verständigen konnten. Man übersetzte von Deutsch in die, die »Reine« genannte Sprache und von dort in die örtliche Umgangssprache. Dazu brauchte dann jedes Amt mehrere Übersetzer. Der Begriff »Bavarokratia« kam für diese Art von deutschem Ordnungssinn auf. Und die Bayern brachten nicht nur eine neue Ordnung, sondern auch noch Kartoffeln und Bier ins Land. Während *bira* und *patates* sich als Mittel gegen Hunger und Durst durchsetzten, blieb die »Reine« eine Kopfgeburt, und es regte sich in den Jahren gegen den deutschen Reformeifer hinhaltender Widerstand bei den Griechen.

Befreiung und Tod Ypsilantis'

Nach der Kunde vom Sieg der Alliierten brachte man den Gefangenen Ypsilantis aus der Festung Theresienstadt nach Wien. Doch schon einige Monate später, am 31. Januar 1828, starb Alexander

Ypsilantis dort an seinem Leiden in den Armen seines Adjutanten Georg Lassanes. Der kam dann mit Nikolaus, dem jüngeren Bruder des Toten, nach München, wo Harro die beiden dem König vorstellen konnte. Harro versuchte auch auf anderem Weg, die Sache der Griechen zu befördern. Er schrieb mit Lassanes gemeinsam ein Theaterstück, das sie in Theresienstadt begonnen hatten: »Die Renegaten von Morea«. Und er half dem Sohn des Freiheitskämpfers Botzaris, in München unterzukommen. Das gelang, Demetrius Botzaris wurde ins königliche Kadettenkorps aufgenommen, später Berater des jungen Prinzen, und als Otto dann König von Griechenland wurde, sein Kriegsminister. Auch Georg Lassanes ging mit dem neuen König auf den Peloponnes, erwies sich aber nicht als der edle Ritter, den er in der Gefangenschaft gegeben hatte. Er wurde zum Direktor des Finanzministeriums in Athen berufen und nutzte seine Stellung, um Land und Geld an einflussreiche Landsleute zu verteilen. Harro erfuhr dies nicht, für ihn – so schreibt er fast 20 Jahre später – erlitt der Freund auf dem Weg nach Hellas Schiffbruch, wurde gefangengenommen und verschwand.

Harring und Heine, die ungleichen Brüder

Harro war viel zu moralisch, als dass er für Machtspiele zu gebrauchen gewesen wäre, er war ein Luftgeist, der an seine Ludmilla dachte, für Brot und Wohnung arbeiten musste und – er wurde in diesem Jahr 30 Jahre alt – an seinen Lebenserinnerungen schrieb. Er sehnte sich nach seiner Ludmilla, hoffte weiterhin auf eine Anstellung an der Universität und auf den Erfolg seiner Bücher. Er wollte so erfolgreich sein wie ein anderer aufstrebender Autor, der gerade von sich reden machte und von dessen Sprache Harro geradezu begeistert war. Wie Heinrich Heine mit den Lesern scherzte, sie wie ein Gegenüber ansprach, das imponierte ihm, er schrieb von 1827 bis 1831 hymnische Rezensionen, in denen er auf über 50 Buchseiten die Werke Heines als »vollkommene Gemälde«, »Traumbilder« und »größtes Glück« pries. Harro schien endlich einen Seelenverwandten gefunden zu haben. »Rhonghar Jarr«, sein Alter Ego redete nun ganz in heinescher Manier. Heine wiederum nahm diese Lobhudeleien schweigend und vermutlich wohlwollend hin.

Heine hatte einiges mit Harring gemeinsam. Ihre Lebensläufe bis zum Ende der Zwanzigerjahre könnte man wie die von grundverschiedenen Zwillingen lesen. Oder wie ein Doppelporträt. Beide wurden drei Jahre vor der Jahrhundertwende im Abstand von neun Monaten geboren, der eine von den Eltern Harry, der andere Harro genannt. Sie machten eine Lehre, der eine als Bankkaufmann, der andere in der Zollverwaltung. Harro hatte den Tod seiner Brüder, des Vaters und eines Spielkameraden zu verkraften, der junge Heine sah seinen Freund Wilhelm in der Düssel ertrinken. Der Tod wurde auf ganz unterschiedliche Weise beider Thema, wenn auch gegensätzlich. Während Harro sich sein Leben lang nach der schwarzen Möwe Tod sehnte, schrieb Harry Heine: »Das Leben ist der Güter höchstes, und das schlimmste Übel ist der Tod.«

1819 begannen beide zu studieren, der eine Malerei in Kopenhagen, der andere Jura in Bonn, um dann nach einem Jahr zu wechseln, Heine nach Frankfurt, Harring nach Dresden. 1821 veröffentlichten sie ihre ersten Gedichtbände, und während Harry Heine seinen Gedichtband mit den Zeilen: *Ein Traum gar seltsam schauerlich. / Ergötzte und erschreckte mich. / Noch schwebt mir vor manch grausig Bild, / Und in dem Herzen wogt es wild,* lebenslustig eröffnete, war bei Harring bereits alles ein ungereimter Albtraum: *Ich träumt' einst einen Traum – ich war noch Knabe. Am Ausgang meines achten Lebensjahres, / Und dreimal träumt ich ihn, denselben Traum, / Desgleichen mir, an namenlosen Grauen, / Kein Bild bekannt im Reich der Phantasie.*

Und auch wenn beide Wortschmiede von denselben Themen, wie Freiheit, Liebe, Tod, handelten, zeichnete Heine eine ironische Leichtigkeit aus: *Apfeltörtchen waren damals nämlich meine Passion – jetzt ist es Liebe, Wahrheit, Freiheit und Krebssuppe.* Während Heine alles und jeden verspöttelnd beschrieb, schleppte Harro den Ballast der traumatischen Kindheit mit sich herum. Er bewunderte Heine für die Schwerelosigkeit, aber nur in seinen besten Texten gelang es ihm, dem Vorbild nachzueifern und sich selbst und die Welt nicht immer mit moralischen Gewichten zu beschweren, sodass Hans Christian Andersen bei der Lektüre von Harring-Texten die heinesche Leichtigkeit spürte. Doch für Harro blieb das Schreiben letztlich Seelenarbeit: *Was ich dachte, was ich übte / was ich treu und innig liebte / Was die Seele tief betrübte / Sprech ich aus in Wort und Klang.*

Beide gingen auf Wanderschaft, Heine schrieb seine Harzreise, Harro Tagebuchbriefe im Harz. Heine studierte Jura, aus Harry wurde Heinrich. Harring ging in die Schule des Lebens, nach Griechenland, um wie Heine nach Umwegen im Februar 1828 in München einzutreffen.

»Dichter unbekannt«

Der Verleger Cotta hatte Heine eine Stelle als Redakteur der »Neuen politischen Annalen« aufgedrängt, und der machte sich sogleich auf die Suche nach Autoren. Die griechischen Aufregungen waren noch in vollem Gange, und Harring war so voller Informationen und intimer Kenntnisse, dass sein »Fragment über die griechische Insurrection« Heine beeindruckte. Er nahm den Text in seine Zeitschrift auf. Allerdings ohne den Verfasser namentlich zu nennen. Heine und sein Mitherausgeber Lindner schrieben stattdessen: »Der Verfasser war in Griechenland und hat für die Sache dieses unglücklichen Volkes gefochten. Dass er mit fortwährender Begeisterung für diese Sache sich gleichwohl die Unbefangenheit erhielt und gegen die Fehler der heutigen Griechen nicht blind war, beweisen mehrere Stellen seiner Abhandlung. Wir zweifeln nicht, dass diese Gedanken eines in Griechenland bewanderten Mannes die Theilnahme der Leser sich erwerben werden.«

Heinrich Heine hatte ein feines Gespür für Wettbewerb, Qualität und Nutzen. Der Text von Harring war klug, auch einige Passagen des »Rhonghar Jarr« waren bemerkenswert, aber insgesamt erschien dem Poeten die Haltung von Harring wohl zu verdrießlich, als dass er sich mit ihm enger verbünden wollte. Vielleicht dachte Heine an seinen Stammtischfreund Harring, als er wenig später schrieb: »Denn da das Herz des Dichters der Mittelpunkt der Welt ist, so musste es wohl in jener Zeit zerrissen werden.« Dem Autor Harring namentlich ein Forum zu bieten, erschien dem Herausgeber Heine wohl nicht opportun, wurde der doch von der Geheimpolizei observiert. Wenn man in deren Schatten geriet, könnten auch die Zeitschrift oder die eigenen Schriften unter die Zensur fallen. Es war schon schwierig genug, genügend Käufer für das Blatt zu finden. Der Verleger Cotta würde, das ahnte Heine, nur wenige Monate Geduld haben. Außerdem war Harring ein Zählkonkurrent auf den Posten des Literaturdozenten an der Münchner Universität, um den sich im Frühjahr 1828 mehrere Dichter, auch Heine, bemühten. Aber Harro war viel zu sehr von »le grand« Heine beeindruckt, als dass er etwas fordern oder sich beschweren wollte. Vielleicht riet Heine ihm auch beim gemeinsamen Mittagstisch zu, seinen Namen bei dem Bericht zu verschweigen, um nicht in Schwierigkeiten zu geraten.

Solches Verschweigen seiner Autorenschaft passierte Harro mehrfach und hatte später die verständlichen Folgen. Man meinte, sich an ihn nicht mehr erinnern zu müssen. Aber auch Heine musste damit leben, gab es doch überall und in jedem der vielen deutschen Kleinstaaten Bürokraten, die Demagogen und vermeintlichen Revolutionären nachstellten. Heine, der lange als »Dichter unbekannt« durch die Geschichte schwebte, trug wissentlich oder ungewollt dazu bei, dass Harring verschwiegen wurde.

Harring und Heine gingen in München freundlich miteinander um, und Heine legte bei seinem Verleger Campe in Hamburg ein gutes Wort für den Kollegen ein, als Harro seine Memoiren unterbringen wollte. Aber der Verleger lehnte das Manuskript ab. Heine hatte gerade den zweiten Teil seiner »Reisebilder« und das »Buch der Lieder« herausgebracht, er war den Lesern bekannt, aber noch nicht berühmt. Der Redakteursjob in München war Heines leidiger Broterwerb, eigentlich wollte er weiterziehen. Aber da er nun mal in München war, erfreute er sich an den schönen Damen, litt unter dem Wetter und stritt mit den Kollegen.

Eine Gruppe Münchner Künstler, zu der Heine, Harring und andere gehörten, traf sich fast täglich im Kaffeehaus Scheidel in der Kaufinger Straße. Sie spielten Schach, diskutierten und prüften die Wein- und Biervorräte des Lokals. Harring schrieb während der Zeit an seinem Lebensroman, und als Heine dann im Sommer nach Italien aufbrach, hatte er Harring gelesen, und unversehens gerieten dem großen Poeten Harros Formulierungen über Napoleon als dem »kleinen Mann mit dem famosen Hut« in den Text. Harring schrieb über Bonaparte als jemand, »der Königreiche bestimmte und Könige setzte, wie der Gärtner Krautbeete abtritt und Rüben pflanzte (...) Er war unser Zeitgenosse, dieser Napoleon, und die gegenwärtige Zeit ist es, deren Sand im colossalen Stundenglase nun uns dahin rinnt, seit er das Stundenglas ergriff und das Unterste zuoberst kehrte.« Solche Sprachbilder gefielen Heine in diesen Tagen, und er übernahm das in seinen Bericht von der »Reise von München nach Genua«.

Die Münchner Händel

Vielleicht waren Heines Erinnerungen an diesen Münchner Sommer und an Harring auch deshalb so flüchtig, weil er an dem bayrischen Föhn litt und er die an Direktheit nicht zu überbietenden politischen Auseinandersetzungen in München vergessen wollte.

Da war Heines Mitherausgeber der »Annalen«, Friedrich Ludwig Lindner, der Anfang der Zwanzigerjahre den von Kotzebue für den russischen Zaren organisierten Nachrichtendienst aufgedeckt hatte und so den Hass der Burschenschafter auf den Dichter gelenkt hatte. Und dann war da Hans Ferdinand Maßmann, einer der Aktivisten des Wartburgfestes 1817, dem Heine nicht verzieh, dass er die Bücherverbrennung bei dem Fest organisiert hatte, dem auch der *Code Napoleon* und jüdische Schriften zum Opfer gefallen waren. Heine, der den Verhältnissen gegenüber kritisch war, sich aber nicht den Rebellen zugehörig fühlte, verabscheute den nationalistischen und deutschtümelnden Tugendterror der Burschenschafter und schrieb angesichts der Bücherverbrennung schon 1820: »Das war ein Vorspiel nur, dort wo man Bücher verbrennt, verbrennt man auch am Ende Menschen.« Dieser Maßmann, der zu allem Überfluss auch noch die von allen angestrebte Münchner Literaturprofessur erhielt, provozierte Heine bis aufs Blut. Am Stammtisch bei Scheidel ging es deshalb oftmals hoch her. Heine polemisierte gegen den Nationalismus, empfahl den Völkischen Europa statt Germania zur Braut und lobte Napoleon als Befreier.

Maßmann erwiderte unter Gelächter: »Ich liebe nicht die Jungfrau Europa, sondern die Jungfrauen Europas.«

Heine konterte: »Du bist mir auf einem guten Weg, ein zweiter Turnvater Jahn zu werden, die langen Haare, den deutschen Rock und die Grobheit hast du ja schon.«

Das erzürnte wiederum Maßmann, galt Jahn inzwischen doch als Schreckensbürger und Unperson. Als Heine ihm bei einem Disput an der Universität die Bemerkung »Du Hanswurst«, andere sagten »Turnvater« hinterherschickte, drehte der sich um und verpasste dem Spötter eine schallende Ohrfeige.

»Du, Heine«, schrie er ihn an, »kannst gar nicht von Vaterland und Deutschland sprechen, da du nur ein Schutzjude bist.«

Das saß. Heine war Jude von Geburt, hatte sich aber schon fünf

Jahre zuvor in Heiligenstadt protestantisch taufen lassen, um den ständigen Zurücksetzungen als Jude zu entgehen. Und nun kam dieser Maßmann daher und streute Salz in die Wunde.

Die Beleidigung brachte Maßmann den immerwährenden Verdacht des Antisemitismus und Heines nie endende Antipathie ein. Welche beider Taten, die Ohrfeige oder die Beschimpfung, die nachhaltigere Wirkung hatte, ist belegt. Die rote Wange war nach wenigen Tagen vergessen, aber die Beleidigung nicht. Heinrich Heine verfolgte von da an Maßmann mit seinem beißenden Spott, der den Turner sicherlich mehr und nachhaltiger schmerzte, als wenn Heine damals die Ohrfeige erwidert hätte.

Heine war Bonapartist, für ihn hatte Napoleon die deutschen Juden aus dem Getto befreit, und solche Leute wie Maßmann mit ihrem Franzosenhass, ihrer Deutschtümelei waren ihm zutiefst zuwider. Dass Maßmann dann auch noch erfolgreich beim König intrigierte und am Hof zu verstehen gab, dass es dem Dichter Heine an »Deutschtum« fehle, um Honorarprofessor zu werden, trieb Heine endgültig aus der Stadt und dem Land. Da passte es gut, dass die »Annalen« kommerziell kein Erfolg wurden und Cotta die Sache aufgab.

Geistige Kleinstaaterei

Die Auseinandersetzung mit Maßmann war typisch »deutsch«, es war der immer wieder ausgefochtene Streit, ob Einheit oder Freiheit oder beides zugleich erfochten werden sollte. Heine war auf der Seite der Freiheit, Maßmann der Einheitsapostel, Harring wollte da noch beides, vor allem aber es sich mit niemandem verderben. Auch in der Opposition lebte der Geist der Kleinstaaterei. Alle arbeiteten daran, eher die Widersprüche als die Gemeinsamkeiten zu betonen, und gönnten sich gegenseitig nichts. Missgunst führte manche Feder, befeuerte die Reden. Heine ließ dabei keine Gemeinheit aus und kassierte Widerstand. Auch

Harro, der sich einerseits den Idealen der Burschenschafter zugehörig fühlte, andererseits mit den »Weltriss« im Herzen schon damals nicht recht wusste, ob er nun Deutscher, Däne, Friese oder Freigeist war, sollte später in Hambach diese Ausgrenzung treffen. Zunächst führte aber auch er seinen Privatkrieg. Sein Kontrahent hieß Johannes Wit, der sich von Dörring nannte. Wit, gebürtig im dänischen Altona – also faktisch ein Landsmann des dänischen Friesen Harring –, hatte einst zum Kreis der »Unbedingten« um den Burschenschafter Karl Follen gehört, die den Mord an Kotzebue ideologisch zu verantworten hatten. Er wurde wegen demagogischer Umtriebe verhaftet und im Gefängnis zum Verräter an seinen Freunden und der Sache. Er hatte den Geheimbund gegen Geld verraten und sich in Schriften dessen gerühmt. Als Wit dann im Februar 1828 in München auftauchte, war das für Harro eine Provokation. Er schleuderte ihm ein »Was hast du gewollt? Was hast du getan?« entgegen. Wit polemisierte daraufhin öffentlich gegen Harro und andere, musste München aber bald auf Anweisung der Behörden wieder verlassen. Die Polizei hatte ihn weiter in Verdacht, »demagogische« Umtriebe im Schilde zu führen.

Heine unterstützte als Einziger Wit und veröffentlichte – auch gegen den Widerstand seines Mitherausgebers Lindner – Wits »Fragmente« des Verrats in seiner Zeitschrift. Er hielt diesen Verrat für weniger bedeutend als den Terror der Burschenschafter. Harro empörte sich im Vorwort seiner Erinnerungen eines Friesen über von Dörring, Wit antwortete mit wüsten Polemiken und schuf sogar einen »Harro Heine«, um die vorgebliche Geniemanie und den Heine-Kult Harrings zu karikieren. Er spottete über Harring: »Ich bin der Describierte, der giftige junge Mann / Des neunzehnten Jahrhunderts platonischer Don Juan.«

Harring agitierte gegen Wit, Wit gegen Harring und Maßmann, Maßmann gegen Heine, Heine für Wit gegen Maßmann. Harro geriet zwischen die Fronten. Zum Schluss mochte man sich nicht mehr. Eine tolle Wirtshausgesellschaft, von der Heine sich nach Italien verabschiedete und die ihm in unguter Erinnerung blieb. Harring reiste mit Maßmann nach Nürnberg zum »Dürerfest«, wo die deutsche Einheit von den Künstlern beschworen wurde und Maßmann einer der Hauptakteure war.

Der Freier flieht vor sich selbst

Am 16. April starb die jüngere Schwester von Harros geliebter Ludmilla in Prag. Und die gräfliche Familie ließ ihm mitteilen, dass sie nach München umsiedeln wolle. Harro reagierte zunächst erwartungsgemäß. »Als ein Mann von 30 Jahren erkenne ich meine Pflicht gegen den Engel, der mich liebt. Ich will alles wagen, um alles zu gewinnen.« Er beschloss, die junge Gräfin Ludmilla zu heiraten. Allerdings traute er sich nicht, um ihre Hand anzuhalten. Er war nur ein Dichter oder Maler, nicht von Stand und fürchtete, von den Eltern abgewiesen zu werden. Stattdessen widmete er ihr – seiner »Stella Wina« – einen Band mit Liebesgedichten und bemühte sich beim bayrischen König, als Offizier in die bayrische Armee einzutreten, was ihm aber verweigert wurde. Anstatt nun in München trotzdem alles für die Braut vorzubereiten, sich weiter um seine Schriftstellerei oder eine Anstellung zu kümmern, floh er ins Pathetische. Er beschloss zu kämpfen, nicht um seine Braut, nicht nur mit dem Federkiel, sondern mit der Waffe in der Hand. Mit den Polen gegen die Türken. Das persönliche Glück musste warten.

Heute hier, morgen dort, bin kaum da, muss ich fort, wäre Harrings Lied gewesen. Seine Angst vor Ablehnung trieb den Schwärmer um. Der Erfolg der Griechen schien der Startschuss für den endgültigen Feldzug gegen die Türken zu sein. Harro wollte Junker werden, die Türken besiegen und Ludmilla als Sieger entgegentreten. So die Begründung, die er sich selbst, seiner Braut und Freunden gab.

Erst ging er nach Augsburg, schloss mit der lindauerschen Buchhandlung einen Vertrag über die Veröffentlichung seines tausendseitigen Lebensepos »Rhonghar Jarr« ab und machte sich auf den Weg, nicht nach Prag, wo seine Braut auf ihn wartete, sondern ins Ungewisse, nach Warschau. Es sollte der Wendepunkt seines Lebens werden.

6
In Polen unter russischer Herrschaft

1828 Warschau

1828 Warschau

EXKURS – Die Lage in Kongresspolen nach 1815

Das Königreich Polen war nach der Niederlage Napoleons in der Schlussakte des Wiener Kongresses 1815 unter Preußen, Österreich und Russland aufgeteilt worden. Aus Krakau wurde eine freie Republik, ein anderer Teil das Großherzogtum Posen. Österreich erhielt Galizien, das »Herzogtum Warschau« wurde zwischen Preußen und Russland geteilt. Russland bekam das Gebiet um Warschau, das man nun »Kongresspolen« nannte. Alle neuen Gebiete bekamen fortschrittliche Verfassungen, und die Stände erhielten Mitspracherechte. Tatsächlich hatten die Russen dann aber in der Person des Zarenbruders, Großfürst Konstantin, einen Alleinherrscher installiert. Zensur, Verhaftungen, Willkür waren die Folge. Aber darüber herrschte im übrigen Europa weithin Unkenntnis, denn die Abschottung des Landes nach außen wirkte. Selbst Heine hielt Russland für einen demokratischen Staat, in dem der Zar als »Gonfaloniere (Bannerträger) der Freiheit« herrschte. »Jene Prinzipien aber, woraus die russische Freiheit entstanden ist oder vielmehr täglich sich weiter entfaltet, sind die liberalen Ideen unserer neuesten Zeit; die russische Regierung ist durchdrungen von diesen Ideen; ihr unumschränkter Absolutismus ist vielmehr Diktatur, um jene Ideen unmittelbar ins Leben treten zu lassen.« [21]

Diese Fehleinschätzung sollte sich bitter rächen, besonders für Harring. Aber das war dem Autor solcher Schwärmerei gar nicht anzulasten, denn niemand und nichts konnte, ohne dass die russische Herrschaft es registrierte, nach Polen hinein- und hinauskommen. Jeder Brief, der das Land verließ, wurde von Staats wegen gelesen, und wenn etwas Verdächtiges drinstand, gemeldet und der Absender zur Verantwortung gezogen. Niemand stellte sich dem Bruder des russischen Zaren in den Weg. Wer aufmuckte, dessen Lebensweg endete in Sibirien oder im Kerker. Die Meldung, dass sich die polnische Armee in Warschau rüstete, um gegen die Türken zu marschieren, war eine Legende, die sich still und heimlich von Poststation zu Poststation verbreitete. Es war aber ein ganz anderer Teil der russischen Armee, der sich nach dem Erfolg von Navarino anschickte, die Türken vom Balkan zu vertreiben. Die polnische Seite war nicht beteiligt.

Comte de Diques, die fatale Lüge

Harro hatte schon in München von Gerüchten gehört, dass die Polen sich auf die Seite der von den Osmanen befreiten Griechen schlagen und demnächst gegen die Hohe Pforte marschieren wollten. Aber die Informationslage in Prag und in den deutschen Landen über die Situation in Polen war dürftig. Spekulationen beherrschten den Luftraum in den Gaststuben und Postkutschen. Die Aussicht, in der polnischen Armee zum Junker und zum Offizier zu avancieren und damit ein, wenn auch kleines, Adelsprädikat zu erlangen, führte zu Harros Plan, nach Warschau zu gehen. Aber ein Schriftsteller, wenn auch berühmt unter Schreibern und Schauspielern und auf jeder der schwarzen metternichschen Listen als Burschenschafter, Philhellene und Carbonari geführt, wurde nicht wegen seiner schönen Augen und Handschrift als Junker rekrutiert, ein wenig blaue »Dinte« sollte nicht nur auf das Papier, sondern auch in den Adern fließen. Der russische Baron von Schweizer, ein Korrespondent für russische Zeitungen, wie er sagte, und bereits in München immer zufällig mit einem guten Rat zur Stelle, meinte jedenfalls, es sei für den Fall eines Eintritts in polnische Dienste nicht verkehrt, ein wenig Herkunft nachweisen zu können. Und als Harro lachend sagte, »also ich kann nur mit einem Deichgrafen als Vater dienen«, nickte der russische Gesandte. Harro wollte erklären, was der »Titel« bedeutet, aber der Baron sagte nur: »Das ist doch famos, unser Harro ein Comte de Diques.« Also schrieb Harro auf Anraten des Barons nach Husum, um sich von Freund Todsen bescheinigen zu lassen, dass Harros Vater Wilhelm Martens Deichgraf gewesen war und auf dem Ibenshof gelebt hatte. Vielleicht würde das die Beamten der Rekrutierungsbehörde in Warschau überzeugen, hoffte er.

Der große Irrtum

Harro fuhr mit der Kutsche nach Warschau und musste unmittelbar nach seiner Ankunft seinen Irrtum erkennen. Im Haus des Barons von Saß, in das er als Dichter geladen wurde, erteilte der Baron Harro den wohlmeinenden Rat, die wahren Absichten seiner Reise – den Eintritt in die polnische Armee – bloß zu verschweigen. Baron von Saß, der selber schrieb und Glossen und Satiren verfasste, war ein gebildeter Großbürger, aber im Hauptberuf Chef der Militär-Geheimpolizei des russischen Reichs.

»Sagen Sie«, riet ihm von Saß, ganz so, als wolle er Harring vor der Willkür seines eigenen Dienstes schützen, »Sie sind einzig und allein nach Warschau gekommen, um unter seiner Gnade in russische Dienste zu treten.«

Harro war verwirrt, aber jeder, den er fragte, sagte, es gäbe nur den Kerker als Alternative. Von Saß lächelte dabei, denn er freute sich auf einen »Kollegen«. So musste Harro sich »freiwillig« zum Dienst in der russischen Armee melden, denn auch der Rückweg war ihm versperrt. Man hatte seinen Pass eingezogen.

Tatsächlich wurde er – Baron von Saß hatte vorgearbeitet – mit seinem ausländischen »Adelstitel« tags darauf zum Junker im »Kaiserlich Russischen Leibgarde Lancier Regiment Zarewitsch« ernannt. Das alles ging mit der Protektion der freundlichen Herrn Agenten so schnell, dass Harro weder überlegen konnte noch Verdacht schöpfte. Er war nun gefangen und diesem System der

Willkür ausgeliefert. Er schrieb alles auf, und seine Erinnerungen aus dieser Zeit sollten später zu seinem ersten wirklichen Erfolg als Autor werden.

Audienz beim Großfürsten

Wie alle Generäle, Offiziere und Neuankömmlinge musste Harro in der Folge morgens um vier Uhr in Belvedere, dem Schloss des Großfürsten, antreten. Das Schloss Belvedere lag in einem weitläufigen englischen Garten vor den Toren Warschaus und war ein eher anspruchsloses zweistöckiges, in Siennarot gestrichenes Landhaus mit Seitenflügeln. Das Gelände war weiträumig eingezäunt und bewacht und Harro notierte, selbst die Nachtigallen würden in der Nähe des Hauses nur ängstlich schlagen und die Frösche leiser als üblich quaken. Mitten in der Nacht herrschte auf den Alleen, die nach Belvedere führten, reger Verkehr. Kutschen, Einspänner, Reiter machten sich auf den Weg zur Audienz. Das Offizierskorps der russischen Armee, die Generäle, Rittmeister, Junker, versammelten sich wie jeden Tag. Es wurde polnisch, russisch, deutsch, französisch gesprochen, und je näher der Auftritt des Großfürsten kam, desto nervöser wurden die mutigen Soldaten. Man korrigierte gegenseitig die Uniform. Sitzt der Kragen richtig, das Portepee, ist der Schnurrbart in »optima forma«? Viele der Offiziere im Saal waren wie Harro nicht freiwillig im Dienst. Sie waren zwangsverpflichtet worden, als Polen in die russische Uniform gepresst. Die Alternative zum Dienst wäre Flucht in den Westen oder Deportation in den Osten gewesen. Der Großfürst hatte eine Armee, die zwar auf ihn geschworen hatte, aber auf die er sich im Ernstfall nicht verlassen konnte. Das wusste jeder im Saal. Deshalb war der eigentliche Herrscher auf Belvedere die Angst. Sie lebte in der russischen Uniform, in die die polnischen Soldaten gesteckt wurden und die jederzeit zum Gefangenenkittel werden konnte. Und das Gespenst der Angst wohnte auf Belvedere selbst, dem Sitz des russischen Kronprinzen und Bruders des Zaren.

Die Angst des Großfürsten Konstantin Pawlowitsch Romanow

Großfürst Konstantin Pawlowitsch Romanow hatte sich zum alles kontrollierenden Herrscher Polens gemacht. Er, der Held der Schlacht von Austerlitz und der Völkerschlacht bei Leipzig, der Bezwinger Napoleons, schlief jeden Tag in einem anderen Zimmer des Schlosses, aus Furcht, man könne ihn nächtens ermorden. Er träumte schlecht, oft schreckten ihn grausige Bilder auf. 40000 Bajonette, Lanzen und Klingen waren auf seine Brust gerichtet, 100000 Polen in ihrer verfluchten Nationaltracht standen an seinem Bett und warteten auf den Leichenzug und das Begräbnis des Tyrannen. Auf seinem Kopfkissen starben in seinen Träumen reihenweise Kameraden in der Schlacht. Selbst sein Leibwächter, der stets mit geschliffenem Säbel und geladener Pistole im Vorzimmer wachte, sah ihn morgens manchmal aus einem anderen Zimmer kommen als dem, in dem er zu Bett gegangen war. Die Angst war Konstantins Adjutant, er hatte Angst vor einem Attentat, Angst vor einem Aufstand, die Angst beherrschte ihn, und er herrschte mit Angst. Sie war ihm in die Wiege gelegt worden. Sein Vater, Zar Paul I., hatte sich aus Angst vor Attentaten das Michaelisschloss, einen Hochsicherheitsstrakt mit Gräben und Fallen, gebaut. Aber es half nichts. Er wurde 1801 von den eigenen Leuten erwürgt, weil er sich mit Frankreich verbünden wollte. Die Angst war der Pate Konstantins, und als sein Bruder Alexander I. 1825 starb, wollte er nicht Zar werden. Er hatte verzichtet, weil er in zweiter Ehe unstandesgemäß geheiratet hatte, und überließ seinem 17 Jahre jüngeren Bruder Nikolaus die Krone. Vielleicht wollte er dem Schicksal seines Vaters entgehen und nicht auf dem Thron ermordet werden, vielleicht hatte er sich auch nicht mit dem Tod seines Bruders Alexander abgefunden, der nicht, wie offiziell verlautet, an Cholera gestorben war, sondern sich in den dunklen Legenden des russischen Volkes wie ein Heiland in den Weiten der russischen Heimat verborgen hielt und irgendwann wieder auftauchen würde. Vielleicht wollte Konstantin dem großen Bruder nicht den Platz streitig machen.

König der Nacht

Was ihn, den Herrscher der Russen, beherrschte und aus dem Bett trieb, das war, so seine Überzeugung, das angemessene Mittel, auch seine Feinde und das Volk zu beherrschen. Konstantin hatte seine Kindheit in einer Militärschule verbracht, man hatte ihn gedrillt, kontrolliert, und für die kleinsten Vergehen wurden die Kameraden bestraft. So wollte man dem kleinen Zarewitsch zeigen, wie Macht funktionierte. Bis zur Schlacht von Austerlitz, wo er als 25-jähriger Kommandant der Gardekavallerie den Franzosen durch seine Unerschrockenheit ernsthafte Probleme bereitete, hatte er den dunklen Bruder des Mutes verdrängt. Der Tod war an jenem 2. Dezember 1805, dem Tag der Völkerschlacht bei Austerlitz, mit einer solchen Wucht in sein Leben getreten, dass er ihn bis an sein Lebensende fürchtete und verachtete. Warum sollte, so seine Lebenslehre, was ihn zum Mann gemacht hatte, nicht auch für alle anderen gelten? Und aus der eigenen Geschichte hatte er gelernt, dass Angriff die beste Verteidigung ist, und so trieb er seine Offiziere und seine Armee nächtens aus dem Bett. Er war wach, wenn sie noch schliefen. Meist hielt es ihn kurz vor drei Uhr in der Nacht nicht mehr auf der Liege, er kleidete sich an und empfing seinen Generalstab in seinem Arbeitszimmer. Die Herren Generäle und Offiziere, aus jedem Regiment der Kommandant, Rittmeister und Untergebene wurden vorgeladen. Sie ritten in aller Herrgottsfrüh aus ihren Quartieren und Kasernen die langen Pappelalleen entlang, versammelten sich am Schlagbaum vor dem schmiedeeisernen Zaun des Landhauses, richteten ihre Uniformen und Frisuren, tauschten den letzten Klatsch vom abendlichen Soupé aus und stellten sich in Erwartung ihres Herrschers in Reihe auf. Es wurde gescherzt und dann doch unmerklich kontrolliert, ob auch alles an seinem Platz ist. So sicher wie der Hahnenschrei erschien pünktlich das Gewitter in Person des Befehlshabers im Saal, um seine Ordonnanzen und Schranzen zu begutachten. Vorher wurde noch der ein oder andere Schnurrbart gezwirbelt, eine Naht zurechtgerückt, denn nichts hasste der Oberkommandierende mehr, als wenn eine Sache »nicht nach der Form« war. Dann schwollen dem Kronprinzen die Adern auf der Glatze, und wer ihm in die Quere kam, den riss die schlechte Laune des Despoten wie der Sturm eine Pappel aus der Erde. Mancher Untertan fand sich dann auf dem Exerzierplatz, andere in Ketten oder auf dem Weg nach Sibirien wieder.

Der Kronprinz hatte, nachdem er sich von seiner ersten Gemahlin, einer deutschen Prinzessin, hatte scheiden lassen, in zweiter Ehe die polnische Gräfin Joanna Grudzinska geheiratet und seinen Thronverzicht erklärt. Nun war sein jüngerer Bruder Nikolaus I. der Herr aller Russen und gleichzeitig ungekrönter König von Polen. Durch politischen Akt in Wien geschaffen, hatte dieses Polen neben Frankreich als einziger Staat in Europa eine eigene Verfassung und ein Parlament, den Sejm. Im Zuge der Französischen Revolution hatten Versammlungs- und Pressefreiheit Polen erreicht, und der älteste der Romanow-Brüder war zunächst voller Bewunderung für Napoleon gewesen und hatte den Polen Reformen und eine Verfassung ermöglicht. Das hatte ihm den Ruf eines Freiheitskämpfers eingetragen. Als dann Napoleon doch gegen Russland zog, ergriff die polnische Armee die Chance, sich von der russischen Herrschaft zu befreien, und kämpfte mit der Grande Armee. Nach der Niederlage des Korsen in der Völkerschlacht bei Leipzig mussten sie dafür bezahlen. Zwar blieb offiziell und per Vertrag alles beim Alten, aber faktisch übernahmen Konstantin und seine Heloten vom Militär die Macht. Weil man das Volk um seine Identität betrog, konnte man ihm auch nicht trauen, weshalb die Angst vor Verrat die Politik Konstantins bestimmte. Ein Mittel waren die Spionage- und Spitzelorganisationen, die Russland nicht nur in Russland, sondern auch in Polen unterhielt und die in Zusammenarbeit mit Metternichs Geheimorganisation ganz Europa unter Kontrolle zu halten suchten. Jeder ausländische Besucher des Königreichs wurde an der Grenze kontrolliert und musste sich unverzüglich im Belvedere melden. Erst wenn der Herrscher den Besucher begutachtet hatte und für respektabel hielt, durfte er in Warschau bleiben oder bekam einen Pass zur Weiterreise. Polnische Adelige auf Reisen in Europa waren dem Herrscher per se verdächtig und sie wurden ohne großes Federlesen verhaftet und die jungen Männer in die polnische Armee gepresst, wenn sie die Grenze nach Polen überschritten. Auch hatten ihm seine Spione berichtet, was seine Generäle so trieben, mit wem sie sich trafen, und Konstantin benutzte diese Informationen, um seinen Vasallen dies bei Bedarf unter die Nase zu reiben. Einem altgedienten General, dem er sehr wohlgesinnt war, raunte der Kronprinz im Vorübergehen ins Ohr: »Er möchte nächstens bei seinen Gängen durch die Novi Sad seinen Hut aufsetzen.« Er fragte Besucher, welche Universität sie besucht hatten, und wenn dann von Jena oder Würzburg, also Orten, an denen die Revolte zu Hause war, gesprochen wurde, hieß das mit einem kurzen Blick zum Adjutanten, dass die Aufenthaltsgenehmigung in den nächsten 24 Stunden ablief und der Fremde noch im Schloss aufgefordert wurde, die Stadt und das Land zu verlassen.

Erst mit Fürsprache beim Kronprinzen konnte gelegentlich Arrest oder Zwangsrekrutierung vermieden oder zumindest eine standesgemäße Eingruppierung erreicht werden. Dazu bedurfte es aber ausgezeichneter Kontakte und intimer Kenntnisse über die Launen des Gebieters. Am besten gelang dies über einen von

Konstantins Geheimdienstchefs oder noch besser über die Fürstin, die sich einen Namen damit machte, etwas für die Leute zu tun.

»Es ist nicht nach der Form«

Konstantin inspizierte sein Korps, examinierte die Besucher, raunte seinem Adjutanten seine Entscheidung zu und schritt, nachdem er sich so durch den Saal gearbeitet hatte, zu seiner Kutsche, um zum sächsischen Platz zu fahren, wo er die tägliche Parade abnahm. Auch bei der Parade war es wie beim Münzenwerfen. Kopf oder Zahl. Eine schöne Passage auf dem Pferd konnte einen Karrieresprung bedeuten oder ein fehlender Knopf an der Uniform den Karzer. Willkür war das Prinzip, und das vernichtende Urteil aus dem Mund des Gebieters lautete bei Zustimmung: »Carescho! – prekrassnie!« Und bei Unmut: »Es ist nicht nach der Form.« Wenn diese täglichen Exerzitien durch den Kronprinzen beendet waren, begab er sich nach Belvedere zurück, und die Truppen verrichteten ihren Dienst. Die gemeinen Soldaten exerzierten, und die Junker und Offiziere gingen, wenn sie nicht »au jour« waren, das heißt Wachdienst hatten, ihren Zerstreuungen nach, besuchten sich zum Essen, ritten aus oder langweilten sich.

Baron von Saß, oberster Spion Seiner Majestät

Herr von Saß, der sich als belesener Literat gab, führte ein gastfreundliches Haus und hielt mit seinen Aufgaben als Oberst auch nicht hinter dem Berg. Er war zu dem Posten in Warschau aus Not gekommen. Da seine Apanage, die er sich als Offizier unter dem Zaren Paul I. verdient hatte, verbraucht war, musste er wieder arbeiten.

Baron von Saß überraschte seine Gäste gern mit eigenen Satiren. Dass die an den Kronprinzen kolportiert wurden, war nicht zu befürchten. Er kannte die Angst im Belvedere und bediente sie nach Kräften. Das hielt ihn im Amt und verschaffte ihm für sein privates Leben die Ruhe, die er für seine Ambitionen, die Dichtkunst, brauchte. Er machte Harro den Vorschlag, einen gemeinsamen Briefroman zu schreiben. Des Barons Briefe sollten von seinen Reisen nach England berichten, während Harro aus Italien mit Schilderung der dortigen Verhältnisse antwortete. Die beiden betrieben dies eine Zeit lang, aber die Ereignisse verhinderten einen Abschluss des Projekts.

Ein lebensgefährliches Angebot

An einem der Salonabende in des Barons Haus bat der Oberst den Junker Harro in den Herrensalon, um mit ihm etwas zu besprechen. Man servierte guten Rotwein und schmauchte eine Pfeife.

»Wie gefällt Ihnen der Dienst?«, fragte der Baron.

»Ich kann nicht klagen«, antwortete Harro, der sich abgewöhnt hatte, allzu forsch seine Meinung kundzutun.

»Na«, sagte der Baron, »das sieht doch ein Blinder, dass Sie nicht fürs Exerzieren geschaffen sind. Wer ist das schon. Vielleicht Strandtmann«, sagte der Baron und lachte. Husarengeneral Strandtmann war für ihn und viele andere in Warschau die Ausgeburt von Diensteifer. Nicht nachdenken, sondern salutieren war seine Devise. Und zwar nach der Form.

»Sie sind doch ein Mann von Bravour«, setzte Baron von Schweizer, der sich zu ihnen gesellt hatte, nach. »Und der Sold eines Junkers reicht noch nicht einmal für anständigen Tabak.«

Harro wusste nicht, worauf die beiden hinauswollten.

»Die Gefahr, dass Sie – bei aller Protektion – einmal vom Großfürsten schief angesehen werden, ist groß. Er hasst Schriftsteller.

Und wenn er Ihre Griechengedichte zu Gesicht bekommt, na, ich weiß nicht, ob ich da die richtigen Argumente finde, Sie da rauszuhauen.« Der Baron nahm einen Schluck und sah Harro eindringlich an.

»Aber bei der letzten Parade machte er zu der Fürstin eine freundliche Bemerkung über mich«, sagte Harro, der gesehen hatte, wie der Herrscher bei einer Inspektion seine Frau lächelnd auf ihn aufmerksam gemacht hatte.

»Wissen Sie, Harring«, sagte von Schweizer, »was ich an Ihnen schätze?«

»Vielleicht meine Gesellschaft?«, versuchte Harro die Lage zu entspannen.

»Ja, Harring, es ist immer ein Vergnügen in Ihrer Gegenwart. Nein, ich mag, wie Sie beobachten, wie Sie schreiben. Sie haben eine schnelle Auffassungsgabe und die Fähigkeit, das kräftig zu formulieren. Und lieber Harring, Sie können begeistern. Ja, wirklich, Sie schaffen es immer wieder, andere für sich einzunehmen.«

Harro fühlte sich geschmeichelt.

»Herzlichen Dank für die Komplimente, Herr Baron«, sagte Harro. »Ich weiß es zu schätzen. Wenn Sie dies vielleicht meinem Regimentskommandeur sagen könnten, dann würde er mich vielleicht zu einem anderen Dienst einteilen.«

»Genau darum geht es«, sagte von Saß. »Wir brauchen Sie. Wir möchten, dass Sie für uns schreiben.«

»Ich schreibe doch. Wenn ich etwas mehr Zeit hätte, könnte ich unseren Briefroman schneller vorantreiben.«

»Ja, das auch. Aber ich möchte, dass Sie etwas Größeres machen. Etwas, was einer größeren Sache dient.« Von Saß sah von Schweizer an, der am Fenster lehnte und hinaussah.

»Was meinen Sie? Ein Stück zur Krönung des Zaren zum König von Polen?«, fragte Harro.

»Gott bewahre. Ich meine, wir möchten gern, dass Sie über alles schreiben, was in Europa so vor sich geht.«

»Aber ich bin hier in der Kaserne, wie soll ich da über Europa ...«

Der Baron unterbrach ihn. »Harring, ich möchte, dass Sie reisen, sich die Welt ansehen und uns darüber berichten.«

»Als Schriftsteller?«

»Na, Sie sollen daraus keine Bücher machen, sondern Ihre Berichte an mich schicken. So etwas wie den Briefroman, den wir verabredet haben. Nur eben keine Fantasien, sondern Realien. Sie werden dafür besser bezahlt als jeder Skribent.«

»Denken Sie dabei an etwas Besonderes?« Harro nahm einen Schluck Wein, denn sein Hals wurde trocken.

»Na, zunächst üben wir ein wenig. Sie schreiben mir einen wöchentlichen Bericht darüber, was im Offizierskorps so diskutiert wird. Wir hören von hier und da, dass sich etwas zusammenbraut. Der Großfürst ist beunruhigt.«

»Und dann?«

»Dann fahren Sie nach Italien, nach Paris, nach London und sehen sich um. Sie machen es wie der Heine. Der schreibt doch auch Reisebilder oder so etwas. Nur dass Sie die Berichte eben mit Namen und Hausnummern versehen.«

»Sie wollen, dass ich politische Berichte schreibe?«

»Ja, so eine Art Korrespondententätigkeit für das Königreich Polen. Übrigens fürstlich bezahlt. Sie werden Ihren Freund Todsen, den Bildhauer Bissen oder den dänischen Kronprinzen nicht mehr um Spenden angehen müssen.«

In Harros Ohren begann es zu sausen. Was hatte von Saß eben gesagt? Bissen, woher wusste von Saß von Wilhelm Bissen? Den Freund, der ihm den Erlös seiner Goldmünze vermacht hatte, als er in Rom am Verhungern war?

»Und, und wenn ich mir das nicht zutraue?«, fragte Harro vorsichtig. Er wusste, dass er jetzt nicht den Empörten spielen durfte.

»Na ja, junger Freund, nicht so bescheiden. Das steht Ihnen nicht. Sie kennen sich in der Welt aus, können schreiben. Sie sind in jedem Salon willkommen. Was sollte Sie hindern?«, sagte von Schweizer vom Fenster aus.

Er wandte sich an Harro: »Es ist auch noch eine Konfidentenstelle in Sibirien frei. Leider nicht ganz so gut dotiert.«

Von Saß lachte über die Drohung, von Schweizer amüsierte sein eigener Witz, und Harro sah die Barone ungläubig an. Ein Gefühl eroberte vom Nacken kommend seinen Kopf. War es der kleine Wichtel mit Namen Wut? Nein, ein viel hässlicherer Bekannter. Etwas, was er aus seinen Träumen kannte, was manchmal schlief oder eingesperrt war. Es war die Angst. Ein kleines nacktes Kerlchen, das früher bei Neumond bei Tag-und-Nacht-Gleiche im Sturm auf dem Deich stand und Harro gerufen wurde. Ab heute trug es die Uniform des russischen Garde-Lancierregiments und saß ihm im Nacken und träufelte ihm sein phobisches Gift ins Ohr. Der Baron war aus seinem Sessel aufgestanden, ging zu Harring, klopfte ihm auf die Schulter und sagte: »Überlegen Sie es sich. Es ist die Chance Ihres Lebens. Sie haben, wenn wir uns einigen, ausgesorgt. Und vielleicht erhört Ihre kleine Gräfin Sie dann auch.« Er ging zur Tür, drehte sich noch einmal zu dem Junker Harro um, der sofort aufgesprungen war. Von Schweizer folgte ihm.

»Sein oder Nichtsein«, sagte der Oberst und nach einer kurzen Pause: »Kommen Sie, junger Mann, die Damen warten. Wir sollten eine Mazurka tanzen.«

In der folgenden Nacht träumte Harro schlecht.

Er wälzte sich auf seiner Pritsche in der Kaserne hin und her. Der Wein hatte sich wie giftiger Tau auf sein Gemüt gelegt. Aber er musste in der Nacht wieder hoch zum Rapport. Ihm dröhnte der Kopf. Und ihm wurde klar, dass er in der Falle saß. Von Saß wollte ihn kaufen, ihn zum Verräter wie Wit machen. Wenn er das Angebot annahm, würde er sterben vor Scham. Jedes Stück Brot würde ihm im Hals stecken bleiben, jeder Tropfen im Magen brennen, jede Münze des Judaslohns ihm wie ein Bleigewicht um den Hals hängen. Alles wofür er – noch – lebte und gekämpft hatte, umsonst. Lehnte er ab, würde er in einem Kerker oder in den Weiten Sibiriens verschwinden. Was nur tun? Er wusste es nicht. Er dichtete, wie immer, wenn er nicht weiterwusste.

Ich habe mich gefügt um Deinetwillen / Dem Despotismus und der Tyrannei / Gelebt, gezittert oft vor Wut im Stillen / Bei dem Gefühl, dass ich gefesselt sei. Leibeigen gleich, wildangefluchten Sklaven, / Den Fürsten gleich, im Joche neben mir / Hab' ich zwei Jahr im Seelentod verschlafen / Im eitlen Wahn, dies sei der Weg zu dir.

Er wagte es nicht, seiner geliebten Ludmilla diese Zeilen zu schicken. Er hatte Angst, sie könnten in der Zensur hängen bleiben oder von ihr vielleicht als Vorwurf verstanden werden. Er wollte, wie man so schön sagt, die Zeilen im Herzen bis zu dem Tag bewahren, an dem er wieder frei atmen konnte. Aber der Tag schien noch weit, die Barone behandelten ihn höflich, nannten mal beiläufig eine Summe, die einem anderen Konfidenten bewilligt worden war. Harro vernachlässigte sich, lebte nur noch in Furcht, oder spielte er wie Hamlet nur den Wahn?

Letzter Ausweg Flucht

Wenigstens kam es, wie es kommen musste. Bei einer Reitübung achtete er nicht auf einen Karren, sein Pferd scheute, er fiel auf das Steinpflaster und lag dann im Lazarett, wie der kleine Harro, halb gelähmt und bedrängt von seinen Dämonen. Dort erzählte man sich, dass der Kronprinz neuerdings einen Affen als Spielkameraden hätte und der habe mit dem Gewehr auf ihn angelegt, woraufhin der Affe nicht eingesperrt wurde, sondern nur der Befehl erteilt wurde, Waffen von ihm fernzuhalten. Immer drehten sich die Geschichten um den Kronprinzen. Der hatte einen jüdischen Kaufmann, zur Strafe für was auch immer, allein einen schweren Karren in Ketten über den Marktplatz ziehen lassen. Und eines Tages inspizierte der Fürst das Hospital und erkundigte sich nach seinem Junker Harro. Alles war nach der Form, und der Fürst lobte seinen Untertan. Danach erstarben die Gespräche unter den Patienten. War Harro ein Günstling des Herrschers? Unausgesprochen war man sich einig, dass die Revolte gegen die Despotie nur eine Frage der Zeit war. Aber wer sollte es tun? Unter den Offizieren traute niemand dem anderen. Harro war wegen seiner Nähe zu von Saß und wegen des Lächelns des Kronprinzen verdächtig.

Und dann traf ihn noch ein weiterer schwerer Schlag. Der Bote brachte ihm einen Brief mit der Nachricht, dass seine Ludmilla, schon wenige Monate nachdem er nach Polen gegangen war, geheiratet hatte. Standesgemäß einen Grafen von Bechtold von Ungarschütz. Der Boden öffnete sich, und Harro fiel wochenlang in das tiefste Verlies seiner Seele. Seine »Stella Wina«, die er so innig verehrte, hatte ihn verlassen. Seine Gedichte, die vorher so voller Sehnsucht waren, wurden nun karg: *Doch nein! – du warst 's nicht / als du den Bogen / Des Lebens mir gespannt, / verließt du mich. / Ich stand aufs neu durch eitlen Wahn betrogen / O Stella! – das durchzuckt mich bitterlich.*

Kein Verrat – niemals

Und aus dem Verlies jenseits des Todes stand ein anderer Harro Harring auf. Er schrieb auf, was er über Polen erfahren konnte. Er notierte alles über seinen Dienst, die Behandlung der Juden, die Postzensur, die Willkür der Russen. Und er begann, den Bericht zu schreiben, den von Saß von ihm wollte. Aber nicht um ihn dem Obristen auszuhändigen, sondern um der Welt zu zeigen, was und wer in Polen herrschte. Er dokumentierte alles, von den Einwohnerzahlen, über die Verwaltungsorganisation, die verfassungsmäßigen Rechte bis hin zu den tatsächlichen Verhältnissen.

Er beschrieb die Stellung des Adels, des Klerus, der Bürger, der Bauern, und seine Schilderungen waren einerseits präzise, andererseits konnte er seine Bitterkeit nicht verbergen. So beschrieb er das Verhältnis der »Herren« zu den Leibeigenen und deren Frauen. »Der Besitzer darf die Töchter seiner Leibeignen nicht zu seinen Lüsten missbrauchen. Das ist in der Tat menschlich, das ist wahrhaft human. – Aber ›gebrauchen‹ darf er sie, und niemand verwehrte es ihm, wenn er es tun will, und wenn er es täglich vollzieht. (...) Ganz Russland ist ein einziger Harem, und die Opfer unterscheiden sich nur von den türkischen dadurch, dass sie keine Schleier tragen, was die Auswahl sehr erleichtert.«

Harro versuchte, Kontakt zu den Kreisen in Polen zu bekommen, die sich gegen die russische Herrschaft auflehnen wollten. Er redete mit Peter Wisozki, einem Ausbilder an der Kadettenschule, und anderen. Aber die Polen waren vorsichtig und weihten ihn nicht in ihre Pläne ein. Er wäre in Polen geblieben, wenn er gewusst hätte, dass ein Aufstand bevorstand. Der Widerstand wuchs im Verborgenen, in der Kadettenanstalt, was Harro ahnte, aber woran er sich nicht beteiligen konnte. Aber er konnte etwas für die Kämpfer tun, indem er über sie schrieb.

Doch er schrieb nicht nur über Polen in diesen Tagen, sondern auch einen »Faust im Gewande der Zeit«, wie später auch Heine, und er schrieb einen Roman mit dem Titel »Julius von Dreyfalken. Eines Schwärmers Wahn und Ende«, der, wie immer autobiografisch gefärbt, sich mit seinen Erfahrungen am Theater und der literarischen Szene auseinandersetzte.

Im Frühjahr 1830 beantragte er seinen Abschied aus der Armee und wies das Angebot des Obersten Spions Seiner Majestät zurück. Er hatte auf eine Entlassung anlässlich der Krönungsfeierlichkeiten von Nikolaus I. zum König von Polen im Jahr zuvor gehofft, war aber immer wieder vertröstet worden. Ihm blieb nun nur die Flucht. Polnische Kameraden halfen ihm, in der Nacht des 9. Juni 1830 Polen zu verlassen.

Harro Harring
15094.

7
Für eure und unsere Freiheit

1830 Leipzig – 1831 Straßburg

Da brach die Dämmrung an, der July Tage.
In blut'gem Glanz erschien ein Meteor!
Als Schranzenfluch erscholl die Völkerklage
Der Geist stand auf und rief das Licht hervor.[22]

1830 Leipzig

Das Vorbild der Julirevolution in Paris

Harro reiste über Dresden nach Leipzig. Die Verlegerstadt schien der geeignete Ort zu sein, die vielen Projekte zu realisieren, an denen Harro vor und in Warschau gearbeitet hatte. Zunächst aber nahm ein Ereignis die Aufmerksamkeit der demokratischen Kräfte in Anspruch: Das war der Aufstand in Paris im Juli 1830.

Die französische Regierung leugnete seit Jahren konsequent die Leiden der Arbeiter, deren Lage in den neu entstandenen Fabriken miserabel war. Das Bürgertum wurde ebenfalls vom Kabinett des Grafen de Polignac ignoriert. Man reagierte auf Proteste mit Einschränkungen der Pressefreiheit und Änderung der Wahlgesetze. Erst gab es Demonstrationen, dann gingen die Arbeiter auf die Barrikaden. Die Dampfmaschinen und mechanischen Webstühle hatten das Bürgertum inzwischen materiell wie politisch so stark gemacht, dass die agrarische Machtbasis des Adels bröckelte. Fabriken wurden wichtiger als Ländereien. Bereits nach drei Tagen Protest wurde der Druck der Bürgerlichen auf König Karl X. so groß, dass er abdanken musste. Das Bürgertum übernahm faktisch die Macht, setzte den »Bürgerkönig« Louis Philippe ein und schaffte es, die empörten, aber nicht sonderlich gut organisierten Arbeiter in ihre Fabriken zurückzuzwingen.

Aber der revolutionäre Funke sprang auf Europa über, die Unzufriedenen protestierten überall. In den Niederlanden rebellierte man gegen das Königshaus der Oranje, und der Süden des Landes erklärte sich mit einer fortschrittlichen Verfassung als »Königreich Belgien« unabhängig.

Mitglied der Freimaurerloge »Apollo vom Oriente«

Als Harro im Sommer 1830 aus Polen nach Leipzig kam, schien der rebellische Geist in der Stadt sich mit dem seinen zu verbünden. Er war wie befreit, versuchte seine Manuskripte unterzubringen, knüpfte Kontakte mit Verlegern und Rebellen. Die Stadt war in Bewegung, die Arbeiter in den Fabriken wollten bessere Arbeitsbedingungen, die Kaufleute aber fürchteten um den Erfolg der Messe. Allen war klar, dass sich etwas ändern musste. Harro schrieb und zeichnete, besuchte den »Tunnelclub über der Pleisse«, lernte den Komponisten Robert Schumann kennen und konnte auf Vermittlung der Freimaurerloge »Apollo vom Oriente« beitreten. Diese im 18. Jahrhundert in England aus Baumeistergilden entstandene Loge von Bürgern traf sich hinter verschlossenen Türen, um sich Vorträge über Freiheit, Gleichheit und Toleranz anzuhören. Die Logenbrüder waren nicht nur vom Geist der Aufklärung befeuert, sondern so etwas wie ein großes Netzwerk von Gleichgesinnten, die sich gegenseitig halfen und förderten. Dank solcher Hilfe wurde Harro Mitarbeiter der Zeitschrift »Der Komet«, für die er unter verschiedenen Pseudonymen die Kolumne »Das Nordlicht« schrieb. Daneben lieferte er für die »Zeitschrift für Freimaurerei« Gedichte und literarische Notizen.

Die Diskussionen in der Loge über das Verhältnis von »Vernunft und Natur« begeisterten den Heißsporn. Endlich schien er zur richtigen Zeit am richtigen Ort. Mit Geschick und der Unterstützung von Logenbrüdern schaffte es Harro, in diesem Jahr neben seinen Zeitungsartikeln 16 Bücher und Schriften herauszubringen. Als im September die Unruhen in Leipzig begannen, die Tagelöhner, Handwerkslehrlinge, Fabrikarbeiter und Studenten in den Farben der Trikolore durch Leipzig marschierten, das Pflaster aufrissen und die Wachhäuser an den Stadttoren stürmten und so die alte Ordnung herausforderten, stand Harro nicht mit auf den Barrikaden, sondern vollendete seine Memoiren über

Polen. Seine neuen bürgerlichen Logen-Freunde hielten den Krawall und die Erstürmung der Polizeiwache in Leipzig für geschäftsschädigend und organisierten eine bewaffnete Bürgergarde, die das Rathaus vor den Demonstranten schützten sollte. Sie hielten so lange die Stellung, bis die Zwickauer Garnison einrückte und die Ordnung wiederherstellte. Noch schienen die bürgerlichen Kreise und die Freimaurer auf Versöhnung mit der Herrschaft zu setzen. Man wollte Menschenrechte und Gleichheit vor dem Gesetz, Volkssouveränität im Parlament, aber die guten Geschäfte auf der Herbstmesse nicht durch eine Revolution gefährden. Und Harro brauchte die Verleger und Kaufleute, sie waren seine Verbündeten beim Tyrannensturz; spontane Aktionen auf der Straße würden nicht zum Ziel führen, dachte er wohl.

Die Memoiren über Polen

Harros Hauptgrund, sich aus den Kämpfen auf der Straße herauszuhalten, war Polen. Er zeichnete Figuren und die Ereignisse des Aufstands für einen Lithografen, der sie schnell druckte und verkaufte, aber insgeheim arbeitete er an seinen Erinnerungen über Polen. Außerdem fürchtete er die Rache des russischen Geheimdienstes und hielt sich bedeckt, um nicht aus Sachsen ausgewiesen zu werden. Es ging ihm gerade gut hier. Also schien es ihm geraten, sich nicht öffentlich an der Seite der Demonstranten zu zeigen.

Als im November der Aufstand in Warschau ausbrach, änderte sich die Lage. Harro sah sich in der Chronistenpflicht. Er war einer der ganz wenigen, die wussten, was in Polen vor sich ging. Baron von Schweizer war nach dem Tod des Barons von Saß, der gleich zu Beginn des Warschauer Aufstands getötet worden war, nach Sachsen geflüchtet. Als Harro erfuhr, dass der Spion sich als Korrespondent der Preußischen Staatszeitung in Dresden niedergelassen hatte, startete er eine publizistische Kampagne gegen von Schweizer. Während Harro dichtete und mit Worten gegen den Spion wütete, handelte von Schweizer hinter den Kulissen. Er intrigierte bei den preußischen Behörden gegen Harring.

Harro ließ den Baron in dem Theaterstück »Faust im Gewande der Zeit« als betrunkene Figur mit Namen Nüchtern sagen: *Ich bin ein peinlicher Spion, / ein Kotzebue der Zweite / Bin nebenbei auch Musensohn / Das wissen ja die Leute / Zur Festung sand ich manchen schon, / Und in den Kerker viele! / Zwar sind mir ein'ge noch entflohn, / doch bring ich sie zum Ziele.*

Der russische Agent Baron von Schweizer

Als von Schweizer in Dresden durch die ständige öffentliche Anzeige seiner Agententätigkeit demaskiert worden war, reiste er nach Litauen ab und verteidigte sich von dort aus. Er beteuerte, kein Spion zu sein, doch die von den Aufständischen in der Wohnung des Barons von Saß gefundenen Berichte bestätigten die Vorwürfe. Von Schweizer betrieb nun aus der Ferne über die russische Gesandtschaft die Ausweisung Harrings aus Sachsen. Mit Erfolg. Im Mai 1831 wies man Harro aus Sachsen ohne Angabe von Gründen aus. Der Polizeikommandant meinte: »Wenn man Gründe anführen wollte, müsste man ihn verhaften.« Hinter der Aktion steckte die russische Botschaft, die verhindern wollte, dass die Memoiren über Polen in Leipzig erscheinen.

Anton Philip Reclam zeigt Mut

Er musste Leipzig verlassen, und niemand traute sich, seine Polen-Erinnerungen zu drucken. Kein Verleger wollte seinen Namen neben den von Harring setzen. Harro bat wiederum Heine um Unterstützung, der daraufhin seinen Verleger in Hamburg ansprach, aber Campe, der selbst Freimaurer war, konnte sich nicht zu dem Risiko entschließen. Weder in Leipzig noch in Stuttgart oder Straßburg wollte ein Verleger es wagen, sich mit der Zensur anzulegen. Dann fasste sich der junge Anton Philip Reclam ein Herz und erwarb das Manuskript für 110 Reichstaler. Das war ein ansehnliches Honorar für den stets klammen Autor, lag es doch weit über dem Jahreseinkommen eines Fabrikarbeiters oder Dorfschulzen jener Zeit. Harring nahm das Geld und schickte anonym 100 Reichstaler an die Aufständischen in Polen, berichteten die »Nürnberger Blätter« kurz darauf.

Der erst 23-jährige Reclam war den fortschrittlichen Ideen verbunden und hatte zwei Jahre zuvor den »Verlag des literarischen Museums« in der Grimmaischen Straße in Leipzig gekauft. Er ließ das Buch aus Vorsicht in Altenburg ohne Verlagsangabe drucken und am 1. Juli 1831 an den Buchhandel verschicken. Die Konspiration war nötig, denn die Zensurbehörden reagierten schnell und verboten das Buch bereits am 17. Juli. Aber da war die erste Auflage in der Welt und nach wenigen Wochen die 3000 Exemplare vergriffen. Bereits wenige Monate später erschienen in Frankreich, England, Schweden und Amerika Übersetzungen.

Harro legte mit »Erinnerungen aus Warschau« nach und schrieb den Roman »Der Pole«, der die Geschichte eines polnischen Adeligen erzählt, der eingekerkert und ähnlich wie Harro in die Dienste Russlands gezwungen wird. »Der Kerker ist das Symbol unserer Zeit«, schrieb er wie immer mit Pathos.

Der Warschauer Aufstand

Peter Wisozki war 1830 wie Harro selbst 32 Jahre alt. Er war Ausbilder in der Kadettenschule in Warschau und hatte einen Widerstandsbund gegründet, dem sich vereinzelte Offiziere und Intellektuelle angeschlossen hatten. Als der Bund von den Spitzeln des Geheimdienstes aufgedeckt wurde und die Gruppe kurz vor der Verhaftung stand, beschloss Wisozki ein Attentat auf Konstantin. Vorausgegangen war, dass der Funke vom Aufstand in Paris, in dessen Folge der französische König zurücktreten musste, auf Belgien übergesprungen war. Die belgischen Arbeiter wehrten sich gegen die niederländische Krone und wollten Unabhängigkeit. Konstantin gab einen Mobilisierungbefehl für die polnischen Truppen heraus, und es ging das Gerücht, dass die polnische Armee den Holländern in Flandern zu Hilfe kommen sollte. Die Unzufriedenheit mit der russischen Herrschaft machte sich in Streiks Luft, und der Kronprinz erhielt von seinem Bruder Nikolaus I. eine »carte blanche«, gegen die Streikenden vorzugehen. Man begann, die Arbeiter zu verhaften, und als bekannt wurde, dass die Sache der Widerstandsgruppe verraten war, beschloss man, Konstantin umzubringen.

Die Initialzündung sollte der Brand in einer Brauerei sein, die Flammen das Zeichen zum Aufstand. Aber die Feuerwehr war schneller als gedacht zur Stelle, und das Fanal blieb aus. Wisozki versuchte, die Offiziere in der Kaserne für die Sache zu gewinnen, was ihm nicht gelang. Eine andere Gruppe stürmte das Schloss. Sie erschlugen die Wachen und drangen in den großen Saal des Schlosses ein. Als sie in den Gemächern des Kronprinzen einen Uniformierten mit vielen Orden sahen, glaubte der Mob, den Großfürsten vor sich zu haben. Die Aufständischen erstachen ihn. Die Menge tobte durch das Schloss und mit dem Ruf »Der Großfürst ist tot« zurück in die Stadt. Aber Konstantin hatte sich im Schlafzimmer seiner Frau versteckt und konnte zu seiner Leibgarde flüchten. Die Aufständischen hatten einen Wachoffizier ermordet. Die Leibwache brachte Konstantin zu den russischen Truppen, die mit 30000 Mann vor den Toren Warschaus im Manöver lag. Der Aufstand begann mit einem Desaster, aber der Funke sprang über.

Die Aufständischen eroberten das Waffenarsenal, und es entwickelte sich in den folgenden Monaten der polnisch-russische Krieg. Der Sejm setzte den Zaren als König ab, die Russen mobilisierten ihre Armee mit über 100000 Soldaten, um gegen die aufständischen Polen, die wenig Glück mit ihren Heerführern hatten, zu kämpfen. Der Aufstand währte neun Monate, und schließlich siegte Russland und kassierte jetzt auch die letzten Reste der bürgerlichen Rechte. Die »Große Emigration«, der Exodus der Polen, begann. Über 50 000 Menschen verließen das Land, zogen in den Westen, vor allem nach Frankreich und nach Amerika. Über 5000 Polen zogen nach Paris.

Bei diesen jetzt heimatlosen Polen hatte Harro nun seine politische Heimat gefunden. Das »Noch ist Polen nicht verloren« und »Im Namen Gottes für eure und unsere Freiheit« wurden seine Herzenssache. Die Immigration der Polen, diese »Plus de Patrie« – kein Vaterland mehr – war auch sein Gemütszustand, auch wenn er es sich noch nicht zugestehen wollte. Selbst die letzte von ihm veröffentlichte Schrift im Jahr 1869 trug den Titel: *To the Enemies of Poland.* »Ihr blutgesudelten Mörder einer glorreichen Nation.«

Elegie an Bernhard Moßdorf

Aber als ob die Arbeit als Zeitschriftenautor, die Verlagssuche, seine Auseinandersetzung mit von Schweizer, das Schreiben und Zeichnen nicht reichte, tanzte Harro von nun an auf allen politischen Hochzeiten, als wolle er es jetzt wissen. Und so musste er auch seinem Griechenfreund Bernhard Moßdorf beispringen. Moßdorf, der inzwischen als Rechtsanwalt und Vorsitzender des Bürgervereins in Dresden aktiv war, war ein Kämpfer, der Harros Unterstützung brauchte. Moßdorf hatte im ereignisreichen Jahr 1831 eine sächsische Verfassung geschrieben, die die Abschaffung des Adels, die Gleichheit aller Bürger, die Freiheit der Person, des Eigentums, der Religion und der Presse vorsah. Doch die sächsische Adelsregierung verbot daraufhin den Bürgerverein, und als die Bürger dagegen auf die Barrikaden gingen, fuhr die Regierung Kanonen auf und trieb die Menge mit Bajonetten auseinander. Die Führer des Bürgervereins wurden verhaftet, Moßdorf zum Tode verurteilt und vom König dann zu 15 Jahre Festungshaft auf der Feste Königstein begnadigt. Dort kam er zwei Jahre später unter mysteriösen Umständen zu Tode. Und als ob Harro nicht schon genug Schwierigkeiten hätte, schrieb er eine »Elegie an Bernhard Moßdorf«, die sofort als Flugschrift unter das Volk gebracht wurde. Der Verkauf des Flugblatts wurde mit fünf Talern Strafe belegt und Harro aus Leipzig ausgewiesen. Er vermutete russischen Druck auf die Regierung dahinter.

1831 Straßburg

Nach seiner Ausweisung wanderte Harro von Leipzig aus über Altenburg, Hof, Bamberg, Würzburg und Heidelberg nach Straßburg, überall schreibend und Manuskripte in Druck gebend, immer mit der Polizei im Rücken. Nach den »Memoiren über Polen«, die Reclam in Leipzig verlegte, folgten die »Erinnerungen aus Warschau« in Nürnberg sowie »Die Schwarzen von Gießen, oder der Deutsche Bund«, eine Novelle über Carl Follen. Dann brachte er in Braunschweig sein Gemeinschaftswerk mit Georg Lassanes »Der Renegat von Morea« unter, und in Wunsiedel erschien im Juli »Rosabianca«, das auf der Louisenburg im Fichtelgebirge entstandene »hohe Lied«. Dieses sehr persönliche Buch des »friesischen Sängers« ist auf der einen Seite ein Rückblick auf sein bisher als leidvoll empfundenes Leben, und zum anderen tauchen hier die ersten Töne auf, wie sein politisches Sendungsbewusstsein sich religiös begründet. Er empfindet sein Leiden als eine Angelegenheit, die im höheren Auftrag geschieht. Eine Art Rebell gegen den Feudalismus aus religiösen Gründen, der bereit ist, für die Sache den Opfertod zu sterben: »Mein Höchstes ist die Freiheit; sie – die eine!/ Im Tod für sie werd' ich mein Heil gewinnen.«

Harring hat an die gerechte Sache und seine Mission geglaubt. Deshalb war er auch so kompromisslos und nahm in den folgenden Jahrzehnten Schmach und Verfolgung auf sich. Aus dem politischen Bohemien, der das »Possenspiel« um Griechenlands Freiheit auf die Bühne gebracht hatte, der selbstironisch seine tragikomischen Abenteuer und Reisen beschrieben hatte und der neben seinem Anliegen auch gefallen wollte, war er in Polen und danach einer der »Unbedingten« geworden, der von Freunden wegen seiner Haltung bewundert wurde. Harring brannte für seine Ideen, er wurde in dieser Zeit zu einer der Symbolfiguren des kommenden Aufstands, von denen es in deutschen Landen zu wenige gab. Wohl deshalb wurde er von den Regierungen so unverhältnismäßig verfolgt. Metternich und seine Administration ahnten wohl, wenn sie solche »Demagogen« wie Harring gewähren ließen, würde es gefährlich werden. Harring war so etwas wie das brennende Streichholz vor einem Haufen Stroh.

In Bayreuth wurden dann 1000 Exemplare des dreiteiligen Romans »Der Pole« gedruckt, eine fiktionalisierte Fassung seiner Erlebnisse in Polen, sowie Sonderdrucke seiner Gedichte »Des Mauers Rose« und seines frühen Gedichts »Das Bild der Rose«. Die Erlöse sollten den polnischen Freunden zugutekommen.

Erfolgreich und verboten

Es gab kaum einen Dichter deutscher Sprache, der in den Jahren 1831 und 1832 mehr Titel veröffentlichte als Harring. Man konnte den Eindruck haben, hier räumt einer seinen literarischen Tornister auf und lässt alles in die Welt hinaus, um sich nicht mehr damit zu belasten. Und es war auch ein Wettlauf mit der Zensur. Denn kaum wurde den Behörden ein Werk von Harring bekannt, verbot man es. Auch als er im September 1831 in Straßburg eintraf, war ihm die Zensur auf den Fersen. Am 4. November 1831 verbot der Bundestag in Frankfurt gleich alle »boshaften und zum Aufstand reizenden (...) und sich verdächtig machenden Artikel«, hieß es in einem Erlass der Königlichen Censur-Commission vom 10. November 1831. Faktisch bedeutete dies, dass alle bisherigen wie zukünftigen Werke Harrings im Gebiet des Deutschen Bundes unter die Zensur fielen.

Das Verbot traf damit Harro Harring wie vier Jahre später ausdrücklich noch einmal Heine und die anderen Autoren des »Jungen Deutschland«. Fortan war nicht nur das Verlegen, sondern auch das Verkaufen und Besitzen von Harrings Büchern verboten und wurde bestraft. 1833 wurden in einem Hochverratsprozess gegen Johann Letsch in Ludwigsburg Harrings Gedichtband »Blutstropfen« und auch das Flugblatt »An die Deutschen« als Beweise vorgelegt, und der Bamberger Porzellanmaler J. G. Stammberger wurde 1834 unter anderem wegen dieses Harring-Flugblattes zu acht Jahren Zuchthaus verurteilt.

Bisher hatte sich Harro in allen möglichen Genres versucht, von fast täglichen Briefen an den Freund und Gönner Todsen über romantische Gedichte, Liedtexte, Reisebeschreibungen, Erinnerungen, Theaterstücke, Rezensionen. Schon in Leipzig hatte er bei der Zeitschrift »Komet« als Redakteur gearbeitet, und der Journalismus sollte jetzt eine wichtige Tätigkeit werden. Aber es war nicht so sehr die Form, die sich veränderte, sondern der Inhalt seines Schreibens. Liebesgedichte waren von nun an seine Sache nicht mehr. In Würzburg erfuhr er von der Niederschlagung des polnischen Aufstands, und das beraubte ihn aller Illusionen, dass es einen friedlichen Weg zur Freiheit oder Einheit geben könne. Der viel besungene Tod, mit dem er immer kokettierte, war nicht mehr Sehnsucht, sondern der in Kauf genommene Preis, das Gedicht und das Lied wurden zur Waffe. Nicht zur einzigen.

Redakteur der Zeitschrift »Deutschland«

Auf französischem Gebiet in Straßburg war er vor den Nachstellungen der metternichschen Spione, aber nicht vor den russischen Verfolgern sicher. Die französische Obrigkeit, durch die Julirevolution aufgeschreckt, beobachtete die Emigrantenszene, aber die

Pressefreiheit gehörte zur Verfassung. Harro trat als Redakteur in das Blatt »Das konstitutionelle Deutschland« von Gustav Cornelius ein. Er nannte die erste deutsche Exilantenzeitung in »Deutschland« um und wurde nicht nur Herausgeber, sondern auch der eifrigste Autor. Bis sie dann doch nach fünf von ihm redigierten Nummern im März verboten wurde. Dass es sich dabei auch um einen Akt gegen ihn persönlich richtete, war nur allzu klar. Im Dezember 1830 hatte er wieder einmal ein Angebot bekommen, das er ablehnen musste. Karl Heinrich Malten, der Herausgeber eines politischen Magazins in Aarau in der Schweiz, hatte ihn besucht, um ihm nach einigen Lobhudeleien den Vorschlag zu machen, doch zukünftig für die Preußische Regierung zu arbeiten und über An- und Absichten der Liberalen in Straßburg zu berichten. Harro hörte sich das an, das finanzielle Angebot war, wie das des Barons von Saß in Warschau, verlockend. Er vertröstete den Agenten der Preußen auf ein paar Tage mit der Bitte, es sich überlegen zu dürfen. Aber statt auch nur einen Gedanken auf eine Agententätigkeit zu verschwenden, setzte er sich hin, schrieb alles haarklein auf und veröffentlichte das verräterische Angebot in der nächsten Ausgabe seiner Zeitschrift »Deutschland«. Malten musste daraufhin über Nacht Straßburg verlassen, wollte er nicht dem Zorn der Flüchtlinge ausgesetzt sein. Von Aarau aus polemisierte er noch Jahre später gegen die revolutionären Bewegungen, besonders gegen das »Junge Italien« und Giuseppe Mazzini.

Ramorino in Straßburg

Mitteleuropa wurde in diesem und den folgenden Jahren von Petersburg bis Berlin, Wien und Paris von der Cholera heimgesucht. So als hätten sie die Seuche in den Kleidern, zogen die ehemaligen Truppen der polnischen Armee auf dem Weg über Straßburg nach Paris. Harro hatte nach seiner Ankunft in Straßburg sogleich einen Unterstützungsverein für Polen gegründet und war dem »Verein der Freunde des Volkes (société des amis du peuple)« beigetreten. Hier begegnete er auch dem italienischen Militärbefehlshaber Girolamo Ramorino. Der Offizier war mit Napoleon nach Polen gekommen und dort bis nach dem Aufstand geblieben. Harro war ihm bei einer der Audienzen des Kronprinzen begegnet. Ramorino, der mehr die große Geste als die Tat beherrschte, sollte Harring noch mehrfach begegnen, und es ging dabei nicht gerade freundschaftlich zu. Aber im Dezember 1831 war auch bei Harring alles noch von der Begeisterung für die Sache Polens getragen, und jeder, der sich dafür einsetzte, war ein natürlicher Freund. Harring organisierte mit seiner Gesellschaft die Begrüßung und anschließende Unterstützung der polnischen Emigranten. Diese Soldaten sollten in den nächsten Jahren zum Kern der antifeudalen Aufstandsarmee werden.

EXKURS – Georg Büchners Brief an seine Eltern

Die Begeisterung für Polen erfasste auch den jungen, gerade mal 18 Jahre alten Anatomiestudenten Karl Georg Büchner, der gerade sein Studium in Straßburg begonnen hatte. Er schrieb darüber im Dezember 1831 an seine Eltern:

Als sich das Gerücht verbreitete, dass Ramorino durch Straßburg reisen würde, eröffneten die Studenten sogleich eine Subskription und beschlossen, ihm mit einer schwarzen Fahne entgegenzuziehen. Endlich traf die Nachricht hier ein, dass Ramorino den Nachmittag mit den Generälen Schneider und Langermann ankommen würde. Wir versammelten uns sogleich in der Akademie; als wir aber durch das Tor ziehen wollten, ließ der Offizier, der von der Regierung Befehl erhalten hatte, uns mit der Fahne nicht passieren zu lassen, die Wache unter das Gewehr treten, um uns den Durchgang zu wehren. Doch wir brachen mit

Gewalt durch und stellten uns drei- bis vierhundert Mann stark an der großen Rheinbrücke auf. An uns schloss sich die Nationalgarde an. Endlich erschien Ramorino, begleitet von einer Menge Reiter; ein Student hält eine Anrede, die er beantwortet, ebenso ein Nationalgardist. Die Nationalgarden umgeben den Wagen und ziehen ihn; wir stellen uns mit der Fahne an die Spitze des Zugs, dem ein großer Musikchor vormarschiert. So ziehen wir in die Stadt, begleitet von einer ungeheuren Volksmenge unter Absingung der Marseillaise und der Carmagnole; überall erschallt der Ruf: Vive la liberté! vive Ramorino! à bas les ministres! à bas le juste milieu! Die Stadt selbst illuminiert, an den Fenstern schwenken die Damen ihre Tücher, und Ramorino wird im Triumph bis zum Gasthof gezogen, wo ihm unser Fahnenträger die Fahne mit dem Wunsch überreicht, dass diese Trauerfahne sich bald in Polens Freiheitsfahne verwandeln möge. Darauf erscheint Ramorino auf dem Balkon, dankt, man ruft Vivat! und die Komödie ist fertig.[23]

In Straßburg hatten sich neben den Polen allerlei Flüchtlinge eingefunden. Einige waren auf der Durchreise nach Paris, aber viele hofften im deutschsprachigen Elsass oder in Frankreich Anstellung und Wohnung zu finden, auch wenn einige nur warteten, dass die Julirevolution von Paris noch einmal aufflammte und auf die deutschen Provinzen übergriff. Die Immigration aus deutschen Landen ging durch alle Schichten. Vorwiegend waren es Arbeiter und Handwerker, aber auch Intellektuelle und Geschäftsleute.

Der Zeitgeist lässt sie ähnlich denken

Büchner neigte in diesen Monaten noch zu der Auffassung, dass der Mensch sich nicht in den Prozess der Geschichte einmischen solle, er wäre doch nur »Schaum auf der Welle«, wie er an seine

Freundin Wilhelmine schrieb. Der junge Mann, der in seinem kurzen Leben einige der bedeutendsten Werke der Theatergeschichte schreiben sollte, hatte als Abiturient den Lob des Widerstands gesungen und sich mit der Frage beschäftigt, ob am Beispiel Roms Selbstmord der Sache der Freiheit dienen könne. Dinge, die Harring zeit seines Lebens umtrieben. Harring war der junge Mann vielleicht nicht aufgefallen, er hatte zu viel zu schreiben, zu redigieren und zu organisieren. Aber dass sie sich kannten, dieselben Veranstaltungen und Lokale besuchten, ja, aus derselben Geistesquelle tranken, ist gewiss. Dafür war die Szene der deutschen Intellektuellen in Straßburg zu klein, als dass man sich nicht über den Weg gelaufen wäre. Es ist nicht bekannt, ob der junge Büchner dem Verein der Freunde des Volkes beigetreten ist. Sicher hatte er überlegt, ob er sich dem Zug der 40 Oppositionellen aus Straßburg anschließt, um im Mai mit zum Hambacher Fest zu ziehen. Gelegenheit hätte er gehabt, aber so viel Eigensinn wäre ihm schlecht bekommen, denn ob er nach dem eigenmächtigen Entfernen von der Universität und aus der Stadt weiter hätte in Straßburg studieren können, wäre mehr als fraglich gewesen. So hielt er stattdessen im Mai 1832 in Straßburg eine Rede vor Studenten über die Verhältnisse in Deutschland. In Straßburg ist er auch auf die Spuren seines »Lenz« gestoßen, jenes Dramatikers des Sturm und Drangs, dessen Kampf um Leben und Leiden, Kunst und Krankheit er in einer kurzen, aber intensiven Erzählung verdichtete. Vielleicht war der aufbrausende wie melancholische Harring, der idealistische Kämpfer für Polens Freiheit, so etwas wie der flirrende Vorschein des zweiten Ichs der Protagonisten Christoph Kaufmann und Jakob Michael Lenz. Büchner hat mit seinem »Lenz« im Kern das Schicksal Harrings vorhererzählt, bis hin zu der Krankheit, die Harrings Persönlichkeit im Laufe der Jahre heimsuchte, und dem vergeblichen Versuch Harrings Jahrzehnte später, im Jahr 1855, den »scheidenden Engel«, ein siebenjähriges Mädchen, in Rio de Janeiro mithilfe von Magnetismus ins Leben zurückzuholen, so wie Lenz vom Glauben abfiel, weil sein »Stehe auf und wandle« von dem toten Mädchen in der Hütte ignoriert wurde. Diese zufällige Übereinstimmung zeigt nur, wie beide Dichter in ihren Figuren, in ihrer Zeit zu Hause und gefangen waren und zugleich aus ihr fielen. Aber Harrings Leben war nicht wie das von Lenz auf wenige Seiten zu komprimieren, und noch schien es weit davon entfernt, tragisch zu enden. Die Stimmung war gut, es roch nach Cholera und Revolution. Als die Straßburger Revolutionäre am 6. Mai vom Kanonendonner auf der anderen Rheinseite hörten und dass es in Annweiler zu einer Art Aufstand kam, weil man einen Freiheitsbaum errichten wollte, brach Harro mit einem Dutzend Freunden auf, den Kämpfern zur Seite zu stehen.

Abschied von Straßburg

Der Beschluss, nach Hambach zu gehen, war gleichzeitig ein Abschied aus Straßburg, darüber war Harring sich klar. Man würde ihm die Einreise in deutsche Lande verweigern, ihn daran hindern wollen. Aber die Lage im Frühjahr 1832 war nicht so, dass man sich fürchtete, sondern die Exilanten in Straßburg überlegten, wie sie trotz Schikane zum Ziel kommen konnten. Es waren 40 Männer, die dann von Straßburg nach Kehl am Rhein aufbrachen. Sie hatten versucht, ordentliche Papiere zu bekommen. Wem das nicht gelang, »besorgte« sich falsche. Der Polizeipräsident meldete pflichtschuldigst den Abmarsch der »exaltierten jungen Leute« nach Paris. Von dort wurden die Behörden des Deutschen Bundes informiert. Es war ein Katz-und-Maus-Spiel, das ernsthaft, aber zivilisiert ausgetragen wurde. Als man der Truppe den Grenzübertritt verweigerte, schlugen sich die Männer gruppenweise in die Büsche und gelangten über die grüne Grenze an ihr Ziel.

Harro Harring.
Börne.
Gez. v. J.P.T. Lyser
H. Heine.

8
Es ist kein Traum – das Hambacher Fest

1832 Neustadt – 1832 La Chaume – 1833 Straßburg

So kann's nicht länger steh'n.
Auf! Lasst uns vorwärts geh'n!
Volk, ins Gewehr!
Deutsches Volk, stark und kühn,
Musst in den Kampf nun zieh'n
Soll dir dein Heil erblüh'n:
Zög're nicht mehr![24]

1832 Neustadt

Am Grenzposten

Die Gestalt verhielt sich verdächtig. Sie hatte sich zu den Frauen gestellt, trug einen bodenlangen Rock, darüber einen weiten Mantel und über die Schultern eine Decke, die weit über den Kopf ragte, sodass nicht zu erkennen war, ob es eine Frau oder ein Mann war. Auf dem Rücken trug sie einen schweren Korb mit Brennholz. Sie war zum gleichen Zeitpunkt an dem Posten angelangt wie die Reisenden, die mit einem Leiterwagen, vor den ein Pferd gespannt war, von Landau gekommen waren. Hinter der Ortsgrenze hatte sich der Posten der Landgendarmerie aufgebaut und kontrollierte die Pässe der Reisenden. Sie suchten jemanden, sagten aber nicht, wen. Alle mussten vom Wagen absteigen und ihre Papiere zeigen, man kontrollierte die Waren und das Gepäck. Das kannten die Menschen schon, kaum war man über die eine Grenze, kam schon die nächste Kontrolle. Der Deutsche Bund war eine Gegend, in der die Schlagbäume schneller wuchsen als die Eichen. Und neugierig waren die Posten immer, sie durchsuchten die Bündel, als könne man darin die Gesinnung finden. Vor Neustadt gab es im Mai noch mehr Kontrollen als sonst, denn die Landkommissare waren von der Regierung in München und von dem Kommandanten in Landau angewiesen, genau darauf zu achten, dass keine gesuchten Personen und womöglich Waffen in die Rheinpfalz gelangten. Auf den Straßen waren Truppen unterwegs, sie wurden nach Landau verlegt. Das war nur ein halber Tagesmarsch von Neustadt entfernt, und niemand kannte die Pläne der Obrigkeit. Vielleicht wollten sie das Fest zu »Deutschlands Wiedergeburt« auf dem Hambacher Schloss militärisch verhindern.

Die Gestalt mit dem Korb auf dem Rücken zögerte. Die Gendarmen kontrollierten die Ausweise, handgeschriebene Papiere mit Stempeln und Siegeln, manche Reisenden hatten nur eine Gesundheitsbescheinigung, andere große gefaltete Urkunden bei sich. Es gab Palaver, man schimpfte laut und beschwerte sich leise über die Schikane, aber letztlich fügte man sich in sein Schicksal.

»Wen sucht ihr denn?«, fragte ein Bauer die Gendarmen.

Die sagten nur: »Weitergehen.«

»Den Harring suchen sie«, sagte ein junger Mann in Studentenrock. »Weißt, der mit dem Lied.«

»Welches Lied?«, fragte der Mann mit dem Hambacher Hut.

Der Student beugte sich zu seinem Ohr und sang ganz leise: »Wer sich zum deutschen Volk bekennt, / Für Vaterland und Freiheit brennt, / Und irgend Waffen führen kann, / Der schaff sich eilig Waffen an!«

»Bleib mir vom Leib«, sagte der Mann erschrocken.

»Man sagt, er will für den Aufstand sprechen.«

»Um Gottes willen, es ist doch nur ein Fest.«

»Weitergehen«, sagte der Posten.

Die Gestalt nahm ihren Korb und rückte nicht wie die anderen auf den Grenzposten vor. Sie blieb zurück. Der Leiterwagen wurde durchsucht und durchgelassen. Die Gestalt drehte sich um und ging über das Feld in Richtung Wald. Ein Polizist bemerkte das und rief: »Stehen bleiben.« Aber die Person hörte nicht. Der Mann nahm sein Gewehr von der Schulter und rief: »Da will jemand fliehen.« Der Offizier wurde aufmerksam und zog seine Pistole: »Halt. Bleib stehen.« Aber die Gestalt beschleunigte nur ihre Schritte. Zwei Gendarmen liefen hinter ihr her. Einer fiel hin, aber die Männer holten sie ein, ergriffen sie, sahen unter ihr Kopftuch und riefen: »Wir haben ihn.« Sie zerrten die Gestalt auf den Weg zurück.

Alias Louis Haubenstricker

Zur gleichen Zeit betrat ein Reisender das Hotel »Zur Krone« in Neustadt an der Haardt. Er war Anfang dreißig, nicht besonders groß, schlank, hatte kurzes blondes Haar und einen roten Lippenbart. Seine Zähne waren braun, einige schwarz und etwas schief. Er trug einen kurzen grauen Tuchrock mit großen Seitentaschen und Patten, schwarze Stiefel und eine graue Hose. Um seinen Hals und dem steifen weißen Kragen, der das Kinn umrahmte, hatte er eine schwarze Krawatte gebunden. Sein Auftreten ließ an einen Militär oder Kavalier denken, jedenfalls fiel er auf, als er auf den Hof des Hotels hinter der Kirche kam.

»Wir sind avisiert«, sagte sein in Schwarz gekleideter Begleiter zu dem Wirt, der sie begrüßte. »Haubenstricker und von Rauschenplatt, Cornelius und Rey aus Straßburg.«

»Ich hoffe, sie hatten eine gute Reise«, sagte der Wirt und schüttelte ihnen die Hände. »Herzlich willkommen zum Fest. Sie sind die Ersten«, sagte er und ging voran.

»Die Herren wissen nicht zufällig, wann der Herr Börne aus Paris eintrifft?«, fragte der Wirt, als sie sich in das Gästebuch eintrugen. »Ich frage, weil sie auch aus Frankreich kommen.«

Der Mann im grauen Anzug schrieb gerade: »Haubenstricker, Louis, Kaufmann aus Straßburg«, und fragte: »Ist er denn avisiert?«

»Ja, heute, für, Herr Ha ...«, der Wirt stockte und lächelte, »Haubenstricker«, fuhr er fort, »ich vermute die Herren sind bekannt, und deshalb habe ich das Zimmer neben ihm zur Straße für sie richten lassen.«

Der Gast sagte: »Wer kennt den großen Börne nicht?«

Die Reisenden gingen auf ihre Zimmer und legten ihre Bündel ab.

Kurze Zeit darauf klopfte es an der Tür.

Der Gast öffnete die Tür. »Ja bitte?« Vor der Tür stand ein junger Mann mit seinem Hut in der Hand.

»Sind Sie der Herr aus Straßburg?«

»Wer will das wissen?«, fragte er zurück. Der junge Mann reichte ihm ein Kuvert.

»Der Herr Bürgermeister würde den Herrn Harring gern zur Ratssitzung einladen. Wenn Sie ihm bitte die Einladung geben könnten.«

»Wird gemacht«, sagte der Mann im eselsgrauen Anzug. »Sagen Sie dem Bürgermeister, Sie hätten die Einladung persönlich überreicht.«

Der junge Mann lächelte. »Ja, dann sind Sie ...?«

»Haubenstricker. Louis Haubenstricker. Dabei wollen wir es belassen.«

»Sehr wohl, der Herr.« Der Bote kratzte sich am Kopf, setzte seinen Hut wieder auf und stieg die Treppe hinab. Harring nahm das Kuvert und las die Einladung.

Beim Buchhändler

Sein erster Weg in Neustadt ging zum Verlagsbuchhändler Christmann, der gleich am Markt seine Buchhandlung und Druckerei betrieb. Der Buchhändler hatte schon mit ihm korrespondiert und aus der Sammlung deutscher Gedichte Harrings Lied »Es ist kein Traum« als kleines Faltblatt produziert. Christmann war sehr erfreut, den Dichter in seinem Laden zu wissen, und sagte gleich nach der Begrüßung und der Besichtigung des Sortiments: »Kommen Sie, ich muss Ihnen etwas zeigen.« Über ein paar Stiegen gelangten die beiden in eine Werkstatt, wo ein Drucker und einige Burschen an einer Handpresse dabei waren, Blätter zu drucken. Es war Harros »Der deutsche Dorfschmied«.

»Von Meister Wendels Lied haben wir die Auflage schon fertig. Sie ist bald vergriffen, dabei hat das Fest noch gar nicht begonnen«, sagte Christmann stolz und drückte Harro einen Stapel des Flugblattes mit dem Text in die Hand.

»Sehr schön, sehr schön«, sagte Harro und begrüßte die Handwerker in der Werkstatt mit Handschlag. Er nahm den Buchhändler beiseite: »Lieber Christmann, ich will Sie ja nicht ängstigen, aber die Polizei und einige Agenten sind hinter mir und meinen Schriften her. Vielleicht bringen Sie die fertigen Exemplare in Sicherheit, bevor sie beschlagnahmt werden.«

»Alles vorbereitet«, sagte Christmann. »Zum einen sind der Bürgermeister und die Polizisten auf unserer Seite, und man wird uns rechtzeitig warnen, und zum anderen habe ich über den Lehrer ein halbes Dutzend Schuljungen bestellt, die ab morgen die Kokarden verkaufen werden. Die werden auch die Blätter verteilen. Außerdem können viele das Lied bereits auswendig. Sie wissen ja, wir Neustädter lassen uns nicht so leicht einschüchtern. Ach, bevor ich es vergesse: Ich soll Sie von Georg Fein grüßen.«

»Was macht der alte Freund, kommt er?«, fragte Harro.

»Haben Sie es nicht mitbekommen? Er hat im Frühjahr die Redaktion der ›Deutschen Tribüne‹ von Dr. Wirth übernommen, als der in Haft saß. Man hat dann, als er sich weigerte, das Blatt einzustellen, auch Fein in Philippsburg inhaftiert. Wir haben dann Himmel und Hölle in Bewegung gesetzt. Ich bin mit zwei Ratsherren bis nach Kaiserslautern gezogen, um dagegen Beschwerde einzulegen.«

»Und, hat es geholfen?«

»Er ist vier Tage später freigelassen worden. Aber das Blatt bleibt verboten.«

»Weggejagt gehört dieses Pack.« Harro empörte sich und fragte: »Kann ich Fein treffen? Ich hätte manche Erinnerung an München mit ihm auszutauschen.« Christmann erwiderte: »Er wird nur im Geiste hier sein. Einmal Kerker hat ihm gereicht.«

»Schade, es wäre gut zu wissen, wie er die Lage beurteilt.«

Sie waren wieder im Laden angelangt, und Harring sah auf den Marktplatz. Wenige Meter vor der Tür lehnte ein Mann an der Wand und sah in die Buchhandlung.

»Und was ist das für einer?«, fragte Harring den Buchhändler.

»Das ist ein französischer Agent«, sagte Christmann unbekümmert. »Es sind einige in der Stadt. Sie beobachten uns. Die haben zu tun, er wird Ihnen nichts anhaben.« Der Buchhändler suchte Harro zu beruhigen. »Er würde mit Ihnen nicht weit kommen, das verspreche ich Ihnen.« Harro hörte diese Worte gern, obwohl er immer fürchtete, dass es jemand auf ihn abgesehen hatte und ihm nach dem Leben trachtete.

»Ach, wenn es Ihnen nichts ausmacht, würde ich gern hinten hinaus«, sagte Harro.

»Gern, kommen Sie, es ist nur nicht besonders aufgeräumt auf dem Hof.«

Harro verließ das Haus unbemerkt.

Beim Bürgermeister

Der Bürgermeister kam Harro, als der am nächsten Tag im Rathaus erschien, mit offenen Armen entgegen. »Herzlich willkommen, werter Dichter der Freiheit«, sagte er pathetisch. »Hatten Sie eine gute Reise?«

»Ja, wir haben den schönen Rhein genossen und allerlei freundliche Menschen getroffen, die sich auch zum Fest aufmachten.« Harro musste viele Hände von Ratsherren schütteln, die sich im Rathaussaal um ihn drängten.

»Ich dachte schon, ich müsste Sie im Kerker besuchen«, sagte der Bürgermeister. »Gestern kam die Meldung, man habe Harro Harring verhaftet, als er versuchte, auf der Landstraße von Landau in Frauenkleidern die Posten zu umgehen. Das Gerücht verbreitete sich schneller, als eine Schwalbe fliegen kann. Aber dann stellte sich heraus, dass man ein altes Weib gefasst hatte, das vor der Polizei flüchtete, weil es Holz gestohlen hatte.« Die Ratsherren lachten.

»Offiziell, lieber Freund«, nahm ihn Ludwig Darqué zur Seite,

»weiß ich nicht, dass Sie hier sind. Das würde nur Schwierigkeiten geben. Gleichwohl begrüße ich Sie aber recht herzlich in unserer Stadt und möchte Sie bitten, mit uns die letzten Vorbereitungen für das Fest zu besprechen.« Harro nickte, und die Ratsherren bemühten sich, ihm den Empfang so herzlich wie möglich zu machen. Man bot ihm einen Stuhl gleich neben dem Bürgermeister an und stellte einen Becher Wein vor ihn hin.

»Ist das Verbot vom Tisch?«, fragte Harro, der ja selbst nur konspirativ und mit fremden Papieren hierhergekommen war und in den letzten Tagen außer Gerüchten nichts erfahren hatte.

»Ja, es gibt allerlei Auflagen und Einschränkungen, und es ist nicht klar, was die nächsten Tage bringen werden, aber wir sind vorbereitet. Wir haben Festordner berufen und dem Landrat den friedlichen Verlauf garantiert.«

»So Gott und das Volk will«, sagte Harro, und die Ratsherren prosteten ihm zu.

In Rheinbayern

Bereits Monate zuvor hatten liberale Bürger der Rheinpfalz den Plan erwogen, »die geachteten Volksvertreter verschiedener Staaten in einer Veranstaltung vereint zu sehen«, und sich den Jahrestag der bayrischen Verfassung, den 26. Mai 1832, ausersehen, ein »Konstitutionsfest« zu begehen. Die Rheinpfalz gehörte, nachdem 1814 die französische Besatzung beendet worden war, als eine Exklave zu Bayern, es galt aber nach wie vor die von den Franzosen errichtete Ordnung. Die Bayern hatten die von den Franzosen in den Jahren der Besatzung von 1798 bis 1814 eingerichteten Institutionen und Rechtsverhältnisse beibehalten. Es gab in »Rheinbayern« Gewaltenteilung, eine Rechtsverfassung, Gewerbefreiheit ohne Zunftzwang, die Möglichkeit, Grundbesitz zu erwerben, und die nach dem Code civil verordnete Gleichheit der Bürger, unter anderem war die Leibeigenschaft verboten. Das französische Erbe hatte allerdings auch Nachteile. Da die Franzosen weiterhin Kriegssteuern einforderten, betrachtete Bayern die Rheinpfalz zolltechnisch als Ausland. Das bedeutete, dass den Pfälzern durch die bayrische Herrschaft wirtschaftlich kein Vorteil erwuchs, denn sie konnten weder Tabak noch Wein ohne Zoll nach Bayern exportieren. In der Bevölkerung wuchs die Unzufriedenheit, und als dann noch zwei Jahre schlechte Ernten eingefahren wurden, begann man gegen die bayrische Herrschaft aufzubegehren und in den Zeitungen dagegen zu schreiben. Die Landesregierung reagierte mit einer verschärften Pressezensur und verbot die Zeitungen, die darüber berichteten.

Das Fest zur »Wiedergeburt Deutschlands«

Aus dem Verfassungsfest wurde durch Initiative des Journalisten Philipp Jakob Siebenpfeiffer ein Nationalfest zur »Wiedergeburt Deutschlands«. Um nicht als Verfassungstag missverstanden zu werden, verlegte man das Fest um einen Tag, auf Sonntag, den 27. Mai. Neben der von den Neustädter Bürgern gewollten Volksversammlung sollte es eine Antwort auf die Pressezensur sein. Man gründete einen »Preßverein«, einen Zusammenschluss von Autoren, Buchhändlern und Verlegern, der die Gegenöffentlichkeit organisieren sollte. Man wollte ein eigenes Vertriebsnetz für unabhängige Zeitungen schaffen, und man richtete eine Spendenkasse für von der Zensur in der Existenz bedrohte Redakteure ein. Der Preßverein war die Organisation, mit der Siebenpfeiffer das Fest vorbereitete. Bald wurden in vielen anderen Orten, unter anderem in Paris, Filialen gegründet. Dort führte Ludwig Börne das Wort unter den deutschen Handwerksburschen.

Neustadt und das Hambacher Schloss boten sich als Versammlungsort an, weil es erstens entlang der alten Handelsstraßen gut zu erreichen war, weil es zweitens keine Garnisonsstadt, also kein Militär, beherbergte und weil sich das Schloss im Besitz liberaler

Neustädter Bürger befand. Die Schlossruine war 1805 bei einer Versteigerung zu Zeiten der französischen Besatzung von Bürgern erworben worden und wurde gelegentlich für Feste und Bewirtungen benutzt.

Neustadt in Schwarz-Rot-Gold

Als Harro nach der Ratssitzung in die »Krone« zurückkehrte, bemerkte er, dass die Bürger begonnen hatten, die Häuser mit schwarz-rot-goldenen Bändern zu schmücken. Die Bänder hingen in den Bäumen, waren um Geländer gewunden und flatterten an Stangen. Viele vor allem junge Frauen und Männer hatten sich die Festkokarde in der Höhe des Herzens an die Kleidung oder an die Mütze geheftet.

Das Fest in Hambach, so hofften nicht nur die politischen Flüchtlinge, sollte ein Fanal für Deutschlands Wiedergeburt werden, um das Land in Einheit und Freiheit zu vereinen. Harro hatte sich nach der Niederschlagung des Warschauer Aufstands in Polen und der missglückten Julirevolution in Paris mehr und mehr radikalisiert. Er glaubte nicht mehr an eine friedliche Lösung. Alles, was er schrieb, zielte darauf, den Widerstand gegen die Fürsten zu schüren. König Ludwig I. von Bayern, mit dem er sich so einig in der Sache der Freiheit Griechenlands gewesen war, stellte sich nun als Herrscher heraus, der nur auf seine Macht bedacht war. Er ließ Harro ebenso verfolgen wie bereits Metternich, die Preußen und die russische Krone. Harro glaubte nicht an Einsicht der Fürsten und ihr Bekenntnis zum Geist der Aufklärung, den sie so gern im Theater beklatschten.

Vivat Börne!

Am Tag vor dem Fest trafen dann vor allem die von weit her angereisten Gäste ein. Aus den umliegenden Städten machten sich

Kolonnen von Leiterwagen auf den Weg, die Festteilnehmer nach Neustadt zu bringen. In über 500 Häusern hatten die Bewohner Schlafstellen für die Anreisenden hergerichtet. Manche Dachkammer, in der sonst nur Fledermäuse wohnten, wurde zum Quartier. Die Festordner, allen voran Dr. Wirth, ritten durch die Stadt, man organisierte, verteilte Unterkünfte, schaffte Essen und Getränke herbei, schloss Freundschaften und sang. Die republikanischen Fahnen und Mützen mit Kokarden wurden geschwenkt, und in den Hotels und Gasthäusern war kaum ein Platz zu bekommen.

Ludwig Börne traf mit der Postkutsche ein, und als sich herumsprach, dass auch er in der Stadt ist, versammelte sich wieder eine große Menge vor dem Gasthof, Fackeln wurden entzündet, und man rief: »Vivat. Es lebe Börne, der deutsche Börne.« So lange, bis er sich am Fenster zeigte. Er sagte zu dem Sprecher der Menge, einem Studenten mit Namen Herold, der auf einem Leiterwagen stand: »Herr Herold, drücken Sie der Versammlung meinen Dank aus. Wenn einige Herren vielleicht zu mir hinaufkommen mögen?«

Der Student, ein Mann, der zum Pathos neigte, rief voller Inbrunst: »O wie könnte ich Worte finden für den, der so schöne Worte machen kann?« Börne lächelte mit leichter Ironie. Kurz darauf stürmten die jungen Enthusiasten das Wirtshaus, stiegen die Treppen hinauf in Börnes Zimmer.

Da stand nun der 46 Jahre alte Börne im Schlafrock und mit schwarz-roter Mütze. Sein Backenbart umrahmte ein blasses Gesicht, und seine schwarzen Augen sahen in die vom Wein und der Aufregung roten Gesichter seiner Besucher. Gespannt warteten Herold und seine Freunde auf eine kurze Rede des Mannes aus Paris, eine Aufmunterung, ein »Es lebe die Revolution« oder so etwas. Aber Börne tat nichts dergleichen. Er ging auf die Männer zu, nahm mit beiden Händen die zum Gruß ausgestreckten Hände und sagte: »Ich danke Ihnen.« Er gab jedem Einzelnen stumm die Hand. Auf dem Tisch lag ein angefangener Brief, Tinte, Feder, seine Taschenuhr. Die Reisekleidung hatte er auf das Bett geworfen, ganz so, als wäre er bei der Ordnung seiner Dinge gestört worden. Und so verhielt er sich auch, wie ein in seiner Muße gestörter Reisender. Er sagte nichts, außer »vielen Dank die Herren« und »es ist mir eine Ehre«. Die Männer standen dann noch einen Moment unschlüssig herum, erwarteten eine kurze Ansprache, aber Börne machte keine Anstalten. Nach einer Weile gingen sie dann wieder. Unten vor dem Haus machten sie ihrem Unmut Luft. »Kein Wort hat er gesagt, der Jude, der hochmütige Affe«, meinte einer der eben noch Begeisterten. Aus Bewunderung wurden beim Bier dann Beleidigungen, jemand sagte, Börne habe in seinen Briefen die Deutschen eine Nation von Stiefelwichsern und Bedienten genannt. Aber dann feierte man wieder das kommende Fest.

Börne war nur äußerlich kühl, innerlich war er ergriffen von der Bewunderung, die ihm entgegengebracht wurde. Aber er war kein Volkstribun, das unvorbereitete Reden lag ihm nicht. Während man unter seinem Fenster wieder sang, tat er das, was er am besten konnte, er schrieb in dieser und der folgenden Nacht wie immer einen Brief an Jeanette Wohl.

Neustadt, am 28.5.1832: »Gestern Abend brachten mir die Heidelberger Studenten unter Anführung des Herold ein vivat mit Fackelzug vor meine Wohnung. Schon früher zog mir auf den Straßen alles nach mit Geschrei: es lebe Börne, es lebe der deutsche Börne! Der Verfasser der Briefe aus Paris. Ich flüchtete mich zu Bekannten in ein Haus. Als ich heute über die Straße ging, riefen die Abreisenden aus den Wagen: es lebe Börne. Nicht bloß Studenten, auch Bürger. Die Rheinbayern, Polen, kommen alle deputationsweise zu mir und halten förmliche Reden. Gestern Abend war mein Zimmer gedrängt voll Menschen, die alle stehen mussten, die Tür blieb offen, und die anderen, die keinen Platz hatten, blieben auf dem Vorplatz. Sie ergriffen meine Hand und drückten sie an das Herz, wie die einer Geliebten.«[25]

Der Spaziergang

Am nächsten Morgen in der Gaststube der »Krone« ging es zu wie in einem Taubenschlag. Ständig kamen neue Gäste, und wenn sie Börne oder Harring erblickten, wollten sie den beiden unbedingt die Hände schütteln. Manch einer stellte sich auf und sprach im Namen seines Ortes oder seiner Gruppe ein paar Worte. Börne und Harring taten so, als sei es ihnen peinlich, aber sie genossen es auch.

»Lassen Sie uns spazieren gehen«, sagte Börne zu dem Jüngeren, der den berühmten Briefschreiber unbedingt unter vier Augen sprechen wollte. Sie nahmen den Weg über den Marktplatz direkt zum Ort hinaus. Hinter ihnen, oben auf dem Berg, sah man die Schlossruine. Die war aber heute nicht ihr Ziel, sie wollten auf die Straße nach Landau, auch in der Hoffnung, den von allen erwarteten Dr. Johann Wirth zu treffen, bevor der vom Festkomitee vereinnahmt werden würde.

»Der Wirth ist ein famoser Mann«, sagte Börne, der langsam an dem kleinen Flüsschen entlangging und mit seinem Stock den Unrat vor seinen Füßen wegstieß. »Wussten Sie, dass er in Nürnberg mit Carl Sand zur Schule gegangen ist?« Harring schüttelte den Kopf, und bevor er erzählen konnte, dass er die Eltern von Sand vor zehn Jahren besucht hatte, fuhr Börne fort. »Erst habe ich ihm ja nicht getraut, weil ich nicht glauben konnte, dass seine ›Deutsche Tribüne‹ kein Konfidentenblatt ist. Ich habe vermutet, dass die Württemberger ihn unterstützen, weil er gegen den bayrischen Hof agitiert. Aber«, Börne schnipste mit dem Stock einen Stein vom Weg, »dann druckt der doch meine ›Briefe aus Paris‹ ohne Wenn und Aber ab. Chapeau zu so viel Mut, kann man da nur sagen.«

»Wie ist es denn in Paris?«, fragte Harring und fügte an: »Ich meine die politische Lage.«

»Das kann ich Ihnen gar nicht so genau sagen«, erwiderte Börne. »Ich komme gerade aus Baden-Baden. Mein geliebtes Fräulein

Wohl hat sich verlobt. Und jetzt will sie ihren Strauss heiraten. Aber erst müssen sie in Frankfurt um Genehmigung bitten. Juden sind so besonders, da achtet die Obrigkeit auf alles. Sind Sie verlobt oder verheiratet, lieber Freund?«

»Nein, nicht.« Harro verhaspelte sich. »Ich bin viel unterwegs und kann meist nicht lang an einem Ort bleiben. Da ist wenig Zeit für ... für.«

»Na, alt genug wären Sie. Ja, das zwischen Mann und Frau wird ja auch überschätzt, junger Freund. Lassen Sie sich das von einem alten Mann sagen.« Börne lachte.

»Aber ich bitte Sie, werter Börne, in Ihrem Alter kann man doch so nicht reden.« Harro atmete tief ein, straffte seinen Oberkörper, und seine Gedanken flogen mit der Amsel, die sich von einem Ast hinabschwang, zu Ludmilla und verloren sich so schnell wie der Vogel im Geäst. Zwei Männer kamen ihnen auf dem Weg entgegen und grüßten sie. Sie erkannten wohl Börne. Der fragte sie: »Meinen Sie, dass wir auf dieser Straße dem Herrn Wirth entgegengehen. Ist er Ihnen vielleicht begegnet?«

»Ach, werter Herr«, sagte einer der Passanten, »das wird noch eine Weile dauern. Der kommt ja von Homburg, das ist eine halbe Tagesreise.«

Die Herren bedankten sich, lüpften ihre Hüte und gingen stadteinwärts.

»Darf ich Sie etwas fragen?«, sagte Harring.

»Nur zu, bester Freund.« Börne sah ihn an.

»Werden Sie morgen sprechen?«, fragte Harring. »Ich meine auf dem Fest, oben vor dem Schloss?«

Börne will nicht reden

Börne blieb stehen, als würde er überlegen. »Ich habe darüber nachgedacht, bin aber zu dem Ergebnis gekommen, dass das nicht geht.«

»Aber, lieber Börne, Sie sind die Stimme des demokratischen Deutschlands. Sie haben es in der Hand. Sie können das Land zum Besseren wenden.«

»Nein, nein.« Börne wischte mit dem Stock einen Zweig von der Straße, »das ist das Fest von Siebenpfeiffer und Wirth. Die wissen, was zu sagen ist. Im Rathaus sitzen die Komitees und verfassen Reden, da ist für meine Eitelkeit kein Platz. Aber Sie, Harring, Sie sollten reden. Ihre Lieder singen die Leute. Sie werden die deutschen Patrioten begeistern und die Herrschenden schwindelig reden.« Er lachte.

»Jeder sollte seinen Teil tun. Und Sie haben es in der Hand.« Harring hatte so gehofft, dass er mit Börne Seite an Seite kämpfen könnte.

»Ich bin nur ein Zeitschriftsteller. Ich beobachte, kommentiere, achte auf die Kleinigkeiten«, sagte Börne und seine Oberlippe kräuselte sich.

»Aber es geht ums Große und Ganze. Es geht um Deutschland.« Harring stand am Wegesrand kerzengerade wie ein Flaggenmast.

»Sehen Sie, lieber Harring. Das ist das Problem. Ich brenne für die Freiheit, ich träume davon, dass dieses Fürstenpack endlich verschwindet. Aber ich bin keinem Vaterland geboren. Ich bin kein Deutscher. Und man wird mich nicht akzeptieren. Ich bin, obwohl Protestant, für viele immer noch der Jude, den man verfolgt, duldet oder bejubelt. Aber dem man nicht folgt. Ich bin ein Flüchtling, der aus Paris seine Kommentare schreibt. Ich werde die Revolution in Deutschland nicht anführen können. Ich bin nur ein Claqueur. Aber vielleicht Sie, lieber Harring, Sie sind doch mit Ihrer militärischen Ausbildung und Ihrem dichterischen Temperament der rechte Revolutionär.«

»Spotten Sie nicht, Börne«, sagte Harring. »Wo ich auftauche, da sind die Agenten, da ist Polizei. Die Russen, die Bayern, die Württemberger, jetzt auch die französische, alle sind hinter mir her. Ständig muss ich andere Namen führen, ich reise mit falschen Papieren, kann niemandem trauen. Außerdem ist meine Heimat Friesland, also dänisch.«

»Und doch haben Sie alles, was ein Aufrührer braucht. Sie kennen sich aus mit Waffen und Worten.«

Für einen kurzen Moment sah Harro sich oben auf der Burg als Redner stehen und rufen: »So kann's nicht länger steh'n. Auf! Lasst uns vorwärts geh'n! Volk, ins Gewehr!« Und die Massen der Handwerker und Winzer, die Frauen und Mädchen jubeln ihm zu, schwenken Tücher und Fahnen und rufen: »Sieg oder Tod!« Aber Harro stand nicht auf der Rednertribüne, sondern auf einem holprigen Weg, vor ihm ein gebeugter blasser Mann mit Stock, dessen Geliebte gerade einen anderen heiraten wollte.

Der Abend vor dem Fest

Börne erzählte von seiner Begegnung mit Biernacki in Paris, der die Finanzen der polnischen Exilregierung verwaltete, und Harro musste ihm von seinen Erlebnissen mit dem Kronprinzen Konstantin und den polnischen Verhältnissen erzählen. Ach ja, und dann hatten sie noch einen gemeinsamen Bekannten, den Heinrich Heine, den Börne aus Frankfurt und Harring aus München kannte und der jetzt, wie sie gehört hatten, nach Paris übergesiedelt war. »Der Heine hat mich zum Verleger Campe nach Hamburg gebracht. Der verlegt nun alles, was ich schreibe«, sagte Börne.

»Bei mir hat es nicht geklappt. Ich war ihm wohl zu gefährlich«, bemerkte Harro.

»Ja, Sie sind ja auch noch ein Pole«, spottete Börne, Harring lachte höflich.

Als sie nach Neustadt zurückkamen, war an eine konzentrierte Unterhaltung nicht mehr zu denken. Von überall kamen Leute auf sie zu, wollten ihnen die Hand schütteln oder schwenkten den

Hut, wenn sie die beiden sahen. Harro ging mit Börne zum Buchhändler, stellte den berühmten Kollegen vor, und sie kauften sich schwarz-rot-goldene Kokarden, die sie an ihre Hüte hefteten.

Am Abend läuteten dann die Glocken, auf dem Marktplatz loderte ein Feuer, und oben auf der Burg schoss man Böller. Die Männer des Preßvereins versammelten sich im Schießhaus, dem Schützenhaus der Neustädter Schützen, man wollte beraten, was am nächsten Tag geschehen sollte. Aber es fand sich keine Ordnung an dem Abend, und so gingen die Meinungen durcheinander. Die einen sagten, man solle eine Regierung wählen, andere riefen zu den Waffen, und die Honoratioren versuchten, die Sache zu beruhigen, und sagten immer wieder, man müsse Kompetenz haben, um überhaupt etwas zu entscheiden.

Harro verteilte mit seinen Straßburger Freunden des Volkes ein zweisprachiges Flugblatt, das sie mitgebracht hatten und in dem sie die Religion der Freiheit beschworen und den deutschen Patrioten die Solidarität der Franzosen versicherten. Aber an Beratungen oder Beschlüsse war in den Versammlungen nicht zu denken, man glaubte, der nächste Tag würde es zeigen.

Hinauf zur Burg!

Während am nächsten Morgen das Volk auf den Neustädter Platz vor der Stiftskirche strömte und bald alle Straßen und Gassen voller Menschen waren, Kokarden und Liedtexte verkauft wurden, versuchten die Festordner, Ordnung in die Reihen zu bekommen. Im Rathaus stritten die Organisatoren immer noch, wer, wann, worüber reden sollte, in den Wirtsstuben war man sich in der ganzen Nacht nicht über eine Strategie klar geworden. Man wollte hinauf zum Schloss ziehen, dort sollten Reden gehalten werden, dann gab es ein Festmahl, für das schon Wochen zuvor Karten verkauft worden waren, und am Abend sollten in allen Gasthäusern und Wirtschaften Bälle stattfinden. Eine Blaskapelle formierte sich, die mit Gewehren bewaffnete Neustädter Garde in neuen grün-roten Jacken und weißen Hosen marschierte vor Frauen in altdeutscher Tracht, und in ihrer Mitte trug ein Mann mit weiß-roter Schärpe die polnische Fahne.

Dieser Gruppe folgten die Honoratioren in schwarzen Mänteln und schwarz-rot-goldenen Schärpen und Hüten mit breiter Krempe. In ihrer Mitte wurden die schwarz-rot-goldene Fahne mit der gestickten Aufschrift »Deutschlands Wiedergeburt« und die weiß-rote polnische Fahne getragen. Harring und Börne gingen mit dem Strom der Menschen den Berg zum Schloss hinauf. Überall warteten schon Menschen, und als sie nach einer Stunde das Schloss erreichten, war es dort schon voll. Es wurde musiziert, man sang und war voller Erwartung auf die Reden, das Essen. Junge Männer kletterten auf die Mauern der Ruine. Einer, der besonders hoch hinauswollte, griff nach einem Stein, der sich darauf aber aus seinem Halt löste, sodass der Bursche in die Tiefe fiel. Felsen stürzten hinab, eine Frau wurde am Bein getroffen, einen Mann traf ein großer Stein im Rücken, andere bekamen Splitter an den Kopf. Die Menschen sprangen beiseite, um sich vor weiterem Steinschlag zu schützen, andere eilten den Verletzten zu Hilfe. In die Aufregung hinein kam das Gerücht auf, die von ferne hörbaren Trommeln würden von Soldaten aus Landau rühren.

»Die Soldaten kommen«, rief man, und am Fuß der Burg versuchten einige, das Gelände zu verlassen. Es entstand Panik unter den Besuchern, die erst wieder abnahm, als deutlich wurde, dass das Trommeln von einer Gruppe junger Bauern veranstaltet wurde, die nicht über die Straße, sondern sich einen Spaß gemacht hatten und durch den Wald kamen. Vor dem Schlossberg hatte man Buden mit Brot, Gebratenem und heimischem Wein aufgebaut, und auf einer Wiese am Schloss war für über 1000 Leute gedeckt. Man hisste die deutsche und polnische Fahne auf dem Schlossturm, und Fanfarenstöße kündigten die Reden an. Im

Festkomitee hatte man lange darum gerungen, wer das Fest eröffnen soll. Siebenpfeiffer reklamierte das Recht für sich, war er doch der Initiator der Angelegenheit, zu der sich über 20 000 Menschen versammelt hatten. Er hatte seine Rede bereits drucken lassen. Die Neustädter meinten aber, dass ihnen als Hausherren und nicht einem Zugezogenen dieses Privileg zustünde, und bestimmten ihren ältesten Festordner, den Apotheker Johann Jacob Schopmann, zum Eröffnungsredner. Aber für dessen Konstitution war das zu viel der Aufregung, und er meldete sich schon Tage zuvor krank. Schließlich fiel die Wahl auf Dr. Philip Hepp.

»Es ist kein Traum«

Harro hatte eine unruhige Nacht verbracht. Was sollte er tun? Reden und sich der Gefahr aussetzen, verhaftet zu werden? Auch wenn es die anderen abtaten, Harro sah sehr wohl, dass ständig Polizisten in Zivil in seiner Nähe waren. Und was nützte es, wenn man ihn einsperrte? Würde es einen Aufstand geben? Ja, nein, vielleicht. Er wusste schon, was er sagen wollte, von Pressefreiheit und gegen das Spitzeltum würde er sprechen. Von einem einigen Deutschland ohne Fürsten, in denen Männer und Frauen gleich seien. Ja, er würde sich an die Frauen wenden, sie sind die Zukunft, würde er sagen. Aber würden das die alten Herren gut finden? Würde man ihn hören? Er hatte sich Notizen gemacht, die Worte würden sich finden, wenn er erst auf der Tribüne stehen würde.

Hepp sprach von Einheit, Recht und Ehre, er warnte vor Frankreich, das schon einmal die Pfalz besetzt hatte. Das gefiel weder Harro noch einigen Umstehenden. Schließlich hatten die französischen Bürgermeister jedem Asyl angeboten, der wegen des Festes in Deutschland verfolgt würde. Hepp las seine Rede vom Blatt ab, und bei Harro kam keine rechte Begeisterung auf, weil er langsam sprach, so ohne Feuer. »Deutsche Männer und Brüder«, sagte er, die Frauen vergaß er. Er sprach von besserer Zukunft und Deutschlands Wiedergeburt, er sprach von Einheit und Freiheit und der Hilfe für die Polen. Nur am Schluss wich er von seinem verfassten Text ab und zitiert aus Harrings »Es ist kein Traum!«:

Es ist kein Traum; es muss verwirklicht werden:
Das deutsche Volk wird wieder auferstehʼn
Aus Schand und Noth, aus Elend und Beschwerden;
So schmachvoll darf kein Volk zugrunde gehʼn.

Harro sprach die Worte laut mit, jetzt oder nie, dachte er, jetzt ist es so weit!

Aber statt den Vers zu Ende zu bringen, beendete Hepp seine Rede mit einem dreifachen »Deutschlands Wiedergeburt, lebe hoch, lebe hoch, lebe hoch!«

Harro hatte dies nicht mitbekommen, sondern beendete den Vers vor sich hin murmelnd:

Ob Deutschlands Ehre wankte,
Ob Hermanns Geist erkrankte;
Das Volk steht, bewaffnet, stark und kühn
Fürʼs Vaterland in Kampf und Tod zu ziehʼn.

Er blickte sich um, alle applaudierten Hepp, der sich verbeugte und die Glückwünsche für seine Rede entgegennahm. Dann kam Siebenpfeiffer, der die Idee des Festes erläuterte und die Knechtschaft in deutschen Landen beschrieb. Er bemühte immer wieder den Mai, den Völkerfrühling, und immer wieder sagte er: »Es wird kommen der Tag«, wo Deutschland frei von Fürsten sei, die Frauen nicht mehr Magd seien und die europäische Freiheit käme. Bei aller Beschwörung von deutscher Größe und Einheit, war es ihm wichtig, dass die Menschen und Völker gleichberechtigt waren. Er endete seine Rede mit dem Ruf: »Hoch lebe jedes Volk, das seine Ketten bricht und mit uns auf den Bund der Freiheit schwört! Vaterland – Volkshoheit – Völkerbund hoch!«

Nach Siebenpfeiffer kam Johann Georg August Wirth. Er begann:

»Das Land, das unsere Sprache spricht, das Land, wo unsere Hoffnung wohnt, wo unsere Liebe schwelgt, wo unsere Freuden blühen, das Land, wo das Geheimnis aller unserer Sympathien und all unserer Sehnsucht ruht, dieses schöne Land wird verwüstet.«

Aber dann sprach er nicht vorwiegend von Deutschlands Wiedergeburt, sondern von Europa, der »gemeinschaftlichen Angelegenheit aller Völker«. Jedes Volk müsse seine Befreiung selbst in die Hand nehmen, um dann gemeinsam das »conföderierte republikanische Europa« zu schaffen. »Hoch, Hoch, Hoch.«

»Europa, Europa!«

Das gefiel Harro, Wirth hatte den Ton getroffen und das Ziel benannt. Ganz Europa ein Freiheitsraum, ohne Fürsten und Grenzen, welch kühne und doch so ferne Idee. Harro sah sich um, ob ein Ruck durch die Menschen ginge. Einige riefen »Bravo«, aber viele prosteten und nickten sich nur zu, als sei das, was Wirth da sagte, nicht revolutionär, sondern alltäglich. Würde das zur Tat rufen, würde die Idee wie die Schwalben in die Luft emporsteigen und »Europa, Europa« zwitschern, die Idee über die Grenzen hinwegfliegen? Oder waren es nur schöne Worte an einem regnerischen Tag im Mai vor einer Ruine im Pfälzischen?

Harro sah sich nach Börne um, der saß aber schon etwas weiter an einem der Tische und unterhielt sich. Börne erzählte, dass er gesehen habe, wie ein alter Bauer zu Siebenpfeiffer gegangen sei und ihm etwas ins Ohr geraunt habe, und der verneinend den Kopf geschüttelt habe.

»Aus Neugier«, sagte Börne, »frug ich den Siebenpfeiffer, was der Bauer gewollt, und jener gestand mir, dass der alte Bauer ihm mit bestimmten Worten gesagt habe: ›Herr Siebenpfeiffer, wenn Sie König sein wollen, wir machen Sie dazu!‹« Börne fand diese Geschichte so amüsant, dass er sie später auch seinem Freund Heinrich Heine in Paris erzählte.

Die Gunst der Stunde

Jetzt muss ich die Gunst der Stunde nutzen, dachte Harro und drängte sich zur Tribüne vor, um auch zu sprechen. Er wollte ein Fanal setzen. Aber es war kein Durchkommen, und auf dem Weg dahin stand er auf einmal vor einem Mann, den er aus seiner Jugend kannte: Georg Friedrich Weltz, der Weinhändler aus Husum, mit dem er als Lehrling so manche freie Stunde verbracht hatte. Welch eine Freude. Harro begrüßte den Freund und war für einen Moment im Zwiespalt, ob er der revolutionären Pflicht oder der freundschaftlichen Begegnung den Vorrang geben sollte. Weltz brauchte einen Moment, bis er in dem stattlichen Junker vor ihm den blassen Zolllehrling erkannte. So schwatzten sie eine Weile, und Harro hätte fast versäumt, sich auf die Rednerliste setzen zu lassen. Er verabredete sich mit Weltz, beim Festessen an seinen Tisch zu kommen, und versuchte zum Komitee vorzudringen.

»Da sind Sie aber erst die Nummer 29«, sagte der Schreiber, der die Liste mit den Rednern führte. »Das kann noch dauern.« Gerade sprach der Offizier der Sicherheitsgarde. Das war ganz in Harros Sinne. Denn Friedrich Deidesheimer stand nicht der Sinn nach Harmonie, sondern nach Aufruhr. Er sprach vom Wahnsinn und dem steinernen Herzen der Aristokraten, vom Feind und vom Kampf mit den Waffen. Das gefiel Harro, das war sein Mann. Aber dann blies man nicht zur Revolution, sondern zum Festmahl, und die Aufmerksamkeit für die Reden nahm merklich ab. Auch hatten nicht alle Anwesenden die rechte Haltung zu den

Aufrufen, sie folgten lieber dem Aufruf zu Suppe und Braten. Und dann wurde es feucht. Als habe Gott das aufflammende Feuer der Revolution löschen wollen, öffneten sich die Schleusen des Himmels. Es begann zu regnen, und niemand hielt mehr Reden, sondern flüchtete unter Zelt- oder Blätterdächer. Die Ruine wurde dort, wo sie noch Dächer hatte, zum Unterstand. Und der Regen verdünnte nicht nur die Suppe, sondern auch den Wein, der auch noch reichlich weiter floss, als der Himmel die Lieferung von Flüssigkeit schon wieder eingestellt hatte. Und so wurden die meisten revolutionären Reden auf dem Hambacher Schloss gar nicht gehalten, sondern beim Festkomitee eingereicht. Und die großen Worte verdünnt. Die Revolution fiel ins Wasser.

Niemand hatte mehr den rechten Überblick, ob das, was später an Manuskripten vorlag, tatsächlich gesagt worden war und ob alles, was gesagt wurde, auch schriftlich vorlag. Das wäre nicht weiter wichtig gewesen, hätte die Obrigkeit die Sache auf sich beruhen lassen. Aber es sollte anders kommen, wie die kommenden Tage zeigen würden.

Der Tag endete für alle fröhlich, es wurde gegessen, getrunken, geschossen, gesungen und getanzt. Aber tatsächlich passierte nichts. Auf dem Schloss, in der Stadt, alle feierten sich und das schöne Fest. Bis auf den Unfall an der Burgmauer – bei dem ein Mann gestorben war – war alles ruhig verlaufen, die Sicherheitsmaßnahmen hatten gegriffen, und die Veranstalter waren hocherfreut. Harro wurde von seinem Freund aus Speyer in Beschlag genommen, Börne musste sich den ganzen Abend hochleben lassen, und die Musik spielte dazu.

»Wer sich zum deutschen Volk bekennt«

Vor der »Krone« standen mehr als ein Dutzend Männer, die auf etwas zu warten schienen. Als Harro sich von der Burg kommend der Toreinfahrt näherte, rief plötzlich einer: »Da ist er!« Es kam

Bewegung in die Gruppe, und kurz darauf war Harro von jungen Männern umringt, die ihm die Hand schütteln wollten und ihm auf die Schulter klopften.

»Harro Harring, er lebe hoch!«, rief einer, die anderen fielen ein: »Hoch, Hoch.« Harro sah sich um, sofort fürchtete er, dass die Agenten sich ihn schnappen würden, aber die Menge wurde größer und die Rufe lauter: »Ein Lied«, rief plötzlich einer, und eine Gruppe von fünf oder sechs jungen Männer stellte sich in einem Halbkreis auf, holte die Zettel aus Christmanns Buchhandlung aus der Tasche, und ein Vorsänger begann zu singen:

»Wenn ich an der Esse steh' / und das Eisen glühen seh' /
Möchte ich immer Waffen machen; / Denn was nützen
andere Sachen, / Da wir ohne Vaterland / Untergehen in
Schimpf und Schand'.«

Dann stimmten seine Sangesbrüder und nach und nach die Anwesenden in den Refrain ein:

»Wer sich zum deutschen Volk bekennt, /
Für Vaterland und Freiheit brennt, /
und irgend Waffen führen kann, /
der schaff sich eilig Waffen an.«

Die Menge vor dem Gasthaus wurde immer größer, und Harro war einerseits stolz und geschmeichelt über den Empfang, andererseits wusste er, dass er sich zurückhalten musste. Er wollte die Polizei nicht provozieren, die überall zu sein schien. Wenn jetzt unvorbereitet der Ruf nach Waffen laut wurde, wäre das Militär bald hier. An Ungeduld und mangelnder Vorbereitung war schon manche große Sache gescheitert. An Zögerlichkeit allerdings auch.

Beifall und Hochrufe erschollen durch die Straße, und man drängte ihn, etwas zu sagen. Harro zierte sich, aber dann stellte er sich auf die Deichsel eines Leiterwagens und sprach:

»Liebe Brüder, Männer und Frauen. Ihr habt mir mit eurem Ständchen eine große Freude gemacht. Ich weihe dieses Lied der deutschen Jugend, die sich zum Vaterland bekennt, die für die Tugend aller Tugend, für reine Freiheitslieb entbrennt. Ihr mögt es als Geschenk bewahren, das ihr ein deutsches Herz geweiht, und treu im Wandel offenbaren, dass sie gefühlt das Wort der Zeit. Ihr möget warm zu Herzen nehmen, der deutschen Männer deutschen Sang.«

Wieder Hochrufe, Harro wurde von seinen eigenen Worten hinweggerissen, die Sätze flogen ihm aus dem Mund, als habe seine ganze Existenz auf diesen Moment hingelebt. Er sprach von »Deutschlands Wiedergeburt« und endete seine Rede mit den Worten an das Volk:

»Es ist kein Traum, du wirst sie dir erringen, die längst verlorne Ehre' – dein höchstes Gut! Es ist kein Traum; mein Volk! Du wirst ersteh'n, wirst nimmermehr so schmachvoll untergehen.«

Der Jubel und die Vivatrufe wollten nicht aufhören. Erst nachdem er viele Hände geschüttelt hatte, konnte Harro in seine Unterkunft gehen, wo der Wirt ihn in die Gaststube führte, an seinen besten Tisch setzte und ihm einen Riesling und eine riesige Portion Saumagen vorsetzte. Für Harro war dieses Gefühl – von den Menschen verehrt zu werden – neu und fremd. Er traute der Sache nicht, obwohl er sie doch so sehr genoss. Er, der seit seiner Rückkehr aus Polen überall verfolgt, verjagt und ausspioniert wurde, schob wie bei seiner gescheiterten Liebe zu Ludmilla mal wieder die »Sache« zwischen sich und die Menschen.

Die gestohlenen Uhren

»Man hat meine Uhr gestohlen.« Börne stand kurz nach Sonnenaufgang im Morgenmantel und mit Schlafmütze vor Harrings Bett. Harro rieb sich die Augen.

»Was? Wie?« Noch halb im Schlaf tastete er zum Nachttisch, wo er seine silberne Taschenuhr abgelegt hatte. Aber auch da war nichts. Schlagartig war er wach.

»Meine auch«, sagte er.

»Wir müssen zur Polizei gehen«, sagte Börne, der die Obrigkeit sonst nicht so zu seinem Freund hatte.

»Polizei?«, fragte Harro, der nichts lieber als Polizisten von hinten sah.

»Haben Sie damit ein Problem? Wir sind bestohlen worden, im Schlaf hat man mir meine goldene Uhr gestohlen. Das gehört angezeigt«, sagte Börne.

»Meine war aus Silber und ein Geschenk«, entgegnete schlaftrunken Harro.

»Umso schlimmer. Kleiden Sie sich an, Harring, wir müssen auf die Wache.«

»Haubenstricker. Louis Habenstricker, Handelsreisender aus Straßburg. Bitte nennen Sie mich auf der Wache Haubenstricker, sonst kann ich gleich da bleiben.«

Börne war so empört über den Verlust, dass er ganz vergaß, dass er eigentlich Revolution machen wollte. Und so kreuzten die beiden Revolutionäre frühmorgens auf der Neustädter Polizeiwache auf, um einen Diebstahl anzuzeigen. Die Beamten verhielten sich korrekt, nahmen die Anzeigen auf. Und als der Schreiber den Namen Haubenstricker schrieb, sah der Offizier Harro lange an und nickte.

Für Börne hatte dieses Malheur in der Rückschau dann doch einen amüsanten Charakter. Wenigstens berichtete er auf einem Spaziergang in den Tuilerien Heinrich Heine davon, und Heine merkte es sich genau: »Ich hätte gern den Patriot entdeckt, der mir zu Hambach meine Uhr gemaust; ich würde ihm, wenn wir zur Regierung kommen, so gleich die Polizei übertragen und die Diplomatie. Ich kriege ihn aber heraus, den Dieb. Ich werde nämlich im Hamburger ›Korrespondenten‹ annoncieren, dass ich dem ehrlichen Finder meiner Uhr die Summe von 100 Louisdor auszahle. Die Uhr ist es wert, schon als Kuriosität: es ist nämlich die erste Uhr, welche die deutsche Freiheit gestohlen hat. Ja, auch wir, Germaniens Söhne, wir erwachen aus unserer schläfrigen Ehrlichkeit ... Tyrannen zittert, wir stehlen auch!«

Kompetenz

Als sie dann nach einem kleinen Fußmarsch zum Schießhaus kamen, waren dort schon Hunderte Mitstreiter versammelt. In mehreren Sälen und Räumen wurde debattiert. Die meisten Redner stritten um die Frage, ob man sofort losschlagen sollte oder warten, bis der von allen erwartete Aufstand in Paris begonnen hatte. Die meisten Redner wollten warten, Harro nicht. Aber er kam gar nicht zu Wort, denn der Vorsitzende der Versammlung wollte erst die Frage geklärt haben, ob sich die Anwesenden als Privatpersonen oder als Abgeordnete ihrer Kreise verstanden.

Ein Redner, der Advokat Hallauer, sprang auf und beschwor die Versammlung, eine provisorische Regierung zu bestimmen. Denn wenn man jetzt nicht handle, würde man sich im Gefängnis wiedersehen. Siebenpfeiffer forderte schließlich die Anwesenden auf, sich nach Gauen, Herkunft oder Stämmen zu versammeln. Dort die Schwaben, hier die Norddeutschen, Pfälzer hierher, Hessen dorthin. Man diskutierte, wusste nicht recht, welche Funktion die so bestimmten Männer haben sollten. Sollten sie ein Gegenparlament zu dem Bundestag in Frankfurt bilden, einen Nationalkonvent begründen oder sich gar als Regierung konstituieren? In die Versammlung war keine Ordnung zu bekommen. Bei den Norddeutschen war Harring der Prominenteste, er ging deshalb auch davon aus, gewählt zu werden. Aber dann sagte jemand: »Harring ist aus Schleswig, das ist nicht Deutschland.«

»Er ist ein Däne«, sagte ein anderer. Man wählte Harro nicht. Eine dumme Sache, die erst später zur großen Enttäuschung wurde, aber im Moment passte sie in die Versammlung, die von Taktik, Unentschlossenheit, Angst und Pathos geprägt war.

EXKURS – O SCHILDA, MEIN VATERLAND!

Heinrich Heine rechnete in seinem »dritten Buch« über Ludwig Börne mit dieser Haltung und der vertanen Chance ab:

Jene Hambacher Tage waren der letzte Termin, den die Göttin der Freiheit uns gewährte; die Sterne waren günstig; seitdem erlosch jede Möglichkeit des Gelingens. Dort waren sehr viele Männer der Tat versammelt, die selber von ernstem Willen glühten und auf die sicherste Hülfe rechnen konnten.
Jeder sah ein, es sei der rechte Moment zu dem großen Wagnis, und die meisten setzten gerne Glück und Leben aufs Spiel (...)
Wahrlich, es war nicht die Furcht, welche damals nur das Wort entzügelte und die Tat zurückdämmte.
Was war es aber, was die Männer von Hambach abhielt, die Revolution zu beginnen? Ich wage es kaum zu sagen, denn es klingt unglaublich, aber ich habe die Geschichte aus authentischer Quelle, nämlich von einem Mann, der als wahrheitsliebender Republikaner bekannt und selber zu Hambach in dem Komitee saß, wo man über die anzufangende Revolution debattierte; er gestand mir nämlich im Vertrauen: als die Frage der Kompetenz zur Sprache gekommen, als man darüber stritt, ob die zu Hambach anwesenden Patrioten auch wirklich kompetent seien, im Namen von ganz Deutschland eine Revolution anzufangen? Da seien diejenigen,

welche zur raschen Tat rieten, durch die Mehrheit überstimmt worden, und die Entscheidung lautete: ›man sei nicht kompetent‹.
O Schilda, mein Vaterland!«[26]

Überstürzte Flucht

Harro hatte nicht viel Zeit, diese Niederlage zu betrauern oder dagegen zu rebellieren, denn kurz nach Mittag kamen drei junge Männer in altdeutscher Tracht zu ihm und warnten ihn. Es seien zwei Kompanien Infanterie auf dem Weg nach Neustadt, um ihn und einige andere zu verhaften. Er packte seinen Tornister und verließ die Stadt, ohne sich von Börne zu verabschieden. Dr. Johann Brück half ihm und marschierte mit ihm zu einem Landgut in die Nähe von Landau.

Sie vermieden die Landstraßen, gingen durch Wald und Weingärten. Die Gendarmen waren ihnen zu Pferd auf den Fersen, und so mussten sie auch in der Nacht weiter. Sie gingen nach Bergzabern zum Posthalter Pistor, der sie beherbergte. Als dort bekannt wurde, dass man Harring verfolgte, versammelten sich 300 bewaffnete Bürger in der Stadt, um ihn zu verteidigen. Der Vater des Posthalters rief den Männern zu: »Ihr führt Harring über die Grenze! Versteht ihr mich! Oder keiner komme wieder!« Harring ging dann mit fünf bewaffneten Burschen Richtung Frankreich. Das Haus von Pistor wurde kurz darauf von bayrischen Gendarmen umstellt, und der Posthalter musste selbst fliehen.

Harring ging nach Weißenburg, das auf französischem Gebiet lag. Aber auch dort hatte der Innenminister Harro inzwischen zur unerwünschten Person erklärt. Die Anweisung lautete: »Schickt den Mann nach Bayern zurück.« Es entspann sich eine öffentliche Affäre mit Briefen, Reden und Artikeln. Die Bevölkerung von Weißenburg wollte nicht zulassen, dass man Harring auswies und er womöglich von den Bayern an die Russen ausgeliefert wurde. Harro vermutete, dass die russische Regierung seine Verfolgung betrieb, denn sein Eintreten für die Polen und die Angriffe gegen den Zaren waren ihnen ein Dorn im Auge. Nach einigem diplomatischen Hin und Her musste der Präfekt ihm auf höhere Weisung einen Pass ausstellen, der ihm den Aufenthalt in Frankreich erlaubte, allerdings in gebührender Entfernung zur deutschen Grenze. Harro fuhr nach Straßburg und wurde dort von der Familie Champy, einer reichen Dynastie von Winzern und Eisenwerksbesitzern, auf ihre Schlösser nach Rothau und Framont eingeladen. Harro nahm an und fuhr in die Vogesen, wo er zwar nicht vor dem Zorn des Präfekten, aber vor seinem Zugriff sicher schien.

Nun hatte er, der fiebernde Revolutionär, der glühte für die Sache der Freiheit, Zeit, Muße, ausreichend Essen und Wein und eine schöne Wohnung.

Siebenpfeiffer, Wirth und andere werden verhaftet

Für die Organisatoren und anderen Teilnehmer hatte das Hambacher Fest dramatischere Folgen. Ludwig Börne reiste ohne Uhr und ohne weitere Schwierigkeiten – aber deprimiert – in die Schweiz an den Zürcher See. Wirth, Siebenpfeiffer und Dutzende andere wurden verhaftet, die Herrschenden Europas echauffierten sich. Metternich nannte das Fest einen »Umsturzversuch«, die bayrische Regierung fühlte sich von den Neustädter Bürgern hintergangen. Die wehrten sich. Der folgende Prozess gegen die »Rädelsführer«, der sogenannte Assisenprozess, endete zwar mit dem Freispruch der sieben Angeklagten, aber gegen Siebenpfeiffer, Wirth und Hochdörfer wurden weitere Anklagen wegen »Schmähung gegen die Regierung« erhoben und Zuchthausstrafen verhängt. In den folgenden Monaten wurden politische Vereine und Volksfeste verboten, die Zensur wurde verstärkt. Eine Wiederholung des Hambacher Festes, die für das nächste Jahr geplant war, sollte mit allen Mitteln verhindert werden. Gegen die wenigen Hundert Besucher, die sich dann trotzdem einfanden, ging das Militär vor. Es gab Tote und viele Verletzte.

1832 La Chaume

Harro war in Freiheit, aber was ist die Freiheit, wenn sie gleichzeitig mit Einsamkeit verbunden ist und wenn die Freunde im Kerker schmachten? Harro schrieb in der französischen Provinz auf, was er erlebt hatte. Er begann Theaterstücke zu schreiben, etwa über die Rolle der Frauen und Mädchen in der Revolution, spielte mit dem Onkel der Gutsbesitzer Karten und fieberte nach Nachrichten, wann die Revolution endlich beginnen würde. Er wohnte auf den schönsten Schlössern und hielt per Brief Kontakt zu den Orten, an denen sich die Zukunft Deutschlands entscheiden sollte.

Harro schrieb Theaterstücke gegen die Monarchie, die seiner Meinung nur noch dazu da war, die Unterdrückung der Besitzlosen aufrechtzuerhalten. Im Herbst 1832 las er in einer Zeitung den Brief des englischen Kolonialministers Frederik John Robinson, auch bekannt als Lord Goderich, an den Gouverneur von Jamaika, in dem er zum Aufstand der Sklaven auf Jamaika aufrief. Goderich war der Minister, der das Gesetz zur Aufhebung der Sklaverei im selben Jahr durch das britische Parlament gebracht hatte. Harro schrieb empört über die Christen, die Demut und Unterwerfung predigten und gleichzeitig mit Sklaven handelten. Für ihn war Christus ein Befreiungskämpfer und natürlich Republikaner. Und manchmal, wenn er ganz wirr vom Schreiben und der Ungeduld war, meinte er, dass ihm ein ähnliches Schicksal wie dem Mann aus Nazareth beschieden sei. Wenn er schrieb, konnte er wie eine schwarze Möwe auf den Worten schweben, dann wurden seine Strophen zum Wind, der seinen Umhang zu Flügeln machte. Warum, um Gottes willen, war er so allein?

Exil in Frankreich

Der Kampf gegen die Sklaverei geriet von nun an auf seine politische Agenda, wie schon die Solidarität mit Polen und sein Hass gegen die fürstlichen Herrscher. Tatsächlich sollte ihn die Sklaverei einige Jahre später noch intensiv beschäftigen, aber jetzt ging es darum, in Deutschland und in Europa die Sache der Freiheit voranzubringen. Auch wenn er auf dem Lande festsaß, hielt er über Briefe Kontakt nach Paris, Straßburg und Frankfurt. Harro, der zwischenzeitlich in das Schloss La Chaume bei Dijon umgezogen war, nahm Kontakt zu den polnischen Freischärlern auf, die in Dijon und Besançon überwinterten. Die Polen waren bereit, sich mit 400 Soldaten am militärischen Aufstand in Deutschland zu beteiligen. In mehreren Orten Südwestdeutschlands, wie Stuttgart und Ludwigsburg, sollte, so der Plan, der Aufstand beginnen. Man wollte das Stuttgarter Schloss besetzen, den König gefangen nehmen und das Waffenarsenal in Ludwigsburg stürmen.

Ein Vertrauter Harros, Johann von Rauschenplatt, sollte das Gesamtkommando der Aktion übernehmen. Beginnen sollte alles im Mai mit einem Sturm auf die Konstabler Wache in Frankfurt. Harro wollte zur rechten Zeit in Straßburg zur Nationalgarde und den Aufständischen stoßen und mit einem Trupp die Festung Kehl einnehmen. Aber es lief viel schief im Frühjahr 1833. Die Konspiration führte zu Gerüchten, die Behörden bekamen durch Spione und Verräter Wind vom geplanten Aufstand. Die Befürchtungen der Regierungen bestanden zu Recht, dass die Kreise, die sich als Sprecher des Volkes wähnten, die Konfrontation wollten. Es brodelte in Paris, Genua und in Warschau. In Frankfurt hatten die Ungeduldigen vor, im April loszuschlagen, während die Verschwörer in Ludwigsburg und Stuttgart sich noch weiter vorbereiten wollten.

Frankfurter Wachensturm

Am 3. April starteten 33 Studenten mit schwarz-rot-goldenen Armbinden einen Angriff auf die mit 51 Mann besetzte Frankfurter Hauptwache. Es war ein verzweifelter Coup, denn sie wussten bereits vor der Aktion, dass man sie verraten hatte. Die Burschenschafter wollten dennoch ein Fanal setzen und die Kasse des Deutschen Bundes an sich bringen, um damit die Revolution in Deutschland zu finanzieren. Das Himmelfahrtskommando gelang zunächst, die Wache wurde besetzt. Aber die Frankfurter Bevölkerung schloss sich ihnen nicht an, sondern beschränkte sich aufs Zuschauen. Auch sonst rührte sich im Land nichts. Dann rückte das Militär an, und es begann furchtbar zu regnen. Man lieferte sich ein Gefecht, sechs Soldaten und zwei Aufständische fielen. Die meisten Studenten, unter ihnen mehrere Polen und Harros Freund von Rauschenplatt, konnten in dem Wirrwarr der vielen Schaulustigen und Unterstützer fliehen. Wer verhaftet wurde, wurde wegen Hochverrats angeklagt.

1833 Straßburg

Doch den Aufstand wagen

Drei Tage später, es war der Ostersamstag 1833, versammelten sich in Straßburg die Straßburger Revolutionäre im Kaffeehaus »Zum Spiegel«. An der Stirnseite des Saals hing ein Transparent mit Zeilen aus Harrings Gedicht »Mein Glaub und Hoffen«:

Wer für des Volkes Freiheit fällt, /
und würd er auch gehangen, /
Der hat auf dieser Erdenwelt /
Das schönste Los empfangen.

Darüber ein Totenkopf mit zwei gekreuzten Degen. Die Anwesenden trugen die rote Mütze der »Gesellschaft der Freunde des Volkes« und waren bestürzt, als sie die Nachrichten aus Frankfurt hörten. Sie berieten und vertagten sich mit dem Willen: »Leben und frei sein oder sterben als freye Männer: nieder mit den Tyrannen.«

Harro saß in dieser Nacht in der Kutsche auf dem Weg nach Straßburg. Er wollte das Kommando der Revolutionäre für den Einmarsch in Kehl übernehmen, aber auch seine Ankunft schien verraten. Georg Büchner schrieb in dieser Nacht wieder an die Eltern: »Meine Meinung ist die: Wenn in unserer Zeit etwas helfen soll, so ist es Gewalt.« Aber Georg war in dieser Nacht nicht bei den Rebellen, sondern blieb in seiner Kammer, und der Aufstand wurde mangels Volksbeteiligung abgesagt. Man versteckte sich stattdessen vor der nach den Aufrührern suchenden Polizei.

Die heilige Schar

Nur das polnische Freikorps marschierte wie verabredet von Besançon Richtung Basel, um in Freiburg und Tübingen zu den aufständischen Studenten zu stoßen. Sie wären den Truppen des Deutschen Bundes in die Arme gelaufen, wenn man sie nicht rechtzeitig vom Scheitern des Aufstands unterrichtet hätte.

Sie kampierten und berieten. Einige verließen die Truppe, aber die meisten blieben. Am 9. April gingen 380 bewaffnete Männer über die Grenze in den Kanton Bern. Die Schweiz war das einzige Land in der Mitte Europas, das politischen Flüchtlingen Asyl bot. Dort bildeten sie fortan die »heilige Schar«, eine Soldatenkommune, die darauf wartete, an anderer Stelle für die Revolution zu kämpfen.

Harro wollte nicht mehr in die ländliche Idylle zurück, er ging zu »seinen« Polen in die Schweiz, setzte wieder einmal ein Testament auf, schickte das zu seinem Bruder mit dem Hinweis, dass er im Falle seines Todes dem Neffen Franz »den schönen polnischen Säbel mit Gehänge« vermache. Wieder einmal kokettierte er ernsthaft mit dem Heldentod. Er stieß zu der »Heiligen Legion«, die sich auf Anweisung der Schweizer Regierung ganz unverdächtig »Gesellschaft der polnischen Flüchtlinge auf Schweizer Boden« nennen musste, trat in die fünfte Kompanie ein und nannte sich fortan »Paul Kasimirowicz«. Man schickte ihn als Vertreter der Truppe zu einem »Freischießen«, einem Volksfest nach Biel, wo er als Pole seine erste große Rede hielt. Er bewegte mit seiner charismatischen Sprache die Menschen und erhielt großen Beifall. Die Bieler waren so angetan von der polnischen Delegation, dass sie 100 von ihnen Quartier in ihrer Stadt anboten.

Der Stab des polnischen Freikorps wurde nach Biel verlegt, Harro wurde ihr Quartiermeister. Dann wurde er als Emissär zu den Carbonari nach Lausanne und Genf geschickt, um die Stimmung unter den italienischen Genossen zu erkunden. Die Schweizer Behörden beäugten die Aktivitäten der Flüchtlinge aus Polen, Italien und Deutschland aufmerksam, wollten sie doch ihre junge Republik nicht dadurch gefährden, dass die anderen Mächte wie Österreich und Frankreich unterstellten, es würde gegen sie konspiriert. Das geschah ja auch tatsächlich. Die Schweiz war Anfang der Dreißigerjahre des 19. Jahrhunderts nach Paris und noch vor London, das später diese Rolle übernahm, der Dreh- und Fluchtpunkt des revolutionären Europas.

HARRO HARRING

9
Jetzt und immer – das junge Europa

1833 Genf – Schweiz

1833 Genf

Die erste Begegnung mit Giuseppe Mazzini

Im September 1833 traf Harro in Genf einen 27-jährigen Advokaten aus Genua. Es war Giuseppe Mazzini, der kurz zuvor in Marseille den Geheimbund »Giovine Italia«, Junges Italien, gegründet hatte. Er war so, wie Harro sich einen Revolutionär vorstellte. Seine dunklen Augen hatten hypnotisierende Kraft, Harro notierte die »tödliche Blässe« der charismatischen Erscheinung, die er mit der Wirkung eines Voltaire oder Rousseau verglich.

Giuseppe Mazzini, am 22. Juni 1805 in Genua geboren, war Rechtsanwalt und Literat, weniger ein Waffenbruder, auch wenn er diese Rolle gerade angenommen hatte. Er glich in einigen Punkten Harro. Beide eher zart von Gestalt, in der Kindheit durch labile Konstitution und Krankheit dem Tode näher als dem Leben, der eine dem grauen Himmel und dem Meer in Husum, der andere dem blauen Firmament und den Wassern Liguriens verbunden, beide mit den Versen von Goethe und Byron aufgewachsen. Da trafen sich zwei »Feuerseelen« und erkannten sich. Eine für Harro schicksalhafte Begegnung, denn die beiden verstanden und mochten sich auf Anhieb, politisch und menschlich.

Harro schrieb eine Ode an den dann lebenslangen Freund: *Sei gegrüßt, der von Gott gesandte, / Der von naher Völker-Rettung zeugt / Du der längst Verurtheilte, Verbannte / Unvergleichlich hier, und unerreicht!* So ging es 50 Zeilen weiter, und Mazzini schloss den »wahren Pilger der Freiheit«, wie er ihn einmal nannte, für immer ins Herz.

Die Schnittmenge der Seelen der beiden Revolutionäre war groß. Beide trugen fast immer die schwarze Tracht, sie liebten ihre Mutter, schafften es aber nicht, dauerhafte Beziehungen zu Frauen einzugehen. Mazzini wurde jedoch von Frauen umschwärmt, Harro eher übersehen. Sie hielten beide ihr Leben für eine »Mission«, scheiterten damit häufig, wobei Mazzini am Ende das größere Rad der Geschichte drehte. Aber etwas unterschied sie doch. Während Mazzini die Menschen von Herzen liebte, hasste Harro sein Schicksal. Und so wurde der eine letztlich glücklich, der andere stand immer am Abgrund. Aber sie blieben sich treu.

Napoleons General

Mazzini und die Carbonari waren es auch, die bei dem Treffen zur Tat drängten, um Karl Albert von Piemont zu stürzen und das Signal zum Kampf gegen Österreich und zur Befreiung Italiens zu geben. Die Italiener schlugen vor, den Genueser General Ramorino mit dem Kommando zu beauftragen und nach Savoyen einzumarschieren. Ramorino, den Harro aus Warschau und Straßburg kannte, hatte den Ruf eines großen Militärs, schließlich hatte er mit Napoleon bei Dresden, Moskau und Warschau gekämpft.

Mazzini hatte jedoch wie Harring Bedenken gegenüber dem ehemaligen General der Franzosen, er hielt ihn für einen Abenteurer und Prahlhans. Als aber einige Carbonari meinten, Mazzini selbst wolle – obwohl ohne militärische Erfahrung – das Kommando für sich, stimmte auch der Advokat für Ramorino. Er wurde mit Geld ausgestattet, um eine Truppe zusammenzustellen. Harro bemühte sich dennoch, einen anderen General Napoleons, den Russland- und Waterloo-Veteranen Gustave Dumas, für die Sache zu gewinnen. Er reiste unter den Aufständischen herum, um zwischen den Polen, Italienern und Deutschen zu vermitteln und sie auf die kommenden Ereignisse einzustimmen. Seine konspirativen Aktivitäten gaben Harro das Gefühl, ein gefährlicher Mann zu sein – so sehr, dass selbst Freunde wie Georg Fein sich mokierten: »Harro Harring hält sich gegenwärtig in Genf auf. Er hat noch immer die fixe Idee, dass er der gefährlichste und verfolgteste Mensch in ganz Europa sei. Obgleich der in Genua schon zum Tode verurteilte Mazzini und viele Hundert Flüchtlinge aus allen Ländern ruhig und unangefochten unter ihrem Namen hier in der Schweiz leben, so glaubt unser guter Harring, er sei der Einzige, der sofort ausgeliefert werde. (…) Alle Schweizer und Schweizerregimenter aber wissen, was eigentlich hinter diesem Kasimirowicz steckt, und lachen aus voller Brust. Es ist ein öffentliches Geheimnis.« Allein Mazzini verstand Harro und bestärkte seinen gelegentlich überspannten Freund darin, wieder zu schreiben. Der machte sich daran, weitere Stücke seines Theaterzyklus mit dem Titel »Das Volk« zu verfassen. Die Themen waren »Europas Einigung« und blutige Verse über den Fürstentod.

Der Einmarsch nach Savoyen wurde immer wieder verschoben, und die Schweizer Polizisten mussten nur in die Wirtshäuser gehen, um zu erfahren, was geplant war. Eigentlich sollte Savoyen im Oktober 1833 erobert werden, aber Ramorino war mit 40 000 Francs aus der Kasse der Carbonari nach Paris gereist, um weitere polnische Kämpfer anzuwerben. Wie man später erfuhr, konnte er dort allerdings seiner Leidenschaft für das Glücksspiel nicht widerstehen und verlor den größten Teil der Kriegskasse in den Salons an der Seine. Die französische Polizei musste ihn auslösen, und dafür folgte er fortan ihren Anweisungen. So zog sich die Sache in die Länge, und erst als Mazzini, der von alldem nichts ahnte, dem General ein Ultimatum setzte, startete die Aktion am 31. Januar 1834. Als aber Ramorino am Abend dieses Tages in Genf erschien, standen nicht 1001 Krieger vor der Tür, sondern Ramorino, zwei weitere Generäle, ein Arzt und sein Adjutant. Mazzini notierte: »Ramorino erschien ohne Leute, ohne Waffen, ohne Pferde.« Trotzdem sind ohne dessen Zutun am 31. Januar 783 Kämpfer versammelt, um nach Savoyen zu ziehen.

Vorbereitungen für den Einmarsch in Savoyen

Harro berichtet am selben Tag aus Nyon: »Wir beginnen mit Gott nach Savoyen zu ziehen, nach Chambéry (gegen 200 Mann stark), und dringen dann über den Mont Cenis nach Italien ein, den Schlaf der Jahrhunderte zu verscheuchen, Europa in Bewegung zu setzen, eine zweite ›Heilige Schar‹ dem Tode geweiht (...) ich habe in 24 Stunden 70 bis 80 Mann Mitverschworene glücklich hierher expediert. Neben mir führte ich den famosen Rauschenplatt aus Göttingen, der seine Professur in Bern, sich selbst getreu, verlassen hat (...) In der Nacht vom 2. auf den 3. Februar rücken wir in Savoyen ein, das Korps der Rettung, die Rettungsbande, das Korps der Rache. Mit Gott für Freiheit, Ehre und Republik.«[27]

Es gelang Harro tatsächlich, gemeinsam mit von Rauschenplatt, der nicht nur in Straßburg und Hambach sein Gefährte war, sondern auch den Frankfurter Wachensturm mitgemacht hatte, mit 160 Polen, 33 Deutschen und 15 Italienern nach Nyon zu marschieren, von wo aus sie sich nach Carouge einschiffen wollten, um auf die andere Seite des Genfer Sees zu gelangen und dann gen Süden nach Savoyen zu marschieren. Das Kommando hatte ein Pole mit Namen Grapski, der zwar ein verdienter Soldat war, aber nur Polnisch sprach und Zuspruch im Schnaps suchte. Im Wald bei Coppet verteilte man sechs Wagenladungen Musketen, Bajonette und Patronen, und Harro übergab dem Kommandeur Grapski seinen Säbel und von Rauschenplatt seinen Patronengürtel mit Dolch, damit sie als Kommandeure erkennbar waren. Vielleicht aber auch, um nicht davon Gebrauch machen zu müssen.

Die Schweizer Kantonalregierung hatte jedoch alle Boote beschlagnahmt und fortgeschafft, sodass die Truppe am Landeplatz nur einen Lastkahn vorfand. Kurz entschlossen enterte man das Schiff und warf die Holzladung in den See. Die Kirchenglocken schlugen Alarm, und die berittene Schweizer Miliz kam zum Landesteg und forderte die Revolutionäre auf, das Schiff zu verlassen. Die Miliz richtete die Waffen gegen das Schiff, aber die Revolutionäre hieben die Ankertaue durch, hissten die Segel und legten ab. Der Kommandeur gab Befehl, auf das Schiff zu schießen, aber die Schweizer Milizionäre weigerten sich und riefen stattdessen: »Vive la liberté, vivent les Polonais, nos frères!«

Ein kläglicher Aufstand

Es war bitterkalt an diesem Morgen des 31. Januar, und den Aufständischen blieb nur die Möglichkeit, möglichst schnell ans Ziel zu kommen, wenn sie nicht erfrieren wollten. Gegen acht Uhr trafen sie auf der gegenüberliegenden Seeseite in Hermance ein und hatten den ersten Toten zu beklagen. Gegegott, ein Mitstreiter aus Holstein, war so unterkühlt, dass er starb. Ein weiteres Boot mit 113 Polen traf ein. Man versteckte die Waffen auf dem Boot, und Harro wurde mit drei Polen zum nächsten Wirtshaus geschickt, Verpflegung zu besorgen.

Trotz Nacht und Kälte durchkreuzte dann jedoch die Schweizer Nationalgarde die Pläne der heiligen Schar. Kaum war die Truppe an Land, war sie umstellt und wurde verhaftet. Für diese Kameraden war der Feldzug beendet. Harro wurde etwas später im Wirtshaus von einem Gendarmen gestellt und, da er unbewaffnet war, aufgefordert, nach Genf zu gehen. Man nahm ihm seinen Pass ab und eskortierte die Krieger in die Stadt. Von dort aus wollte man sie abschieben. Aber die Genfer Bevölkerung hatte von der Sache gehört und stoppte die Kutsche noch auf dem Marktplatz. Harro konnte in dem Gewirr entkommen und ging wieder nach Carouge, wo er Ramorino und Mazzini zu treffen hoffte.

Doch Ramorino erwies sich wie vermutet als Verräter. Weder hatte er eine Strategie noch Mut, sondern er folgte dem Auftrag, die Sache scheitern zu lassen. Er hatte die noch vorhandene Truppe von insgesamt 230 Mann zunächst über die Grenze Richtung St. Julien marschieren lassen. Aber da er fürchtete, dort auf Widerstand zu treffen, lenkte er seine Leute nach Bossy um. Er wich dem Gegner aus. Als die Männer endlich losschlagen wollten, redete er sich darauf hinaus, auf weitere Truppen zu warten; anstatt anzugreifen, ließ er eine Parade abhalten. Unter dem Vorwand, nicht die Jugend opfern zu wollen, erklärte er das Unternehmen schließlich für unmöglich, also für beendet, und galoppierte mit seinem Ross davon.

Die Schweizergarde konnte nicht länger die Augen verschließen und entwaffnete die Schar. Ohne überhaupt gekämpft zu haben, war die Niederlage vernichtend. Wochen später schrieb Harro an Heinrich Nast, einem Vertrauten Mazzinis:[28] »Ich leugne nicht, dass ich nur aus Trotz gegen unsere Feinde noch lebe; dass ich durch moralisches Ehrgefühl die Gedanken an freiwilligen Austritt aus diesem Leben zu verwerfen suche. Dieser Lebensüberdruss wird dich nicht befremden, wenn du auf die 36 Jahre meines als Opfer dargebrachten Lebens zurückschaust und dir dann die Empfindungen denkst, wie du selbst mit mir fühlst, nach so schmachvollem Hochverrat an der Sache der Menschheit, wie wir ihn erlitten (...) schrecklich sind mir die Nächte.«

Der Zug nach Savoyen begann am 31. Januar im Morgengrauen und endete am 3. Februar vor Tagesanbruch.

Der Verräter Ramorino

Harro war wieder auf der Flucht. Erneut änderte er seinen Namen, nannte sich von nun an Robert Johns und flüchtete zu seinen Freunden nach Dijon. Die Carbonari der Bewegung »Junges Italien« beschuldigten Ramorino, die 40000 Francs, die er zur Aufstellung der Truppe erhalten hatte, veruntreut zu haben. Mazzini gab sich selbst die Schuld an der Niederlage. Er hätte Ramorino nicht vertrauen dürfen und die Sache beizeiten abbrechen müssen. Aber er meinte entschuldigend, das wäre auch der Tod der Partei gewesen. An den fraglichen Tagen sei er total übermüdet gewesen und hätte nicht mehr denken können. Und so war die Befreiung Italiens durch opferbereite Polen und Deutsche fürs Erste an fehlendem Schlaf, Kälte und Fieber sowie einem hasenfüßigen und obendrein korrupten General gescheitert. Der verteidigte sich mit einer Rechtfertigungsschrift in Paris, und Harro schleuderte ihm nicht nur die Memoiren mit seiner Sicht der Ereignisse, sondern auch einen »ewigen Fluch« entgegen:

Ich nenn einen Namen als ewigen Fluch, / Verwandt mit dem Scheusal der Hölle, / Und würd'n ihn erdolchen, der schmachvoll ihn trug, / Befänd er sich hier auf der Stelle. / Ich würd' ihn durchbohren das Herz in der Brust, / Das so teuflisch viel' Edle zu täuschen gewusst; / Ich nenn' ihn – es ist Ramorino.

EXKURS – Die Geburt Europas

Die »Feuerseelen« Mazzini und Harring waren eben keine Soldaten, sondern Wortkrieger. Mazzini wurde von nun an von der Schweizer Polizei gesucht, konnte sich aber verstecken. Er ging über Genf nach Bern und machte sich daran, sich über etwas viel Größeres als den Sturz des Hauses Savoyen Gedanken zu machen. Warum sollte das, was sie in der Schweiz unter den Flüchtlingen erlebten, nicht ein Modell für die Welt oder zumindest für Europa sein? Die Polen kämpften für die Einheit Italiens, die Italiener gegen die Restauration in Deutschland, die Deutschen für die Revolution in Frankreich. Und die Schweizer zeigten doch, dass ein Volk sehr gut ohne Fürsten leben konnte.

Die Wasser der Aare schossen wie jeden Tag in einer wilden Schleife um Bern herum. Der Fluss führte viel vom grauen kalten Wasser des Winters von den Gletschern ins Tal. Aber die Luft war zur Freude aller schon warm, und niemand ahnte, dass der Sommer 1834 der heißeste seit Menschengedenken werden sollte. Bern, die Stadt der Handwerker und Händler, schien eine Insel im tobenden Meer – und die Schweiz wie der ruhige Mittelpunkt eines Europas in Aufruhr. Zwar befand sich auch die Eidgenossenschaft in Aufregung, aber es herrschte kein Fürst und kein Despot in den Kantonen, sondern Räthe und Versammlungen bestimmten die Gesetze.

Es war der 15. April 1834, der Tag, an dem in Lyon der König der Franzosen den zweiten Aufstand der Seidenweber endgültig niederschlug und nach einer blutigen Woche über 600 Tote hinterließ. Im großen Rath von Bern zerbrachen sich seit mehreren Wochen Eidgenossen den Kopf, ob die 223 Polen, Italiener und Deutschen, die in der Schweiz Asyl bekommen hatten, mit Gewalt ausgewiesen werden sollte. Noch hatte man sich dagegen entschieden, wollte sich vom Ausland, vor allem von Österreich, nicht vorschreiben lassen, wer in ihrem Land zu Gast war.

Doch in der Stille der Gassen der Berner Altstadt herrschte eine nervöse Stimmung unter den Flüchtlingen, denn einerseits wusste man, dass das klägliche Ende des Feldzugs gegen den König von Piemont Folgen haben würde. Andererseits gab es überall in Europa Aufstände und Menschen, die bereit waren, für die Freiheit zu sterben.

»Ihr werdet nicht an einem Tage siegen«, hatte ihnen der französische Priester Lamennais zugerufen. Er war der heimliche Prophet der neuen Religion der Freiheit, der die Aufständischen verfallen waren. Und so trafen sich an jenem Dienstag an einem geheimen Ort in Bern 17 Männer, um einen Bund zu schmieden, der nichts weniger wollte, als die Zukunft des modernen Europas zu begründen.

Man wusste, dass überall Spione lauerten, deshalb hatte man ein Erkennungszeichen verabredet, mit dem jeder sich beim Eintreten in den Versammlungsraum zu erkennen geben musste. Der Eintretende legte den Zeigefinger aufs Herz, den anderen auf den geschlossenen Mund – Parole: »Martyrium« – Antwort: »Wiederauferstehung!«

Die Männer kannten sich mit richtigem Namen, führten aber einen *Nom de guerre,* um es den Spitzeln etwas schwerer zu machen. Sie nannten sich »Strozzi«, »Maurer« und »Bogumił«. Bogumił war wiederum kein Deckname, sondern schlicht Polnisch, und der Inhaber des Namens hieß mit erstem Vornamen Karol und mit Nachnamen Stolzman. Er war der Sprecher der polnischen Fraktion, die aus Soldaten der »heiligen Schar« bestand. Sie waren nach dem Warschauer Aufstand 1830 und der Niederlage im Kampf gegen die russische Besetzung geflohen.

Sieben Italiener, fünf Deutsche und fünf Polen unter der Leitung Mazzinis gründeten die Geheimorganisation »Junges Europa«. Die »Verbrüderungsacte« stand unter der Überschrift: »Junges Europa – Freiheit, Gleichheit, Humanität« und begann mit einem Glaubensbekenntnis: »Wir unterzeichneten Männer des Fortschritts und der Freiheit, wir glauben: An die Freiheit und die Verbrüderung der Menschen. An die Gleichheit und Verbrüderung der Völker. Wir glauben: Dass die Menschheit die hohe Bestimmung hat, ohne Aufhalt vorwärtszuschreiten zu einer freien und harmonischen Entwicklung ihrer Kräfte und Anlagen und so die Bestimmung zu erfüllen, welche dem Menschen im Universum zu seiner nie stillstehenden Bildung angewiesen ist. (...) Haben wir uns zu freien, unabhängigen Verbindungen constituiert, wir legen mit diesem Acte die Grundsteine zu einem jungen Deutschland, einem jungen Polen und einem jungen Italien; wir haben uns einmüthig verbrüdert. Im Interesse des gesamten Europas, den 15. des Monats April 1934.«

In einer Satzung definierten sie den Bund als die Zukunft Europas. Es war die erste Internationale, »eine Verbindung der Unterdrückten aller Länder gegen die Unterdrücker aller Länder«. Ein Manifest, das 14 Jahre vor dem »Kommunistischen Manifest« erschien und historisch, wie wir heute wissen, ebenso nachhaltig wirkte wie der die Welt verändernde marxsche Text von 1848. »Der neuen Zeit ist bestimmt, den Sozialismus zu schaffen«, schrieb Mazzini,[29] der aber trotz aller sozialistischen Ideen doch nicht nur den Menschen, sondern auch auf Gott vertraute. Die der Satzung vorangestellten Prinzipien lauteten: »Ein einziger Gott; ein einziger Herr, sein Gesetz; ein einziger Interpret dieses Gesetzes, die Menschheit.« Das klang doch sehr nach dem französischen Priester Lamennais, der im Jahr 1834 mit seinen »Paroles des croyant« eine Art christliche Befreiungstheologie definierte und damit den Zeitgeist traf.

Diese Versammlung von Italienern, Polen und Deutschen in Bern war – auch wenn sie politisch ihrer Zeit um mindestens hundert Jahre voraus waren und zu ihrer Zeit als Utopisten, wenn nicht Spinner galten – die Saat des vereinten modernen Europas. Die Gründer der Europäischen Union haben die Gründungsakte des »Jungen Europa« bis heute ignoriert. In keinem Dokument, in keiner Beschreibung der politischen Geschichte des Kontinents findet sich ein Hinweis auf die mutigen Demokraten, die für Europa ihre Freiheit riskierten. Vielleicht wirkt dort immer noch Metternichs Furcht vor den Demagogen oder Marx' Denunziation, der Mazzini für einen »Narren« hielt, nach. Es ist an der Zeit, dies zu korrigieren.

An dem Gründungstreffen nahmen teil: die Polen Franciszek Gordaszewski[30], Hauptmann der polnischen, später der belgischen Armee; Karol Bogumił Stolzman[31], Artillerieoffizier, Teilnehmer am Aufstand in Warschau und dem Frankfurter Wachensturm, Leiter der polnischen Emigrantenarmee, später Exil in London; J. K. Dybowski[32], Teilnehmer am Frankfurter Wachensturm und am Einmarsch nach Savoyen; Feliks Nowosielski[33], als Offizier leitete er den Sturm auf das Warschauer Arsenal, Teilnehmer am Frankfurter Wachensturm, später mit Harring in London und auf Jersey. Aus Italien: Gaspare Ordono de Rosales, ein lombardischer Adeliger; der Jurist Luigi Amedeo Melegari; die

Brüder Agostino und Dr. iur. Giovanni Ruffini sowie der Initiator Giuseppe Mazzini. Aus Deutschland als Sprecher der Militärarzt Dr. August Breidenstein und sein Bruder Friedrich Breidenstein, Teilnehmer am Frankfurter Wachensturm; Franz Joseph Stromeyer, der wegen einer Rede auf dem Hambacher Fest zu einer Gefängnisstrafe verurteilt worden war und später in London Konfident des metternichschen Geheimdienstes wurde; Mazzinis Sekretär Dr. Heinrich Nast aus Schwäbisch Gmünd und der Burschenschafter Georg Peters aus Berlin.

Sie formulierten im April 1834 die Grundlegung des modernen Europas. Jede Nationalverbindung sollte einen Abgesandten in das Zentralkomitee entsenden, die Mitglieder sich bewaffnen und einen halben Franc Beitrag zahlen. Sie forderten Gleichheit vor dem Gesetz, Schutz des Eigentums, die Freiheit der Person, des Gewissens sowie Rede-, Presse-, Versammlungs- und Gewerbefreiheit.

Worte eines Menschen, im Geiste Pater Lamennais'

Harro stand mit den Verfassern in Kontakt und war von Mazzini als Vertreter des »Jungen Skandinavien« vorgesehen. Er war im April 1834 nach Dijon geflohen, schrieb an seinen Erinnerungen über den »Savoyerkrawall« und vollendete seine »Worte eines Menschen«, ein an Lamennais angelehntes politisches Glaubensbekenntnis. Auch hier war er sich mit Mazzini einig, der das Werk ins Italienische übersetzen wollte. In dieser Schrift, die im selben Jahr in Straßburg erschien und die wie seine Lieder weite Verbreitung unter den Arbeitern in Deutschland erreichte, entwickelte er seine Ideen von der gerechten Gesellschaft. Er widmete den Text dem »Gläubigen von La Mennais«. Das war der französische Priester und Sozialphilosoph Felicité Robert de Lamennais, der sich von der Kirche in Rom losgesagt und eine Art revolutionäre Volkskirche ausgerufen hatte.

In 40 Kapiteln entwickelte Harro einen Katechismus seiner Religion der Freiheit. Und wie schon bekannt, nahm er sich selbst dabei ganz zurück, wodurch er umso heller als selbstloser Kämpfer erscheint:

»Möge mein Name, der bereits auf so manchem Titelblatte gedruckt worden / mit meinem Tod in das Grab der Vergessenheit sinken / wenn nur die Früchte meines anspruchslosen Lebens und meines reinen Wirkens zum Heile der Menschheit keimen und gedeihen im Herzen der Völker!« Wenn er gewusst hätte, dass sein Wunsch, vergessen zu werden, so radikal in Erfüllung gehen würde, er hätte sich diese Zeilen sicher gespart.

Harring entwickelt ein eigenes Bild vom Menschen und entwirft eine Gesellschaft, die nur in seinem Kopf und auf dem Papier existiert. Es ist ein Wunschbild, das ganz zeitlos wirkt, weil es weder die Realität des Lebens noch wirtschaftliche Voraussetzungen, weder den Stand der Technik noch die Geschichte als Abfolge von Zwängen berücksichtigt. Er ist eine Utopie – verschroben, liebenswürdig, aber doch jenseits von Gut und Böse und diesseits bei Liebe und Hass. Dieses Werk ist Zeitgeist und seiner Zeit voraus. Der Autor versuchte, eine einfache, nachvollziehbare Ethik einer freien Gesellschaft zu entwerfen, die das Christentum als Freiheitsbotschaft, ja Befreiungstheologie interpretiert. Und er widmet ein ganzes Kapitel den Rechten und Pflichten der Frauen. In seiner Zeitschrift »Der Geächtete« schrieb Jacob Venedey dazu: »Würdigung des tief reichenden Einflusses der Frauen auf die Erziehung der Menschen, wahre Achtung vor dem Weibe und gerechter Zorn ob seiner Entwürdigung sind in ernster, kräftiger und schöner Sprache wiedergegeben.«

Je weiter der Text fortschreitet, desto mehr nimmt die Fantasie den Autor gefangen. Er entwirft ein demokratisches Gemeinwesen, das auf der Zahl elf beruht. Elf Bürger bilden einen Stein, die wählen einen Führer, elf Steine einen Eckstein, elf Ecksteine eine Säule, elf Säulen eine Halle, elf Hallen einen Tempel, das sind

161 051 Bürger, die durch einen Volksrat vertreten werden, der durch elf Tempelführer und 22 einfache Bürger einen Rath auf Zeit bildet und Gesetze erarbeitet. Der Geist der Gesetze soll aus allen Schriften der Menschheit destilliert werden.

Warum Harro gerade die Elf als Ausgangszahl genommen hat, begründet er nicht. In der Zahlenmystik ist die Elf die erste Meisterzahl, sie ist die Zahl der Schöpfung, des Willens, aber auch der Sünde und der Narren. Vielleicht war das im französischen Sommer ausgedachte Zahlenspiel ja auch so etwas wie der Versuch, nach all dem Zank, Verrat und den Niederlagen wieder eine Vision vom besseren Leben zu entwickeln.

Aufbruch in Religion und Philosophie

Auch Heine schrieb in diesem Jahr über Religion und Philosophie, der Zeitgeist verabschiedete sich endgültig vom Absolutismus. Georg Büchner interpretierte die geistige Unruhe radikaler. Seinen »Hessischen Landboten« beginnt er nach dem legendären Ruf: »Friede den Hütten! Krieg den Palästen!« mit dem Satz: »Im Jahr 1834 sieht es aus, als würde die Bibel Lügen gestraft.« Büchner war aber zuerst Dichter, sein Flugblatt allerbeste politische Literatur. Die Arbeiter und Bauern ließen sich damit nicht erreichen, aber bei den Herrschenden sorgten solche Töne, wie das europäische Manifest Mazzinis und Harrings Träumereien, für große Beunruhigung.

Ein Jahr später, 1835, erscheint in Deutschland das Buch »Das Leben Jesu« von David Friedrich Strauß. Strauß denkt vor Marx den Philosophen Hegel weiter. Dessen Satz »Die Philosophie stellt sich über die Form des Glaubens, der Inhalt ist derselbe« wird bei Strauß zur These, dass es gar keine Offenbarung gibt. Aus dem historischen Jesus wird ein Mythos. Dieser »Christus« ist ein Produkt menschlichen Geistes und soll zum besseren Verständnis des Lebens beitragen. Aus den »Kandidaten des Jenseits«

sollen endlich »Studenten des Diesseits« werden, sagte Feuerbach später dazu.[34]

Mit diesen Ideen und politischen Träumen hatte der Absolutismus in Kirche und Staat tatsächlich ausgedient, aber es brauchte noch über 15 Jahre, bis dies 1848 in erfolgreiches politisches Handeln mündete.

Diplomatischer Druck auf die Eidgenossen

Die Schweizer Eidgenossenschaft geriet unter zunehmenden diplomatischen Druck der angrenzenden Monarchien. Das angegriffene Piemont-Sardinien sowie der Deutsche Bund, Österreich und Russland forderten von den Schweizern, die Beteiligten auszuweisen. Die Schweizer diskutierten heftig über die Verteidigung ihrer Unabhängigkeit. Als im Sommer deutsche Arbeiter in Bern in einer Gartenwirtschaft die schwarz-rot-goldene Fahne der deutschen Republik entrollten und patriotische Lieder sangen, wurde das zum Anlass genommen, über die Presse im Deutschen Bund das Gerücht zu verbreiten, ein Überfall von Revolutionären auf Süddeutschland sei geplant. Metternich befahl seinen österreichischen Staatsbürgern, die Schweiz zu verlassen, brach die diplomatischen Beziehungen zur Eidgenossenschaft ab und erklärte kurzerhand alle Schweizer Pässe für ungültig. Das bedeutete, dass die Schweizer Bürger nicht mehr reisen konnten. Auch Frankreich setzte die Schweizer Regierung unter Druck, sodass man schließlich keinen anderen Ausweg sah, als die Flüchtlinge aufzufordern, die Schweiz zu verlassen. Sie erhielten freies Geleit durch Frankreich, um nach Amerika oder England zu gelangen. In allen anderen Staaten wären sie sofort in Gewahrsam genommen worden.

Giovine Italia.
hier folgt die italienische Sprache.

Junges Europa.

Freiheit, Gleichheit, Humanität

Verbrüderungsacte

Młoda Europa
hier folgt die polnische Sprache

Jeune Europe
hier folgt die französische Sprache

Wir Unterzeichneten, Männer des Fortschritts und der Freiheit wir glauben an die Gleichheit und Verbrüderung der Menschen, an die Gleichheit und Verbrüderung der Völker,

Wir glauben außerdem

daß die Menschheit die hohe Bestimmung habe, sich im Fortschritt vereinigt zu schreiten zu einer freien und harmonischen Entwicklung ihrer Kräfte und Anlagen und so die Bestimmung zu erfüllen welche der Menschen im Universum zu seiner immer höher steigenden Bildung angewiesen ist; daß sie diesen Zweck nicht anders erreichen kann, als durch ein kräftiges, thätiges Zusammenwirken aller ihrer Mitglieder, die sich frei verbünden; daß eine solche Bestimmung geschaffen und selbständig nur unter Gleichen bestehen kann, weil jede Ungleichheit eine Verletzung der Unabhängigkeit in sich trägt, und jede Verletzung der Unabhängigkeit die Freiheit der Ueberzeugung und des Handelns beeinträchtigt;

daß die Grundsätze der Freiheit, der Gleichheit, der Humanität gleich heilig sind, daß sie die drei unzertrennlichen Elemente bilden, aus denen allein eine vollkommene Lösung des socialen Problems hervorgehen kann, und daß überall, wo eines von diesen Elementen den beiden andern aufgeopfert wird, alle Bestrebungen und Anstrengungen der Menschheit zur Realisirung dieses Zweckes durchaus mangelhaft sind;

10
Exil und Verfolgung

1834 von Frankreich nach London –
1835 London, Belgien, Paris, Schweiz –
1836 Zürich, London, Jersey

1834 von Frankreich nach London

Exil in London

Harro versuchte sich mit seinen Schriften selbst Mut zu machen. Sogar die französische Regierung – obwohl aus der Revolte entstanden – fürchtete nun doch die revolutionären Geister. Auch Harro wurde per Haftbefehl gesucht, um des Landes verwiesen zu werden. Am 26. August stellte er sich der Präfektur in Nujts. Er hatte von einem polnischen Verbindungsmann gehört, dass die britische Regierung ihn zu den Mitgliedern der polnischen Emigration zählen würde, denen das Unterhaus Asyl und eine monatliche Unterstützung von 2 Pfund pro Kopf bewilligt hatte. Da er der französischen Administration das Ehrenwort gab, auf der vorgeschriebenen Route über Reims und Calais und nicht über Paris das Land zu verlassen, ließ man ihn auf Kosten der französischen Regierung und ohne Ketten reisen. Der Premierminister Thiers ließ ihm brieflich das Bedauern ausdrücken, dass Frankreich ihm keine Gastfreundschaft anbieten könne.

So war es überall, man wollte, konnte, durfte nicht für die Revolution sein, auch wenn man sie unterstützte – weil man im Amt war. Die Kräfte der Restauration waren mächtig und überall. Und so verließ Harro Ende September das europäische Festland und ging nach England ins nächste Exil – mit dem festen Willen, dort ein weiteres Kapitel in der Geschichte der Freiheit und des »Jungen Europa« zu schreiben.

EXKURS – Der erste internationale Geheimdienst

Mit dem Auftauchen von Giuseppe Mazzini in der Schweiz wurde Metternich klar, dass er den Geheimbünden wie dem »Jungen Europa« nicht mehr mit lokalen Gendarmen und Gelegenheitskonfidenten begegnen konnte. Denn schon ein Jahr nach der Gründung des Geheimbundes am 15. April 1934 in Bern hatte die Bewegung trotz Verfolgung regen Zulauf bekommen. Nach dem Vorbild und auf Grundlage der »Verfassung« des Bundes gehörten das »Junge Italien«, das »Junge Polen«, die »Junge Schweiz«, das »Junge Frankreich« sowie kleinere Ableger, wie das »Junge Spanien« und das »Junge Ungarn«, der Bewegung an. Das »Junge Skandinavien« hatte ein Mitglied, das war Harro Harring.

Nach einem Bericht der Mainzer Zentralpolizei und des Agenten Noé an Metternich vom 13. Juni 1835[35] sollte das »Junge Italien« bereits über 74 Clubs mit 693 Mitgliedern in Italien verfügen, das »Junge Deutschland« über 14 Clubs, von denen die meisten in der Schweiz und in Frankreich ihren Sitz hätten und etwa 30 Mitglieder auf dem Gebiet des Deutschen Bundes lebten. Die Polen hatten 39 Clubs, davon 19 in Polen, in Frankreich gab es 14, die Schweiz hatte 62 Clubs mit 480 Mitgliedern.

Die erste internationale Vereinigung von revolutionär demokratischen Kräften konnte nur noch zentral überwacht werden. Schon nach dem Frankfurter Wachensturm, den Metternich nur für ein »Vorspiel eines ganz Deutschland umfassenden Plans« der Aufständler hielt, warb er für Mitstreiter in Preußen, Bayern und Württemberg für seinen Plan, ein zentrales Informationsbüro zu schaffen. »Ich kenne in allen Sachen der Art nur ein ausgiebiges Mittel, und dies ist die Centralisation«, schrieb Metternich[36] an den bayrischen Feldmarschall Wrede. Wie man aus anderen Notizen des Staatskanzlers entnehmen kann, fürchtete er nicht so sehr eine Revolution, sondern terroristische Anschläge. Die konspirativ unter der Leitung von Karl Noé, den der Kaiser später als Edler von Nordberg adelte, begründete Mainzer Central Polizei – sie wurde auch als Mainzer Informations Bureau bezeichnet – wurde im Laufe der Zeit »der erste auf deutschem Boden als Behörde organisierte, zentralisierte politisch-polizeiliche Nachrichtendienst«.[37]

Der Dienst versuchte überall Konfidenten anzuwerben. Sie wurden mit Geld ausgestattet und angehalten, genauen Bericht über Umgang, Meinung und Aktivitäten zu geben. Unter anderem bemühte man sich, Heinrich Heine abzuschöpfen. Der württembergische Gymnasialprofessor Binder wurde mit einer rebellischen Legende ausgestattet und nach Paris geschickt, wo er versuchte, sich mit Heine anzufreunden. Aber Metternich musste konstatieren, dass der »pfiffige Heine«, die Absicht »witterte« und Binder auflaufen ließ.

Ausweisung

Die französische Obrigkeit brachte Harring im September 1834 »unter Bedeckung«, das heißt mit polizeilicher Begleitung, nach Calais. Dort musste der Kapitän des Schiffes, das Harro über den Kanal bringen sollte, den Behörden per Frachtschein versichern, dass er ihn auch tatsächlich auf der Britischen Insel in Dover ablieferte. Harring mokierte sich: »wie eine Kiste Zigarren«. Die Fürsten zeigten ihre Macht, und der Vertriebene war voll ohnmächtiger Wut und fasste das in Worte. »Wen ich nicht liebe, den muss ich hassen«, schrieb er in einem Gedicht. Harro war verfolgt und vertrieben – und doch auf dem Höhepunkt seines politischen Einflusses. Nicht weil er ein großer Organisator oder Stratege war, nein, sondern weil er den Zorn auf die Repression in Verse fassen konnte. Alle Regierungen und Polizeipräsidenten alarmierte sein Name, sie fürchteten sich davor, ihn in den Grenzen ihres Reiches zu haben. Mehr aber noch fürchteten sie sich vor seinen Worten und Schriften.

Harring war zum Symbol für den kommenden Umsturz geworden, ein Gefährder, der Demagoge schlechthin. Er focht nicht mit dem Florett wie Heine, zielte nicht wie Börne mit der Pistole über die Köpfe, sondern nahm das Schwert, besser noch das Beil und den Mörser. Er stopfte seine Wutwörter in die Stanzen und Reime und zündete sie mit Melodien. Seine Lieder flogen wie Vögel durchs Land, wurden bei Aufmärschen und Festen, in Kneipen und Stuben gesungen, hallten der Obrigkeit wie Schüsse in den Ohren. Und man wusste, Harring konnte auch zur Pistole und zum Gewehr greifen, auch wenn er bis dahin nur im Duell geschossen hatte.

Wutgedichte

Harro spürte diese Aufmerksamkeit, und sie spornte ihn an, er fühlte sich berufen und voller Tatendrang. Auf dem Weg nach England, in der Kutsche, in der Arrestzelle, auf dem Schiff, aber vor allem angesichts des Meeres schrieb er in einem großen Furor Gedichte, die er zusammen mit vorher in der Schweiz und Frankreich entstandenen Versen in London zu dem Band »Die Möwe« zusammenfasste. Die 41 »Deutschen Gedichte« waren politische Verse, Lehrgedichte, die in Versform die Lage im Lande beschrieben, kommentierten, überhöhten, die Freiheit feierten, Gegner niedermachten, Zeilen voller Verehrung und Pathos und böser Polemik, voller Sehnsucht nach Freiheit und Tod.

Harring wurde damit endgültig zum Vertreter einer politischen Romantik, die in »Pein und Verzweiflung«[38] ihre Wurzeln fand. Er verkörperte in seinem Werk, vor allem aber in seinem Leben, den Romantiker, den Märtyrer, ein »tragischer Held, der ohne große Aussichten auf Erfolg in den Kampf zog«.[39] Harring war die Inkarnation des romantischen Künstlers als Außenseiter. Eine byronsche Figur des »heimatlos umherwandernden Helden, dessen Schicksal nicht zuletzt durch seine eigene Wildheit besiegelt wurde«, ein Gesetzloser wider Willen, ein edler selbstloser Held, der der Gesellschaft den Krieg erklärte, wie Peter Watson in seiner Kulturgeschichte »Ideen« die Romantiker beschrieb.[40] Carl Schmitt wiederum hatte diesen Typus schon früher so charakterisiert: »Das vereinzelte, isolierte und emanzipierte Individuum wird in der liberalen bürgerlichen Welt zum Mittelpunkt, zur letzten Instanz, zum Absoluten. Die Illusion, Gott zu sein, konnte natürlich nur in pantheistischen oder panentheistischen Gefühlen Bestand haben. Sie verband sich daher in der psychologischen Wirklichkeit mit andern, weniger subjektivistischen Affekten, aber das Subjekt beanspruchte doch immer, dass sein Erleben das allein Interessante sei.«[41]

Politische Romantik

Harring und die Romantiker aus deutschen Landen unterschieden sich von den anderen europäischen Geistesverwandten durch den unterschiedlichen Ausgangspunkt. Während die Romantik in Frankreich »mehr oder weniger eine Reaktion auf die Französische Revolution« war, speisten die englischen Romantiker ihre poetische Inspiration aus der industriellen Revolution. Shelley, Keats, Byron »schwelgten in Sprache, erforschten das Bewusstsein«[42] und erblickten in jedem Menschen die göttliche Intention, im Gegensatz eben zum entfremdeten Fabrikarbeiter. Auch die deutschen Romantiker folgten dem »göttlichen Ich«, aber sie folgten auch der »Suche nach Freiheit« und wurden in ihrem Denken stark von der politischen Lage im Deutschen Bund sowie von der Repression der metternichschen Restauration geprägt. Seit den Karlsbader Beschlüssen 1817 herrschten Spitzelei, Denunziation und Repression. Immer mit der Begründung, man würde »dem Terrorismus« auf der Spur sein, wurden Presse-, Reise- und Gewerbefreiheit massiv eingeschränkt und ein Untertanengeist erzeugt, dem die meisten Demokraten sich nur durch Flucht in den Untergrund oder ins Ausland entziehen konnten. Oder eben nicht, wie sich zeigen wird.

»Die Möwe«

Harro war im Kampfmodus, schon die Titel der Verse waren romantisch beseelt. »Die Möwe«, die über der Erde segelte. Der freie Vogel ist ein Motiv, mit dem Harring sich immer wieder selbst identifizierte. *Liebe Möwe, o wär ich ein Vogel wie du / Flöge gern noch diese Stunde zu meinem Vaterland zu!* Frei wie ein Vogel, dem Grenzen fremd sind, der sein Ziel frei wählen kann, das war dem Verfolgten und Vertriebenen ein Ideal.

Die Sammlung startet danach ganz im Stil der politischen Romantik. In »Das Lied der Liebe« beginnt es lieblich:

Ich sah im Traum ein Weib, das lieb ich nun /
Das such ich nun in Wirklichkeit auf Erden,

um dann vier Zeilen später im Weib das Volk zu erblicken,

das Aug' ins Morgenrot gewandt /
aufs blut'ge Schwert gestützt die rechte Hand /
ein Fürstenschädel lag vor ihr gespaltet.

Er rechnet mit den Fürsten »Von Gottes Gnaden« ab, prangert den Verrat an, zu dem man ihn in Polen und anderswo aufgefordert hatte. Die Zumutung, die Bewegung auszuspionieren, fasste er in Reime:

Jährlich Tausend Stück Ducaten / sind ihm angeboten worden, / als Agent in fremden Staaten / gar im Dienst des »mächtgen Norden« / vor fünf Jahr in Warschau schon / Wie? – und er ward nicht Spion.

Er fordert Freiheit und Verantwortung, beschwört das Vaterland.

Vaterland? Ha! Welche Laute!
Wie? – Und eine Trän im Blick?
Land, wo mir der Morgen graute
Meines Lebens erstes Glück!
Bist mir durch mein Volk so teuer
Das vielleicht mich wenig kennt,
Bist in meiner Brust das Feuer
Das in heil'gen Flammen brennt!

Den Herrschenden galt dieser Autor, der sich selbst als »liebenden Sänger« sah, als vaterlandsloser Geselle, als Aufrührer, Demagoge. Es geht in seinen Strophen um konkret Politisches, den Bundestag, das alte und junge Europa, die Deutschen, die sich schon damals im Ausland für die Heimat schämten, und immer wieder geht es um Freiheit und Verantwortung.

Er will »Nimmer nach Amerika«, weil er in Europa seinen Kampfplatz sieht, er reimt, was ihn zum Schreiben treibt:

Aber etwas muss ich tragen,
das mein Wesen ganz erfüllt.
Laut muss erst mein Herz mir schlagen
Eh der Born des Liedes quillt.
Und von außen muss das Leben
Irgendetwas mir verleih'n
Dass die Klänge wieder beben,
muss mein Herz erschüttert sein.

Übervater Goethe

Später wird er – für ein paar Jahre – einen amerikanischen Pass haben, aber 1834 erscheint ihm die Immigration nach Amerika als Flucht vor seinem höheren Auftrag. Harring der Kombattant, der empörte Dichter, der seine Kunst in den Dienst der Sache stellt und sich darüber aufregt, wenn andere es nicht tun. Wie Goethe. Harring geht mit dem Dichterfürsten und Ausnahmepoeten harsch ins Gericht. Er nennt ihn »Großer Dichter – kleinlicher Vasalle« und wirft ihm konkret vor, sein Talent nicht für sein Volk genutzt zu haben.

Ein Wort von dir – und Deutschland wär erwacht
zur Ahnung dessen, was das Volkstum sei
Ein Wort von dir – und du hätt'st angefacht
Den Geist im Volk, des Volkes Lieb und Treu'
Zum Vaterland, zum Wettersturm umbracht
Und Deutschland wär vielleicht jetzt frei
Denn wisse: Wem so viel verlieh'n auf Erden,
von dem wird ewig viel gefordert werden!

Dieses Gedicht, mit dem Harring später in den USA unter dem Titel »The Funeral of Goethe« bekannt werden sollte, war nicht nur die Abrechnung mit dem vor zwei Jahren verstorbenen Übervater, sondern auch Selbstbekenntnis. Er spiegelte in Goethe sich selbst. Vermessen, maßlos, sich selbst überschätzend, aber konsequent. Er war da einer Meinung mit Ludwig Börne, der schrieb: »Goethe hat, wie es Napoleon mit Frankreich getan, Deutschland auf ein Jahrhundert zurückgeworfen.«[43] Und: »Goethe hätte ein Herkules sein können, sein Vaterland von großem Unrat befreien; aber er holte sich bloß die goldenen Äpfel der Hesperiden, die er für sich behielt, und dann setzte er sich zu den Füßen der Omphale und blieb da sitzen.«[44]

Harring folgte der Maxime, dass sich alles, Leben, Werk und Tat, der Sache der Befreiung unterzuordnen habe. Wenn die Freiheit nicht zu erlangen sei, wäre für ihn der Tod die einzige Alternative. Herrschaft, Knechtschaft, Freiheit, Kerker, Liebe und Hass, Glaube und Verrat, eine bipolare Welt, in der die Sehnsucht der Horizont, das Glück die ferne Sonne ist und der Morgen der Entscheidung bevorsteht.

Und so kam Harro am 29. September 1834 im Alter von »zweimal 18 Jahren« in London an.

Joseph Garniers Verrat an Kaspar Hauser

Er wurde erwartet. Diesmal nicht von der Polizei, sondern von Joseph H. Garnier, Herausgeber der Zeitschrift »Deutsches Leben, Kunst und Poesie«, die in London redigiert und gedruckt und über Straßburg in deutschsprachigen Landen vertrieben wurde. Garnier feierte Harring und dessen »Mailied«, das in Hambach und in den Straßen von Paris und selbst von General Lafayette gesungen und für ihn zur »Volksstimme« wurde.

Joseph Heinrich Garnier war Journalist, schrieb wie Heine und Börne für die demokratische Zeitung »Deutsche Tribüne« und gründete mit acht Handwerksburschen den »Sühnungsbund«, aus dem später in Paris der »Bund der Geächteten« hervorgehen sollte. Zwei Tage nach dem Frankfurter Wachensturm wurde er am 5. April 1834 in Karlsruhe verhaftet, und seine Inhaftierung und monatelange Isolation führte zu einer Debatte um die persönliche Freiheit und die Trennung von Polizei und Justiz. Er ging danach nach Frankreich und veröffentlichte 1834 in Straßburg einen aufsehenerregenden Bericht über das Leben und den Tod Kaspar Hausers. Darin suggerierte er, der Ermordete sei ein illegitimer Sohn der badischen Großherzogin Sophie gewesen und hätte sterben müssen, weil dies die Erbfolge im Hause Baden durcheinandergebracht hätte. Als mutmaßlichen Täter entlarvte Garnier den Major Johann Heinrich David von Hennenhofer, der am badischen Hofe als Flügeladjutant, so nannte man den dem Befehlshaber zur persönlichen Verfügung zugeteilten Offizier, im Dienst des Großherzogs stand. Dieser Hennenhofer setzte – wie zum Beweis der These – alles daran, die Schrift aus dem Verkehr zu ziehen. Er kaufte die Auflage so weit wie möglich auf und versuchte auch direkt mit Garnier Kontakt aufzunehmen. Gleichzeitig setzte die Obrigkeit ein Verbot der Schriften von Garnier durch. Der wich schließlich dem Druck aus und ging nach London, das allen Heimatvertriebenen Asyl bot.

Dort gab er im August 1834 in London die Zeitschrift »Deutsches Leben, Kunst und Poesie« heraus, die schon nach kurzer Zeit mit über 1000 Abonnenten eine sichere Einkunft bot. In der zweiten Ausgabe kündigte er Harring als neuen Mitstreiter an und versprach neue Enthüllungen über den Fall Kaspar Hauser. Als Hennenhofer erfuhr, dass Harring auch nach London wollte, machte er sich in Straßburg an ihn heran. Wie alle Bestechungsversuche vorher scheiterte auch er beim Friesen, und Hennenhofer versuchte es erfolgreicher auf anderem Weg. In London angekommen, wollte Harring Garnier warnen. Doch nach einer stürmischen Begrüßung und gegenseitigem Schulterklopfen war der plötzlich weiteren Enthüllungen gegenüber abgeneigt. Garnier schrieb ein enthusiastisches Vorwort zu der Gedichtsammlung »Die Möwe« und ließ Harring eine Ausgabe der Zeitschrift redigieren. Er selbst hatte von heute auf morgen die Lust am Zeitungmachen verloren. Als Harring nach den neuen Kaspar-Hauser-Enthüllungen fragte, antwortete Garnier ausweichend. Sie entzweiten sich darüber, weil Harring vermutete, dass Hennenhofer hinter Garniers Rückzug steckte. Garnier stritt alles ab, die beiden trennten sich, und die Zeitschrift wurde eingestellt.

Einige Zeit danach, als in Zusammenhang mit der Ermordung des Studenten und »Lockspitzels« Ludwig Lessing in Zürich Briefe auftauchten, die Hennenhofers Verwicklung auch in diesem Fall belegten, gestand Garnier über Dritte, Schweigegeld von Hennenhofer angenommen zu haben. Harro erzählte später, Migranten hätten in einer geheimen Verhandlung Garnier »zum Tode« verurteilt, und er sei durch Gift ums Leben gekommen. Dem war aber nicht so. Während Harring schon wieder auf dem Festland war, blieb Garnier in London, sammelte weiter alles, was über den Fall bekannt wurde, und schrieb später ein Buch darüber. Erschienen ist es nie, sondern liegt heute als Originalmanuskript im Staatsarchiv Wolfenbüttel im Nachlass von Georg Fein. Garnier blieb bis Ende der 1840er-Jahre in London und Teil der Exilantenszene. 1851 kehrte er nach Deutschland zurück, wurde auf preußische Veranlassung hin verhaftet und starb verwirrt im Jahr 1855.

1835 London

Nach Polen?

Und so konnte Harring nicht wie erhofft in London als Redakteur ein Auskommen erschreiben und etwas für das »Junge Europa« tun. Er besann sich auf sein anderes Talent, malte Porträts und plante, auf den Kontinent zurückzukehren. Er wollte nach Brügge und dann weiter in die Schweiz reisen, um sich mit den polnischen Genossen des »Jungen Polen« zu treffen. Das »Mloda Polska/Junge Polen« war gut organisiert, es gab – so kann man es heute in den Berichten der metternichschen Agenten lesen – in ganz Europa 39 Gemeinden mit 142 Mitgliedern. Ihr Zentralkomitee war in Belgien und wurde von Joachim Lelewel geleitet. Von dort aus wollten sie in den russisch besetzten Teil Polens zurück, um einen erneuten Aufstand vorzubereiten.

Noch bevor Harring am 24. Januar 1835 London verließ, waren die preußischen Behörden über seine Reisepläne informiert und in heller Aufregung. Der preußische Innenminister von Rochow wies den Aachener Polizeipräsidenten an, Harring, der angeblich unter dem Namen Bennet reiste, sofort zu verhaften. Man kolportierte, er wolle in Schlesien »Seine Majestät« ermorden, und alarmierte die Grenzstellen entlang des Rheins.

Tatsächlich hatte Harring einen von der französischen Botschaft ausgestellten Pass auf den Namen »Charles Steward« bei sich. In seiner Begleitung war wahrscheinlich der unter dem Namen »Albert Thade« reisende ehemalige Kapitän der polnischen Nationalgarde und mit Harro seit dem Savoyer Zug bekannte Tadeusz Idzikowski. Beide wurden gleich bei der Landung in Ostende verhaftet. Man requirierte das Gepäck, darunter ein Konvolut mit Briefen Mazzinis, und überstellte die Gefangenen nach Brügge.

1835 Belgien

Ein feministisches Revolutionsdrama

Harro empörte sich: »Ich bin ein Dichter, ein Maler, lassen Sie mich arbeiten.« Aber man sperrte ihn ein. Er forderte Papier und Stifte und schrieb in Haft sein Drama »An die deutschen Mädchen«. Das Stück handelt von der Befreiung verhafteter polnischer Revolutionäre des Frankfurter Wachensturms. Ein Mädchenkomitee organisiert im Stück die Aktion. Es gab solche Mädchenvereine nach 1830, deren Rolle im Vormärz von Harring durch diese Arbeit gewürdigt wird. Im Stück treten auf: ein deutscher Flüchtling, eine als mutmaßliche Raubmörderin gesuchte Frau, ein lüsterner Baron und viele höhere Töchter, die sich mit Mägden verbünden. Es geht um den edlen Kampf gegen die fürstliche Tyrannei und um die weibliche Emanzipation für die Revolution. Der Geist der Revolution »elektrisiert« das Volk. Die Revolution wird als eine Art alle guten Menschen erfassende Psychose geschildert.

Das Stück wurde nie aufgeführt, kursierte aber – zunächst in kleinster Auflage gedruckt – jahrelang unter Flüchtlingen und Handwerksburschen als revolutionäres Brevier. Es ist reine Agitationsprosa. Da gibt es das gute Volk und dort die bösen Herrscher. Zwar treten eine Reihe verschiedenster Personen aus allen Ständen auf, aber es sind keine Individuen, Charaktere. Es ist das

Volk, das mit verteilten Rollen spricht und unter der Leitung des Chors der »deutschen Mädchen« die Befreiung von polnischen Flüchtlingen vorantreibt. Es ist wohl das erste Theaterstück des Vormärz, in der Frauen als organisierte und organisierende Kraft in Erscheinung treten. Das Verständnis von Emanzipation ist zwar noch ähnlich rudimentär wie später bei den Kommunisten, bei denen die Befreiung der Frau auch nur im Sozialismus gelingen kann. Bei Harring ist es analog der nationale Sieg über die Fürstenherrschaft, dem sich alles unterzuordnen hat.

Während Büchner sich zur gleichen Zeit mit der inneren Zerrissenheit des Individuums im Stoff des »Lenz« beschäftigte, kollektivierte Harring seine deutschen Mädchen zum Volksbefreiungskomitee. Im Vorwort beschrieb er auch seine Vorstellungen, wie das Stück aufzuführen sei. Er forderte die totale Identifikation des Schauspielers mit der Rolle. Er wollte die Unterordnung, er akzeptierte keine Eitelkeit, sondern sah den Darsteller als »Staatsbürger«. *Die verläugnung der eigenthümlichkeit wird den ruhm des künstlers erhöhen, dessen name wohl nicht unbekannt bleibt, obschon er nicht neben den rollen auf dem zettel steht.*

Harring wollte in diesem Stück auf der Bühne nur »das Volk« sehen und keine Individuen. Der Einzelne sollte endgültig verschwinden oder aufgehen im großen Ganzen der Volksseele.[45] Deshalb auf dem Spielzettel auch nur die Rollennamen und nicht die Namen der Schauspieler. Und er schrieb das Stück in Kleinschreibung, um *auch in der litteratur einen schritt zu thun, zur allgemeinen europäischen gleichheit*. Eine Mode, die unter Exilanten in London gerade aufkam und 1834 für einige Monate in einigen Kantonen der Schweiz praktiziert wurde. Ihm war zu diesem Zeitpunkt jedes Mittel recht, die Dinge umzustürzen. Dichtung war sein Mittel der Wahl, aber nicht das einzige. Er war mehr ein schreibender Revolutionär als ein revolutionärer Dichter.

Noch ein Duell

Aus der Haft heraus mobilisierte er seine Freunde und Unterstützer. Der brasilianische Vizekonsul und der Bürgermeister von Brügge verwendeten sich für den berühmten Volksdichter, und schließlich kam er frei. Aber das nächste Ungemach drohte. Ein Graf Delaunay verlangte von ihm, dass er seine Darstellung des Savoyer Zuges revidiere. Harring hatte für das Scheitern der Aktion neben dem Verräter Ramorino auch den ehemaligen General Napoleons Gustave Dumas verantwortlich gemacht. Das verärgerte den republikanischen Grafen. Als Harring eine Korrektur seiner Schrift über den Savoyer Zug ablehnte, forderte Delaunay ihn zum Duell auf Pistolen. Harring stellte sich. Am Morgen des 25. Februar 1835 schossen sie zehn Schritte voneinander entfernt aufeinander. »Eine Kugel berührte die Kante meiner polnischen Mütze«, bemerkte Harro lapidar, und: »Mein Gegner und zukünftiger Freund, Graf Delaunay, erklärte sich zufriedengestellt.« Auch eine romantische Art, den Tod zu verachten, oder eine besondere Weise, der »Ehre« Genüge zu tun. Man stellte sich und ging vielleicht unausgesprochen davon aus, dass man selbst und der andere vorbeischoss. Oder es war so etwas wie eine Schutzimpfung gegen die Selbstmordgedanken, die ihn seit der Kindheit heimsuchten. Endlich der Mutter nah sein, dem Vater imponieren, der »Furie Tod« die Stirn bieten. Sicher konnte er aber nicht sein, dass das Gegenüber das Duell nicht todernst meinte, wie Harro später noch erfahren sollte.

1835 Paris

Bei Börne in Paris

Harring bat die Behörden in Brügge um einen Pass, um nach Brüssel zu reisen. Offiziell um Gemälde zu verkaufen, die er in London und Brügge gemalt hatte. Tatsächlich wollte er sich mit seinen polnischen Freunden treffen. Seine Bilder kaufte in Brüssel keiner. Dann ließ er sich einen Pass für London ausstellen, fuhr aber mit anderen Gesinnungsgenossen konspirativ zu Ludwig Börne nach Paris. Der war in Kampfeslaune. Gegen Heinrich Heine. »Der ganze Geist des Herrn Heine reicht nicht hin, um die Aufmerksamkeit einer Gesellschaft, selbst in Gegenwart eines deutschen Diplomaten zu erlangen. In diesem Lande hat die materielle Macht keine Gewalt ohne Verbindung mit der moralischen Macht, und das Laster selbst muss sich um den Schutz der Tugend bewerben. Hier können wir die Beständigkeit unserer Meinungen und unseren Mut, sie zu verteidigen, zeigen; hier können wir beweisen, dass wir nicht aus persönlichem Interesse für die Freiheit gekämpft haben.« Und so weiter. Börne klagte verbittert von Heine Gesinnung ein und trat damit einen Streit los, der nicht nur weit über seinen Tod die Auseinandersetzung über die Aufgabe des Künstlers bestimmte.

Heine reagierte zunächst gar nicht, was Börne noch mehr beleidigte. So ging es bei dem Treffen mit Harring nicht nur um die Erinnerungen an das Hambacher Fest – ja, die gestohlenen Uhren kamen auch zur Sprache, auch wenn jetzt als Gegenstand von Neckereien –, sondern Börne wiederholte die Anekdote, die ihm Heine später genüsslich als »Milchbreiliebe« zu Deutschland in den Kittel rieb: Es sei »die erste Uhr, welche die deutsche Freiheit gestohlen hat. Ja, auch wir, Germaniens Söhne, wir erwachen aus unserer schläfrigen Ehrlichkeit (...) Tyrannen zittert, wir stehlen auch!« Ja, es ging um wahre Vaterlandsliebe, bei der sie sich im Spott nicht übertreffen lassen wollten, aber es ging auch um Religion. Während Börne Lamennais' »Worte eines Gläubigen« übersetzte und wie Harring den Mönch verehrte, mokierte Heine sich später, Börne wäre wohl, wenn er nicht rechtzeitig gestorben wäre, »römisch-katholisch blamiert«. Harring, der Heine immer noch verehrte, stand hier wohl Börnes Auffassung von den Pflichten eines Dichters näher. Die revolutionäre Tat rangierte ganz oben auf seiner Agenda. Worte waren nur ein Werkzeug oder eine Waffe. Heine wartete stattdessen ab und sezierte noch drei Jahre nach dessen Tod Börnes politische Leiche. Vor allem als er merkte, dass Börnes Nachruhm seine eigene Deutungsmacht in den Schatten zu stellen drohte. Mit seinen fünf Büchern »Über Börne« bestimmte er damit nachhaltig das Bild des Mitstreiters und Konkurrenten in der Literatur. Ein toter Gegner ist leichte Beute, und hinterher und aus der Distanz und mit zeitlichem Abstand das Richtige zu meinen ist clever.

Moralisches Fieber

Harring hatte nicht vor, nach London zurückzukehren. Er wollte wieder in die Schweiz und sich Mazzini anschließen. Hans Peter Frederiksen, ein junger Holzhandwerker aus Kopenhagen, bot Harro seinen Pass an, damit er ungehindert reisen könne. Frederiksen empfand in Harrings Auftreten »etwas besonders Angenehmes und Anziehend-Freundliches«. Harro konnte durchaus gewinnend sein. Wenn er jedoch wieder einmal depressiv war, gab er – wie Claire Glümer, die Tochter eines Advokaten, schrieb – ein anderes Bild ab: »Harro Harring war ein großer, hagerer Mann, mit unruhigen, etwas stechenden Augen und scharfen Zügen. Auch sein Organ war scharf, seine Redeweise heftig, selbst bei gleichgültigen Gesprächen.«

Harro kränkelte seit Langem an einer Gastritis. Bei der Familie des Majors Albert Kohler, einem demokratischen Freund in Büren, Kanton Bern, kam er unter und wurde gepflegt. Eigentlich hatte er zu Mazzini ziehen wollen, der in Grenchen wohnte. Aber der kannte seinen exaltierten Freund und schrieb ihm einen langen Brief, in dem er ihm seine Lebenskrise schilderte und ihn anflehte: »Ich muss einige Zeit allein leben.« »Moralisches Fieber« nannte »Joseph« Mazzini das und einen »Spleen«. Aber es scheint so, als habe Mazzini Bedenken gehabt, sein friesischer Freund könnte bei ihm zu großes Aufsehen erregen und bei zu engem Kontakt auf die Nerven gehen.

Weil er bei der Gründung nicht hatte dabei sein können, trat Harro jetzt dem »Jungen Deutschland« bei und wurde im »Jungen Europa«, von Mazzini beauftragt, offiziell für die Sache Skandinaviens zuständig. Mazzini glaubte fest an eine neue Epoche und an eine neue Religion der Humanität und Freiheit, die sich im Geiste Lamennais' an Jesus Christus orientierte, und Harro wollte nur zu gerne an eine solche Zukunft glauben.

Man traf sich häufig, und Mazzini schrieb Harring am 22. September einen langen Brief,[46] in dem er ihm seine Referenz erwies: »Ihre Bücher werden bleiben (...) Im Moment versteht man sie nicht: Aber man wird instinktiv das als Poesie bewundern, was die Nachwelt als prophetische Wahrheit bewundern wird.« Harring hatte in »Die Möwe« verehrende Gedichte über seinen Freund geschrieben, und die Anerkennung durch Mazzini sowie die Tatsache, dass er ihn als Dichter und Kämpfer ernst nahm, waren Balsam für seine Seele. Mazzini wurde und blieb, neben dem ewigen väterlichen Freund Todsen in Husum und Bissen in Kopenhagen, einer der wenigen, denen Harro zeitlebens vertraute. Der ewig skeptische und ängstliche, hinter jedem Busch einen Spion vermutende Harro fand bei Joseph, wie Mazzini sich ihm gegenüber nannte, einen Freund, von dem er sogar Kritik akzeptierte. Ein Vertrauen, das er seit Kindesbeinen vermisste. Dabei gab es auch andere, die ihm gut gesinnt waren, aber Harro war auch bei Freundschaften wählerisch, mit seiner Angst vor Nähe stieß er manchen vor den Kopf, der ihn dann als »arrogant« empfand.

Die Freunde erörterten, ob Harro nach Spanien gehen sollte, um dort das »Junge Spanien« zu initiieren. Doch dazu kam es nicht, zuerst musste die Organisation in der Schweiz auf den Weg gebracht werden. Und dies wurde immer schwieriger, denn die Schweizer Behörden waren unter Druck, und unter den Revolutionären gab es immer wieder Unstimmigkeiten über das weitere Vorgehen. Im Januar 1836 traf er Georg Fein wieder, mit dem er sich während des Savoyer Zuges gestritten hatte. Fein war Redakteur der »Neuen Zürcher Zeitung« gewesen und inzwischen Vorsitzender des Zentralkomitees des »Jungen Deutschland«. Er war dabei, das Liederbuch »Deutsche Volksstimme«, eine Sammlung patriotischer Lieder, herauszugeben und nahm neben Texten von Arndt, Uhland und Körner acht von Harros Liedern in die Sammlung auf.

1835 Schweiz

National oder international?

Alle lebten halb konspirativ in der Schweiz und agierten mit Decknamen. Georg Fein war Maurer, Harros Pass lautete auf Heinrich Hopfer, der befreundete Küfer Heinrich Euler nannte sich Stückfaß. Die Bürger Solothurns waren ein liberales Volk, und um die Fastnachtszeit brach sich der Freiheitswille in Umzügen und Festen Bahn. Die Obrigkeit hatte in diesen Tagen Besseres zu tun, als sich mit deutschen Demagogen abzugeben, denn eigentlich waren sie aufseiten der Republikaner. Georg und Harro feierten ausgelassen Fastnacht mit Obersten der Schweizer Bürgerarmee und verspotteten die ausländischen Fürsten: *»Ein Hund* *bleibt ein Hund / Und ging er in die Kirche hundert Stund / so bleibt er doch ein Hund.«*

Harring und Fein berieten sich in den folgenden Wochen intensiv. Fein wollte den Vorsitz beim »Jungen Deutschland« aufgeben, weil ihm die Organisation zu nationalistisch und militant erschien. Eine Spaltung der gerade erst entstandenen Bewegung in verschiedene Gruppen des »Jungen Europa« zeichnete sich ab. Harro und Mazzini vertraten die internationale Linie der europäischen Einheit, während einige andere Kräfte versuchten, eine militant revolutionäre Linie der Bewegung durchzusetzen. Ob Harro nicht insgeheim auch zu den Waffen neigte, lässt sich nicht belegen, auch wenn seine Gedichte an gewalttätiger Eindeutigkeit nichts zu wünschen übrig ließen. Aber Harro musste sich auch gegen Unterstellungen über seinen Lebenswandel wehren. Der neue Präsident des »Jungen Deutschland«, Ernst Schüler, warf Harro vor, auf Kosten der Genossen in der Schweiz wie ein Fürst zu leben. Was nicht stimmte, denn Harro, wie immer von Geldsorgen getrieben, lebte von den bescheidenen Verkäufen seiner Schriften, Mazzini zahlte heimlich seine Rechnungen, andere beglichen diskret seine Miete. Harro seinerseits kritisierte einen Mitstreiter aus dem Savoyer Zug, den ehemaligen preußischen Gesandtschaftsrat Gustav Kombst, dafür, dass er geheiratet und das Schweizer Bürgerrecht erworben hatte.

So viel bürgerliche Verpflichtung schien Harro einem Revolutionär nicht angemessen. Dabei hatte Kombst kurz zuvor wahrlich Mut bewiesen, als er in Paris Geheimakten aus dem Frankfurter Bundestag veröffentlichte und sich damit der Verfolgung der Agenten des Deutschen Bundes aussetzte.

1836 Zürich

Der Züricher Studentenmord

Am 4. November 1835 war der aus Freienwalde bei Berlin stammende Jurastudent Ludwig Lessing an seinem 23. Geburtstag im Spitalhölzli in Zürich durch zwei Dutzend Messerstiche ermordet worden. Anfänglich vermutete die Polizei einen Raubmord, aber aufgrund des Umgangs des Getöteten kam der Verdacht auf, es handele sich um eine politische Tat. Lessing war zuletzt im »Café littéraire« im Roten Turm am Weinplatz gesehen worden. Das Lokal war ein bekannter Treffpunkt der republikanischen Flüchtlinge und Handwerker. Zudem stellte sich heraus, dass Lessing ein Lockspitzel war, der von der preußischen Geheimpolizei ausgehalten wurde. Schnell kamen deshalb Mitglieder des konspirativen »Jungen Deutschland« in Tatverdacht. Die Untersuchungen weiteten sich nach Berlin und Wien aus und fanden in einer politisch ausgesprochen angespannten Atmosphäre statt. Man drohte aus Wien damit, die Grenzen zu schließen oder Schweizer Pässe nicht mehr anzuerkennen, wenn dem revolutionären Treiben kein Einhalt geboten wurde.

Harro kam im Januar 1836 nach Zürich und quartierte sich auf Einladung beim Kassierer des »Jungen Deutschland«, dem 29-jährigen Baron Karl-August von Eyb, und seiner Frau Ida Szent-Györgyi ein. Eyb war in Zürich der Dreh- und Angelpunkt der konspirativen Szene, und Harring betrachtete Eyb als einen der Seinen. Als Harro erfuhr, dass der ihm vom Savoyer Zug und anderen Gelegenheiten vertraute von Rauschenplatt aus Spanien nach Zürich kommen würde, war das an der Tafel des Barons ein Thema – ebenso wie Harrings Berichte aus der Londoner Exilszene. Bei solcher Gelegenheit erzählte er unter anderem, dass der »Verräter« Garnier von Exilanten zum Tode verurteilt worden wäre.

Und ebendiese Falschmeldung fand sich schon kurz darauf in einem Bericht des Spions »Albert« auf dem Tisch des Mainzer Centralbüros, des Geheimdienstes der Entente aus Bayern, Baden und Österreich, wieder. Wie sich bald herausstellte, war der Baron tatsächlich weder von adligem Geblüt noch von aufrechter Gesinnung. Er war kein Baron, sondern ein Optiker namens Zacharias Aldinger, der im Auftrag der metternichschen Geheimpolizei als *Agent provocateure* die Züricher Flüchtlingsszene bearbeitete.

Doch zunächst war von Eyb noch derjenige, der die Versammlungen des »Klubbs« organisierte. Er lud von Rauschenplatt zum 15. Mai ins »Lavatergütli« ein. Dort soll von Rauschenplatt vor etwa 30 Deutschen des »Jungen Deutschland« angeblich zum Fürstenmord und einem bewaffneten Einfall in Baden aufgerufen haben. Nach Spitzelberichten sollen die Teilnehmer mit Dolchen auf das Bild eines Fürsten eingestochen haben. Und die Inhalte der Versammlung wurden der Polizei bekannt, man verhaftete unter anderem Aldinger/von Eyb. Bei ihm fand sich dann auch eine Mitgliederliste des »Jungen Deutschland«.

Gleichzeitig ermittelte die Polizei, dass Aldinger einer der Letzten war, mit dem Lessing im Wirtshaus zusammengetroffen war. Zeugen wollten gehört haben, dass sie sich für später verabredet hätten. Nun stand der falsche Baron auch noch unter Mordverdacht. Doch trotz umfangreicher Verhöre mit gehörigen Widersprüchen, bezweifelten Alibis und Verwicklungen kam die Züricher Polizei zu keinem Ergebnis oder Geständnis. Dafür war sie nun im Besitz der Mitgliederliste des »Jungen Deutschland«, was eine Verhaftungswelle in der ganzen Schweiz auslöste. Von Rauschenplatts angeblicher Aufruf zum bewaffneten Aufstand brachte selbst liberale Schweizer Politiker in Schwierigkeiten. Aldinger und seine Frau blieben in Haft und wurden später, allerdings erfolglos, angeklagt.[47]

Wieder alles verraten

Der Mord an Ludwig Lessing blieb ungesühnt, und selbst umfangreiche Recherchen ließen später nur Vermutungen zu. Es gab Stimmen, die von einem Fememord sprachen, andere meinten, italienische Carbonari hätten ihn im Auftrag des »Jungen Europa«, also Mazzinis, ermordet. Wieder andere vermuteten die preußische Geheimpolizei hinter der Tat. Nichts konnte bewiesen werden.[48] Ende Mai war dies zunächst aber nur von geringem Interesse, denn die Revolutionäre mussten aufgrund der Vorkommnisse das Weite suchen. Mazzini, von Rauschenplatt und Harring hatten noch mithilfe von Eyb eine Versammlung in Grenchen geplant. Aber die Sache war verraten worden. Haftbefehle wurden ausgestellt, und Harring reiste trotz Gefahr noch zu Mazzini, um ihn zu warnen, kam jedoch zu spät. 120 Landjäger und Rekruten hatten bereits dessen Haus umstellt. Beide wurden mit den Brüdern Ruffini und, wie Georg Fein berichtete, einem Freund Georg Büchners, dem Theologiestudenten Hermann Wiener, verhaftet.

Tags darauf ließ man Harring wieder laufen. Man fand bei ihm kein kompromittierendes Material, sondern nur falsche Papiere, was damals eine lässliche Sünde war. Die örtlichen Behörden wollten die Aufrührer schnell loswerden, sie befürchteten internationale Verwicklungen. Später beschwerten sich die Österreicher dann auch über den laschen Umgang mit den Verdächtigen. Die Verhafteten mussten den Kanton verlassen, und gleichzeitig setzte eine regelrechte »Demagogenjagd« ein. Es kam in der ganzen Schweiz zu Massenverhaftungen. 44 Flüchtlinge wurden »auf Kosten der Regierung mit Pässen, Reisegeld und Fuhrwerken versehen, den französischen Grenzbehörden überliefert, welche dieselben auf Kosten Frankreichs nach England beförderten«, notierte ein Regierungsrath Roschi, wie in Geheimdienstberichten nach Wien zu lesen ist.[49]

Die Schweizer Polizeibehörden fertigten, bevor sie den Gefangenen an die Franzosen überstellten, einen Steckbrief an: »Harro Harring, oder, wie er sich selbst nennt, Hopfer, Paul Kasimir, mit dem Spitznamen Robert Johns, geboren zu Ibenshof in Schleswig, Gelehrter und Maler, 37 Jahre alt, 5 Fuß 1½ Zoll hoch, kleiner Statur, hat braune Haare und Augenbrauen, runde Stirne, graue Augen, spitzige Nase, mittlern Mund, fehlerhafte Zähne, rundes Kinn, schwarzen Bart, auf der rechten Seite der Stirne eine größere und eine kleinere Warze hart an den Haaren; er trägt kleine goldne Ohrringe und besitzt einen Brüsslerpass vom 25. Juli 1835. Ist am 27. Auguste über Portarlier nach Frankreich transportiert worden.«

1836 London

Die Verbesserung der Welt

Die europäischen Revolutionäre sahen nach ihrer Abschiebung vom Kontinent einer nach dem anderen die Klippen von Dover und strandeten in den Straßen von London. Die britische Regierung nahm sie auf ohne Angst vor ihrer umstürzlerischen Kraft. Während die Länder Europas ihre innere Ordnung zu bewahren suchten, die nationale Einheit etwa in den deutschen Ländern oder Italien nicht gelang, andere, wie Belgien, für ihre Unabhängigkeit kämpften, sich, wie Polen, gegen Fremdherrschaft wehrten oder, wie Frankreich, um ihre bürgerliche Verfasstheit rangen, war Großbritannien souverän. England war ein – wie Jürgen Osterhammel es nennt – »imperialer Nationalstaat, ein aus inneren Tendenzen heraus schon in vorimperialer Zeit politisch geeinter und territoral in festen Grenzen zur Ruhe gekommener Nationalstaat«.[50] Auf der Insel herrschte ein anglikanischer Protestantismus, und »die Idee, die Engländer seien ein Werkzeug der Vorsehung zur Verbesserung der Welt, (dies) bildete eine Art von Grundbasis des britischen Selbstverständnisses«. Dieses Selbstbewusstsein, allen Problemen der Welt gewachsen zu sein, ließ auch den Flüchtlingen Spielraum.

Die englische Gesellschaft war beides, konservativ und im Aufbruch. Man beutete die Menschen im eigenen Land und Rohstoffe und Völker in den Kolonien aus und war gleichzeitig gegen die Sklaverei, man wollte die Welt beherrschen und die Geheimnisse der Natur und Gesellschaft entdecken. Die Bewegung gegen die Sklaverei geschah einerseits aus Humanitäts- und Freiheitsideen, andererseits war die fortschreitende Industrialisierung nicht mit Sklaven, sondern nur mit in vieler Hinsicht »freien« Menschen zu bewältigen.

Als Harring Mitte September 1836 zwangsweise nach London kam, befand sich die HMS »Beagle« mit Charles Darwin an Bord – nach fünfjähriger Expedition – auf der Rückreise auf dem Atlantik; Charles Dickens heiratete die spätere Mutter seiner zehn Kinder, Margarete Hogarth, und schrieb an seinem ersten großen Roman »Oliver Twist« über das Kinderelend. Das industrialisierte England war in diesen Jahren der »workshop oft the world«, die Stoffe, Maschinen aus England setzten den Standard des Fortschritts.

Wieder einmal Memoiren

Harro war im Hochgefühl der politischen Bedeutung, die ihm vor allem von seinen Gegnern zugemessen wurde, auf die Insel gekommen. Man hatte ihn in England seit seiner ersten Einreise als polnischer Flüchtling klassifiziert, weshalb er, anders als die übrigen Flüchtlinge, von der englischen Regierung eine monatliche Rente von zwei Pfund erhielt. Eine Summe, die nur zum Nichtverhungern reichte. Eine reguläre Arbeit fanden nur Handwerker, für politische Intellektuelle oder Künstler wie Harro gab es keine Jobs. Also schrieb er, nach den vielen Gedichten und Liedern, wieder Erinnerungen. Er plante ein Werk von vier Bänden über sein Leben, von dem er in einem halben Jahr zwei Bände mit 1600 Seiten fertigstellte. Auch wenn sich vieles aus früheren Büchern wiederholte, auch wenn sich seine Texte oft im gefälligen Fabulieren verlieren und nicht »gearbeitet« sind, ist allein die schiere Seitenzahl ein Indiz für seine manische Arbeitswut. Der Titel: »Meine Jugend – Erste Hälfte einer Autobiographie – ein Testament der Erfahrung«.

Mazzini kam im Januar 1837 nach London und traf sogleich mit Harro zusammen. Er fand ihn in aufgeräumter Stimmung, denn wie so oft brauchte der friesische Freund nur ein wenig Hoffnung, um zu strahlen, oder besser gesagt, sich etwas vorzumachen. Darin war er ein wahrer Don Quijote, den Wunsch für die nahe Wirklichkeit zu halten, sich in der Höhe zu wähnen. Allerdings, um dann umso tiefer zu stürzen.

Harro fand für seine Memoiren einen Vermittler und Übersetzer, den erfolgreichen Reiseschriftsteller Edmund Spencer, dessen Reisebericht über die Tscherkessen, das Schwarze Meer und den Kaukasus viele Leser gefunden hatte. Es konnte also nur eine Frage von Zeit sein, wenn England ihm zu Füßen liegen würde. Aber Spencer war mit dem Versuch, für Harros Buch einen Verlag zu finden, nicht erfolgreich. Die Buchhändler zierten sich, hatten Bedenken, ließen sich Zeit. Harro wurde ungeduldig. Als Spencer vorschlug, das Manuskript zu überarbeiten, damit es für die britischen Leser besser zugänglich sei, reagierte Harro beleidigt und fühlte sich unter Wert behandelt. Er kündigte die Zusammenarbeit auf.

Inzwischen waren mehr als tausend Exilanten vom Kontinent in London. Sie begannen sich zu organisieren. Sie diskutierten und stritten sich und gründeten einen »Verein zur gegenseitigen Unterstützung und Belehrung«, der vor allem dazu da war, den hungerleidenden Intellektuellen des »Jungen Deutschland« zu helfen. Nach Mazzini kam auch Georg Fein nach London, und während

Harro mit Mazzini freundschaftlichen Kontakt pflegte, konnten Fein und Harring ihre Eifersüchteleien nicht lassen.

Harro versuchte, Geld zu verdienen, malte, aber seine Bilder fanden keine Käufer, und wie damals in Marseille, beim Warten auf die Überfahrt nach Hellas, entstanden unter den Exilanten Streitigkeiten. So entwickelte sich über mehrere Jahrzehnte eine mit sich selbst beschäftigte Parallelwelt des politischen Exils. Als Harro sich darüber mokierte, Konspiration und Verrat beklagte, forderte ihn – Missverständnisse und Eitelkeiten eingeschlossen – ein Mann mit Namen August Jäger zum Duell auf Pistolen. Jäger meinte, der berühmte Harring habe ihn beleidigt.

Das Duell von Hampton

Jäger schrieb unter dem Namen August von Schlumb gehässige Kommentare zur Flüchtlingsszene, und Harro vermutete in ihm – wie hinter so manch anderem – einen Spion und sagte das auch. Fein versuchte zu schlichten und brachte alles durcheinander, weil angeblich ein Brief nicht zugestellt wurde. Das Duell wurde – unter Ehrenmännern ergab eben das eine Wort das andere – unvermeidlich. Zudem kündigte Fein, genervt von dem misstrauischen Verhalten des Weggefährten oder vielleicht auch, weil bei allen die Nerven blank lagen und man sich gegenseitig nichts mehr verzieh und nicht traute, Harro endgültig die Freundschaft auf.

Am 9. Mai 1837 kam es dann in der Nähe von Hampton zum Duell mit Jäger. Harro hatte schon drei Mal eine Nacht vor einem Duell verbracht, sich von den Freunden verabschiedet, ein Testament geschrieben, den Nachlass und letzte Dinge geregelt. Jedes Mal für immer. Diesmal war er überzeugt zu sterben. »Ich weiß, wo ich die Kugel bekomme.«

Er stand zehn Schritte von seinem Kontrahenten entfernt, zielte auf ihn und schoss über Jägers Kopf, wie immer froh, niemanden getötet zu haben. Jägers Pistole klemmte, und die Sache wurde wiederholt. Harro lud, fixierte sein Gegenüber. »Eins – zwei – drei«, und beide drückten mit der gleichen Todesverachtung noch einmal ab. Harro schoss wieder daneben. Jäger traf.

Harro schilderte das Folgende so: »Ich hatte die Kugel an der vorempfundenen Stelle – drei Zoll tief eingedrungen unter dem Herzen (...) Im Moment des Schusses verlor ich das Gesicht, aber nicht das Bewusstsein. Ich that einige Schritte seitwärts der Mensur, die Hand auf die Wunde, und wanderte umher, als ob ich etwas suche. – Bald sah ich mich von Freunden umgeben, und gewann plötzlich das Gefühl der Gegenwart. Während des provisorischen Verbands fühlte ich den Tod. Das Atmen wurde mir unbeschreiblich schwer, eine Centnerlast ruhte auf meinem Gangliengeflecht – und im Munde fühlte ich die Kugel – den Bleigeschmack.«[51]

Harro wurde ins Krankenhaus gebracht, die Ärzte konnten die Kugel aber nicht genau lokalisieren und operierten ihn nicht. Die Kugel blieb in seinem Körper stecken. Die Universität bestellte einen Zeichner, der die Schusswunde für die anatomische Sammlung dokumentierte. Mazzini besuchte ihn sofort und kümmerte sich um den Freund, von dem alle annahmen, dass seine letzte Stunde gekommen sei. Mazzini schrieb an seine Mutter: »Für ihn ist es kein großes Unglück zu sterben, er lebt ein elendes Leben, ohne Hilfsquellen (...) aber zu sterben im Exil, fern von dem Ort, wo er geboren ist, inmitten eines fremden Volkes und einer fremden Sprache, das ist hart.«[52] Und auch das Mainzer Polizeibüro ließ in London nachfragen, ob die Zeitungsberichte stimmten, nach denen Harring bei dem Duell »geblieben sei«.

Ein Hund von Mazzini

Er überlebte mit der Kugel – sie steckte nach Harros Empfinden unter dem Herzen, Mazzini schrieb von einer Wunde im Unterleib – und einem entsprechenden Hass im Herzen. Ein Freund, der Schneider Hans Peter Frederiksen, versetzte seine Kleider, um Harro wenigstens mit dem Nötigsten zu versorgen.

Als Harro Wochen später das Krankenhaus verließ, schenkte Mazzini ihm einen schwarzen Labradorhund, wohl ahnend, dass ein Hund das Herz des Freundes trösten würde. »Fingal« wurde zu Harros ständigem Begleiter, seinem Schatten. Harro liebte diesen Hund sofort. Er erinnerte ihn sicher an die Hunde seiner Kindheit, die er zurücklassen musste, als er mit seiner Mutter den Ibenshof verließ. Harro schrieb über Fingals Charakter wohl das, was er selbst gern gewesen wäre und in dem Hund fand: »Fingal, geboren an Bord eines Schiffes aus Jersey, zurückkehrend von Neufundland im September 1837 – mein Gefährte seit September selbigen Jahres in England, auf Helgoland, in Frankreich, auf dem Ocean und in Brasilien, starb infolge schroffen Wechsel des Klimas, und nach langem Leiden, zu Davidhof bei Tönning in Dänemark, im August 1841. Der Charakter und das Gemüt dieses merkwürdigen Tieres übertrafen seine äußere Schönheit. Er war hoch überm Schulterblatt: 2 Fuß 4 Zoll, lang, von der Nasenspitze bis zum Schweifende, 6 Fuß, engl. Maß – seidenhaarig schwarz, ausgenommen: Stirn, Brust- und Halsring, Füße und Schweifspitze – schneeweiß. Seine hervorragenden Eigenschaften waren: Bescheidenheit, Enthaltsamkeit, Genügsamkeit, Wachsamkeit, Reinlichkeit, Treue, Dankbarkeit, Freimuth, Großmuth, Verachtung kleinlicher Beleidigung, und Trotz, Muth und Kraft gegen feindlichen Angriff. Er besaß alle Tugenden der Menschen und keines ihrer Laster.«

Als Fingal 1841 starb, schrieb er eine sechsstrophige »Elegie auf den Tod eines Neufundland-Hundes«. In der ersten Strophe wie so oft die Klage über sein eigenes Schicksal:

So lautete der Fluch an meiner Wiege:
du sollst allein die Lebensnacht durchschreiten,
Sollst einsam kämpfen gegen Schmach und Lüge,

kein liebend Wesen soll dich je begleiten.
Verletzt durch Freundes Trug und Feindes Rüge.
Gekränkt durch Falschheit und Erbärmlichkeiten
Sollst du verbannt, verkannt, verhöhnt, verlassen,
die Menschheit lieben, ob dich Menschen hassen.

Im vierten Vers schreibt er dann die rührende Liebeserklärung eines Menschen an seinen Hund:

So liebt' ich ihn in seiner Schönheit Pracht,
In seiner Lebensart, in seinen Sitten.
In meiner Mien wusst' er was ich gedacht,
Ob wortlos zwar, verstand ich seine Bitten.
In tiefsten Einverständnis, Tag und Nacht,
Hab ich mit ihm und er mit mir gelitten;
So bildeten ein Ganzes nur wir Beide.
Er war mein Stolz, mein Trost und meine Freude.

Skizze aus London

Harro teilte mit Fingal sein immer karger werdendes Brot und schrieb sich seine Enttäuschung über die Lage in London von der Seele. Seine »Skizze aus London«, als Vorrede zu den Memoiren konzipiert, war nicht nur eine seitenlange Klage über die ignoranten Buchhändler Londons, sondern geriet zur Generalabrechnung mit der englischen Gesellschaft und den Engländern überhaupt. Harro ließ kein gutes Haar an der englischen Gesellschaft. Er schreibt: »Der Geist des englischen Volkes ist Handel, das ganze Leben ein Geschäft.« Die Engländer würden Standesdünkel haben, keine Gastfreundschaft kennen, wären trivial, interessierten sich nicht für Literatur, wären unfrei, würden ihre Dichter wie Byron verkennen.

Er kam zu dem Urteil: »Man wird mir vorwerfen wollen: ›ich

räsonniere über England und genieße dennoch die Wohltaten des Asyls.‹ Das ganze beruht auf Irrtum. Das Asyl wird dem Verbannten in England ein Gefängnis bei Wasser und Brod. Fände der Verbannte in England Asyl, so würde er durch Fleiß und Thätigkeit sich selbst ernähren können – und Niemanden zur Last fallen. Asyl umfasst den Begriff Gastfreundschaft – der England unbekannt ist.«[53]

Der englische Staat war für Harro unter den Staaten Europas dennoch nur der am »wenigsten schlechteste«. Während es ihm bei seinen früheren Berichten über Griechenland oder die Verhältnisse in Polen gelungen war, zu schildern, was er sah, hatte sich sein Blick in London verengt, er sah nur noch das, was ihm ins Weltbild passte. Der Text erschien 1938 in Straßburg, die Memoiren, für die die Skizze die »besondere Vorrede« darstellen sollte, wurden nicht gedruckt, und das Manuskript ging Jahre später verloren.

Die Exilanten hungerten in London. Es war das Jahr, in dem die achtzehnjährige Victoria Königin von England wurde, London zugleich ein Drecknest und Boomtown mit fast zwei Millionen Einwohnern war. Und niemand wollte Harros Bilder – die Titel hatten wie »Ein Schiffshund findet Mantel und Hut seines Herrn. Mondschein« – für die geforderten zehn Pfund kaufen. Weggefährten, die nicht wie Mazzini Vermögen hatten oder Unterstützung erfuhren, entschlossen sich auszuwandern, nach Nord- oder Südamerika.

Harro träumte von einer Rückkehr nach Deutschland. Er hatte Heimweh und wollte auf die unter britischer Hoheit stehende Nordseeinsel Helgoland gehen. Dort hoffte er, Freunde und Verwandte zu treffen und in der Nähe der Heimat zu sein. Aber auch für diese Reise musste er seinen Freund Bissen in Kopenhagen um Geld anbetteln.

Harro Harring
London, July 1838.

11
Insel des Verrats

1838 Helgoland, Jersey, Helgoland –
1839 Bordeaux

1838 Helgoland

Heimlich in Hamburg

Der Verleger Julius Campe in Hamburg war Sorgen gewohnt, hatte er doch ständig wegen der Schriften von Heinrich Heine und dem Anfang des Jahres verstorbenen Ludwig Börne mit der Zensur zu tun. Dass sich die Autoren auch noch untereinander befehdeten, war ihm gar nicht recht, und so war er froh, dass er dem unter falschem Namen reisenden Harro Harring, den er gerade von Bord des Dampfschiffs »John Bull« geschmuggelt hatte, in seinem Haus in Hamburg nur ein Dach, Bett und etwas Geld bieten musste. Campe hatte sich damals dagegen entschieden, die Bücher von Harring zu verlegen, denn im Gegensatz zu Heine und Börne, die sich von direkten politischen Aktionen ferngehalten hatten, war Harring der seit Jahren gesuchte Revolutionär, der jedem deutschen Verleger nur Ärger bereitete. Außerdem hatte der Bundestag in Frankfurt alle Bücher der Mitglieder des »Jungen Deutschland« per se verboten.

Aber Campe war nicht nur Geschäftsmann, sondern auch ein liberaler Geist, und als der auch in Hamburg wohlbekannte schwarz gekleidete Mann mit seinem Hund im November in der Stadt eintraf, hatte er organisiert, dass er in Altona auf eine Helgoländer Schaluppe kam. Helgoländer Fischer, die ihren Fang in Altona angelandet hatten, brachten Harro einige Tage später über Cuxhaven nach Helgoland. Er plante, unter dem Schutz der englischen Pressefreiheit auf der Insel eine Druckerei einzurichten und die Schriften dann mit den Fischern aufs Festland zu bringen. Von Helgoland aus die Heimat befreien, das war sein Plan.

Helgoland war zwar unter britischem Protektorat, aber die Bewohner verwalteten sich über einen Magistrat selbst. Die

Gesetzeslage war unübersichtlich. Harro mietete sich ein Haus und begann zu schreiben und die Edition seiner Gedichte vorzubereiten.

Auf Helgoland

Dem englischen Gouverneur der Insel, Sir Henry King, gefiel die Anwesenheit des auch dort bekannten Autors gar nicht. Er fürchtete um die Ruhe, vor allem sorgte er sich, dass der Rebell die einfachen Leute agitieren könnte. Er ließ ihn beobachten.

Tatsächlich begann Harro unverzüglich, für seine Sache der Freiheit zu werben, und überzog all jene Inselbewohner, die sich ihm in den Weg stellten, mit Kritik. Die Frau Pastorin bekam ebenso wie der Gouverneur Spottverse angedichtet, und der Maler Gätke, der als Regierungssekretär dem Gouverneur zur Hand ging und ansonsten die Vogelwelt der Insel beobachtete, wurde von ihm als »flauer Pinseljunge« verhöhnt. Harro schrieb ein witzelndes »ABC-Buch«.

A *Affenschwanz, Angst, Aergerniß.*
Armer Junge, du dauerst mich,
Musst ein ABC-Buch haben,
Magst im Stillen ganz für dich
Dich an deiner Einfalt laben.

Offenbar war er so von seinem »glühenden Wahrheitseifer« besessen, dass er, nach dessen Auffassung die Welt ringsumher brannte, die Ruhe auf der Insel nicht ertragen konnte. Seit zehn Jahren verkannt und verfolgt, konnte er sich nicht damit abfinden, die Lummen an der Steilküste zu beobachten. Harro mutmaßte, dass der englische Gouverneur vom russischen Geheimdienst über ihn instruiert worden sei. Anders konnte es gar nicht sein, dass man ihm so zusetzte. Trotzig rief er aus: »Ich bin hier, möge der Teufel mich holen.« Und so geschah, dass er bekam, was er herbeiredete.

Gätke zeigte Harro wegen der Beleidigungen an. Der erschien aber nicht vor Gericht, sondern schickte einen Bevollmächtigten. Er gab an, krank zu sein, und bezweifelte darüber hinaus die Rechtmäßigkeit des Gerichts. Als er auch beim zweiten Mal nicht zur Verhandlung erschien, verfügte der Richter, dass er die Insel innerhalb von 24 Stunden zu verlassen habe. Zunächst traute man sich jedoch nicht, das Urteil zu vollstrecken, denn Harro war immer mit zwei Pistolen bewaffnet und hatte stets seinen Hund bei sich, der einem der Ratsherren schon in die Hand gebissen haben soll. Wie der Herr, so der Hund. Harro beschwerte sich per Depesche in London über die Ausweisungsverfügung und bekam nach langem Hin und Her aus London recht. Aber er stellte mit seiner Weigerung, den Anweisungen des Gouverneurs und des Magistrats zu folgen, die Autorität der Inselobrigkeit infrage.

In Ketten

Als das englische Kriegsschiff »Partridge« vor Helgoland ankerte, um der britischen Herrschaft Nachdruck zu verleihen, befahl der Gouverneur – trotz gegenteiliger Anweisungen aus London – der Schiffsführung, Harring zu verhaften. Fünf Soldaten des Schiffes gingen in Harrings Haus, fesselten ihn und brachten ihn an Bord. Es dauerte noch eine Woche, bis das Schiff die Anker lichtete und Helgoland Richtung Sherness verließ.

Harro eilte nach London und setzte alle juristischen und politischen Freunde und Hebel in Bewegung, um wieder auf die Insel zurückzukommen. Zwischen Helgoland, den Gerichten und dem Marine- und Kolonialministerium ging es in den nächsten Wochen und Monaten hin und her, ob die Ausweisung legal gewesen sei.

Er ging auf die Kanalinsel Jersey, um die Entscheidung abzuwarten. Von dort segelten ständig Schiffe Richtung Nordsee, sodass er praktisch schon auf halbem Weg war, wenn er das Signal für freie Fahrt bekam. Aber was sich schon in den Monaten vorher angedeutet hatte, wurde jetzt manifest. Aus dem Kämpfer wurde ein Geschlagener, aus dem »viel Feind, viel Ehr« ein von eigenen Zweifeln Verfolgter. »Er sah Verrat durch alles und von allen«, beschrieb Mazzini Harros Zustand. Harro fühlte sich verkannt, verfolgt und beraubt. Ein Koffer mit Manuskripten aus den Jahren 1817 bis 1836 schien in der Schweiz verloren gegangen, ein Koffer mit Papieren war angeblich in London von Spionen entwendet worden, einer in Ostende gestohlen, ein weiterer mit Kleidung auf dem Schiff von Helgoland verschwunden.

1838 Jersey

Die Furie Suicidia

Und in seinem Inneren kämpften die »Furien«. Er schrieb – über »Suicidia«, die Furie des Todes, und »Dona Miseria«, die Furie der Not – um sein Leben. Sie rangen in seinen Texten und Gedichten um die Seele des Verbannten. Es war eine innere Zerreißprobe, wieder und wieder ließ er sein bisheriges Leben, das Leid und den Kummer der Kindheit, den enttäuschenden Kampf um die Freiheit, seine Einsamkeit in Verse fließen. Es war eine Art Selbstanalyse seiner Psyche. So rettete sich der Nichtheld der bürgerlichen Nichtrevolution am eigenen Schopf vor dem Überschreiten des Styx. Im Schreiben zog er sich mit den eigenen Worten aus dem Todessumpf. In Versen rettete »Iduna«, die Göttin des Gesangs, den Erzähler, indem sie ihm die kleine Harfe Telyn reichte und ihm Mut zusprach:

Ersteh in dem Bewusstsein deiner Kraft;
Ersteh aus diesem Erdenzwang der Leiden;
Bin ich doch, die die neue Stärkung schafft
Wenn Lieb' und Trost und Hoffnung
Dich auch meiden.

Harros Gemüt war wie die Gezeiten auf Jersey. Mal schossen und tobten die springenden Wellen, waren kaum zu bändigen, schienen die ganze Welt mit sich zu reißen, um dann, nur Stunden später, der Stille, dem kargen Sand mit ein paar Rinnsalen gewichen zu sein. Ebbe und Flut tobten in ihm, und Harro wurde in der Nussschale namens »Kismet« hin und her getrieben. Aber seine radikale Selbstentäußerung, die Schilderung seiner narzisstischen Kränkung, seiner sexuellen Frustration und Todessehnsucht treffen, 60 Jahre bevor Freud mit der Psychoanalyse hervortrat, auf kein adäquates Echo.

Aber dann ruderte und segelte er doch wieder, als würde der Wind sich drehen und er Land sehen. Nach der Analyse des eigenen Elends folgte der Aufruf an die Jugend des Nordens, sich zu erheben. Er schickte die Texte zum Freund Schuler nach Straßburg, der sie auf Deutsch mit einem französischen Titel »La Telyn (Harpe) d'un Scandinave« und ohne Autorennamen veröffentlichte, wohl damit sie leichter die Zensur und die Grenzen passieren konnten. Auch wieder so ein Fall von Selbstverleugnung. Einerseits kehrte er das Innerste nach außen, entblößte sich, um dann – angeblich der Sache wegen – so zu tun, als sei es nicht er selbst, sondern ein allgemeines Selbst, das da sprach.

Die englischen Gerichte arbeiteten langsam. Alle hofften wohl, die Harring-Helgoland-Sache würde sich von selbst erledigen, wenn der Gouverneur erst abgelöst sei. Doch Harro, ungeduldig in seiner »Berserkerwuth«, hatte längst den Entschluss gefasst, von Jersey aus mit anderem Pass wieder nach Helgoland zurückzukehren.

Vorher soll er – nach Geheimdienstberichten – im Februar 1839 heimlich nach Brüssel gereist sein, um sich mit von Rauschenplatt, einigen polnischen Genossen und dem französischen Revolutionär Blanqui und seiner »Societé des Saisons« zu treffen. Dabei soll ein Putsch in Paris vorbereitet worden sein, an dem Harro aber nicht teilnahm. Der Aufstand fand tatsächlich am 12. Mai 1839 statt, wurde aber nach Stunden blutig niedergeschlagen. Harro war da bereits wieder auf Helgoland.

Zurück auf die Insel des Verrats

Vielleicht spürte er, dass Helgoland die letzte Chance war, politisch und poetisch in der Nähe der Heimat zu sein. Am 21. April ging er an Bord der »Hebe« und segelte in die Elbemündung, wo er auf ein Signal vom Landesältesten Helgolands, J. P. Michels, hin auf die »Patriot« umstieg und die Insel am 1. Mai 1839 erreichte. Der Gouverneur reagierte empört und verpflichtete Michels, Harro sofort zurückzubringen.

Wie ein Michael Kohlhaas oder ein Don Quijote bestand er vor den Behörden auf der Gültigkeit seines Jersey-Passes und seinem Recht. Vergebens, denn der englische Gouverneur befürchtete, dass sich die Fischer mit dem Rebellen verbündeten. Das hätte ihm gefährlich werden können. Das Schiff wurde gezwungen, sofort wieder auszulaufen. Wieder hatte man einen seiner Koffer zurückgelassen, und als ein Boot mit dem Koffer zur »Patriot« übersetzte, sprang Harro in Höhe der Badeinsel über Bord. Wenn die Bootsbesatzung ihn nicht in einer entschlossenen Aktion aus dem Wasser gezogen hätte, wäre er ertrunken, denn der Mann der Küste konnte nicht schwimmen. Der Inselarzt bescheinigte dem entkräfteten Mann Transportunfähigkeit, aber Sir Henry King blieb hart. Er befahl, Harro nach Cuxhaven zu bringen. Als man ihn daraufhin wieder an Bord führen wollte, versammelte sich eine Reihe von Leuten am Anleger, um dagegen zu protestieren.

Es kam zu Rangeleien, und Harro wurde ganz irre, denn er glaubte, nun an die preußische Polizei und dann an den russischen Geheimdienst ausgeliefert zu werden. Er beschwor die Fischer, ihn nicht auszuliefern.

Nach Süden

Auf See kreuzte die »Patriot« die Hamburger Galeasse »Die Hoffnung« mit Zielhafen Bordeaux. Harro fasste wieder einen unerwarteten Entschluss und flehte, mit Hund und Gepäck an Bord des Großseglers gehen zu dürfen. Die Aussicht, wieder in ein preußisches Gefängnis zu kommen, muss seine Überzeugungskraft gestärkt haben. Denn tatsächlich nahm man ihn auf und fuhr mit ihm gen Süden.

An die Hütte des Hafenmeisters von Helgoland ließ das Helgoländer Gericht tags darauf einen Beschluss heften: »Kein hiesiger Einwohner soll den Harro Harring vom festen Lande, noch von einem Schiffe hieselbst an Land setzen.« Für Harro war Helgoland »die Insel des Verrats«.

Die Furcht der Helgoländer Obrigkeit vor Harring blieb. Als 1848, also fast zehn Jahre später, das Gerücht aufkam, Harring wolle nach Helgoland zurückkehren, war es das Thema auf den revolutionären Versammlungen, Hoffnung und Furcht.

1839 Bordeaux

Asyl in Bordeaux

Der Segler setzte ihn in Bordeaux an Land, und man gewährte ihm Asyl. Aber der Hunger in Bordeaux war nicht anders als in London. Dort wären immerhin Weggefährten, Leidensgenossen gewesen, während es im Süden Frankreichs niemanden gab, den er kannte. Er war völlig mittellos und schrieb Bettelbriefe in den Norden, in denen er den Freunden massiv vorwarf, ihn vergessen zu haben. »Wer im Vaterland Mittel hat, mich kennt und mir nicht helfen will, der möge auf seinem Mammon verfaulen, er möge in seiner Todesstunde tausend Mark hinterlassen in barem Geld und mit dem Bewusstsein an meiner Ermordung geholfen zu haben – verrecken.«

Zwischentöne waren nicht seine Art. Er schrieb verzweifelt an den Freund Bissen nach Kopenhagen: »Seit Monaten ohne allen Erwerb, ohne Nachricht von meinen Freunden im Vaterlande, überall bestohlen und betrogen (...) kämpfe ich seither gegen die Furie des Selbstmordes, die keine Nacht mein Lager verlässt. Es ist ein schaudervolles Los zu leben als Verbannter.«

Schließlich, nach zehn Monaten Not und Verzweiflung, wendete sich das Schicksal. Zum einen bot ihm ein Stettiner Kapitän an, ihn auf seinem Schiff als Dolmetscher zu begleiten, und zum anderen wollte die Zeitschrift »The African Colonizer« von ihm einen Bericht über die Situation der Negersklaven in Brasilien. England, zuerst die Nation, die mit dem Sklavenhandel große Geschäfte machte, hatte sich besonnen und den Sklavenhandel nicht nur verboten, sondern mit Beschluss beider Kammern des Parlaments ein Gesetz verabschiedet, das britischen Kriegsschiffen erlaubte, in brasilianischen Gewässern Sklavenschiffe aufzubringen. Zwar hatte die brasilianische Regierung auf Druck der Engländer ebenfalls dem Sklavenhandel offiziell abgeschworen, aber die große Nachfrage nach Kaffee, vor allem aus Europa, konnte nur mit vielen Arbeitskräften gestillt werden.

Ein Auftrag in Rio

Harros Depression verzog sich mit der Aussicht auf eine Aufgabe und ein Honorar wie die Winterstürme in der Biskaya. Er wähnte sich sogleich als Forscher und bot in vollkommener Selbstüberschätzung der Kopenhagener Akademie und dem König an, auch für sie – gegen einen angemessenen Lohn – in Südamerika tätig zu sein und gegebenenfalls seine Reise nach China fortzusetzen. Aber Harring war, was er nie zur Kenntnis nahm, am dänischen Hof inzwischen eine Unperson, jemand, den man noch nicht einmal mehr ignorierte. Immer wieder versuchte er, dem König quasi auf Augenhöhe Angebote zu machen, um dann vor ihm auf die Knie zu fallen. Man reagierte nicht oder nur sehr zögerlich und ausweichend.

In der Öffentlichkeit wollte Harro unbedingt den Eindruck vermeiden, dass er auswandern, also den Kampf aufgeben würde. Er schrieb an Mazzini und an Zeitungen in Altona und Itzehoe, dass er eine Reise als Dolmetscher unternehme und versuchen werde, »die geistigen Früchte dieser Reise der Literatur darzubringen«.[54]

12
Tropische Skizzen

1840 Brasilien – 1841 London –
1842 Rio de Janeiro

1840 Brasilien

Am 19. März 1840 verließ der zweimastige Rahsegler »Henricus« mit Harro Harring und dem Hund Fingal an Bord Bordeaux und traf 47 Tage später in Rio de Janeiro ein. Rio war eine Stadt von etwa 100 000 Einwohnern, von denen ein Drittel Sklaven waren. Und trotz Verbot des Sklavenhandels trafen immer wieder Tausende Menschen aus Mosambik und Angola mit Schiffen vor den Ufern Brasiliens ein und wurden in mehr oder weniger heimlichen Aktionen mit kleinen Booten an Land und auf die Haziendas geschafft. Obwohl, von England ausgehend, der Sklaverei der Kampf angesagt war, blühte er Mitte des 19. Jahrhunderts erst richtig auf, und neben den vielen freiwilligen Einwanderern aus Europa kamen viele Afrikaner unfreiwillig ins Land.

Bilder über die Sklaverei in Brasilien

Harro quartierte sich in Rio als »Gelehrter« ein und fand im Botschafter Frankreichs, Monsieur Taunay, einen Unterstützer, der ihm die Türen zur brasilianischen Gesellschaft öffnete. Allerdings litt »Fingal« unter dem feuchten Klima und der Hitze und drohte einzugehen. Harro gab ihn schweren Herzens in die Obhut eines Kapitäns, der ihn mit seinem Segler nach Tönning mitnahm, wo er bis zu seinem Tod auf ihn wartete. Anschließend streifte Harro wochenlang durch die Stadt und die Küste entlang wie ein Ethnologe, notierte alles und machte vor allem Skizzen. Er sah, wie eine weiße Herrin ihre Sklaven auspeitschte, Menschen wie Möbel versteigert oder zu unmenschlicher Arbeit getrieben wurden. Die Säcke mit dem Rohkaffee wogen 160 Pfund und mussten von den Männern im Laufschritt getragen werden. Die weißen Eigentümer trugen nichts, sondern wurden getragen, wenn sie nicht ritten. Harro schrieb, zeichnete, malte. Es entstanden 24 Aquarelle, die das Leben der Schwarzen in Brasilien beschreiben.[55]

Es sind keine genialen, aber charmante Darstellungen – die weißen Unterdrücker geraten ihm ein wenig zu Karikaturen, die Schwarzen arg gleichförmig steif, und die Berge von Rio sehen ein wenig aus wie die Fjorde Norwegens –, aber es sind wahrhaftige Dokumente über das Leben und die Lage der »unglückseligen Nationen«, wie Harring notierte. Heute gehören diese »tropischen Skizzen« über das Leben der Sklaven, wie sie verkauft werden und Capoeira tanzen, rudern müssen oder gezüchtigt werden, zu den wenigen überlieferten bildnerischen Dokumenten dieser Zeit und werden dem Kulturerbe Brasiliens zugerechnet.

Er malte auch große Landschaftsbilder, die er zum Abschluss seines Aufenthalts in Rio versteigern konnte. Einige Monate später, Ende November 1840, kehrte er mit dem dänischen Schoner »Confidence« nach Europa zurück und wollte gleich zum brasilianischen Konsul L. A. Lede nach Brügge weiterreisen, um mit ihm und anderen Gönnern über die Veröffentlichung seiner Erlebnisse zu sprechen. Aber kaum hatte er in Ostende den Fuß auf den Kontinent gesetzt, stellte er fest, dass ihn die Grenzbehörden nicht vergessen hatten. Er wurde verhaftet und postwendend nach Dover eingeschifft. Aber diesmal deprimierte die Ausweisung nach England den Rebellen nicht. Er hatte eine neue Mission, nämlich die Kunde vom Schicksal der Sklaven in die Welt zu tragen.

1841 London

In der türkischen Botschaft in London

In London mobilisierte er alle Kontakte, ging mit seinem Werk zu Lords und Parlamentariern. Doch nur der Botschafter des Osmanischen Reichs, Chekib Effendi, und dessen erster Sekretär, Mehmed Fuad – ab 1852 Außenminister der Türkei –, halfen ihm konkret. Sie ließen sich von ihm porträtieren und richteten ihm für vier Monate in der Botschaft, Nr. 69, Portland Place, nahe des Regents Park ein Atelier ein. Das mag zunächst befremdlich erscheinen, dass Harro ausgerechnet in der türkischen Botschaft Aufnahme fand, war er doch als Gegner der Türken sogar nach Griechenland gezogen, um Hellas von den Osmanen zu befreien. Sein Türöffner war schlicht der Botschaftssekretär Mehmet Fuad, Sohn des Dichters Izzet Molla, ein junger, 26-jähriger, von europäischen Ideen begeisterter Diplomat und wie Harro ein Freimaurer. Er war Mitglied der »Großloge der Freien und Angenommenen Maurer der Türkei« und fand in dem Maler und Dichter einen spannenden Gesprächspartner und Logenbruder.

Harro schrieb seinen Bericht für »The African Colonizer« und ein Buch. »Tropische Skizzen aus Brasilien mit Bemerkungen und Beobachtungen über den Sklavenhandel, über Civilisation und über die Bestimmung des Menschengeschlechts. Mit 30 Platten nach Original Gemälden und Zeichnungen von H. H.« sollte das Werk heißen. Die Gemälde entstanden im Atelier der Botschaft, und während der Arbeit wähnte er sich schon auf der nächsten großen Reise nach Afrika, wo er die Herkunft der Negersklaven erkunden wollte.

Aber niemand interessierte sich für sein Werk und seine Bilder, und selbst eine sonst mögliche Subskription kam nicht zustande. Gerade dachte er noch, die Welt mit seinem Werk aufrütteln zu können, da stürzte er schon wieder ab und machte die englische Ignoranz für den Fehlschlag verantwortlich. Enttäuscht ging er nach Brügge, wo der brasilianische Konsul eine Aufenthaltsgenehmigung für ihn erlangt hatte, verkaufte einige der Bilder und stellte das Manuskript über Brasilien mit 600 Seiten fertig. Immer noch glaubte er, der dänische König müsse ihn erhören.

Bettelbriefe an den dänischen König

Harro flehte den dänischen König in Briefen an, als würde ein verlorener Sohn seinen Vater um Liebe und Strafe anbetteln. Mazzini versuchte ihn zu überreden, wieder nach Brasilien zu gehen, dort habe er doch ein Auskommen gehabt, und außerdem sei dort inzwischen Garibaldi, und er könne ihm große Dienste als Kontaktmann und Überbringer von Botschaften leisten. Am 1. Oktober 1841 schrieb Mazzini an seine Mutter, die er über alles, was in London passierte, ausführlich informierte: »Der Skandinave ist ein guter Kerl, aber wenn er sich in den Kopf setzt, Geschäfte zu machen, den Verkauf von Büchern oder Zeichnungen für den höchsten Preis, dann erwartet er tatsächlich, dass er ihn bekommt. Wenn dann gewöhnlich die Hoffnung zunichte wird, gerät er in Verzweiflung, er glaubt sich vom Schicksal verfolgt, sagt, dass er sich umbringen will. Das alles geschieht im Gespräch von einer Stunde zur anderen (...) enttäuscht in allen Plänen, hat der Skandinave also einen Schritt unternommen, den ich vielleicht missbilligen würde, wenn es nicht ein außergewöhnlicher Fall wäre: Er hat seinem König geschrieben, ganz vornehm, und fragt, ob er ihn nicht in seine Heimat zurückkehren lässt. (...) Er bietet das Manuskript der Reise nach Brasilien illustriert zum Kauf an, unter der Bedingung, dass er ihm genug gibt, um diese Reise machen zu können. Er ist von frühester Jugend an Freund mit dem Prinzen geblieben, dem heutigen König. Zwar, um die Wahrheit zu sagen, im Vaterland hat er niemals etwas getan. Aber er hat gegen alle Könige und alle Fürsten der Welt in Mengen geschrieben. Er hat überall an Verschwörungen teilgenommen und sich in höchstem Maße wie ein Marktschreier verhalten. Gott möge das Herz des Königs rühren und ihn überzeugen, dass dieser Mann jetzt ganz harmlos auf der Welt ist. Er ist zerbrochen im Kampf gegen das Elend.«[56]

1842 Rio de Janeiro

Als Harro im Sommer 1842 wieder in Rio de Janeiro eintraf, kam er in ein Land, das von Aufständen und Unruhen erschüttert wurde. Nach 20 Jahren Unabhängigkeit waren das Erbe und der Einfluss der alten Kolonialmächte England, Spanien und Portugal noch überall spürbar. Das junge Kaiserreich Brasilien wurde aktuell von der Bewegung der *Farrouphilas* bedroht, die eine unabhängige Republik errichten wollten. Der *Guerra dos Farrapos*, der Krieg der Zerlumpten, von 1835 bis 1845 war ein Aufstand der Liberalen gegen die Zentralregierung. Die Aufständischen wurden von dem ehemaligen Bischof und Ex-Regenten Fejio angeführt, der, als Harro zum ersten Mal in Südamerika war, noch König des Landes war und die Sache der Humanität vertrat. Aber der Aufstand misslang, und Fejio wurde verhaftet. Die Großgrundbesitzer setzten auf den jungen 14-jährigen Kaiser Pedro II., der im Jahr zuvor den Thron von seinem Vater übernommen hatte. Erst kürzlich hatte sich das benachbarte Uruguay für unabhängig erklärt, und nun wurde diese Unabhängigkeit vom argentinischen Diktator Juan Manuel de Rosas und seinen Todesschwadronen bedroht. Er wollte die Vorherrschaft in der Mündung des Rio de la Plata erreichen. Es ging um viel Land, Handelsbeziehungen nach Europa, um Monarchie oder Reformen, letztlich aber um die Vorherrschaft auf dem Kontinent. Rosas wollte Uruguay der argentinischen Föderation einverleiben, während England und Frankreich dies in dem nun ausbrechenden »großen Krieg« zu verhindern suchten.

Die Vereinigten Staaten von Südamerika

Harro zog in die Vorstadt Santa Teresa und knüpfte Beziehungen zu dem italienischen Vertrauten Mazzinis, Giambattista Cuneo, der die Zeitung »La Giovine Italia« herausgab. Er überbrachte Nachrichten und vertrauliche Dokumente von Mazzini, darunter die Urkunde mit dem Manifest des »Jungen Europa«. Mazzini wollte nach dem Vorbild der »Vereinigten Staaten von Nordamerika« die »Vereinigten Staaten von Südamerika« bilden und die jungen Nationen unter anderen Voraussetzungen als Rosas vereinen. Mazzini war nicht nur als Revolutionär in Südamerika ein Begriff, sondern ein Symbol des Unabhängigkeitskampfes.

Vor den Küsten Südamerikas kreuzte ein mit neun Kanonen bewaffnetes Schiff mit Namen »Mazzini«. Kommandant war der 1835 aus Italien ausgewiesene Giuseppe Garibaldi, der eine Schar von Exilanten, freigelassenen Sklaven und Abenteurern um sich versammelte, um die jungen Nationen nördlich und südlich des Rio de la Plata gegen die Diktatoren zu unterstützen. Garibaldi war mit seiner Legion die entscheidende Kraft, die in den folgenden Jahren militärisch den Hafen von Montevideo freihielt und den Diktatoren Rosas und seinem Verbündeten Oribe die Stirn boten. Aber Garibaldi führte diesen Kampf faktisch in Wartestellung. Denn immer noch träumte er davon, in seine Heimat zurückzukehren und Italien zu vereinen. Garibaldi hielt über Harros Korrespondentendienste Kontakt zu Mazzini, der wiederum dessen Heldentaten in den Gazetten Europas verbreitete und den Guerillero Garibaldi in Italien und unter den Revolutionären Europas zu einem Volkshelden machte. Auch Harro selbst korrespondierte mit dem Kommandanten, und daraus sollte sich bald ein Auftrag ergeben.

Dolores, der große Roman über Südamerika

Harro, der Ideen und Aktionen von Garibaldi und Genossen unterstützte, verhielt sich in Rio nicht, wie er sich in Europa verhalten hatte. Dort war er sofort erschienen, wo es nach Aufruhr und Barrikade roch. Aber Montevideo war von Rio de Janeiro weiter entfernt als Husum von Rom, und es ging zunächst darum, dass er nicht verhungerte. Er schien erst einmal Atem holen und ein wenig zur Ruhe kommen zu wollen. Er machte sich daran, seinen Gedichtband »Poesien eines Skandinaven« herauszugeben, und versuchte, mit Porträtmalerei und Sprachunterricht – Harro sprach Deutsch, Dänisch, Englisch, Russisch, Spanisch – ein wenig Geld zu verdienen. Doch schon bald drängte es wieder aus ihm heraus. Er beschloss, einen Roman über die Verhältnisse in Südamerika zu schreiben, machte Notizen und sammelte Fakten.

Ausgangspunkt für die Hauptfigur des Romans »Dolores« war das Schicksal der damals 23-jährigen Juana Paula Manso, die mit ihrer Familie vor dem Diktator Oribe aus Montevideo nach Rio de Janeiro geflohen war und sich wie Harro mit Sprachunterricht über Wasser hielt. Juana war ein vielseitiges Talent und politisch sehr für die Frauenrechte aktiv. In Montevideo hatte sie einen Frauenbildungsverein gegründet, »Ateneo des Señoritas«, in dem Frauen nicht nur die üblichen hauswirtschaftlichen Praktiken und Klavierspielen lernten, sondern auch in naturwissenschaftlichen Fächern, Fremdsprachen und Mathematik unterrichtet wurden. Außerdem war sie eine Poetin, die in diversen Zeitungen Gedichte veröffentlichte. Später sollte sie Oratorien und Romane schreiben.

Harro nahm ihre Geschichte zum Ausgangspunkt, um seine Heldin Dolores, die von dem Diktator verfolgt wird, auf ihrer Flucht zu begleiten. Dolores hatte, wie ihr Vorbild, unter Pseudonym ein Freiheitspoem geschrieben und musste unter Lebensgefahr nicht nur ihren Geliebten in der Todeszelle zurücklassen, sondern auch das Land verlassen. Sie gelangte auf ein Schiff, auf dem sie den Skandinaven Ormur Olafur Hinango traf, der selbstlos alles dafür tat, ihr Leben zu retten, was nach vielen Abenteuern auf über 1300 Seiten dann letztlich nicht gelang.

Der Roman vermischte die reale politische Situation in Brasilien – mit konkreten Schilderungen über die Lebensumstände im Land – mit einer fiktiven Lebens- und Abenteuergeschichte. Sehr kenntnisreich und spannend schilderte er Verfolgungsjagden und Segelmanöver der Schiffe und das Leben auf See. Es traten reale Figuren auf, wie »Barigaldi«, der unschwer als Giuseppe Garibaldi zu erkennen ist. Andere Figuren agierten wie Prototypen oder Karikaturen, wie der nur aufs Geschäft bedachte englische Kaufmann John Walker und sein Sohn oder der deutsche Kräuter und Eier sammelnde Naturforscherdoktor Merbold, der den opportunistischen Untertanen gab, oder der Deutsche Wilhelm Roßbrück, der so gern Engländer gewesen wäre. Andere Figuren, wie der treue Diener Achilles, entsprechen dem Bild, das der Autor offenbar vom edlen Schwarzen zeichnen wollte.

Harro ist unverkennbar der Seeheld Hinango sowie der Maler und Poet Horatio. Was sich in seinen besten Stellen als Seeabenteuer und Unterhaltungsroman liest, gerät immer wieder durch die weltanschaulichen Belehrungen außer Rand und Band. Der Autor lässt in den vier Bänden nichts aus, was er in den letzten 20 Jahren gedacht und gemacht hat. Da wird das Manifest des »Jungen Europa« komplett erörtert, seine Leidenschaft für die Lehren Lamennais' werden ausführlich in großem Einvernehmen zwischen Heldin und Hinango besprochen. Seine Vorstellungen über den idealen Staat, seine Ablehnung der Institution Kirche kamen ebenso vor wie Gedichte und Gedanken über die Frauenemanzipation, die Lehre des Magnetismus, seine Gedanken über Ehe und Liebe.

Ein ganzes Kapitel widmete er der Stellung der Frau. Die Frau ist das »erhabenste Wesen der Schöpfung, welches nicht selten den Mann überragt an Geisteskraft und Seelenstärke, an Beharrlichkeit in Leiden und Muth und Fassung in Gefahren«.[57] Für Harring stand fest, dass die Menschheit, solange die Sklaverei nicht überwunden wird und die Frauen nicht gleichberechtigt und in ihrer Würde respektiert werden, nicht frei sein kann.

Mit dieser Mischung aus allem, was an literarischen Genres zur Verfügung stand, traf er, wie sich später aus den Reaktionen der Kritiker ablesen ließ, durchaus den Zeitgeist. Vor allem die sich emanzipierenden Frauen in Amerika entwickelten deshalb große Sympathie für den Mann, der die Frauen liebte, sich vor ihrer Nähe aber fürchtete.

Harro stilisierte sich und seine Enttäuschungen in seinen Protagonisten. Nach Ulrich Schulte-Wülwer erliegt er »der Versuchung, sich für alle die Enttäuschungen der letzten Jahre zu entschädigen, indem er sich an der Seite Garibaldis eine aktive Teilnahme am südamerikanischen Freiheitskampf andichtete. Er sah sich wie sein Held Hinango von dunklen Geheimnissen umschleiert.«[58]

Im vierten Band treten Barigaldi und Hinango, also Garibaldi und Harring, gemeinsam auf: »Die beiden Offiziere der Humanita, in blau-schwarzer Uniform mit Ankerknöpfen und schneeweißen Unterkleidern, traten auf's Deck. Beide trugen flache Marinehüte und jeder führte seine National-Cocarde. Kurze Degen, in silberner, vergoldeter Scheide blitzten an ihren Hüften.«[59] So zum Freiheitskämpfer verkleidet, trat Harro dann später tatsächlich auf, sowohl in New York als auch 1848 in Bredstedt. Literatur war sein Leben und das Leben Literatur.

Der Roman endet mit dem Tod von Dolores durch eine mit einer Mischung aus Morphium und Arsen vergiftete Orange. Der Mörder, ein mit allen Insignien eines preußischen Spions versehenes Scheusal mit Namen Baron de Spandau, ermordet sie heimtückisch, als ihm nach vielen Intrigen klar wird, dass Barigaldi und Hinango seinen Plan durchkreuzen wollen, sie an Rosas auszuliefern. Aber anstatt ihn zur Rechenschaft zu ziehen, wird der Mörder mitsamt Ehefrau und Gepäck ohne weitere Diskussion von Bord des Schiffes gelassen, samt Quittung für das einbehaltene Gift. Dass er das Schiff unbehelligt verlassen kann, ist dramaturgisch nach fast 1300 Seiten eine Überraschung. Warum der Autor Dolores, die Hoffnung des Landes, abrupt sterben und dann auch noch ihren Mörder davonkommen lässt, erschließt sich dem erschöpften Leser nicht. Nachdem der Roman mit der Hinrichtung des standhaften Nicht-Verräters Alphonso durch die Schergen des Diktators Rosas begann, endet er faktisch mit einem Akt der Vergebung seitens der Revolutionäre. Der Held geht zur Tagesordnung über, und das Werk schließt mit einer umfangreichen Darstellung des weiteren Schicksals seiner Protagonisten. Nur was mit Hinango passiert, bleibt im Dunkeln.

In einer »Bluttafel« im Anhang wird dokumentiert, wie viele Opfer das Regime Rosas bis 1842 gefordert hatte: 22000 Tote. In den Anmerkungen schrieb Harro dann, dass auch auf Juana Paula ein Mordanschlag verübt wurde. Nicht mit Gift, sondern mit einer Pistole, als sie schlief. Die Kugel verfehlte sie. Auch dieser Täter entkam. Juana Paula Menso überlebte und wurde eine der wichtigsten Schriftstellerinnen Argentiniens.

Im Auftrag Garibaldis nach New York

Obwohl ein Segelschiff von Europa nach Südamerika mindestens sechs Wochen unterwegs war und die Reisen auf dem Kontinent eher in Wochen als in Tagen zu zählen waren, funktionierte die Kommunikation unter Mitgliedern des »Jungen Europa« in Südamerika ausgezeichnet. Als in Rio bekannt wurde, dass die Brüder Attilio und Emilio Bandiera, italienische Adelige, die als Marineoffiziere in der österreichischen Armee gedient hatten, ein österreichisches Schiff, die »Bellona«, gekapert hatten und planten, mit den Genossen des Geheimbundes »Esperia« auf Sizilien zu landen, kam unter den Exilanten in Südamerika sofort der Wunsch auf, dabei zu sein. Man beriet sich, tauschte Briefe aus, und Garibaldi war einverstanden, Harro nach New York zu schicken, um dort Freiwillige für den Freiheitskampf in Kalabrien anzuwerben und ein Schiff zu organisieren, das die Kämpfer nach Italien bringen sollte.

Harro brach seine Zelte in Rio ab und ließ seine Bilder bei einer Lotterie verkaufen, um die Reise nach New York zu bezahlen. Der Kampf rief, und Harro setzte die Segel.

13
In bester Gesellschaft – bei Uncle Sam

1844 New York – 1846 London, Philadelphia

1844 New York

Die Stadt der Einwanderer

Noch war New York mit dreihunderttausend Einwohnern nicht die nordamerikanische Metropole, aber der ständige Zustrom von Einwanderern aus Irland, Schweden, Italien und Deutschland ließ die Stadt auf der Insel Manhattan zum Ort werden, den man erreichen wollte. Fast 50 000 deutsche Auswanderer waren in New York an der ersten Station ihres amerikanischen Traums. Der Überseebahnhof entwickelte sich schnell zum idealen Handelsplatz und wurde zum Ort, an dem man bleiben wollte.

Als Harro mit dem Schiff am 2. November in die Hudson Bay einlief, sah er zuerst das runde Gebäude am Battery Park, eine richtige Skyline gab es nicht, sondern aus den drei- bis vierstöckigen Klinker- und Holzbauten ragte nur die St. Paul's Chapel mit ihrem schlanken Turm über dem Vier-Säulen-Portikus empor. Nördlich der 4. Straße begannen bereits die Felder und Wiesen, aber auf den Plänen hatten die Stadtväter die zukünftige Stadt bereits vermessen und die Avenues, Straßen und Blocks eingezeichnet. Links und rechts des Broadways standen vereinzelt Landhäuser der Reichen.

Giuseppe Avezzana, der Vater von »Little Italy«

Am Pier erwartete ihn ein Arbeiter von Giuseppe Avezzana, bei dem Harro angekündigt war. Avezzana war ein ehemaliger Offizier Napoleons, der für die sardische Freiheit gekämpft hatte und 1824 nach Amerika ausgewiesen worden war. Er hatte in Mexiko gekämpft, war nun Kaufmann und in New York mit einer Irin verheiratet. Avezzana war der organisierende Kopf der italienischen Emigranten. Aber er war auch ein leidenschaftlicher und kämpferischer Republikaner, der Geld für die Sache des »Jungen Italien« sammelte und nur darauf wartete, in die italienische Heimat zurückzukehren. Er korrespondierte mit Mazzini, Garibaldi und eben mit den Bandieras. Italien blieb seine Herzensangelegenheit, und er wurde später General und Kriegsminister der römischen Republik. Harro brachte ihm die Nachricht von Garibaldi, dass sie eine Legion für eine Invasion in Kalabrien zusammenstellen und mit dem Schiff über den Atlantik bringen sollten. Ein Plan, den sie bei besserem Essen als Schiffszwieback und Bananen besprachen.

Der geöffnete Brief

Die beiden begannen, Geld und Leute zu sammeln, sich zu erkundigen, welches Schiff man chartern konnte, und sie hofften auf ein Zeichen aus Italien für den Aufbruch. Aber das Signal kam nicht, stattdessen erreichte sie die Meldung, dass die Sache der Brüder Bandiera verraten war. Wie sich herausstellte durch eigene Unerfahrenheit. Die Bandieras hatten ihre Pläne zur Eroberung Kalabriens ausführlich in einem Brief an Mazzini in London erläutert. Aber in England wurde die Post von und an Mazzini abgefangen und auf Anweisung des britischen Innen- und Postministeriums heimlich geöffnet, kopiert und mit dem identischen Siegel wieder verschlossen. Der Aufstandsplan war also in England und kurz darauf auch den in Italien aktiven metternichschen Agenten noch vor Mazzini bekannt.[60] Die Brüder Bandiera wurden, noch bevor sie irgendeine Aktion unternehmen konnten, in Kalabrien verhaftet und im Juli 1844 standrechtlich erschossen. Harros Mission, wieder am »Kampf der Völker« teilzunehmen, hatte sich damit vorerst erledigt.

New Yorks High Society

Unter den Intellektuellen in New York sprach sich bald herum, dass der Dichter von »The Funeral of Göthe«, in der Stadt war. Das Harring-Gedicht mit dem deutschen Titel »Goethes Leichenbegängnis« hatte der amerikanische Essayist und Diplomat Alexander Everett übersetzt und in der »Democratic Review« veröffentlicht. Und als Samuel Gridley Howe erfuhr, dass Harro in der Stadt war, suchte er ihn. Howe war Mediziner und Philhellene. Er hatte von 1824 bis 1827 in Griechenland die Aufständischen unterstützt und später in Boston dafür gesorgt, dass Harros Schrift »Poland under the Domanian of Russia« erschien.

Im Jahr zuvor hatte der 42-jährige Howe die 23-jährige Julia Ward geheiratet und mit ihr gerade die Hochzeitsreise durch Europa beendet. Julia Ward war nicht nur eine talentierte Dichterin, sondern kam aus einer der reichsten Bankiersfamilien New Yorks. Howe und die Wards waren davon überzeugt, mit Harro Harring einen der großen Kämpfer der Freiheit vor sich zu haben. In der besseren New Yorker Gesellschaft, die zum überwiegenden Teil aus ehemaligen Briten bestand, die von Neuengland und Boston aus nach New York gekommen waren, freute man sich also auf den berühmten, verfolgten Revolutionär und Dichter. Harro war zwar wegen des Verrats der italienischen Sache noch in einer »bitteren Gemüthsstimmung«, wie er nach Husum schrieb, aber er folgte der Einladung des Bankiers Samuel Ward in sein Landhaus nahe dem Broadway zu einem Empfang.

Bei »Uncle Sam«

Das Haus war prächtig, hatte große Salons, die nach der Mode, das hieß in italienischem und griechischem Stil, eingerichtet waren. Holz, Teppiche, Flügeltüren, Leuchter, Tische, Sessel, Spiegel, Bilder, Kristall und Silber auf den Tischen zeigten, dass das

Geschäft florierte. Beeindruckend, aber nicht allzu sehr, denn der Geist des Puritanismus der Elterngeneration steckte noch in den Vorhängen. Harro fühlte sich in seinem Kommandeursanzug, den er sich in Rio schon mal für den Fall der Fälle der Invasion zugelegt hatte und der sein einzig vorzeigbares Kleidungsstück war, etwas aus der Zeit gefallen. Hier hätte ein englischer Anzug besser gepasst, aber Eitelkeit hin und her, das Geld reichte nicht für Extras. Er erwartete einen dieser förmlichen Stehkonvente, wie er sie vom Münchner Hof oder den englischen Lordschaften kannte. Viel Form und wenig Futter. Aber es kam anders.

Samuel Ward jr. hatte ein Jahr zuvor von seinem verstorbenen Vater und dem an Typhus gestorbenen Onkel die Leitung des Bankhauses *Prime, Kind und Ward* übernehmen müssen. Außerdem war seine Ehefrau im Kindbett gestorben. Er war erst 27 Jahre alt und hatte allen Grund, besorgt zu sein. Aber im Gegenteil, er war den schönen Dingen des Lebens zugewandt und schien die Last des Erbes auf die leichte Schulter zu nehmen. Er hatte in Dresden und Heidelberg studiert und in Tübingen promoviert, sprach perfekt Deutsch und begrüßte Harro überschwänglich: »Es ist mir eine große Ehre, einen der größten Dichter und Volkssänger deutscher Zunge in meinem bescheidenen Haus begrüßen zu dürfen. Mein Haus sei dein Haus. Ich heiße Sam.«

Harro verbeugte sich und war geschmeichelt.

»Komm«, sagte Sam auf Deutsch, »ich muss dir etwas zeigen.« Der Hausherr zog Harro hinter sich her, sie gingen durch einen Salon, der einem Vizekönig Russlands gut zu Gesicht gestanden hätte. Sam öffnete eine Tür und bat Harro hinein. Eine Bibliothek in der Größe eines Klassenzimmers mit eingebauten Bücherregalen bis an die Decke. Zwei Sekretäre, Teppiche, Ledersessel und ein Rauchtisch, vor allem aber Bücher. »Hier«, sagte Mr. Ward, »haben wir ein Buch von dir.« Er zog einen Quartband aus dem Regal und reichte ihn Harro. Es war das Buch über Polen. Harro war gerührt und berührt. Sam erzählte von Dresden, und sie kamen sofort ins Gespräch über den Zwinger und die Elbe, über Polen und Brasilien.

»Welcome Mr. Harring«

Harro, zwar misstrauisch wie immer, konnte sich dem offenen und witzigen Gastgeber nicht entziehen. Er wurde locker, scherzte mit ihm, erzählte durch das ehrliche Interesse, das Sam ihm entgegenbrachte, gelöst von den nächtlichen Audienzen beim russischen Vizekönig, von Spionen, Dämonen und bemerkte nicht, dass jemand in der Tür stand. »Welcome Mr. Harring«, sagte eine Stimme, und Harro drehte sich um. Vor ihm stand eine wunderschöne Frau in einem eleganten Kleid und lächelte. Harro glaubte, er sehe die leibhaftige Liebesgöttin vor sich, sofort fühlte er sich klein.

Sam schlug ihm auf die Schulter. »Da fehlen dir die Worte was? Und das einem Dichter. Das ist meine Frau Meodora.«

»My dear, das ist Harro Harring, großer Dichter und Rebell.«

Harro verbeugte sich und begrüßte sie. Sie lächelte Harro an und wandte sich dann an ihren Mann. »Sam, Darling, die anderen Gäste warten bereits.«

»Biete ihnen schon einmal etwas zu trinken an, wir kommen gleich.«

»Hier Harro.« Sam wollte seinem Gast noch etwas zeigen. Er zog Harro an die Stirnseite der Bibliothek und deutete auf ein imposantes Ölbild, das den Hausherrn vor einem Baum mit einem großen Hund zeigte. »Das hat der Vogel[61] in Dresden von mir gemalt. Hübsch, nicht? Mein Vater hat fast einen Infarkt bekommen, als er hörte, was ich dafür bezahlt habe. Aber wenn dir mein Blick«, er deutete auf das Bild, »nichts ausmacht, biete ich dir an, die Bibliothek zu benutzen, wann immer du willst. Wäre schön, wenn an dem Schreibtisch nicht nur Wechsel unterschrieben werden.« Sam lachte, klopfte Harro auf die Schulter und sagte: »Komm, die Bande begrüßen.«

Die »Bande«, wie Sam sie scherzhaft nannte, lernte Harro im Laufe des Abends und der nächsten Wochen und Monate kennen. Ihr Kern war die engere Familie der Wards. Meodora kam aus New Orleans und war eine glamouröse Erscheinung, die bei der puritanischen Mutter von Sam zunächst auf Vorbehalte stieß. Sie brachte Glanz und Bewegung in die etwas steife nordenglische Gesellschaft. Sie fand den merkwürdig zurückhaltenden, andererseits so leidenschaftlich auftretenden Friesen sehr sympathisch und hörte seinen Geschichten gern zu. Harro bewunderte die Frau auf seine Art. Solange sie ihm nicht zu nahe kam, konnte er in ihrer Nähe sein. Irgendwann, Harro hatte das Angebot angenommen und in der Bibliothek zu arbeiten begonnen, las er ihr aus seinem Südamerika-Roman vor. Meodora meinte, er sollte den Roman doch nach der Titelheldin »Dolores« nennen, diese Frau sei doch so etwas wie das Symbol des Kampfes. Das gefiel ihm wie auch den anderen selbstbewussten Damen des Salons, und so legte sich über das Bild und die Beschreibung der äußerlich nicht so attraktiven Juana die Schönheit der Meodora Ward.

Harro mochte Meodora sehr, andere hielten sie für eine »fortune hunter«, eine Erbschleicherin. Darüber konnte Sam nur lachen. Er selbst hatte mit den Bankgeschäften seiner Familie nicht viel im Sinn, das war ihm lästige Pflicht. Er liebte das gute Leben, das Risiko, das Spiel, das Abenteuer. Und er hatte eine unnachahmliche Fähigkeit, mit Menschen umzugehen, er war ein Netzwerker und wurde in späteren Jahren in der amerikanischen Politik so etwas wie der »King of Lobby«, seine Barbecue-Partys wurden legendär, und wegen seiner jovialen Art wurde er in den Zeitungen nur »Uncle Sam« genannt.

Seine Schwester Julia Ward war eine äußerst gebildete junge Dame, die gerade geheiratet und mit ihrem Mann eine »Grand Tour« durch Europa unternommen hatte. Auch sie war im Salon in ihrem Elternhaus eine feste Größe. Ihre Zeit kam später, noch schrieb sie ihre Gedichte für sich. Ihr später geschriebenes Gedicht »The battle hym oft the republic« gehört zu den die US-Identität stiftenden Gedichten und wurde nicht nur beim Begräbnis von Kennedy rezitiert. Sie wurde eine der einflussreichsten Frauenrechtlerinnen und Gegnerinnen der Sklaverei in den USA, und ihr Vorschlag, dass die Mütter einen Protesttag gegen den Krieg begehen sollten (»Mother's Day Proclamation«), führte zur Einrichtung des Muttertags.

Samuel Gridley Howe, der amerikanische Humanist

Ihr Mann, Samuel Gridley Howe, fand die literarischen und politischen Ambitionen seiner Frau zunächst spleenig, und obwohl er ihre politische Linie durchaus teilte, meinte er, die wichtigen Sachen sollten eher die Männer machen, während sich die Frauen vor allem um den Nachwuchs zu kümmern hätten. Und damit war Julia, die im Laufe der Zeit sechs Kinder bekam, tatsächlich ausgelastet. Erst später akzeptierte Samuel ihr Können und arbeitete mit ihr zusammen. Er war Arzt, Sohn eines Reeders und ein Bürgerrechtler, der jahrelang in Griechenland gekämpft hatte und den Kampf der Philhellenen immer noch finanziell unterstützte. Unter anderem baute er Schulen auf Korfu, und als er sich 1831 in Berlin einmal über die Arbeit von Blindenschulen informieren wollte, war er verhaftet worden. Er hatte größere Mengen Geld dabei, um den Aufstand der Polen zu finanzieren. Man hielt ihn sechs Wochen in Berlin in Haft. Zurück in den USA, gründete und finanzierte er die ersten Blindenschulen, während er weiterhin die Sache Polens unterstützte. Das war auch der Grund, warum er sich für eine amerikanische Ausgabe von Harros Buch über Polen engagierte, für die er dann auch das Vorwort schrieb.

Alexander H. Everett, Diplomat und Biograf

Die wichtigste Person für Harro wurde im Laufe des Jahres 1844 Alexander H. Everett. Everett hatte zwei Jahre zuvor, ohne Harro persönlich zu kennen, das Gedicht über Goethe übersetzt und in der »Democratic Review« veröffentlicht. Er war Gesandter der Vereinigten Staaten in Den Haag und Madrid gewesen, wusste also nur zu gut, was die Freiheitskämpfer in Europa an Verfolgung, Zensur und Gefängnis zu erleiden hatten. Und er fand in Harring einen »ausgezeichneten Gelehrten und Dichter«, sozusagen den Prototypen des europäischen Freiheitskämpfers, der in seiner Person ein Stück Zeitgeschichte symbolisierte.

Everett ließ sich in der Bibliothek der Wards von Harro sein Leben erzählen und machte sich daran, dieses Leben und Werk zu beschreiben, und zwar in einer Ausführlichkeit und mit einer Empathie, die Harro bisher bei niemandem erlebt hatte. Everett verstand Harro ganz und gar, auch seine Wutanfälle und cholerischen Ausbrüche betrachtete er mit Milde und schob das auf die elende Verfolgung und die große Sensibilität des Dichters. Everett veröffentlichte seine biografische Skizze, die in ihrer Konkretheit, Sachlichkeit und auch empathischen Darstellung dem Gegenstand mehr als gerecht wurde, in drei aufeinanderfolgenden Ausgaben der »Democratic Review« im Oktober, November und Dezember 1844. Harro fühlte sich anerkannt, und er schien angekommen zu sein. Also stellte er einen Antrag auf Einbürgerung und erhielt am 31.5.1845 die amerikanische Staatsbürgerschaft.

Durch Everetts Sympathiebeweis blühte Harro förmlich auf, auch wenn er wie immer distanziert blieb und niemanden wirklich an sich heranließ. Er arbeitete weiter an »Dolores« und entwarf einen großen Editionsplan für das Erscheinen seines Gesamtwerks, eine »Auswahl letzter Hand« in zehn bis elf Bänden, die auch alle unveröffentlichten Werke enthalten sollte. Seine

Erwartungen waren wieder einmal groß, aber das Interesse der Buchhändler und des Publikums war gering, sodass er die Edition mangels Nachfrage schon nach zwei Bänden einstellen musste.

Edgar Allan Poe, der Geistesverwandte

Wieder einmal am Rande der Depression, fand er in diesen Tagen jedoch einen Leidensgenossen, der sich ebenfalls über das Geschäftsgebaren von Verlegern, Dichterkollegen und Kritikern mokierte. Erfolgreich seien in 99 von 100 Fällen »die geschäftige(n) Nichtkönner, Speichellecker und Sudelköche«. Der Kollege hieß Edgar Allan Poe, war von Philadelphia nach New York gekommen und schrieb nicht nur unentwegt fiktive Reportagen und Kurzgeschichten, sondern begehrte daneben gegen die Unart der Verleger auf, Texte einfach nachzudrucken, ohne die Autoren zu bezahlen.

Sie hatten nicht nur eine ähnliche Meinung über die mörderische Konkurrenz im Literaturbetrieb, sie verstanden sich auch in anderen Fragen. Besonders in einer, dem Mesmerismus, dem animalischen Magnetismus. Harro war in seiner Kindheit durch Hypnose von seiner halbseitigen Lähmung befreit worden und hatte seitdem eine große Affinität zur magnetischen Therapie. Die elektromagnetischen Spannungen zwischen zwei Wesen in Schlaf oder Hypnose, die neuen Unerklärlichkeiten, die sich aus den noch bruchstückhaften Erkenntnissen der Naturgesetze und den Anfängen der Psychologie wie den Fantasien der schwarzen Romantik speisten, beflügelten die Vorstellungen nicht nur der Dichter.

Zugegeben, es ist eine Spekulation, die sich aus literarischen Indizien ergibt, aber Ort, Zeit und Motiv fügen sich zu einer Anekdote. Harro und Poe, der aus dem paranormalen Horror gern seine Geschichten entwickelte, mögen in Wards Bibliothek oder in einer der Kneipen der Nassau Street, in der Harro wohnte, vielleicht bei Absinth und einer Prise Laudanum, Harro bei bitterem Tee, an einem graulich, schaurigen Winterabend darüber gesprochen haben, was wohl passieren würde, wenn der eine den anderen im Sterben liegenden Kollegen hypnotisiere. Und Poe malte das erdachte Geschehen in einem Text aus. In der Story beschrieb er das Medium, den Schriftstellerkollegen Ernst Waldemar, als einen Verfasser der polnischen Übersetzungen des »Wallenstein« und des »Gargantua« (von Rabelais). »Er war sehr reizbar und eignete sich daher für mesmeristische Versuche vortrefflich.« Diese Beschreibung erscheint wie eine Gedankennotiz Poes zu Harro, denn der kommende Tod war ja eines der Lieblingsthemen des Friesen und die polnische Vergangenheit ein nettes Detail. So mögen die beiden, die Damen des Ward-Salons in wohlige Schauer wiegend, den Tod herbeifabulierend, sich wechselseitig stimuliert haben. »Um Gottes willen – schnell – schnell – bringen Sie mich wieder in den Schlaf – oder, schnell, erwecken Sie mich, schnell, ich sage Ihnen, ich bin tot.«

Poe verstand es, diese Fantasie so seriös darzustellen, dass er, als seine Geschichte »Die Tatsachen im Falle Waldemar« 1845 erschien, vor allem den entsetzten Leserinnen versichern musste, dass er sich das, wie schon bei seiner Reportage über die Ballonfahrt über den Atlantik, nur ausgedacht habe.

Der Skandal um »Dolores«

Samuel Ward vermittelte Harro im Dezember 1844 einen Vertrag über die Veröffentlichung von »Dolores« bei dem angesehenen Verlag »Harper & Brothers«, und Harro lieferte im Oktober des folgenden Jahres das Manuskript im Verlag ab. Doch statt der Korrekturfahnen schickte der Verlag das Manuskript schon wenig später ins Landhaus der Wards zurück.

Harro war empört, denn die Begründung der Verleger glich einer Zensur. Sie schrieben, sie wollten das Buch nicht verlegen, denn das Werk sei »durchaus nicht orthodox«, was bedeutete, es entsprach nicht ihren religiösen Moralvorstellungen. Harro hätte nicht nur die barbarischen Verhältnisse und den Diktator Rosas angeklagt, sondern auch die Institution Kirche angegriffen. Seine Vorstellungen über eine Befreiungstheologie nach dem Vorbild Lamennais', die Liebe der ehelosen Dolores, das Verbrechen der Kirche, eine »Ehe ohne Liebe« zu legitimieren, all das hielten die Verleger für Blasphemie.

Harros Anwalt vermutete, die Agenten Rosas' – deren Vertreter er im Verlagshaus gesehen zu haben glaubte – würden hinter dem Rückzug des Verlagshauses stecken. Er habe entsprechende Hinweise – woraufhin Harro die Verleger auf Vertragserfüllung und Schadensersatz verklagte. Der Prozess allerdings wurde dann zum Tribunal gegen ihn. Die Richter diskutierten nicht über die Erfüllung des Vertrages, sondern befragten Harro peinlichst nach seinen religiösen Motiven. Harro berichtete, ein Richter habe ihn gefragt, ob er an die Existenz des Teufels glaube. Er kam sich vor wie Galileo vor der Inquisition. Das Gericht billigte ihm Monate später zwar einen Schadensersatz zu, aber abzüglich der Anwaltskosten blieb ihm nichts.

Ein solches Verfahren, in dem religiöse Anschauungen zum Kriterium für eine Vertragserfüllung wurden, war in New York umso erstaunlicher, weil Religionsfreiheit gerade für die Puritaner und Methodisten wie auch für die ganzen protestantischen Sekten, den Amish, Herrnhuter oder Shaker, existenziell war. Sie waren nach Amerika gekommen wegen der Religionsfreiheit. Hier konnten sie ihre zum Teil absonderlichen religiösen Vorstellungen ausleben. Freiheit war in Amerika zuerst Religionsfreiheit.

Margaret Fuller, Kritikerin, Frauenrechtlerin, Beschützerin

Allen voran unterstützte die Schriftstellerin Margaret Fuller Harro gegen diesen Affront. Sarah Margaret Fuller war eine der wenigen Frauen, der Harros Auffassungen, sein »heroisches Blut«

und die aufbrausende Art gefielen. In einem Brief schrieb sie über ihn: »Er ist eine stürmische Natur, aber voll und reich und es ist eine kindliche Frische in ihm, wenn die ärgerlichen Wogen zurückweichen.«[62] Margaret Fuller war die erste Redakteurin in der »New York Daily Tribune« und unter anderem zuständig für die deutsche Literatur. Sie kam aus Boston, hatte Goethes Gespräche mit Eckermann und den Briefwechsel von Caroline von Günderode mit Bettina von Arnim ins Englische übersetzt und engagierte sich für den Vormärz. Sicher gefiel ihr auch Harros Eintreten für Frauenrechte, denn sie war selbst eine engagierte Frauenrechtlerin und veröffentlichte im selben Jahr, in dem sie Harro kennenlernte, die »Geschichte der Frau im 19. Jahrhundert«. Zuvor hatte sie in Boston gemeinsam mit Ralph Waldo Emerson »The Dial« herausgegeben, die Zeitschrift einer Gruppe von Transzendentalisten. Die aus dem deutschen Idealismus entstandene Bewegung vertrat eine freiheitliche, selbstverantwortliche und der Natur zugewendete Lebensart.

In Margaret Fuller fand Harro nicht nur eine ihn verteidigende Kritikerin, sondern eine verlässliche Freundin. Als sie von der Ablehnung des Manuskripts hörte, schrieb sie eine lange und ausführliche Kolumne in der einflussreichen »New York Daily« und machte die Sache zu einem Literaturskandal. Sie nahm die Argumente und Begründungen der Verleger auseinander, sprach von Zensur und bescheinigte »diesem Ritter der Freiheit, dem seine Ideale so viel bedeuten wie eine Religion«, Unbeugsamkeit gegenüber jeder Geschäftemacherei. Ihre Brandrede nötigte sogar Mr. Poe, ihrem Konkurrenten um Zeilen in den Zeitungsspalten, Respekt ab: »Die Verteidigung Harro Harrings oder vielmehr die Philippika gegen jene, die ihm unrecht getan, war eine der eloquentesten und bestformulierten Artikel, die ich in einer Zeitung zu Gesicht bekommen habe.«[63]

Und Harro verschwendete keinen Gedanken darauf, aufzugeben, sondern entschloss sich, das Buch selbst zu verlegen. Aber er hatte nicht das Geld, um die Druckplatten zu bezahlen, und musste sich die Summe von 1200 Dollar zusammenschnorren. Und auch hier zeigte sich Margaret Fuller großzügig und lieh ihm 500 Dollar – Geld, mit dem sie eigentlich eine Europareise unternehmen wollte. Die verschob sie, und Harro versprach hoch und heilig, den Betrag zurückzuzahlen. Tatsächlich konnte das Buch erscheinen, und die erste Auflage von 1000 Exemplaren war nach nur drei Wochen vergriffen. Durch den schnellen Absatz fand er nun rasch einen anderen Verlag, aber zu so schlechten Konditionen, dass er trotz des Erfolgs kein Geld verdiente und den Kredit von Margaret Fuller schuldig blieb.

1846 London

Zu viel des Guten?

Harro war nun seit fast zwei Jahren in New York, hatte Freunde und Bewunderer, und doch fühlte er einen Verlustschmerz. Da er sich auf niemanden richtig einließ, blieb er fremd. Amerika war nur ein schlechter Ersatz für den Ort, an dem er Anerkennung finden wollte. Die Heimat oder wenigstens ein Land Europas sollte ihn endlich erhören. Als ein Schiff mit einem friesischen Kapitän am Pier lag, traf er einen seiner spontanen Entschlüsse und überredete den Landsmann, ihn »Hand für Koje« mit nach England zu nehmen. Als in Amerika erfolgreicher Autor würde man ihn auch in Europa erhören, hoffte er. Ohne Geld, nur mit einem Koffer voller Manuskripte kam er Anfang September 1846 in London an – Wochen bevor Margaret Fuller ihre Reise antreten konnte, die sie verschoben hatte, weil sie Harro ihre Ersparnisse geliehen hatte. Als Harro bei Mazzini erschien, war der nicht wirklich amüsiert.

»Du bist ein Quälgeist, Harro. In Amerika liebt man dich, und hier wirst du verfolgt. Was willst du hier? Nimm das nächste

Schiff zurück nach New York«, schimpfte der Freund. Mazzini konnte Harro nicht gebrauchen, denn er war dabei, konspirativ die Befreiung Louis Napoleons aus der Festung Ham vorzubereiten. Er konnte die Aufmerksamkeit, die ihm die englischen und österreichischen Agenten ohnehin entgegenbrachten, nicht auch noch durch die Anwesenheit des immer noch überall gefürchteten Harring anstacheln. Und Harro, der schon nach wenigen Tagen merkte, dass die Londoner Verleger nicht auf ihn gewartet hatten und der wegen der mangelnden Wertschätzung sofort wieder in seine dunkle Stimmung verfiel, zeigte sich reumütig.

Tatsächlich hatte sein Auftauchen in den Lokalen der deutschen Handwerksburschen in London schnell die Spitzel Metternichs und Preußens aufgescheucht. Man meldete aufs Festland, dass Harro mit einer Schar von Gleichgesinnten eine Invasion in Holstein plane, und warnte die Behörden. Harro, der, wenn man ihn gefragt hätte, nichts lieber als das getan hätte, beherzigte hingegen den unmissverständlichen Rat Mazzinis und kehrte Anfang 1847 nach New York zurück. Zu früh, wie er später feststellen musste, denn überall in Europa rüsteten sich die Revolutionäre nun zum Aufstand. London – was in den folgenden Jahrzehnten so etwas wie das Auge des Orkans der bürgerlichen Revolution werden sollte – wäre der richtige Ort gewesen, um Revolution zu machen. Dort tagte in den folgenden Monaten der »Bund der Gerechten«, der sich Ende 1847 in den »Bund der Kommunisten« umbenennen sollte und Karl Marx und Friedrich Engels – die eine Feindschaft mit Mazzini pflegten – mit der Formulierung des »Kommunistischen Manifests« beauftragte. In London versammelten sich die anderswo Verfolgten, und selbst der Polizeidiktator Europas, Fürst Metternich, ging, nachdem er abdanken musste, im März 1848 nach London ins Exil. Harro – ganz im verzweifelten Kampf um die Veröffentlichung von »Dolores« gefangen – verließ London also zu einem für einen bürgerlichen Revolutionär denkbar ungünstigen Zeitpunkt.

Auch Margaret Fuller[64] war inzwischen in Europa, wo sie den säumigen Freund weiterhin unterstützte, indem sie sich bei Elizabet Cabot Follen, der Witwe des ehemaligen Burschenschafters und Bostoner Universitätsprofessors Carl Follen, für ihn einsetzte. Mrs. Follen fand den Roman »Dolores« jedoch entsetzlich dumm und meinte, man müsse es dem Autor sagen, bemühte sich dann aber doch um Vermittlung. Vielleicht aus Solidarität zu der Freundin oder weil sie wusste, dass Harro 1831 eine kämpferische Novelle über ihren Mann mit dem Titel »Die Schwarzen von Gießen« geschrieben hatte, empfahl sie Harro an Ralph Waldo Emerson weiter.

Ralph Waldo Emerson, the American Scholar

Emerson war unter anderem berühmt geworden durch eine als »The American Scholar« bezeichnete Rede, in der er so etwas wie die intellektuelle Unabhängigkeitserklärung Amerikas formulierte. Emerson fand Harro und sein Werk wichtig und tat sofort alles, um dem Autor zu helfen. Er sah »dem armen Märtyrer der Freiheit« seine Marotten nach, legte überall für ihn ein gutes Wort ein und bemühte sich über Monate um Spenden. Und er versuchte, die vertrackte Verlagsgeschichte um »Dolores« zu regeln. Tatsächlich wurde der Roman mit Emersons Unterstützung in Amerika ein Erfolg und erlebte eine dritte Auflage, die dann das Buch auch in Europa bekannt machte.

1846 Philadelphia

Zur falschen Zeit am falschen Ort

Nach der Rückkehr aus England hielt Harro nichts mehr in New York, wohl auch weil die Zeitungen auf Betreiben seiner mächtigen Gegner, der Gebrüder Harper, seine Bücher ignorierten und er auf Dauer nicht den Wards auf der Tasche liegen wollte. Poe befand sich im Krieg mit anderen Literaten, und der Zug der Einwanderer ging Richtung Westen. Harro zog mit. Vielleicht wollte er dem Emerson-Freund Henry David Thoreau folgen, der sich in die Wälder zurückgezogen hatte, um einfach zu leben und so gegen Sklaverei und den Krieg in Mexiko zu protestieren. Aber Harro landete dann doch in Philadelphia. Die ehemalige Hauptstadt war mit fast zwei Millionen Einwohnern die größte Stadt des Nordens, und es gab dort Stadtteile, die hießen Germantown und Frankford. Warum er dorthin ging, liegt im Dunkeln, vielleicht aus Enttäuschung, vielleicht aus Zufall, vielleicht weil die Brüder der Freimaurerlogen gerade dort die einflussreichsten Kaufleute, Industriellen und Politiker waren und ihre schützende und nährende Hand über den Heimatlosen halten würden. Die Vereinigten Staaten gründeten auf den Ideen und Taten der Logenbrüder, und seit er Mitglied der Leipziger »Apollo«-Loge war, öffneten sich ihm immer wieder einmal Türen und Börsen von Freimaurerbrüdern. Und in Philadelphia war er auch nicht aus der Welt wie die Kollegen in den Wäldern.

Nachrichten gelangten mit den immer größer und schneller werdenden Dampfschiffen, mit der Eisenbahn und den ersten Telegrafenleitungen schnell von Kontinent zu Kontinent und durch das Land. Man war in Philadelphia informiert darüber, was in der Welt geschah.

Überall schien es besser zu sein als da, wo Harro gerade war, muss er gedacht haben, wenn er die Zeitung las. Er schrieb auf, was er in seiner neuen Heimat erlebte, war aber in Gedanken stets in Europa, ließ sich nicht auf das Neue ein, sondern verglich, was er sah, mit dem, was er vermisste.

14
1848 – Revolution in der Heimat

1848 auf See, Schleswig-Holstein

Die Märzrevolution

Als Harro am 21. März 1848 vom Beginn des Aufstands in Frankreich und den deutschen Landen erfuhr, hielt ihn nichts mehr in Philadelphia. Er begann, seine Sachen zu packen, und hielt Ausschau nach der nächsten Gelegenheit, nach New York und von dort nach Europa zu kommen. Denn dort passierte das, worauf er seit 30 Jahren hingearbeitet hatte.

Am 21. März ritt in Berlin ein zutiefst verunsicherter preußischer König mit einer schwarz-rot-goldenen Schärpe »Unter den Linden« entlang, und Friedrich Wilhelm IV. ließ erklären, er wolle »Deutschlands Freiheit und Deutschlands Einigkeit« erringen. Drei Tage zuvor hatte es vor dem Stadtschloss bei einer Kundgebung aufgebrachter Bürger ein fatales Missverständnis oder – geklärt wurde es nie – eine gezielte Provokation gegeben.

Seit zehn Tagen demonstrierte man ununterbrochen in Berlin, wurden Barrikaden gebaut, und der Regent war sich unschlüssig, ob er hart oder nachgiebig handeln sollte. Er entschloss sich, seinem Volk entgegenzukommen, und verkündete, er würde die Pressezensur aufheben, den Landtag einberufen und eine Verfassung ausarbeiten lassen. Es war der Straße geschuldet, aber auch den Nachrichten aus Wien, wo tags zuvor der seit 30 Jahren herrschende Metternich zurückgetreten war. Ganz Berlin war in Aufruhr, und eine große Zahl von Menschen drängte vor das Schloss, um den König anzuhören und ihm zuzujubeln ob seiner Reformbereitschaft. Aber am Rande des Platzes zog Militär mit Bajonetten auf, aus der Menge rief man: »Militär weg.« Im Kern bedeutete diese Forderung nicht nur, dass die Soldaten den Platz verlassen sollten, sondern man wollte den Obrigkeitsstaat nicht mehr. Der König sollte »Bürgerkönig« werden, Preußen nicht länger vom Militär beherrscht werden. Dann fielen einzelne Schüsse, und der Stadtkommandant erteilte den Befehl, den Platz zu räumen. »Verrat«, riefen die Demonstranten, und dann: »Zu den Waffen«. Es war ein Kampf von Zivilisten gegen das Militär. In der Nacht gab es insgesamt über 300 Tote. Auch Frauen und Kinder waren darunter, aber vor allem Handwerksburschen, Studenten und Arbeiter wurden am 18. März bei der Räumung des Platzes vor dem Schloss, den anschließenden Straßenschlachten und Barrikadenkämpfen zwischen Militär, Polizei und aufgebrachten Bürgern erschossen. Der nicht geplante Aufstand wurde brutal niedergeschlagen. Aber es war kein Sieg, sondern der König kapitulierte vor der Revolution, weil er glaubte, dadurch an der Macht bleiben zu können. Tags darauf trat er vor die Särge der »Märzgefallenen«, die auf den Stufen des Deutschen Doms am Gendarmenmarkt aufgebahrt waren, und entblößte sein Haupt. Die Lage war außer Kontrolle geraten, seit Wochen ließen sich in den Ländern des Deutschen Bundes die Aufständischen nicht mehr beruhigen.

Kopenhagener Erbfolge

Auch in Kopenhagen demonstrierte an diesem Tag das Volk. Am 20. Januar war der dänische König Christian VIII., der als Kronprinz in Dresden Harro sein erstes Bild abgekauft hatte und mit dem er sich in einer Art bettelnder Hassliebe verbunden fühlte, im Alter von 62 Jahren gestorben. Er hatte nur zwei Monate zuvor eine neue Verfassung in Auftrag gegeben, mit der die absolute Monarchie abgeschafft werden sollte, und bereits vorher versucht, die Möglichkeit der weiblichen Erbfolge durchzusetzen. Aber seine Bemühungen, das deutschsprachige ungeteilte Schleswig-Holstein bei Dänemark zu halten, führten innerhalb der Familie, vor allem mit Herzog Christian August von Augustenburg, und zwischen Dänen und Deutschen unmittelbar nach seinem Tod zu Eskalation und Bürgerkrieg.

Am 21. März demonstrierte das Volk vor dem Schloss in Christiansborg für mehr Rechte. Eine nationalliberale Regierung mit

Orla Lehmann wurde eingesetzt. Diese »Märzregierung« wollte unbedingt die eiderdänische Grenze in der Verfassung festgeschrieben haben. In Rendsburg hatten sich inzwischen die beiden Ständeversammlungen unter der schwarz-rot-goldenen Fahne versammelt und ihre Forderungen nach Kopenhagen geschickt. Als die Delegierten aus Rendsburg am 22. März vom König, nun Friedrich VII., eine gemeinsame Verfassung für Schleswig-Holstein verlangten, lehnte der das ab.

Der deutsch-dänische Krieg

Die Schleswig-Holsteiner reisten ab. In Kiel vermutete man jedoch irrtümlich, der König habe sich den Forderungen der Straße unterworfen, und die Eiderdänen hätten die Macht übernommen, obwohl die Rendsburger bereits mit Lehmann über eine Grenze entlang der Sprachgrenze in Höhe der Königsau bei Kolding gesprochen hatten. Man bildete eine eigene Regierung, und am 24. März marschierten die »Schleswigholsteiner« mit 250 Soldaten des 5. Jägerkorps nach Rendsburg und überrumpelten die dänische Besatzung der Festung. Damit hatte der deutsch-dänische Krieg begonnen. Im April rückte die Truppe mit über 6400 Mann, darunter viele revolutionär gestimmte Freiwillige aus allen deutschen Landen, bis Kolding vor, wurde aber, da man ohne Plan und gute Führung losgezogen war, geschlagen; 900 Freiwillige gerieten in dänische Gefangenschaft. König Friedrich VII. zog als Sieger in Flensburg ein. Das wiederum rief die Preußen auf den Plan, die mit General von Wrangel an der Spitze und 32000 Soldaten nach Jütland einmarschierten. Damit hatte sich Preußen aber nun isoliert, denn die Dänen blockierten die Häfen für die deutschen Schiffe. England und Russland drängten auf einen Waffenstillstand und zwangen Preußen in Malmö zu Verhandlungen.

Es hat in Paris angefangen

Die Revolution hatte im Februar wieder in Paris begonnen und war eine europäische Sache geworden. Am 24. Februar brannte der Thron des Bürgerkönigs Louis Philippe auf dem Platz der Bastille; in Wien stürmten Studenten das Ständehaus, und Metternich trat zurück; in Pest erzwangen 20 000 Demonstranten faktisch die Unabhängigkeit Ungarns; die Lombardei löste sich von Österreich, und Venedig wurde Republik. Die Forderungen waren überall ähnlich, wenn auch nicht einheitlich. Man verlangte Pressefreiheit, ein Ende des Parteienverbots, die Demokratisierung der Justiz, ein Nationalparlament und die nationale Einheit. Der verhasste Obrigkeitsstaat mit den ständigen Bespitzelungen sollte aufhören, die Bauern wollten aus der Knechtschaft.

Überraschend war, wie schnell alles ging. Innerhalb eines Monats brach die Restauration, mit der Metternich drei Jahrzehnte lang halb Europa in Schach gehalten hatte, zusammen. Vielleicht war die schnelle Kapitulation auch der Grund, warum die Revolution nicht zur Abschaffung der Monarchien führte, keine soziale Revolution wurde, keine Einigkeit zwischen Linken, Liberalen und Konservativen zustande kam. Man verzettelte sich stattdessen, und später, nach einem Jahr Debatten in der Paulskirche, endete der Aufstand mit einer faktischen Niederlage. Ein Grund war, dass die staatlichen Institutionen, der Herrschaftsapparat im Kern unangetastet blieben. Die Herrschenden zogen nur für einige Zeit den Kopf ein.

Die leidige Schleswig-Holstein-Frage

Während Harro noch mit Kahn, Kutsche und Bahn gen New York schaukelte, kam die Revolution in Schleswig-Holstein an. Dabei ging es nicht so sehr um Demokratie und Bürgerrechte, sondern vor allem um die nationale Frage, ob das Herzogtum Schleswig, das Gebiet von der Königsau in Flensburg und der Grenze zu Südjütland im Norden bis zur Eider im Süden zu Holstein und damit zum Deutschen Bund gehörte oder zu Dänemark und damit zu Skandinavien. Die Schleswig-Holsteiner kämpften für das »auf ewig ungeteilte« Land, die »Eiderdänen« dafür, dass Schleswig, obwohl die Mehrheit deutschsprachig war, bei der dänischen Krone blieb. Es war letztlich eine dynastische Frage, ob Dänemark oder Preußen herrscht.

Diese Frage sollte die nordeuropäische Politik bis ins 20. Jahrhundert begleiten, und Harro wird sich in diesem Konflikt über Jahre verzetteln und verkämpfen.

Für Harring war die Grenzfrage nebensächlich, weil er in den Fürsten und nicht in den Grenzen das Problem sah, aber er beschäftigte sich notgedrungen damit, weil es eine Frage seiner Heimat war. Noch in New York veröffentlichte er »Scandinavia – Gedichte zur Heimkehr«, in denen er in der Grenzfrage Stellung bezog:

Ihr Deutsche strebt nach Einheit-Stärke,
Von der Eider zu den Alpenhöh'n
Ihr Scandinaven! Baut am Werke
Der Eintracht – dass wir Thatkraft seh'n.

Gleichzeitig machte er den Absolutismus, die Monarchie als eigentlichen Gegner aus und warnte:

Ihr suchet ›Unabhängigkeit‹
In einem Winkelstaat;
Vergessend dass der Geist der Zeit
Euch überflügelt hat.

Dass seine Position der Aufteilung Schleswig-Holsteins unter den Deutsch sprechenden Kapitänen und Matrosen nicht mehrheitsfähig war, wurde ihm schon im New Yorker Hafen klar, wo man ihn als »Dänen« beschimpfte, ihm drohte, ihn an der nächsten Rah aufzuhängen, und auf den preußischen General Wrangel anstieß, der die Sache schon richten würde.

Aber Harro war der Überzeugung, kleinlicher Nationalismus sei ein Übel und würde den Geist vernebeln. Dass er den Konflikt gründlich unterschätzt hatte, wurde erst später klar. Er hielt das Thema für überflüssig: »Da ich kein Freund politischer Diskussionen bin, wo Geistesbeschränktheit und Unklarheit mir gegenüber die richtige Auffassung des Gegenstandes vonseiten der Gegner unmöglich machen, so zog ich mich, gern abbrechend und schweigend, zurück.«[65]

Schon 1828, im Vorläufer seines Romans »Rhonghar Jarr«, hatte er ironisch bemerkt: *Man nennt mich einen Dänen / Ich dank Euch für die Ehre / Und möchte auch wohl ein Däne seyn / Wenn ich kein Friese wäre. / Dieweil ich nun ein Friese bin. / Will ich ein Friese bleiben. / Will leben frey, im Friesensinn / Und auch als Friese schreiben.*

1848 auf See

Große Pläne auf See

Am 25. April verließ Harro mit anderen Heimkehrern an Bord der Dreimast-Bark »Sir Isaac Newton« New York Richtung Hamburg. Mit an Bord und mit ihm auf dem Weg nach Schleswig-Holstein war der 26-jährige Conrad Schramm, der zwei Jahre zuvor aus der preußischen Armee nach Amerika geflohen war und den jetzt die Revolution rief. Conrad wollte nach Kiel gehen, um den Aufstand schreibend zu unterstützen; er wird später in Hannover verhaftet, kann dann aber nach London fliehen. Und obwohl sich Schramm später der Auffassung von Marx und seinem »Bund der

Kommunisten« anschloss, werden die beiden Freunde bleiben und sich auf Jersey wiedersehen.

Zu diesem Zeitpunkt hatten die preußischen Truppen die Dänen schon aus Schleswig verjagt. Auf dem Schiff begann Harro aufzuschreiben, wie er sich die politische Zukunft seiner Heimat und seine Rolle dabei vorstellte. Er war davon überzeugt, dass die Landsleute ihn, einen Mann mit so viel Erfahrung in Wort und Tat, ihn, den Mitbegründer des »Jungen Europa«, nun dringend brauchen würden. Er bürstete seine Uniform auf, putzte Dolch, Degen und seine Pistolen und formulierte seine Positionen. Und war sich sicher, dass er nun in der Heimat ans Ziel seines Kampfes kommen würde.

Die Heimkehr endete jedoch zunächst Mitte Mai vor Cowes, dem Hafen auf der Isle of Wright vor Südenglands Küste. Bei einem Stopp hatte man erfahren, dass die Dänen die Elbe blockierten und wegen der Auseinandersetzung mit Preußen kein Schiff durchließen. Harro schrieb unter anderem an den Führer der eiderdänischen Partei, den Minister Orla Lehmann in Kopenhagen, und beschwor ihn, »so rasch wie möglich Befehle ertheilen zu wollen, mich in eine Stellung zu bringen, meine heiligsten Pflichten erfüllen zu können; indem ich die Macht der Vorsehung erkenne, welche sie auf einen so erhabenen Posten stellte, zur Ehre und Heil unseres geliebten Vaterlandes – während zugleich meine Zukunft in ihre Hände gelegt worden mich zu rufen«.

Harro ging davon aus, dass Lehmann auch ein republikanisches Skandinavien wollte. Aber hier irrte er sich. Lehmann war Anhänger der konstitutionellen Monarchie und hielt Harring für einen »Wühler« und keiner Antwort für würdig. Die Elbblockade hielt an, Harro verließ das Schiff und fuhr nach London. Von dort aus erreichte er Hamburg Anfang Juli – und reiste zunächst unbehelligt zu seinem Bruder Martin weiter, der Pastor in Sehestedt in der Nähe von Rendsburg war.

Preußische Truppen hatten inzwischen Jütland besetzt und auf

Druck von Russland wieder geräumt, man verhandelte bereits in Malmö. In Paris war der Juni-Aufstand der Arbeiter gegen die Schließung der Nationalwerkstätten von Armee und Nationalgarde blutig niedergeschlagen worden. Es gab 3000 Tote, und 15 000 Arbeiter wurden in die Überseekolonien verbannt. Es war der Anfang vom Ende auch der Märzrevolution in Deutschland, denn von nun an teilte sich die Bewegung in die der bürgerlichen Kräfte und der Sozialisten. Und die herrschenden Monarchen, ihr Militär und ihre Staatsapparate waren immer noch funktionsfähig.

1848 Schleswig-Holstein

Zurück bei der Familie

Die örtlichen Zeitungen meldeten Harros Ankunft nach 31-jähriger Abwesenheit. Harro sah nach Jahrzehnten seinen Bruder wieder, lernte die Schwägerin und erstmals die drei Nichten kennen, die schon junge Damen waren. Seine Nichten liebten ihren weit gereisten Onkel sofort, und Wilhelmine, Therese und Esche kümmerten sich fortan um ihn und gingen später sogar mit ihm nach Jersey. Aber der Onkel war nicht zum Teetrinken gekommen, das Volk rief ihn. Meinte er zumindest.

Nach einer Woche bei der Familie in Sehestedt hielt ihn nichts mehr in der Pfarrei, und Harro machte sich mit dem Schiff von Rendsburg aus auf nach Tönning an der Eidermündung. Eine Nichte begleitete ihn.

Großer Empfang in Tönning

Als der Dampfer am 13. Juli abends um neun in den Hafen von Tönning einlief, war tatsächlich der ganze Ort auf den Beinen. Alle wollten den »Mann der Sage« und »Märtyrer der Freiheit«

sehen und begrüßen. Einige erzählten stolz, dass sie mit ihm konfirmiert worden waren, andere kannten den Hund Fingal, den er vor Jahren aus Südamerika hierher geschickt hatte. Am Pier wartete die stattliche Kutsche eines Cousins, des Bauern vom Davidthof.

Als Harro in seiner schwarzen Uniform den Heimatboden betrat, jubelten die Menschen und ließen ihn hochleben. Jeder wollte seine Hand schütteln. Man begrüßte ihn, nötigte ihn in den nächsten Gasthof, um mit den Honoratioren zu speisen. Die Aufmerksamkeit und Hochachtung galt der Legende, dem Mann, der seit Jahrzehnten in aller Welt Aufsehen erregte.

Aber jetzt ging Harro ganz in seiner gegenwärtigen Mission auf. Ganz und gar überzeugt davon, dass die Friesen nur auf ihn gewartet hätten, hatte er eine Rede vorbereitet und war sicher, als eine Art revolutionärer Erlöser empfangen zu werden. Schon bald nach seiner Ankunft ließ er eine Anzeige im »Husumer Wochenblatt« einrücken, in der stand, dass er beabsichtige, am 23. Juli in Bredstedt zu reden. Tatsächlich hatte ein öffentlicher Auftritt von ihm Eile, denn die Ständeversammlung in Kiel unter Theodor Olshausen hatte am Tag seiner Ankunft in Tönning ein allgemeines, gleiches und direktes Männerwahlrecht beschlossen und vorgegeben, dass die Wahlen bis zum 1. August abgeschlossen sein sollten.

Und Harro wollte in Bredstedt reden, um gewählt zu werden. Aber er geriet sofort zwischen die Fronten. Auf der einen Seite standen die Vorkämpfer für ein »nicht in Dänemark einverleibtes, ungetrenntes Schleswig-Holstein mit dem natürlichen Anschluss des ganzen Landes an Deutschland«, wie es zum Beispiel das »Itzehoer Wochenblatt« vertrat. Auf der anderen die »Eiderdänen«, zu denen sich Harro, wenn auch nicht ganz, zählte. Er erklärte: »Unsere Provinz war vor der Grenzbestimmung des Heiligen Römischen Reichs ein Freistaat unter sogenanntem Schutze Dänemarks; der Volksstamm der Nordfriesen gehörte mithin zu den Scandinavischen.« Harro versuchte zu lavieren, sich eine »persönliche Identität« zuzulegen. Aber es half nichts. Man befand sich im Krieg, und wer zwischen die Fronten geriet, bekam von beiden Seiten Drohungen. Dagegen wollte Harro in Bredstedt ein Signal setzen.

Die Rede in Bredstedt

Freunde hatten in Bredstedt das »Landschaftliche Haus« zu seinem Empfang hergerichtet. Vor dem Haus stand eine Tribüne, mit schwarz-rot-goldenen und blau-weiß-roten Fahnen geschmückt. Harro, der einen einfachen schwarzen Rock mit einem Marinedegen an der Seite trug, schwenkte seinen südamerikanischen Filzhut mit dem goldenen Stern des »Jungen Europa«, als er an diesem Sonntag die Tribüne auf dem voll besetzten Marktplatz betrat. Die Leute waren in sommerlicher Stimmung, obwohl nicht weit entfernt gekämpft wurde. Man wollte diesen weitgereisten Mann, diesen überall Verbannten, von dem in den Stuben geraunt wurde, sehen.

Und Harro erfüllte diesen Wunsch nach Exotik. Nachdem er die Zuhörer mit einem »Seid gegrüßet, ihr Männer und Jünglinge meines Volkes« gönnerhaft willkommen geheißen hatte, redete er in hohem Ton von seiner Freude, wieder in der Heimat zu sein, seinem Leiden in den Jahrzehnten in der Fremde, in Kerkern und Verbannung und begann dann mit dem ihm eigenen Pathos seine Weltanschauung auszubreiten. Er sprach vom Volkstum und vom Volk, von Humanität, von Pflichten des Einzelnen und des Volkes, über die Aufgabe der Religion, vom Vaterland und den Despoten, um dann nach langer Rede, die er im wahrsten Sinne des Wortes über die Köpfe der Zuhörer hinweg hielt, zu seinen beiden eigentlichen Anliegen zu kommen.

Aus der Geschichte der Friesen entwickelte er die Idee, dass Friesland sich als Freistaat, als nordfriesische Republik, gründen sollte. Eine Republik, die unabhängig sein sollte, sich aber unter den »Schutz einer benachbarten größeren Macht« stellen sollte. Und er bot mehrfach an, dass seine Friesen »über ihn verfügen« könnten. »Ich fühle meinen Beruf, zu wirken unter euch, mit euch, zur Aufrechterhaltung unserer Volksrechte. Im Namen des Geistes, der sich offenbaret in seiner wunderbaren Kraft und Herrlichkeit zur Befreiung der Völker Europas.« Dann zog er seinen Degen und rief: »Wir wollen frei sein, wie's die Väter waren und lieber tot sein, denn als Sklave leben.« Da klatschten die Leute, aber Zustimmung für seine Position fand er nicht. Ein aufgebrachter Schleswig-Holsteiner drängte sich zu ihm durch und beschimpfte ihn mit »du Republikaner, Demokrat«. Er wollte Harro anspucken, traf aber Thereses Rock und rief, als ihn Freunde wegdrängten: »Hängt ihn auf, den infamen Dänen.«[66]

Für ein freies Friesland

Harro Harring hatte sich in mehrfacher Hinsicht verschätzt. Zum einen waren seine Friesen, obwohl beileibe keine Monarchisten, keine Republikaner. Sie waren zufrieden, wenn man sie in Ruhe ließ. Sie kannten die Dänenherrschaft, die sie oft genug geknechtet und diskriminiert hatte. Auch davon hatten sie genug. Aber es hatte sich auch keine friesische Nation herausgebildet, die sich über Sprache, Gebiet und Kultur definierte. Es gab eine in viele Dialekte aufgesplitterte gemeinsame Sprache, die zum Haus- und Inselgebrauch reichte, aber keine gemeinsame Kultur. Selbst zu Volksfesten kam man erst seit einigen Jahren zusammen. Was Harro beschwor, das einige Friesland, gab es nicht.

Nach Harro redeten an diesem Sonntag der Advokat Lorenzen auf Plattdeutsch und der Advokat Krebs. Beide sprachen sich für einen Anschluss des ungeteilten Schleswig-Holsteins an das Deutsche Reich aus und warben für sich als Wahlmänner. Harro sprang noch einmal auf und trug ein Gedicht über das neue Europa vor, aber das nützte nichts mehr. Die Idee eines friesischen Freistaats hielten alle für Unsinn und nicht der Rede wert. Harro begriff erst langsam, dass die Menschen ihn nicht verstanden und er sie nicht.

Er war tief enttäuscht, dass sein Vorschlag zur friesischen Freiheit und Unabhängigkeit noch nicht einmal eine Diskussion auslöste. Dabei war das, was er da für Nordfriesland vorschlug, das, was in Malmö zwischenzeitlich für ganz Schleswig-Holstein ausgehandelt wurde, eine faktische Neutralisierung des Gebiets unter preußisch-dänischem Protektorat. Aber dieser Kompromiss stieß später in der Paulskirchenversammlung auf erbitterten Widerstand vor allem der Linken, die die deutsche »Ehre« des ewig-ungeteilten Landes verteidigen wollten.

Harro war und blieb in seiner Heimat ein Fremder, und seine Vision, ein Europa ohne Grenzen und Fürsten zu schaffen, kam unter die Räder der Realpolitik. Seine Versuche, sich auf verschiedenen Versammlungen zur Wahl zu stellen, scheiterten alle kläglich.

Ein Gedicht zum 50. Geburtstag

Er zog sich auf den Hof des Bruders in Sehestedt zurück, hörte den musizierenden Nichten zu und ordnete seine Papiere. Zum 28. August schrieb er sich selbst ein Gedicht zum 50. Geburtstag:

So werd' ich heute fünfzig Jahr – und mit der Hand am Schwert
Erkenn' ich was mein Leben war; wohl äußerlich zerstört.
Zerstört von früher Jugend an, verarmt an Erdenglück;
Ein Sturm auf wildem Ocean, rauh bis zum Augenblick.

Harro kam ein wenig zur Ruhe, machte Pläne, fuhr nach Hamburg, hielt dort einen Vortrag in der Tonhalle und schrieb Aufsätze für das »Rendsburger Wochenblatt«. Doch Harro ließ sich in diesen Tagen selbst von verheerenden Niederlagen nicht aus der Bahn werfen. Er war seltsam unberührt, als würde ihn die Missachtung seiner Landsleute nichts angehen, als würde er plötzlich der Stimme Mazzinis folgen, der das Leben als Mission begriff. Seine Eitelkeit und sein Hochmut schützten ihn äußerlich gegen die Enttäuschung, sie waren andererseits aber auch der Beweis für seine Distanz zu den Leuten, deren Sache er zu vertreten glaubte. Er wusste, dass die Mission der Freiheit ein ständiger Kampf war. Was ihn vor Jahren noch in tiefe Depression gestürzt hatte, machte ihn jetzt eher munterer.

Die zehn Gebote der Freiheit

Vielleicht müsse man viel einfacher anfangen, dachte er und schrieb: »Die zehn Gebote der Freiheit«. Er ließ das Blatt in Hamburg drucken und verkaufen, es war sein Credo in Versen, rückwärtsgewandt und gleichzeitig wie das Manifest des politischen oder religiösen Märtyrertums.

Das 1. Gebot lautete: »Du sollst bereit sein, jederzeit zu sterben. Für Freiheit leben ist noch nicht genug.« Hier ist Harro immer noch der Burschenschafter des Jahres 1821 mit der Todessehnsucht des unbedingten »Freiheit oder Tod«-Pathos.

Aus dem 2. Gebot spricht der Geist des Protestantismus und Lamennais': »Du sollst den ein'gen Gott durch Werk verehren (...) du sollst Gott lieben – fürchten aber nicht.«

3. Gebot: »Du sollst die Menschen all als Brüder lieben.« Die Nächstenliebe und Solidarität mit allen, auch wenn es das eigene Leben kostet. Diese geforderte Selbstlosigkeit wird auch im 4. Gebot zur kollektiven Maxime: »Du sollst dein Volk vor allen Dingen achten.« Die »Lieb zum Vaterland« als Erlösung.

5. Gebot: »Du sollst zu jeder Zeit die Tugend üben«, und: »Du sollst dich opfern hier aus freiem Willen.« Das 7. Gebot fällt aus dem Rahmen. »Du sollst das Weib als deines Gleichen schützen,

kein Wesen ist dem Mann hier unterthan«, und noch mal: »Das ganze weibliche Geschlecht ist frei.«

Die restlichen vier Gebote waren eine Art revolutionär puritanischer Verhaltenskodex. Im 6. Gebot fordert er: »Du sollst naturgemäß vernünftig leben«, im 8. »Du sollst an ird'schen Hab und Gut nicht hängen«, im 9. »Du sollst in Kleidung nicht viel Aufwand machen« und im 10. und letzten »Du sollst gar sehr auf gute Waffen halten, hab ein Gewehr mit Bayonet bereit – ein Beil – es gibt im Kampfe viel zu spalten!« Das war der militante Revolutionär, der überall gesucht wurde.

Als das Blatt erschien, waren die Barrikadenkämpfe Geschichte, in der Paulskirche hatten längst die Parlamentarier das Wort. Aber was sich in Harros Geboten an Unbedingtheit ausdrückte, war und blieb eine Haltung, die alle Revolutionäre sich zu eigen machten, ganz gleich welcher ideologischen Konfession sie angehörten.

Louise Aston und die Liebe zur Freiheit

Vielleicht hatte Harro sein feministisches Frauengebot aufgenommen, weil er gerade eine besondere Frau kennengelernt hatte. Louise Aston war, als Harro sie in Hamburg traf, 34 Jahre alt. Man hatte sie wegen ihrer Bücher und ihres Lebenswandels aus Berlin ausgewiesen. Sie trug gern Hosen, rauchte in der Öffentlichkeit Zigarren und wählte sich ihre Liebhaber selbst. Ihr »ruchloses« Beispiel sollte, das war wohl der Zweck der Maßnahme, unter den Frauen keine Schule machen.

Für kurze Zeit fand Harro in dieser Louise eine »Seelenschwester«. Sie verstanden sich, und ihre literarischen Arbeiten waren vom gleichen Freiheitspathos beseelt, ihre Religion war die Freiheit, und sie verabscheuten die Kirche. Louise schrieb: »Des Weibes Glück ist die Liebe. Aber das Glück der Liebe ist die Freiheit.« Harro hatte es bereits 1820 in Dresden formuliert: »Das

Höchste im Leben ist die Liebe. Aber ohne die Freiheit ist die Liebe nichts.« Während Louise diese Freiheit auch auf ihre erotische Selbstbestimmung bezog, blieb diese Freiheit bei Harro meist abstrakt. Er liebte starke Frauen, als Mitstreiterinnen, eine solche Frau als Geliebte oder Gefährtin zu gewinnen blieb ihm versagt. Ob er es außer in seinen Gedichten überhaupt ernsthaft versucht hat, entzieht sich aller Kenntnis.

Louises Romane scheuten wie Harros Schriften nicht die Kolportage und Trivialität. Sie war in den Norden gekommen, um für ein Schleswig-Holstein unter deutscher Flagge zu kämpfen. Der entschlusslose Bundestag stellte seine Arbeit ein, der revolutionäre Elan musste ein Ventil finden und machte die Grenzfrage zur Hauptfrage der Politik. Harro war da nicht mit ihr einer Meinung, aber Frauen wie Louise Aston durften so etwas, ohne dass er sich gegen sie stellte.[67] Sie besuchte ihn mit ihrem späteren Mann, dem Arzt Eduard Meier, in Rendsburg, auf dem Weg zur Front. Dort wollte sie als Krankenschwester helfen. Schnell spekulierten die Agenten, Louise und Harro würden im Herzogtum zum Aufstand aufrufen. Aber daran dachten sie nicht.

Im April 1849 bekam Harro von dem Verleger Louis Fricker die Gelegenheit, die Redaktion der Zeitung »Das Volk« zu übernehmen. In der Schleswig-Holstein-Frage, die zur selben Zeit wieder Anlass für Militäraktionen zwischen Preußen und Dänemark war und bald zur Fortsetzung des Kriegs zwischen Dänemark und Preußen führen würde, blieb er bei seinem Standpunkt: »Völker kämpfen für ihre Freiheit, und wo die Freiheit errungen, bleibt die Grenzfrage Nebensache.«

Keine Grenz- und keine Klassenfrage

Was für ihn die Hauptsache war, legte er in seiner Zeitung dar: »Ich erkenne eine Social-Umgestaltung durch Revolution für unbedingt notwendig; mit Communismus, oder Güter-Gemeinschaft, habe ich nichts zu schaffen. Ich dringe auf das Recht und die Reform der Arbeit, auf verhältnismäßigen Ertrag aller Thätigkeit, der physischen wie der geistigen. Unter dem Begriff ›Volk‹ verstehe ich keine einzelne bevorrechtigte Classe, weder eine höhere noch eine niedere. – Nach meiner Ansicht ist Arbeit und Thätigkeit die Bedingung der Aufrechterhaltung jedes Staates und besoldete Faulenzerei der Ruin eines jeden Volks. Ein jeder Mensch ist zur Arbeit verpflichtet, sie sei physisch oder geistig; allein er hat Anspruch auf verhältnismäßigen Ertrag seiner Arbeit – zufolge dem Princip der moralischen Gleichheit. Ich betrachte das Recht und die Reform der Arbeit als Grundlage aller Fortschritte der inneren Entwicklung eines Volkes, und allgemeine Volks-Erziehung und Gesetzgebung als die nächsten Mittel zu Befestigung einer social-democratischen Republik.«[68]

Diese in einem fiktiven Dialog eines als »Europa« auftretenden Gesprächspartners vorgestellten Positionen wurden im Sommer 1848 von Harring geschrieben und stellten so etwas wie eine Gegenposition zum »Kommunistischen Manifest« von Marx und Engels dar, das im Dezember 1848 in London erschien. Während Marx und Engels den Klassenkampf beschworen, lehnte Harring es ab, eine Klasse zu bevorrechtigen. Harring formulierte stattdessen eine moderne, fast heutige sozialliberale Position; die SPD selbst wurde erst 15 Jahre später gegründet. Trotz aller tagespolitischen Niederlagen formulierte er eine aus heutiger Sicht klare gesellschaftliche Vision. Doch die Redaktion eines Blattes in der Provinz füllte ihn nicht aus. Und da er in der schleswig-holsteinischen oder friesischen Politik keinen Fuß auf die Erde bekam, galt er im eigenen Land nicht als Prophet. Nach dem Motto, wer nicht will, der hat schon, machte er sich wieder auf den Weg. Über Hamburg mit dem norwegischen Schoner »Maren und Jeanette« nach Christiania, dem heutigen Oslo.

Paul Harro=Harring

15
Volksheld in Norwegen

1849 Christiania

1849 Christiania

Habseligkeiten

Es schneite, als am 16. November der Pferdeschlitten mit dem besonderen Fahrgast die schmalen Passagen des Oslofjords entlangfuhr. Die Temperatur war unter den Gefrierpunkt gefallen, und bis zum Frühjahr würde es nicht mehr wärmer werden. Er war in Lillesand vom Schiff gegangen und auf Kufen weitergefahren. Noch gab es kein Eis, aber es war nur eine Frage von wenigen Wochen, und kein Schiff würde Christiania (das spätere Oslo) mehr anlaufen können. Es war dunkel und wurde auch tagsüber nicht mehr richtig hell. Ein paar Lichter sah man im Dunst, der erste Eindruck, den Harro von Christiania hatte, war, dass er irgendwo im kalten Nichts angekommen war. Von der Stadt war zuerst nur der Geruch von Tran und Holzrauch zu spüren, der sich mit dem Schneegriesel mischte.

Harro reiste wie immer mit mehreren Kisten, die all seine Habseligkeiten beinhalteten. 50 Jahre Leben in ein paar Koffern. Er hatte einen Koffer mit Manuskripten bei seinem Bruder gelassen und dachte einen Moment darüber nach, was ihm schon alles verloren gegangen war. In Leipzig, in München, in Bern, in Warschau, Rio, London und New York standen Koffer, Kisten mit Manuskripten, Büchern, Bildern. Zurückgelassen, verpfändet, vergessen. Eine Spur von Dingen, die meist für immer verloren waren oder irgendwann als unbekannte Werke auftauchen würden.

Die Witwe seines Freundes Todsen in Husum hatte ihm bei seinem Besuch die Bündel mit den Briefen gezeigt, die er dem Freund geschrieben hatte. Es war ein ganzer Schrank voller Berichte aus aller Welt. Manchmal hatte er jeden Tag geschrieben und alles, was er je gefühlt und erlebt hatte, war in diesen »Todsen, lieber

Todsen«-Briefen zu Tinte auf Papier geworden. Auch jetzt hatte er einen Koffer mit Papieren dabei.

Er hatte mit Marcus Thrane korrespondiert, der ihn seinen Genossen als den Vertreter des »Jungen Europa« und Vertrauten Mazzinis angekündigt hatte. Der Geheimbund »Junges Europa« war auch schon Geschichte, aber der Geist dieser Idee lebte. Harro ließ sich helfen, sein Sack und Pack in den Gasthof zu bringen.

Am Pier wurden zur gleichen Zeit von einem Schiff die Kisten mit Möbeln aus Berlin für das neue königliche Schloss ausgeladen. Man baute seit 20 Jahren an dem Palast im Park. Es war die größte Baustelle des Landes und sollte im nächsten Sommer mit einem großen Ball eingeweiht werden. Das Schloss sollte das Zeichen für Norwegens Unabhängigkeit sein, nachdem es bis 1814 von Christian VIII. aus Dänemark regiert wurde. Jetzt befand man sich in einer Union mit Schweden, und der schwedische König Oscar I., der von Geburt her ein Franzose war, repräsentierte von Stockholm aus das Land, das mit dem Storting über ein Parlament verfügte und von Beamten verwaltet wurde.

Weltberühmt in Norwegen

Harro wurde kein großer Empfang bereitet, aber er bemerkte bei seinen Gängen durch die Straßen während der nächsten Tage, dass man sehr wohl wusste, wer da angekommen war. Arbeiter blieben stehen, lächelten oder lüfteten ihre Mützen. Kinder winkten verstohlen dem Fremden zu, und schwarze Schatten, die er unschwer als Polizisten in Zivil ausmachte, folgten ihm in sicherer Distanz. Der Zollinspektor in Lillesand hatte ihn peinlichst nach dem Grund seines Besuchs in Christiania befragt, und Harro hatte angegeben, dass er Land und Leute in Skandinavien kennenlernen wollte und von seinem Freund Marcus Thrane eingeladen worden sei, obwohl sich die beiden zunächst gar nicht sahen.

Warum ging Harro nach Norwegen? Er hatte nicht mehr viele Optionen. In Preußen und den Ländern des Deutschen Bundes suchte man ihn per Haftbefehl, die Schweiz war leer, aus Frankreich hatte man ihn ausgewiesen, in Belgien war er häufiger im Gefängnis als im Gasthaus, in England würde er verhungern, Dänemark versperrte sich. Amerika und Brasilien gingen immer, aber da kam er gerade her. Warum nicht Norwegen? Er war doch Skandinave, schließlich kam seine Großmutter aus Khristiansand.

Er war wieder einmal lebensmüde und bedauerte sich: »So bin ich hier nun abermals in der Öde der Verbannung, bis jetzt noch ohne Freunde und Bekannte, da die peinlichen Erfahrungen der letzten Jahre mich von der Welt und den Menschen zurückschrecken.«[69]

Harros Ankunft sprach sich in der kleinen, kaum 30000 Einwohner zählenden Stadt schnell herum. Bereits am Abend saß er mit Bewunderern in der Gaststube seiner Pension beisammen. Die Norweger feierten ihn still und waren erfreut, einen so berühmten Gast in ihrem Land zu haben. Mit Harring kam für sie der Weltgeist der Freiheit nach Norwegen. Er erzählte von seinen Abenteuern und fand bewundernde Zuhörer. Aber die Arbeiter, Bauern und Studenten hörten nicht nur zu, sondern hatten selbst viel zu berichten. An der Spitze einer neuen Bewegung der Arbeiter und Kleinbauern stand Marcus Thrane, ein charismatischer Mann Anfang dreißig, mit lockigem Haar, Schnauzbart und einem unwiderstehlichen Leuchten in den Augen. Er war nach dem Bankrott seines Vaters ohne Geld durch Europa gereist, hatte Armut und Reichtum gesehen und die Ideen des Utopisten Etienne Cabet und des Sozialisten Louis Blanc aufgesogen. Nach den Meldungen über die Februarrevolution in Frankreich hatte der Lehrer dann beschlossen, in Norwegen die Arbeiter und Bauern zu organisieren, um für die Verbesserung ihrer Lage zu kämpfen.

EXKURS – NORWEGEN MITTE DES 19. JAHRHUNDERTS

Norwegen war Mitte des Jahrhunderts ein Land, das von der Seefahrt, dem Fischfang, vom Holzverkauf und ein wenig vom Bergbau lebte. Der durch die Abspaltung von Dänemark verlorene Markt und die auf alles zu zahlenden Zölle lähmten die Wirtschaft. Andererseits entstanden gerade die ersten Textil- und Maschinenfabriken rund um die Hauptstadt und zogen Arbeitskräfte an, weshalb Thrane im Dezember 1848 den ersten Arbeiterverein gründete. Er forderte ein allgemeines Wahlrecht (für Männer), eine Altersversorgung, die Abschaffung der Getreidesteuer und Mitspracherechte für die Tagelöhner und Kleinbauern, die faktisch rechtlos waren. Und es war erstaunlich, denn obwohl zum Beispiel in Großbritannien oder Deutschland die Industrialisierung und Proletarisierung der Arbeiter- und Tagelöhner viel weiter fortgeschritten waren, waren die Norweger sehr viel bereitwilliger, sich zu organisieren. Die Bewegung hatte enormen Zulauf, und Thrane wurde binnen Kurzem zum Volkstribun. Im Mai des folgenden Jahres gab es bereits zehn Vereine, und die Bewegung wuchs von Tag zu Tag bis auf 20000 Mitglieder an.

Harro war mittendrin, er versuchte Thrane davon zu überzeugen, dass er die Abschaffung der Monarchie auf die Fahnen der »Thranistenbewegung« schreiben sollte. Aber der wollte seine Vereine nicht gefährden, seine Mitglieder nicht mit Utopien überfordern und sich staatstreu geben, um Verbot und Verfolgung zu vermeiden.

Petition an den König

In einer Petition des Sozialreformers Paul-Hjelm Hansen, in der die zehn größten sozialen Missstände aufgezeigt wurden, versuchte man den König von Schweden und Norwegen, Oscar I., dem man eine liberale Gesinnung nachsagte, auf die Reformseite zu ziehen: »Überzeugt, dass die armen Klassen im Allgemeinen und die norwegische Arbeiterklasse im Besonderen keinen engeren Freund hat als Eure Majestät, und fest überzeugt davon, dass die Durchsetzung von Recht und Gerechtigkeit Ziel aller Unternehmungen Eurer Majestät sind, wagen wir, die unterzeichnenden Angehörigen der norwegischen Arbeiterklasse, in völligem Vertrauen, den Wünschen und Hoffnungen vor dem Throne Gehör zu verschaffen, weil wir uns als Menschen und Bürger dazu aufgerufen fühlen.«[70] 12833 Unterschriften trug diese Petition, als sie 1850 dem König überreicht wurde. Sie sollte trotz ihres versöhnlichen Charakters wie ein Schock wirken.

»Testament fra America«

Der König saß in Stockholm, das Schloss in Christiania war immer noch nicht fertig, und Norwegen wurde von einem Statthalter regiert. Harro verdiente sein Geld damit, indem er wieder zu malen begann. Er porträtierte Bürger des Landes wie den Theologen Honoratus Halling und den gerade gewählten Staatsrevisor Peder K. Gaarder und schrieb an einem Theaterstück mit dem Titel »Testament fra America«.

Thrane schätzte Harring als europäische Figur, hielt es aber für gefährlich, ihn in seiner gerade gegründeten Zeitung »Arbeiderforeningernes Blad« schreiben zu lassen. Er fürchtete ein Verbot. Ein Sponsor ermöglichte daraufhin dem Thrane-Freund Hjelm-Hansen ein eigenes Blatt, die zweimal in der Woche erscheinende »Folkets Røst«, Stimme des Volkes, mit Harring als Herausgeber. Die Zeitung war etwas intellektueller als Thranes Zeitung und entsprach den wachsenden Informations- und Diskurs-Bedürfnissen der Opposition. Harro warb in der Zeitung für das allgemeine Wahlrecht und für die Republik, doch seine Artikel blieben zumeist im Allgemeinen und Grundsätzlichen stecken. Während Thrane sich um die konkreten Probleme kümmerte, schrieb Harro theoretisch und abstrakt über Vaterland, Nation und Humanität. Trotzdem war er als Revolutionär ein Katalysator der Ereignisse.

Die Erfolge Thranes und das öffentliche Auftreten Harrings versetzten die norwegische Beamtenobrigkeit in Aufruhr. Allen voran den Statthalter des Königs in Norwegen, Staatsminister, Fabrikant und Jurist Severin Løvenskiold, der faktisch die Funktion eines Vizekönigs innehatte. Løvenskiold war in Eutin aufgewachsen, hatte in Sachsen Bergbau studiert und in Kopenhagen sein juristisches Staatsexamen abgelegt. Ein durch und durch konservativer Mann, der dem König Christian Frederik 1814 den Eid verweigert hatte, weil dieser ein unabhängiges Norwegen wollte, der aber gleichzeitig als Hüttenbesitzer und Kammerherr sein Organisationstalent dafür einsetzte, dass seine Untertanen nicht verhungerten. Løvenskiold war ein Patriarch, dem das Wahlrecht und die Volkssouveränität zuwider waren. Er vertrat die Auffassung, die beste Regierungsform sei die absolute Monarchie. Wie Metternich und der Zar setzte er auf den Polizeistaat, auf Agenten und Spitzel, die alle verdächtigen Personen unter Beobachtung hielten.

In der Bewegung von Marcus Thrane sah er eine kommunistische Verschwörung, und Harro ließ er von Beginn an beobachten, seine Agenten sollten ihm jedes Details melden. Als im Mai 1850 sowohl die Petition der 12000 an den König ging, ständig neue Arbeitervereine gegründet wurden, neue Zeitungen erschienen und auch Harro begann, sich öffentlich zu äußern, ließ Løvenskiold nach Gründen suchen, die es erlaubten, Harro auszuweisen. Und man fand einen Grund: »Testament fra Amerika«. Harro hatte auf Norwegisch eine beißende Satire auf die Beamten und die Polizei verfasst. Das Stück, eine Art »Polit-Komödie«, handelte von einem Testament, in dem ein reicher Onkel aus Amerika seinen norwegischen Verwandten Geld vermacht. Amtmänner und die Polizei versuchen, aus dem Volk »Hackfisch« zu machen, und der Held des Stücks sagt: »Ich glaube, dass unsere sogenannte norwegische Freiheit eine Karikatur ist; denn wir haben keine Nationalität, Norwegen ist ein Kirchenstaat; unser Papst wohnt in Stockholm – aber wir sind keine Römer.« Es war, wie bei Harro üblich, ein Angriff auf die Monarchie, gegen korrupte Beamte und ein Plädoyer für die Republik. Er schrieb, Norwegen sei ein Polizei- und Spitzelstaat, obwohl er bis dahin zwar observiert wurde, aber unbehelligt in Norwegen leben konnte. Am Ende wurde diese Ansage zur sich selbst bestätigenden Behauptung.

Ein gefundenes Fressen für die Obrigkeit, gegen diesen Oppositionellen vorzugehen. Die Verfassung Norwegens gewährte seinen Untertanen zwar Presse- und Redefreiheit, aber galt das auch für Ausländer? Thrane war zu geschickt, sich eine Blöße zu geben, und noch zu einflussreich, als dass man ihn überrumpeln konnte. Harring hingegen war das geeignete Objekt, um an ihm ein Exempel zu statuieren. Er hatte zwar viele Freunde in Christiania, aber keine Basis, die für ihn kämpfen würde. Außerdem war es einfach, ihn außer Landes zu schaffen. Er war also die richtige Person, um der Arbeiterbewegung die Grenzen aufzuzeigen. So dachte man im Schloss.

An Harring ein Exempel statuieren

Aber auch unter der Beamtenschaft gab es unterschiedliche Auffassungen, was mit Harring passieren sollte. Schließlich reichte Løvenskiolds Amtmann Niels Sem beim König am 27. Mai eine vom Justizministerium vorbereitete Resolution ein, in der es unter anderem hieß: »Ende letzten Jahrs kam ein Ausländer namens Harro Harring in diese Stadt. Nach Ermittlungen des Ministeriums ist er mehrere Jahre durch die verschiedenen Länder Europas gereist, hat sich in die verschiedensten politischen Angelegenheiten eingemischt und ist aufgrund sowohl dieser Aktivitäten als auch seiner politischen Schriften aus zahlreichen Staaten ausgewiesen worden und hat weitere Behinderungen erfahren. Seit Kurzem ist er Mitarbeiter einer Zeitung mit dem Namen ›Stimme des Volkes‹, und vor wenigen Tagen wurde ein sogenanntes norwegisches Theaterstück unter seinem Namen herausgegeben, betitelt »Das Testament aus America«. (...) Zusammengefasst enthält das Stück die Botschaft, dass die monarchische Regierungsform, die konstitutionelle ebenso wie die absolute, mit menschlicher Gerechtigkeit und Würde unvereinbar ist, zu moralischer Verkommenheit führt und sich auf Machtausübung und eine korrupte Polizei gründet – alles Maximen, die in diesem Werk als besonders auf die norwegische Regierungsform zutreffend dargestellt wird. (...) man kann nicht erkennen, dass eine derartig liederliche Aushöhlung der Pressefreiheit, wie in diesem Falle mit Geist und Buchstaben der Verfassung zu vereinbaren sei.«

Løvenskiold bekam die Zustimmung des Königs. Bereits in der folgenden Nacht wurde Harro durch die Polizei geweckt, verhaftet und mit Sack und Pack auf das im Hafen liegende Post-Schiff »Nordcap« gebracht. Die »Nordcap« war der erste Raddampfer Norwegens, er lief wöchentlich Christiania an und verkehrte zwischen Kopenhagen, Bergen, Stavanger und der Hauptstadt am Oslofjord. Doch die Nachricht von der Ausweisung Harrings verbreitete sich – damit hatte man im Palast nicht gerechnet – in Windeseile in der Stadt.

Norwegens erste Großdemonstration

Bereits am Morgen begann man, den Protest zu organisieren, denn es ging einerseits um Harring, andererseits um das Recht auf freie Meinungsäußerung. Eine Petition wurde aufgesetzt, und innerhalb weniger Stunden unterschrieben 146 Bürger die Aufforderung an das Justizministerium, die Ausweisung zurückzunehmen.

Unter den Protestierern befand sich auch der junge Henrik Ibsen, der sich zum ersten Mal politisch positionierte. Ibsen war im Mai 1850 22 Jahre alt und besuchte eine Pauckschule, um die Immatrikulation an der Universität zu erlangen. Ein kleiner, magerer junger Mann mit dunklem Teint und einer schwarzen Locke vor der Stirn. Er wird später das Theater revolutionieren, mit »Peer Gynt«, dem Nationaldrama Norwegens, das Versmaß von der Bühne verbannen und das Innenleben von Figuren, die sich selbst isolieren, auf die Bühne bringen. Harro Harring hätte, wie er eine Hamlet-, eine Poe-Figur war, in seiner Zerrissenheit auch eine perfekte Ibsen-Figur abgegeben. Aber an diesem 29. Mai ging es nicht um das Theater, sondern um reale Politik. Ibsen, begleitet von seinem Schulfreund Björnsterne Björnson, der später die norwegische Nationalhymne schreiben wird, von Aasmund Vinje, einem Dichter, dessen Gedichte Edvard Grieg vertonen wird, und von Alfred Bredo Stabell, dem Redakteur des Morgenblattes, demonstrierte mit 2000 anderen gegen die Ausweisung des Dichters Harro Harring und für die Verfassung. Es war die erste große Demonstration in Norwegen und das erste Mal, dass sich liberale Kräfte und die Arbeiterbewegung gegen die Regierung einig waren. Man zog gemeinsam zum Hafen, wo die Polizei die »Nordcap« abgeriegelt hatte. Harro stand an Deck und sah, wie das Volk für ihn demonstrierte. Die Freunde übergaben ihm eine Kollekte, die spontan auf der Demonstration für ihn gesammelt wurde.

Die Obrigkeit drängte darauf, dass das Schiff schnell den Hafen verließ. Und wieder erfuhr der Revolutionär seine größte Anerkennung in einer Niederlage. Ein König, sein Statthalter, ein ganzer Polizeiapparat auf der einen Seite, auf der anderen das Volk für ihn auf der Straße. Was für ein romantisches Bild von großer Symbolik war das an diesem 29. Mai 1850 am Hafen von Christiania. Eine protestierende Menschenmenge, ein Polizeikordon am Pier und am Heck des auslaufenden Schiffes der kleine Mann in seinem schwarzen Rock, der seinen Hut mit dem Stern des »Jungen Europa« schwenkte. Die See war still, die Sonne stand hoch, die Wolken spiegelten sich im Wasser, Berge leuchteten in der Ferne, der Klabautermann der Freiheit verließ Christiania. Caspar David Friedrich oder sein norwegischer Malerfreund Johann Christian Dahl hätten ihre Freude an diesem Motiv gehabt.

Der »Fall Harring« spaltet das Land

Das Schiff tutete dreimal lang, weißer Dampf stieg aus der Pfeife auf, dann wurde die Maschine angefeuert, schwarzer Qualm quoll aus dem riesigen Schornstein, die Leinen wurden ins Wasser geworfen und eingeholt, der Kapitän bugsierte den Raddampfer vom Pier weg, und langsam löste sich das Schiff vom Land. Das große Rad mittschiffs setzte sich in Bewegung, und gemächlich nahm der Dampfer Fahrt auf. Løvenskiold hatte fürs Erste gesiegt. Aber Thranes Arbeitervereine bekamen in der nächsten Zeit unerhörten Zulauf, und der »Fall Harring« war in den Debatten des folgenden Jahres und im Wahlkampf um den Storting, das Parlament, das Thema, an dem sich die Geister schieden.

Die Methode, die die Beamtenregierung gegen Harro anwandte, setzte sie zwei Monate später auch gegen Marcus Thrane ein. Man sammelte seine Reden und Äußerungen und klagte ihn wegen einer antikirchlichen Aktion der Blasphemie an. All seine Zurückhaltung und Vorsicht, die er im Kontakt mit Harro praktiziert hatte, nützte ihm nun nichts mehr. Er wurde zu sechs Monaten Gefängnis verurteilt. Aber die Bewegung wuchs weiter, und man beschloss im Februar 1851, die soziale Revolution in Norwegen zu starten. Thrane versuchte noch, den Beschluss zurückzunehmen, wurde wieder verhaftet und verbrachte über vier Jahre in Untersuchungshaft, bevor er 1855 zu vier Jahren Zuchthaus verurteilt wurde. Viele andere Mitstreiter wurden ebenfalls verhaftet und die Bewegung wurde systematisch verfolgt, sodass sie sich auflöste. Als Løvenskiold 1856 starb, saß Thrane im Zuchthaus, seine Bewegung war zerschlagen. Der Statthalter hatte sein Ziel erreicht und Norwegen zu einem repressiven Staat gemacht. Er selbst hatte sich jedoch in der norwegischen Politik isoliert, und niemand war bereit, sein politisches Erbe anzutreten. Das Land sollte 30 Jahre brauchen, um sich von der Zerschlagung der Demokratiebewegung zu erholen. Thrane verließ nach dem Zuchthaus das Land und ging nach Amerika.

(Den eider=dansk= eller rettere (s. v. v.!) eider=skandinavisk=
sindede friser Poul Harro Harring, født i Vobbenbøl
1798, død i landflygtighed i England 1870.
Nærværende kopi af et (større) original=fotografi i den
R. C. Rasmussen'ske portrætsamling i „Statsbiblioteket
i Århus" bedes „Landshallen" modtage fra Erling Stensgård

16
Verraten, verfolgt, vergessen

1850 London – 1853 New York – 1855 Rio de Janeiro

1850 London

Eben noch Volksheld, über Nacht verhaftet, wieder einmal verbannt und nach England verschifft. Harro, der immer am Abgrund des Lebens spazierte, fiel einmal mehr von der Höhe in die Hölle des Exils. Und London war ein bitteres Exil, das kannte er ja schon. Es wimmelte in den Straßen von Polen, Italienern, Deutschen, Franzosen, es waren Kommunisten, Chartisten, Sozialisten, Demokraten, Revolutionäre und Reaktionäre aller Couleur. Man hungerte und weinte gemeinsam, stritt, beschimpfte und bespitzelte sich und gönnte sich gegenseitig nicht das Schwarze unter den Fingernägeln. Es ging um die Gründe für die Niederlage des Freiheitskampfes und um die Zukunft der Revolution. London war das Labor für das zukünftige Europa.

Die Herrschenden wussten von der Gefahr. In den Köpfen der Verbannten spukten Ideen herum, die einen Weltbrand entfachen konnten, auch wenn die Zündhölzer noch feucht waren. Aus diesem Grund wollte man in St. Petersburg, Warschau, Berlin, Wien, Mainz und Paris wissen, was in London geredet wurde. Jeder europäische Staat beschäftigte Konfidenten, Spitzel und Agenten, um zu erfahren, was in den Exilkreisen in London diskutiert wurde. Und jede Regierung informierte die andere über die Erkenntnisse, auch wenn man in anderen Fragen über Kreuz lag.

Die Grenzen zwischen Vertrauten und Verrätern waren fließend. Manch Revolutionär bekam einen Vertrag als Korrespondent für eine Zeitung, andere lieferten direkt an die Auftraggeber in den Regierungen in Kopenhagen, Berlin oder Wien. Sie arbeiteten gleichzeitig für und gegen die Revolution. Und es war fast ein Treppenwitz, dass derjenige, der sich das alles ausgedacht hatte und den die Revolutionäre aus dem Amt getrieben hatten, nun selbst im Exil in London saß. Zwar in unterschiedlichen

Komfortkategorien, aber immerhin: Fürst von Metternich war auch im Londoner Exil.

EXKURS – KARL MARX UND DER KONFIDENT EDGAR BAUER

Einer dieser Doppelagenten war Edgar Bauer aus Berlin, eigentlich ein früher Anarchist und demokratischen Ideen zugewandter Journalist, der unter anderem für die »Altonaer Zeitung« geschrieben hatte. Aus ihm wurde ein Konfident der Reaktion. Bauer, wie die meisten Migranten immer in Geldnöten, verdingte sich – erst aus Überzeugung, dann aus finanziellen Gründen – bei der dänischen Regierung. Er schrieb mit Unterbrechungen fast zehn Jahre lang in über hundert Berichten und Briefen alles auf, was er über die Emigranten und ihre Pläne in London erfahren konnte. Und er erfuhr eine Menge. Er gehörte zur Szene, befreundete sich mit anderen Verbannten wie Karl Marx, der über Paris und Köln mit seiner Familie nach London gekommen war. Er zog mit ihm um die Häuser, sie soffen, diskutierten und gerieten auch in handgreiflichen Streit miteinander. Marx und Bauer profitierten voneinander, sie tauschten regelmäßig Informationen und Einschätzungen aus. Dass diese Dinge den Weg in die Welt fanden, wusste Marx, schließlich war er selbst ein großer Intrigant, der Leute wie Bauer als Zuträger und Multiplikator brauchte.

Bauer lieferte von 1852 bis 1861 über 2000 Seiten an Informationen, Urteilen und Kommentaren an die dänische Krone. Bereits am 7. November 1852 in seinem ersten, 160 Seiten starken Bericht nach Kopenhagen machte er sich über die Fraktionen der Exilanten lustig: »Es giebt rothe Rothe, dreifarbige und blaue Rothe, rothe Communisten, dreifarbige und blaue Communisten, rothe, dreifarbige und blaue Republikaner, und der rotheste Republikaner wird keineswegs zugeben, dass er mit dem rothem Communisten einerlei Gattung sei.«[71] Über den Franzosen Louis Blanc, den sozialistischen Utopisten und Begründer der Sozialdemokratie notierte er, er sei »ein scheinbarer Heros des Proletariats«, Marcus Caussidiere, während der Februarrevolution vorübergehend Polizeipräfekt von Paris, sei ein »demokratischer Schwätzer«, »ehrgeizig, aber feige«, der Organisator der polnischen Freischaren, Albert Darasz, sagte ihm nichts, aber er beschrieb genau, mit wem er verkehrte, was er tat. Und den aus »wohlhabender Familie in Trier« stammenden jungen Karl Marx schätzte er so ein: »Der Natur des Karl Marx widerstrebt, einen Gleichen neben sich oder eine literarische Autorität über sich zu wissen, theils aus wirklichem Drange einer wissenschaftlichen Notwendigkheit.« Auch Giuseppe Mazzini, ironisch »Held der Zukunft« genannt, nahm wie Marx in seinen Berichten einen großen Raum ein. Denn Mazzini war wie später Marx und Engels die Spinne, die europaweit ihre Fäden spann und von allen Regierungen gefürchtet war, denn sie wurden als giftig klassifiziert. An Berichten über sie bestand ein besonderes Interesse. Bauer kommentierte Mazzinis Fama so: »Jeder verdächtige Reisende, ja sogar mancher unschuldige Engländer wurde für einen Abgesandten Mazzini's angesehen: jede freisinnige Schrift, welche mit Beschlag gelegt (!) wurde, war von Mazzini eingeschmuggelt, jeder Ausdruck der Unzufriedenheit von ihm inspiriert, selbst jeder Raubanfall durch seine Rathschläge eingegeben worden. Mazzini ist demnach in Italien mehr ein Gattungsbegriff denn eine Person.«

Harro im Visier des Agenten

Natürlich schrieb Bauer auch über Harro Harring seine denunziatorischen, oder soll man sagen, ironisch verbrämten Einschätzungen. Bauer, der als schreibender Heckenschütze ja keine Konsequenzen zu fürchten hatte und sich für seine Gehässigkeiten nicht verantworten musste, charakterisierte Harro als unangenehmen und gefährlichen Charakter: »Misstrauisch und doch leicht zu düpieren, aufdringlich, herrisch und doch leicht zu benutzen und abhängig zu machen, ist er unzuverlässig und immer geneigt, seine augenblickliche Laune zum Maßstab des Schicklichen zu erheben.«

Manchmal sagt eine Beschreibung mehr über den Autor als über den Porträtierten. Jenny Marx, geborene von Westphalen, schrieb in einem Brief an Friedrich Engels im August 1857 über den Spion: »Vor ein paar Abenden war der Clown Edgar Bauer bei uns; der ist aber wirklich ohne Lebertran zu einem Stockfisch geworden, der dabei noch geistreich sein will. Die Efforts waren so schrecklich, dass ich beinahe ohnmächtig, Karl aber nicht figürlich, sondern wirklich zum Brechen kam.«[72] Das war der verächtliche Ton, der allgemein unter den Exilierten herrschte. Die Berichte Bauers wurden nicht nur in Kopenhagen gelesen, sondern eifrig kopiert und nach Berlin, Brüssel, St. Petersburg und Wien geschickt. Dort packte man diese Spitzeleien zu den Akten und wartete auf Gelegenheit, dass der Beschriebene ins Land kam.

In dieses London voller Nattern kehrte nun also Harro nach einem kurzen Aufenthalt in Hull zurück, der am häufigsten Verbannte des Vormärz. Er war mehr noch als Mazzini eher eine Legende als eine Person. Die Anwesenheit der Ein-Mann-Revolution alarmierte den Geheimdienst, der Person Harring ging es schlecht, sie hatte kein Geld und außer dem ewigtreuen Mazzini kaum Freunde. Er begann in London wieder zu malen, »eine Vision für 1852« im Großformat: »Das Blut des Tyrannen«. Er versuchte das Bild erst in London, dann in Hamburg, schließlich in einer Galerie in Rostock zu verkaufen. Geheimagenten meldeten das gefährliche Objekt nach Berlin, das Außen- und Innenministerium besichtigten das Bild und stellten es auf den gar nicht vorhandenen Index der verbotenen Bilder. Selbst seine Bilder erschienen gefährlich. Die Zensur war gründlich, das Bild blieb verschwunden, und niemand weiß, was darauf abgebildet war.

Abrechnung mit den Kommunisten

Selbstverständlich liefen sich auch Harring und Marx über den Weg, wie man sich unter Exilanten in London eben traf, wenn man in denselben Exilanten-Kneipen verkehrte – Bauer meldete pflichteifrig solche Begegnungen. Der rote Kommunist Marx mochte den blauen Republikaner Harring nicht, und umgekehrt.

Toleranz wurde damals nicht als gute Eigenschaft gewertet. Harro hielt die Ökonomisierung der Politik durch die Kommunisten für falsch und den »verworrenen philosophischen Materialismus und Atheismus« der Kommunisten und deren Russlandliebe für die Ursache des Scheiterns des Freiheitskampfes der Völker. Er schrieb ein nur wenige Seiten starkes »Historisches Fragment über die Entstehung der Arbeiter-Vereine und deren Verfall in Communistische Spekulation« und dann auch noch einen Anhang dazu. Er trat dem »Europäischen demokratischen Zentralkomitee« als stilles Mitglied bei, in dem Mazzini, der ehemalige ungarische Ministerpräsident Ludwig Kossuth, der ehemalige französische Innenminister Alexandre-Auguste Ledru-Rollin, der Pole Albert Darasz und der Deutsche Arnold Ruge die Niederlagen der vergangenen Jahre analysierten, ihre Wunden leckten und sich in pathetischen Manifesten Hoffnung auf bessere Zeiten machten. Mazzini hatte mit Garibaldi am 5. Februar 1849 die römische Republik ausgerufen, der Papst war vor dem Risorgimento nach Gaeto geflohen. Aber Napoleon III. und Spanien kamen dem Papst und dem Kirchenstaat zu Hilfe, belagerte Rom, und die Revolutionäre mussten bereits sechs Monate später aufgeben und fliehen. Es sollte noch bis 1870 dauern, bis Italien vereint wurde.

Das Komitee stritt unaufhörlich, konnte keine gemeinsame Linie finden, und die europäischen Geheimdienstler fanden in akribischen Berichten über die Streitereien den Stoff, der ihre Regierungen erregte.[73]

Karl Marx über die »Großen Männer des Exils«

Karl Marx war Partei und er keilte gegen jeden, der nicht seiner Meinung war. Als er Harros »Historisches Fragment« in die Finger bekam, holte er zum großen Rundumschlag gegen »Die großen Männer des Exils« aus. Besonders Harring hatte es ihm angetan.

»Niemand wurde durch die Verhältnisse in eine günstigere Lage gestellt, um sich zum Typus des Emigrationsagitators zu entwickeln, als unser Freund *Harro Harring.* Und in der Tat ist er das Urbild geworden, dem alle unsre großen Männer des Exils, alle die Arnolde, die Gustave, die Gottfriede, mit mehr oder weniger Bewusstsein und mit größerem oder geringerem Glück nacheifern und das sie, wenn keine ungünstigen Umstände dazwischenkommen, vielleicht erreichen, schwerlich aber übertreffen werden. (...)[74] Er war Kodiktator von Europa in partibus, und obwohl der Welt unbekannt, doch einer der gefährlichsten Männer der Welt. Niemand stand hinter ihm als seine zahlreichen ungedruckten Werke, einige deutsche Handwerker in der Schweiz und ein Dutzend verbummelter politischer Industrieritter – aber gerade deswegen konnte er ja sagen, dass alle Völker mit ihm seien. Das ist gerade das Wesen aller großen Männer, dass die Gegenwart sie verkennt und dass die Zukunft ihnen eben deswegen gehört. Und diese Zukunft – unser Harro trug sie in der Verbrüderungsakte schwarz auf weiß in seinem Ranzen nach.«

Marx, der wenig von der Welt gesehen hatte, schrieb dann spöttisch über Harros Irrfahrten, als wäre es ihm unangenehm, sich überhaupt damit zu befassen. Dass er es tat, widerlegt seine Geringschätzung. Marx zeigte sich in der Suada gegen die Exilanten in London als wahrer Schwätzer, dem auch nicht die kleinste Denunziation peinlich war. Denn warum ignorierte er ihn nicht einfach, wenn Harro so lächerlich war? Da lebte einer seine narzisstische Kränkung auf Papier aus. Marx fährt fort: »Hiermit beschließen wir die Abenteuer unseres demagogischen Hidalgo aus der söderjylländischen Mancha. In Griechenland wie in Brasilien, an der Weichsel wie am La Plata, in Schleswig-Holstein wie in New York, in London wie in der Schweiz: Vertreter bald des Jungen Europa, bald der südamerikanischen ›Humanidad‹, bald Maler, bald Nachtwächter und Lohnbedienter, bald Hausierer mit eignen Schriften; heute unter Wasserpolacken, morgen unter Gauchos, übermorgen unter Schiffskapitänen; verkannt, verlassen, ignoriert, überall aber irrender Ritter der Freiheit, der eine gründliche Verachtung gegen den gemeinen bürgerlichen Erwerb hat – bleibt sich unser Held zu allen Zeiten, in allen Ländern und unter allen Umständen gleich an Konfusion, an zu prätentiöser Zudringlichkeit, an Glauben an sich selbst und wird aller Welt zum Trotz von sich sagen, schreiben und drucken, dass er seit 1831 das Haupttriebrad der Weltgeschichte war.«

Marx schrieb auch über die anderen Exilanten solch bösartige Sachen und gab so den Stil vor, der unter Kommunisten üblich wurde. Wer nicht für ihn war, war gegen ihn und wurde bekämpft, wer ihm nicht nutzte, wurde vernichtet. Bei Marx mit Worten, andere machten das dann gründlicher. Mit der Wahrheit oder wissenschaftlicher Redlichkeit hielt er es dabei nicht so genau. Er zitierte aus dem Fragment, wie es in seine Argumentation passte, denn Harros Schrift war in so geringer Auflage erschienen, dass sowieso kaum jemand die Quelle überprüfen konnte.

Für wen schreibt Marx den Bericht?

Die Geschichte des Exil-Manuskripts wirft ein besonderes Licht auf den Schöpfer des wissenschaftlichen Kommunismus. Marx, von dem immer berichtet wurde, dass er in London in großer Armut lebte, hatte durchaus Einnahmequellen, die zu verheimlichen es wohl Anlass gab. In seinem Bericht vom 8. Juni 1857, also einige Jahre später, schreibt der Konfident Bauer über seinen

Kneipenkollegen: »Marxens Einkünfte beschränken sich nicht auf das, was seine Feder ihm einbringt: seine Frau, die Schwester des Preußischen Ministers des Inneren, reist manchmal in ihre Vaterstadt nach Trier, und wenn sie zurückkommt, ist immer ein Verwandter gestorben und eine Erbschaft gemacht worden. Dem Verdacht, mit der Polizei zu transigieren, setzte sich Marx zum ersten Male aus, als bekannt wurde, dass er ein Manuskript über die deutschen Flüchtlinge in London an den Polizeiagenten Bangya verkauft habe. Er behauptete, Bangya habe ihm angeboten, einen Verleger für die Schrift zu beschaffen, und ein Verdacht über die wahre Adresse, an welche das Manuscript gesandt worden, sei erst dann in ihm aufgestiegen, als Bangya ihm zwar ein bedeutendes Honorar brachte, aber das Buch selbst nie in Druck erschien. Wer Marxens Scharfsinn kennt, will nicht recht glauben, dass er sich so leicht habe täuschen lassen.«

Tatsächlich gab es die von Bangya angegebenen Verlagsbuchhändler, denen er das Manuskript in Berlin gegeben haben will, gar nicht. Empfänger und Käufer der Schrift war das preußische Innenministerium. Es blieb also alles in der Familie.

Von Bangya war bekannt, dass er als Agent für die napoleonische Polizei agierte und überall seine Hände im Spiel hatte, aber wohl ein doppeltes Spiel spielte. So soll er die Behörden zwar stets über die Aufenthalte von Mazzini unterrichtet haben, aber so, dass Mazzini immer schon in Sicherheit war, wenn die Polizei aufgrund dieses Hinweises zugreifen wollte.

Das Manuskript blieb verschollen, und Harro erfuhr von Marxens Meinung über ihn nichts. Er hätte ihn vielleicht wegen so vieler Beleidigungen zum Duell gefordert. Erst 1935 tauchte der Text in einem Archiv in Moskau wieder auf, was darauf hindeutet, dass zwischen den Geheimdiensten von Berlin und Moskau ein Austausch stattgefunden haben muss.

1853 New York

Makler für einen Tag

Harro hatte ganz andere Sorgen. Er hatte Hunger. Wieder einmal war er so verzweifelt, dass er Bettelbriefe an alle Freunde verschickte mit dem Aufruf, ihn vor dem Hungertod zu retten.

»Lasst mich doch nicht verhungern! Welch ein Schrei, / O welche Qual, so öffentlich zu bitten! / Er hat doch für die Freiheit brav gestritten – / Lasst euch erflehn und springt ihm helfend bei!«

Doch statt auf solche Hilfe zu warten, floh Harro im Mai 1853 nach New York. Dort bearbeitete er »Dolores«, die in dritter Auflage erschien, schrieb über den Krim-Krieg, um die Amerikaner vor Russland zu warnen, und »Variationen auf der viereckigen Trommel«, in der er gegen die christlichen Fundamentalisten wie die American Bible Society, die American Home Missionary Society, die katholische Kirche, die Mormonen und Mehtodisten polemisierte. Er wütete nur noch still mit Worten, denn er merkte wohl auch, dass sein Einfluss schwand, die Freunde sich leise von ihm distanzierten und seinen Ausfällen nicht mehr folgten.

In New York nutzte er seine Sprachkenntnisse, um im Hafen für eine Maklerfirma zu arbeiten. Die Firma »Rischmüller und Löscher« betrieb den Transatlantikverkehr und verdiente an den Einwanderern, die nach New York kamen. All diese Menschen brauchten ein Bett, eine Arbeit oder eine Transportgelegenheit in den Westen. Die Migranten waren meist orientierungslos und fielen den sogenannten »Runners« in die Hände. Das waren Agenten der Speditionen, die den Leuten ein Bett besorgten und ihnen Tickets zu meist überhöhten Preisen verkauften. Der Bedarf war enorm, es kamen so viele Leute und damit Geld zusammen, dass das New Yorker Unternehmen nach Europa expandieren wollte und jemanden suchte, der bereits in Europa die Schiffe und Passagiere akquirierte. Da zum Teil ganze Dörfer aus Dänemark und dem umkämpften Schleswig-Holstein nach Amerika auswandern wollten, bot es sich an, in Tönning, dem damals günstigst zu erreichenden Hafen neben Hamburg und Bremerhaven, eine Passage Tönning–New York anzubieten. Harring schien dafür der geeignete Mann zu sein. Er war US-Bürger und Friese, sprach sechs Sprachen, kannte die Kapitäne und die Welt, und man kannte ihn im Herzogtum Schleswig.

Man engagierte Harro als Schiffsagenten für die respektable Summe von 1000 Dollar im Jahr, um in Tönning eine Niederlassung einzurichten. Das erste Mal in seinem Leben hatte er eine anständig bezahlte Anstellung. Er bekam ein dänisches Visum und fuhr wieder über den Atlantik. Aber die Berichte Bauers und Harros ihm vorauseilender Ruf zeigten Wirkung. Kaum hatte er den Boden seiner Heimat betreten, wurde er auch schon verhaftet und nach Kopenhagen geschafft. Harro protestierte heftig, aber es nützte nichts. Man fürchtete ihn und hegte den Verdacht, er wolle Unruhe nach Friesland bringen.

Eingesperrt in Hamburgs »Vagabundengefängnis«

Wieder ein gescheitertes Projekt. Da die Dänen ihn schleunigst loswerden wollten, gestatteten sie ihm, nach Hamburg auszureisen, wo ihn allerdings das nächste Ungemach erwartete. Auch hier verhaftete man ihn sofort und steckte ihn in das »Vagabundengefängnis« am Raboisen. Als er nach dem Grund fragte, wurde ihm mitgeteilt, dass gegen ihn seit 1852 ein Verfahren wegen Aufruf zur Desertion anhängig sei, weil bei zwei Männern, mit Namen Eggeling und Böhling, Briefe, Papiere beschlagnahmt worden wären, die einen entsprechenden Verdacht begründen. Außerdem würde er in allen Ländern des Deutschen Bundes auf der »schwarzen Liste« stehen. Entweder werde man ihn ins Gefängnis stecken oder, wie schon per Telegraf verlangt wurde, an

Preußen, Russland oder Österreich ausliefern. Harro geriet in Panik, denn eine Auslieferung nach Russland war das, wovor er wirklich Angst hatte.

Doch diesmal hatte er Glück im Unglück. Als der amerikanische Vizekonsul Samuel Bromberg von seiner Verhaftung hörte, stürmte er mit der ganzen Autorität eines amerikanischen Diplomaten auf die Wachstube des Raboisen und verlangte, dass man seinen Staatsbürger unverzüglich freilasse. Bromberg war in Hamburg angesehen, hatte er doch vor Kurzem mit dem Senat einen Freundschafts- und Wirtschaftsvertrag abgeschlossen. Selbst die Beamten auf der Wache wussten, dass die Gefährdung von Wirtschaftsbeziehungen mit einem so wichtigen Partner wie Amerika im Senat nicht gerne gesehen wurde. So gelang es dem Konsul, Harring handstreichartig aus dem Rattenloch am Raboisen zu befreien und, noch bevor sich der Senat von seinen Kaneel- und Pfeffersäcken erheben konnte, auf den nächsten nach Hull auslaufenden Dampfer einzuschiffen. Harro, ahoi.

Zurück in London, beschwerte er sich über seine Behandlung in Dänemark und Hamburg sofort beim US-Botschafter, James Buchanan, dem späteren Präsidenten der Vereinigten Staaten. Buchanan versprach, sich um Harros Schadensersatzforderung von 10 000 Dollar gegen die dänische Regierung zu kümmern. Und er riet Harro, weiteren Schwierigkeiten doch lieber auszuweichen und wieder nach Brasilien zu gehen. Weil Buchanan sich nach Harros Meinung nicht ausreichend für ihn einsetzte, gab er später trotzig seinen Bürgerbrief der USA zurück.

1855 Rio de Janeiro

Zum dritten Mal über den Äquator, einmal noch nach Rio, noch einmal einen »Rückblick auf ein halbes Jahrhundert«. Harro war wohl derjenige Autor dieser Zeit, der am häufigsten über sich selbst schrieb. Allein in zwölf Büchern breitete er sein Leben aus, und etliche Manuskripte gingen auf seinen Irrfahrten verloren oder wurden nie gedruckt. Es war seine Art, sich seiner selbst und seiner Bedeutung zu vergewissern. Indem er sich wieder und wieder mit seinem Leben auseinandersetzte, indem er es aufschrieb, bannte er die dunklen Geister der Depression, redete sich selbst gut zu. Aber auch die anderen Schriften, seine Gedichte, seine politischen Einwürfe und Analysen waren immer stark von seinen Empfindungen und Erfahrungen, vor allem vom Wollen geprägt. Er nahm sich selbst sehr wichtig, zu wichtig, wie manche meinten, aber er wurde auch in diese Rolle hineingedrängt und in ihr bestätigt. Wenn er sich nicht für bedeutend gehalten hätte, wenn er diese Hybris seiner »Verantwortung vor der Geschichte« nicht empfunden hätte, wer weiß, ob er die Verfolgung und Verachtung so lange überlebt hätte.

Der verschmähte Däne

Selbst in Rio wollte man ihn im deutschen Auswandererclub nicht mehr haben, weil man ihn als »Dänen« verschmähte. Der Kampf von Preußen mit dem dänischen Königreich um die Eidergrenze entzweite die Menschen selbst in der 9464 km entfernten Stadt. Garibaldi hatte den Kontinent verlassen und kämpfte wieder in Italien. Brasiliens herrschende Klasse konnte vor allem von den Tränen des Kautschukbaums gut leben, und am Rio Negro wuchs rasend schnell eine Stadt, die man »Cidade da Barra do Rio Negro« und dann wieder Manaus nannte. Rio de Janeiro war die Hauptstadt des Landes, die Sklaverei bestand fort, und der Fortschritt kam in Form einer Eisenbahn ins Land. Diese Eisenbahn wurde unter anderem von einem deutschen Ingenieur, Joseph Keller-Leuzinger aus Karlsruhe, geplant. Bei seiner Familie konnte Harro ein Zimmer mieten.

Harro schrieb, malte und versuchte sich als Magnetiseur. Als ein siebenjähriges Mädchen einer Familie aus dem Einwandererkreis Krampfanfälle bekam und die Ärzte nicht weiterwussten, holte man Harro und bat ihn, seine magnetischen Fähigkeiten einzusetzen, um das Kind ins Leben zurückzuholen. Er erinnerte sich an seine Erfahrung und daran, was er darüber gelesen hatte, legte die Hand auf und sprach beruhigend auf das Kind ein. Das lag einem Engel gleich im Bett. Wenn er schon nicht die Menschheit retten konnte, nicht Europa oder das Friesenland, dann vielleicht doch dieses kleine Menschenwesen. Er wachte am Bett, und es schien, als würde sich das Kind entspannen. Hoffnung kam auf, als sich die Krämpfe unter Harros Händen im kleinen Körper lösten. Bald war das Mädchen friedlich eingeschlafen – und starb dann im Schlaf. Harro war am Boden zerstört. Er schrieb ein Gedicht über den scheidenden Engel und einen Bericht über seine vergeblichen Bemühungen. Keine Rettung, nirgends. Er verließ das Land wieder.

Es war zum Verrücktwerden. Kein Ort, nirgends schien es für ihn einen Platz zu geben. Im November 1855 kam er wieder in London an. Mazzini griff ihm erneut unter die Arme, und dann kam seine Nichte Therese nach London und schlug dem Onkel vor, zusammen nach Jersey zu gehen. Sie hatte etwas Geld vom Vater bekommen. Auch ihre Schwester Wilhelmine wollte mit ihrem Mann dazustoßen, sodass sie gemeinsam als Familie auf der Insel leben könnten.

17
Die schwarze Möwe

1857–1870 Jersey

Mein Leben ward vor vielen tausend anderer
Ein seltsam vages Stück, ein kühner Bau.
Ich bin und bleib ein Fremdling hier, ein Wanderer,
Mein Lebensmorgen bietet giftigen Thau.

1857 Jersey

Am Strand von St. Helier

Harro hatte die Geschichte seines Lebens schon so oft erzählt, dass er sich an die Wahrheit gar nicht mehr erinnern konnte. In seinem Kopf liefen die Ereignisse seines Lebens wie die Wellen an den Strand von St. Helier, der groß und leer vor ihm lag. Wenn die Flut kam, überschwemmte Wasser in schnellem Tempo die Sandbucht. Noch war Ebbe und der fast 60-Jährige nutzte diese Zeit für einen Spaziergang. Wieder hatte er wie jeden Tag geschrieben, aber immer öfter kamen ihm Zweifel, wer sich für ihn, Harro Paul Harring, und seine Irrfahrten und Irrtümer noch interessieren könnte. Die Blätter würden später vielleicht wie die anderen Memoiren, die er in seinem bisherigen Leben schon verfasst hatte, in einem Archiv verstauben. Irgendwann würde niemand mehr seine Handschrift entziffern können oder ein armer Bibliothekar, wenn der Winter zu kalt würde, das Papier zum Anfeuern des Kamins benutzen. Er haderte mit sich und der Welt.

Bei Ebbe war die Bucht zwischen St. Helier und St. Aubin auf der Kanalinsel Jersey ein riesiges Sandfeld, einerseits spiegelglatt, andererseits, wo die Wellen auf den Sand geschlagen waren, wellig wie ein Waschbrett. In schmalen Rinnsalen lief das Nass der See zu, als wollte es den allgemeinen Rückzug des Elements nicht verpassen. Von St. Aubin aus konnte man bei Ebbe die in der Bucht liegende Festungsinsel trockenen Fußes erreichen, und die Frachtsegler setzten mit ihrem breiten Rumpf auf dem Sand auf und neigten sich ein wenig auf die Seite, bevor sie ganz trockenfielen. So konnten die Säcke, Kisten oder Vieh von oder an Bord geschafft werden. Pferdewagen fuhren bis zur Bordwand, und die Waren wurden von der Ladefläche direkt an Bord gehievt. Die neuen stählernen Dampfschiffe hatten noch kein Pier und lagen deshalb draußen in der Bucht auf Reede. Dieser Nachteil war aber auch ein Vorteil, denn so konnte man unabhängig von der Tide die Insel erreichen oder verlassen. Bei Ebbe war die Bucht voller Tücken, denn die Strömung nahm auf dramatische Weise zu, wenn Felsen das Wasser am Fließen hinderten. An der nördlich der Insel liegenden Steilküste kam dann manche Höhle zum Vorschein, im Sommer ein lauschiges Plätzchen, bei Flut eine tödliche Falle. Immer wieder war Harro überrascht, wie schnell das Wasser kam. Eben hatte er noch über Conrad Schramm nachgedacht und mit seinem Stock ein geschwungenes »H« in den Sand geschrieben, schon hatte eine Welle das Zeichen wieder gelöscht. Bei Hochwasser und Sonnenschein glänzte die Wasserfläche in der Bucht, als würden Tausende silberne Heringe sich dort tummeln, und wenn Wind aufkam, wütete das Wasser mit kurzen Schlägen gegen jedes Hindernis, Welle erschlug Welle, schäumte, gurgelte, zog sich zurück, um heftig zurückzukommen. Beides war wahr, alles nur eine Frage der Zeit, bei den Gezeiten eine Frage der Tageszeit.

Am nordfriesischen Strand seiner Kindheit hatte es keine Felsen und keinen Sand gegeben. Es gab das unendlich erscheinende Watt, das bei Ebbe eine eigene Welt mit Vögeln, Würmern und Krabben war. Wehe, man wusste nicht, wann die Tide kam, denn dann verwandelte sich die graue Unendlichkeit in ein Meer ohne Ausgang. Man sah das Wasser nicht kommen, sondern es war einfach da. Es lief durch die Priele dem Land zu und von dort aus dem Meer entgegen. Das war eines der ersten Dinge, die der junge Harro gelernt hatte. Die Wahrheit der Natur zu respektieren. Hochmut gegenüber der See hatte kein Küstenbewohner, Schiss zu haben war eine Tugend, und der Blick zum Himmel und auf das Wasser gehörte wie das Amen in der Kirche zu den Dingen, über die man nicht nachdachte.

Der schwarze Zweifel

Harro hatte zeit seines Lebens geschrieben und gemalt, das war wie atmen oder sich waschen. Mitunter kritzelte er etwas einfach so dahin, um dann beim Nachlesen zu bemerken, dass der Text mehr wusste als er beim Schreiben. Die Worte, die er mit der Feder auf das Papier warf, hatten sich mit Leben aufgeladen und wie ein Magnet Anziehungskraft auf Bedeutung und Sinn ausgeübt. Er hatte in seinem Leben viele Gedichte, Epen, Lieder, Romane, Pamphlete verfasst, er verfasste gern Listen, um sich und der Nachwelt seiner Leistung zu versichern. Und dann wieder der schwarze Zweifel, dass der Wind die Worte wie den Sand und die Gischt verweht. Das konnte er, dieses große Rauschen mit den Worten, die dann wie ein Sturm über das Land fegten und als Lieder aus den Mündern der Sänger schallten. Dazu stand er und er hatte kein Wort zurückzunehmen. Denn was ihn überleben würde, entschieden andere. Und er hatte für diese Freiheit zu viel bezahlt, als dass er in Verdacht stand, im Alter schnurrig zu werden. Er hatte in Bredstedt oder Hamburg gesprochen, in gesetzter Rede, und seine Worte hatten die Köpfe vom Nebel des Pfaffengeflüsters befreit wie ein kräftig geschwungener Besen eine staubige Kammer vom Dreck.

Aber mit den Jahren war er müde geworden, denn nach dem Sturm waren da meist nur ein paar abgeknickte Zweige, ein paar bedruckte Blätter im Regal und die Polizei ihm auf den Fersen. Und, anders als 1832 in Hambach oder 1849 in Christiania, hatte er auch kein Auditorium mehr, das ihm – dem Philhellenen, dem Gründungsmitglied des »Jungen Europa«, dem Sänger für Polens Freiheit und gegen die Sklaverei, dem Sohn des Deichgrafen vom Ibenshof, der weder als Däne noch Deutscher akzeptiert, überall und nirgends zu Hause war – noch zuhörte. Einen Mann ohne Nation und ohne Vaterland hatte er sich selbst genannt, als er in Hamburg auf der Polizeiwache einsaß, weil er einen österreichischen Soldaten zur Desertation aufgefordert haben soll. Über hundert Werke waren gedruckt, seine Lieder wurden gesungen, aber bestenfalls interessierten sich noch Spione für ihn, die nach Berlin oder London berichteten, mit wem er sich auf Jersey traf. Immer wieder trieben die Bilder seines Lebens ihm im Kopf herum. Was hatte er nicht alles für die Freiheit getan. Für die Befreiung der Griechen vom Joch der Osmanen wollte er sterben, für ein Europa ohne Grenzen hatte er gekämpft. Aber was war daraus geworden? Verfolgt und vergessen war er. Das Verfolgtsein würde ihn eines Tages umbringen, aber das Vergessen schmerzte ihn doch am meisten. Byron, Börne, Heine, Poe, Garibaldi und der große Mazzini. Alle hatten ihren Platz in den Chroniken und im Gedächtnis der Menschen – nur er war der Hund der Revolution.

Die Wellen schwappten an den Strand. Auch die hatten ihre Gesetzmäßigkeiten. Drei kurze flache, zwei höhere Wellen, alles abhängig davon, ob der Wind von See oder von Land kam. Hohe Wellen brachen, wenn das Ufer flacher wurde, und kippten mit weißer Krone. Die Gischt ähnelte der Aufregung in der Politik, wenn ein Ereignis nahte. Manchmal träumte er, wie damals in München vom König empfangen zu werden oder bejubelt nach einer Theateraufführung. Oder doch noch mit Giuseppe Mazzini in Rom einzumarschieren. Harro warf einen Stock, und Fingal, sein großer schwarzer Labradorhund, hetzte mit großen Sprüngen hinter der vermeintlichen Beute her.

Sturmsegler

Mit einer Welle kam die Erinnerung an den Ibenshof, den Ort der Kindheit, dahinter plätscherten Kopenhagen und Dresden an den Strand, er hörte den Maler Dahl lachen, und Caspar David Friedrichs Lichtstrahlen lugten durch die Wolken, der Schrei der Möwe hallte als Memo seiner Kindheit in Nordfriesland in seinem Kopf.

Hier auf Jersey gab es besondere Möwen, Sturmsegler, die, wenn man sich ihren Nestern näherte, vermeintliche Feinde mit einer Art Magenöl bespuckten. Das roch wie eingekochter Gammelfisch, und wenn man davon einen Spritzer auf den Mantel bekam, konnte man den nur noch verbrennen, so erbärmlich stank das. Harro hätte seinen Mantel nicht verbrennen können, denn er hatte nur noch diesen einen, und der Sturm blies hier oft so stark, dass er lieber gestunken hätte, als sich den Wind durch die Rippen blasen zu lassen. Wenn er in den Pub gehen wollte, hätte er den Mantel vor der Tür ausziehen und sich den Spott der Fischer anhören müssen. »Es ist noch keiner erstunken, aber schon mancher erfroren«, hätte er geantwortet. Aber mancher Spott der politischen Wegelagerer hing ihm wie Magenöl an. Marx und Engels, diese Besserwisser, hatten ihn als »irrenden Ritter der Freiheit« verspottet und das »Europa der Völker« als kleinbürgerliche Idee. Die Pubsäufer rochen auch nicht besser, und was wussten die schon von der Welt jenseits des Ärmelkanals. Nur das Meer, das kannten diese Freibeuter, die bis vor ein paar Jahren vom englischen König noch das »Letter of Marque«, die Lizenz zum Kapern, hatten und jetzt weniger vom Fischfang, sondern vom Schmuggel lebten. »Haro, Haro«, riefen sie ihn, das war eine Ehre, denn so begrüßten sie seit Rollo, dem Normannen und ersten Herzog der Inseln, die Obrigkeit. Sie sagten zwar nicht »á l'aide mon prince, on me fait tort / Zu Hilfe mein Prinz, man tut mir unrecht«, denn das wäre eine Verhöhnung derselben Obrigkeit gewesen, und die herrschte auf Jersey nach eigenen manchmal undurchschaubaren Regeln. Nach einigen Pint Bier riefen sie, wenn wieder Ebbe in ihren Krügen war, schon mal: »Haro! Haro! Haro! Zu Hilfe, Herr Wirt, wir haben Durst.« Das war ihre Art von Humor.

Ebbe und Flut sind im Ärmelkanal so extrem wie fast nirgends sonst auf der Welt. Und die Wellen, wann sie kamen und gingen und kamen, das wussten sie. Wann die Höhlenverstecke an der

Küste zugänglich waren und wann vom Meer versteckt und die sicherste Bank der Welt war ihnen bekannt. Wenn man nicht aufpasste, zog der Sog bei Ebbe Mann und Boot auf den Atlantik hinaus.

Eine Welle war wie Hellas' Freiheit, sie leckte an den Steinen. Ja, das war dann doch ein Sieg geworden, wehte es Harro durch den Kopf, obwohl die Griechen eine große Enttäuschung gewesen waren. Nun hatten sie noch den deutschen König Otto I., und der Sultan hatte in Konstantinopel seine eigene Truppe massakriert. Fingal apportierte den Stock, Harro nahm ihn, aber war zu müde, ihn noch mal zu werfen. Der Hund bellte, raste dann lieber hinter den Möwen her, die auf dem Sand nach Krabben suchten. Dunkle Wolken zogen heran, es war Anfang Oktober, und die ersten Stürme kündigten sich an. Ein verkohltes Stück Holz tanzte auf den Wellen, kullerte über den Strand.

»Leb wohl! Leb wohl!«

Plötzlich im Gegenlicht stand im Geiste Lord Byron in den Wellen, bleich angesichts des Scheiterhaufens mit der Leiche Shelleys am Strand von Livorno. Harro fiel der erste Vers aus Byrons Epos »Childe Harold« ein:

Leb wohl! Leb wohl! Im blauen Meer /
Verbleicht die Heimat dort. /
Der Nachtwind seufzt, wir rudern schwer, /
Scheu fliegt die Möwe fort. / Wir segeln jener Sonne zu, /
Die untertaucht mit Pracht; Leb wohl, du schöne Sonne du, /
Mein Vaterland, gut Nacht!

Wie heiß es doch in Italien gewesen war, im Sommer 1822, kam Harro in den Sinn, und welch warmes Licht gegen Abend, das von den terrakottafarbenen Wänden des Ateliers in Rom die Marmorskulpturen von Thorvaldsen so lebendig erscheinen ließen. Und des Dichters Shelleys Herz verbrannte nicht auf Scheiterhaufen, sondern lag unversehrt in der Asche. Die Flammen, die den Körper des zuvor an der Küste bei einer Segeltour ertrunkenen Dichters verzehrten, waren metallisch grün und blau gewesen. Harro stieß mit dem Fuß das verkohlte Stück Holz beiseite und blickte hinaus aufs Meer. Byron hatte auf seine Warnung vor dem moreatischen Fieber nicht gehört, er war vorübergefahren und war in Missolunghi am Fieber zugrunde gegangen. Die nächste Welle schluckte sein Trugbild.

Wo war er nicht überall gewesen. In New York und Buenos Aires, in Marseille und dem antiken Pylos. Und meist war Fingal oder ein anderer Hund dabei. Fingal war ein Geschenk Mazzinis gewesen. Und auch wenn der erste Fingal bereits seit Jahren nahe Tönning unter der Erde lag, war er seitdem immer bei ihm. In Gedanken oder in Gestalt eines anderen Tieres. Auf dem Marktplatz in Bredstedt und am Rio de la Plata. Obwohl, in Südamerika war es dem Hund nicht gut bekommen, und der erste Fingal musste mit dem nächsten Segler in die Heimat verschifft werden. Das ging, denn überall auf der Welt waren es die friesischen Kapitäne aus Amrum und Föhr, denen man Schiff und wertvolle Ladung anvertraute. Und die ließen einen Friesen oder seinen Gefährten nicht am Pier stehen, wenn der Heimweh hatte. Harro hatte oft Heimweh gehabt, aber nicht weil er sich in der Fremde fremd gefühlt hatte, nein, in der Fremde fühlte er sich aufgehoben. Er hatte sich nach seiner Mutter gesehnt, nach der warmen Kachelofenbank und sich so gewünscht, dass er seinem Vater noch hätte erzählen können, was er alles geschrieben hatte. Obwohl, Papier schmutzig machen, wie der alte Deichgraf sein Zeichnen damals nannte, hätte ihn nicht beeindruckt, aber dass er Offizier in Polen gewesen war und beim König in München, das vielleicht schon. Heimweh nach der Freiheit hatte er immer noch. Aber nun war er frei, vogelfrei, frei von Besitz, frei von

Einkommen. Ein freier Mann in den Ketten der Erinnerung und der Angst. Ja, Harro hatte Angst.

Das Attentat auf Napoleon III.

Die Spione der Russen waren sicher schon auf der Insel und würden ihm auflauern, die französische Polizei verdächtigte ihn, mit Felice Orsini unter einer Decke zu stecken. Felice Orsini redete in London davon, einen gewaltigen Schlag gegen Napoleon III. zu führen, den Despoten, der den Eid der Carbonari geschworen, sich aber dann mit dem Papst gemein gemacht hatte. Der Mann von Harros Nichte Wilhelmine hatte vor Jahresfrist auf Vermittlung Mazzinis gegen gute Bezahlung ein Porträt Orsinis gemalt. Orsini war ein Teufelskerl, der schon 1844 wegen Verschwörung gegen den Papst zu lebenslanger Galeerenhaft verurteilt worden war, begnadigt wurde und 1855 wieder verhaftet, weil er in Siebenbürgen die Armee gegen die Habsburger aufgewiegelt hatte. Orsini hatte sich dann von Mazzini getrennt, nannte ihn einen Verräter, weil der ihm zu zögerlich war, in seinen Augen ein Feigling, kein Revolutionär. Harro aber betete Mazzini an. Er war sein Freund, Vertrauter, geistiger Vater. Nie würde er etwas gegen ihn unternehmen.

Die Erinnerungen drückten Harro nieder wie die Wolken, die so tief hingen, als würden sie sich in der Bucht zum Schlaf niederlegen. Die Flut kam, und allmählich verschwanden die Farben aus dem Tag. Fingal war ein schwarzer Hund auf grauem Sand unter grauem Himmel. Esche, seine unverheiratete Nichte, die eigentlich Therese hieß und seit zwei Jahren mit ihm auf Jersey lebte, würde die »Stella Villa«, wie er das Myrtle Cottage in der Old St. Johns Road nannte, eingeheizt haben, und auf dem Herd würde sicher ein Stew köcheln, wenn er heim kam.

Victor Hugos Haushälterin

Die nette Madame Julie war fort und hatte sich beim morgendlichen Hochwasser nach Guernsey eingeschifft. Inzwischen verkehrten zwischen den Inseln und dem Festland regelmäßig Steamer, mit Dampf betriebene Raddampfer. Auf der Insel nannten die Älteren diese Boote »Devilboats«, Teufelsschiffe, und die Pfaffen in den Kirchen meinten die Apokalypse nah, weil der Mensch so vermessen war, die von Gott getrennten Elemente Feuer und Wasser gegeneinander auszuspielen und so den Teufel herauszufordern. Religion schien Harro hier wie in ganz England nur als Furcht vor dem Teufel Sinn zu machen. Harros Sache war das nicht, er glaubte an die Freiheit, und wenn Religion einen Sinn machen sollte, dann ohne Pfaffen und mit der einfachen Botschaft der Liebe. Julie war Haushälterin bei Victor Hugo, und der schickte sie alle paar Wochen mit einem Korb voller Lebensmittel nach Jersey zu Harros Nichte. Harring und Hugo waren fast in einem Alter und schon seit Längerem befreundet, auch wenn sie sich selten sahen. Sie teilten den revolutionären Elan, die heimliche Liebe zum Mystizismus, das Asyl und »Marianne«, die Verschwörung der Asylanten gegen die Despoten. Den Erfolg als Autor hatte Hugo für sich allein. Hugo hatte zuerst auch auf Jersey gewohnt, wurde aber wegen Geheimbündelei ausgewiesen und hatte sich das Hauteville-House in St. Peter Port eingerichtet, eine Villa mit Garten, auf einem Felsen gelegen und mit Blick aufs Meer. Der Republikaner schuf sich im Exil sein eigenes Königreich der Symbole. Kamine, Leitern, Betten mit Monogrammen, Hugo, Hero, Human, Hautville. Und Harro, der heimliche Hamlet, hauste mit seinem Hund in einer Hütte.

Friedrich Engels zu Pferde

Hugo kannte die Notlage Harrings, und so teilte er wie mit anderen auch mit Harro sein Geld. Unter dem Vorwand, dass sie ihre Freundin, Harrings Nichte, besuche, konnte er so über Julie dem verzweifelten und immer geldklammen Harro etwas zukommen lassen, ohne dass der sich in seiner Ehre verletzt fühlte. Harros Ehre schmerzte in der linken Brust. Seit 16 Jahren steckte ihm eine Kugel direkt neben dem Herzen, die ihm der vermeintliche russische Spion August Jäger alias Graf Schlump bei einem Duell in London verpasst hatte. Die Kugel erinnerte ihn beständig daran, dass er ein Durchreisender auf dieser Welt war, und außerdem kündigte die Kugel heraufziehenden Sturm oder Hitzeperioden mit der Zuverlässigkeit eines Wetterglases durch einen stechenden Schmerz an.

Fingal spürte die Strandgäste zuerst. Die Pferdehufe auf dem Strand nahe an der Wellenlinie wirbelten das Wasser auf. Ein Reiter in langem, schwarzen Mantel auf einem braunen Pferd trabte von St. Aubin kommend den Strand entlang. Harro blieb stehen. Pferd und Reiter näherten sich. Der lange Mantel wehte um die Beine, der lange Bart bog sich vom Wind weg. Er erkannte das Pferd, der Fremde hatte es im Stall des Hotels am Edwards Place gemietet, nur ein paar Schritte vom Myrtle Cottage entfernt. Ein Feriengast, ungewöhnlich für die Jahreszeit. Fingal machte einen weiten Bogen um das Pferd herum und lief etwa zehn Yards schräg hinter ihm her und bellte. Das Pferd ließ sich nicht irritieren. Der Reiter bemerkte Harro, beachtete ihn aber nicht. Harro hob den Stock zum Gruß an seine Kappe, und der Reiter nickte kurz, machte aber keine Anstalten, sich mit dem Wanderer zu unterhalten. Harro kannte dieses Profil. Der Bart, die Nase. Er überlegte einen Moment, und als ihm einfiel, wer da hoch zu Ross an ihm vorbeitrabte, war der Reiter schon vorüber. Sofort stieg ihm der Zorn in den Kopf. Das musste Engels sein. Friedrich Engels aus Barmen oder neuerdings Glasgow, dieser Kommunist und Freund von Marx. Fingal bellte zweimal, ließ beide aber ihres Weges ziehen und wandte sich wieder den Möwen zu. Harro hob den Knüppel, drohte hinter dem Reiter her und schrie: »Hundsfott.« Aber der Wind riss den Fluch, kaum hatte er seine Lippen verlassen, den Steilhang zu den Möwen hinauf. Harro hatte Marx und Engels vor einer Woche am Pier von St. Helier gesehen, als sie mit dem Boot vom Dampfschiff aus Brighton übersetzten. Fingal, der es sich nicht nehmen ließ, die Ankömmlinge am Pier zu beschnuppern, hatte schon immer ein feines Gespür für Menschen gehabt. Den mit dem schwarzen Mantel und dem graugewordenen schwarzen Haarschopf mochte er nicht, das spürte Harro. Fingal begann ihn zu verbellen, was den Reisenden irritierte. Der Hausdiener vom Hotel verscheuchte den Hund und lud sich die Taschen auf. Harro erkannte die beiden. Er blieb in einiger Entfernung etwas oberhalb der Piers stehen, denn er wollte ihnen nicht begegnen. Das wäre zu peinlich geworden. Nicht weil er sich vor der Begegnung fürchtete, sondern weil er seinen Freund Schramm nicht kompromittieren wollte. Die beiden waren wohl auf Jersey, um Conrad Schramm einen Krankenbesuch abzustatten.

Conrad Schramm, auch ein Freibeuter der Freiheit

Schramm war einer der vielen Freibeuter der Freiheit, die auf der Insel im Ärmelkanal Zuflucht gefunden hatten. Er war mit Harro 1848 aus New York nach Schleswig-Holstein zurückgekehrt, um der Freiheit zum Sieg zu verhelfen. Vergeblich, wie sich herausstellte. Jersey war die letzte Zuflucht, denn Conrad Schramm war krank. Er hatte diesen entsetzlichen Bluthusten, an dem schon Harros Brüder im Kindesalter gelitten hatten und gestorben waren. Harro besuchte Schramm regelmäßig, zumeist gemeinsam mit George Julian Harney, einem englischen Chartisten, der sich von der großen Politik resigniert nach Jersey zurückgezogen hatte. Aber sie gingen nicht in Schramms Zimmer, zu groß war die Furcht, vom Husten getroffen zu werden. Sie sprachen mit ihm meist von Zimmer zu Zimmer oder von draußen durch das geöffnete Fenster oder sie schrieben sich Briefe. Er hatte sich erst dem »Bund der Gerechten« und später den Kommunisten angeschlossen, war aber von der Politik enttäuscht nach Jersey gekommen.

Harro wollte Schramm die Freude des Besuchs der beiden Kommunisten nicht verderben, deshalb hielt er sich in diesen Tagen fern, denn Harros Begegnung mit den beiden wäre nicht gut ausgegangen. Entweder hätte Fingal Marx gebissen, oder sie hätten sich so gestritten, dass ihnen nichts anderes als ein Duell übrig geblieben wäre. Beide kannten sich damit aus, Marx und Harring hatten jeder für sich ihre Erfahrung mit dem Kampf Mann gegen Mann. Harro hatte viermal einem Gegner auf Leben und Tod gegenübergestanden, Marx einmal während seiner Studentenzeit. Inzwischen schien beiden das intellektuelle Duell besser zu liegen, und nichts war zufriedenstellender, als in der eigenen Kammer den Gegner mit der Feder auf dem Papier zu erlegen.

Marx kam zu Schramm, um den Freund zu trösten. Auch Marx kannte diese Brustschwäche und das periodische Blutspucken zur Genüge und hockte in seiner Londoner Bude meist ohne frische Luft und Sonne. *Fresh air* gab es auf Jersey reichlich und im Winter noch einen scharfen Nordwest dazu. Mit Engels, vor allem aber mit Marx, diesem, wie Harro ätzte, weithin ignorierten Ignoranten, verband Harro eine lange Feindschaft. Vor sechs Jahren hatte Harro mit den kommunistischen Spekulationen der beiden abgerechnet und ihren Zorn erregt. Die hatten daraufhin über die »großen Männer des Exils«, wie Harro, Hohn und Spott ausgegossen. Die ganze Idee des »Jungen Europa« war Marx suspekt, und Signore Mazzini hielt er für einen Narren.[75]

»Jersey politics«

Engels, der Herrenreiter, spottete auch, zum Beispiel über Harney, Schramms Freund. Bevor er zum Ausritt am Strand aufgebrochen war, hatte er seinem Marx noch nach London einen Brief geschrieben, denn »der liebe Mohr« hatte mitgeteilt, dass er sich nicht mit Harney treffen wollte, über den er übel polemisiert hatte.

Lieber Marx,
l'affaire Harney hat dadurch ihre Lösung erhalten, dass der Edle gestern Abend zu Schramm kam, wo ich war. Er hat sich durch einen pechschwarzen Bart ein sonderbares Ansehn gegeben, ähnlich in etwa dem schmierigen Juden, der mit uns im Boot vom Steamer ans Land fuhr, certainly ein improvement. Er sah seine Jersey politics von der heiteren Seite an, er habe a great deal of fun davon etc.; die erstere Auffassung, die er sicher hat, wird sich wohl später herausstellen. Nachher kneipte ich noch etwas mit ihm und ließ mir von der hiesigen Verfassung etc. erzählen, von vergangenen Tagen war nicht die Rede. Er scheint vorderhand damn'd glad zu sein, dass er sich von der großen Politik in sein kleine royaume des auvegles zurückgezogen hat. Als borgne ist er hier König der Opposition, zu seiner Rechten the first grocer und zu seiner Linken the first tallow-chandler of the town.
Das schrieb Engels aus dem Hotel Edward Place in St. Helier, Jersey, am 6. Oktober 1857 an Marx in London.[76]

Engels konnte enorm bourgeois und dandyhaft daherreden, seinen Mohren ergötzte das. Harro hatte Schramm über Esche ausrichten lassen, dass er krank sei und niemand sehen möchte. Tatsächlich hatte er sich in die Dunkelheit des Herzens zurückgezogen, seine Erinnerungen strapaziert, und wenn etwas Sonne aufkam, war er mit seinem Malkasten an die Küste gezogen und hatte die

Bucht gemalt. Allerdings fiel auch dies nicht so leicht, denn die Lieferung Leinwand aus London war noch nicht angekommen. Er hatte vor, ein großes Bild über das versklavte Frankreich zu malen, um die Befreiungsbewegung zu unterstützen. Später, für heute hatte er genug. Engels hatte ihm die Laune verdorben. Er pfiff nach Fingal und kehrte um, in seine »Stella Villa«.

Die St. Johns Road war von einigen Cottages gesäumt. Das Haus war klein, sodass viele der notwendigen Dinge draußen gelagert werden mussten. Aber es hatte eine Veranda, auf der man sitzen konnte, wenn die Sonne einen einlud, im Freien zu sitzen, der Wind aber die Leute ins Haus treiben wollte. Esche hatte sich wie immer um alles gekümmert und half ihm aus dem meerluftfeuchten Mantel. »Möchtest du einen Tee, Onkel?«, fragte sie und zeigte, was ihre Freundin alles mitgebracht hatte. Brot, Käse, eine Pastete und Kartoffeln. Harro nickte, schmiss ein Holzscheit in den Ofen und setzte sich an den Tisch, auf dem noch seine Papiere und Schreibgeräte lagen, wie er sie vor Stunden verlassen hatte. Draußen war es nun schon dunkel geworden, und die Petroleumleuchte erhellte den Tisch nur spärlich. Als Esche mit der Teekanne und dem Becher kam, saß Harro auf der Ofenbank. Er hatte seinen Dolch in der Hand und war eingeschlafen. Die Quaste seiner schwarzen Kappe baumelte über dem rechten Auge hin und her. Der Dolch in seiner Hand war lang und schmal und steckte in einer silbernen Scheide: Auf dem Messergriff war in einem Oval ein Name zu lesen: HARRO.

1870 Jersey

Du sollst gefasst sein, wenn die Sühnung ruft,
Dir selbst den Stahl in's reine Herz zu drücken,
Der Freiheit Blüthe keimt aus blut'ger Gruft.[77]

Schatten

»So lebe ich nun einsam, einsam – mit meinem Gefährten: einem Kanarienvogel, der meine Tränen sieht, die auf diese Zeilen herabrollen. Was in dieser Einsamkeit und in dieser Gesellschaft, in dieser Unterhaltung nur du kannst fühlen.« Harro tauchte die Feder in die Tinte, er sah zu dem Vogel, der in seinem Käfig auf der Stange umherhüpfte, obwohl lange Schlafenszeit war. Die Feder huschte wieder über das dünne Papier: »Wenn ich meine Leiden geendet habe, sollst du den Gefährten meiner schaurigen Einsamkeit erben.«[78] Harro schrieb an seine Therese von seiner Angst vor den dunklen Alleen und der Rache, die überall lauerte, und was wäre, wenn nicht Hans wäre. Hans piepte, Harro sah auf. Einen Fingal konnte er sich schon seit Längerem nicht mehr leisten, obwohl er ihn gerade jetzt so gebraucht hätte.

Der schwarze Schatten lauerte hinter der Tür der Stella Villa. Harro spürte ihn im Nacken. Er hob seinen Kopf von den Papieren, an denen er in seiner kleinen Kammer arbeitete, und lauschte. Erst leise, dann immer deutlicher werdend rief eine Stimme: »Du Mörder.« Harro hielt sich die Ohren zu. Nicht wieder, nicht schon wieder, hämmerte es in seinem Kopf. »Mörder, Mörder«, rief es aus dem Dunkel. Harro legte seine Schreibfeder zur Seite, griff zum Dolch, der auf dem Tisch lag, stand auf, nahm in die andere Hand die Kerze und ging zur Tür. Er riss sie auf, suchte nach dem Fremden und rief in die Dunkelheit: »Wer da?« Und nach einem Moment: »Ihr kriegt mich nicht. Und wenn der Zar selbst kommt.

Ihr kriegt mich nicht.« Aber da war nur der große schwarze Kastanienbaum auf dem Hügel der St. Johns Road, der sich wie ein Schattenriss vor dem tiefblauen Himmel abhob und dessen Blätter sich leicht im Abendwind wiegten. Harro horchte. In der Stube piepste der Kanarienvogel ängstlich und hüpfte auf seiner Stange hin und her. »Verräter« zischte es aus dem Nichts. Harro trat gegen die Regentonne neben der Tür, aber nichts rührte sich. Sein Tritt hatte die Kerze vom Halter gelöst, sie war auf den Boden gefallen und verloschen. Als er sie aufhob, war der Schatten verschwunden und die Stimme verstummt. »Ich muss das dem Police-Officer melden«, sagte er leise. »Man will mich umbringen, mich verschleppen.« Seit Tagen schon verfolgte ihn der russische Detektiv, stellte ihm nach, redete mit Nachbarn, verbreitete das Gerücht, er habe seine Frau ermordet und den Zaren verraten. Wie lächerlich das war, wusste jeder. Harro war nie verheiratet gewesen, immer hatte er vergeblich geliebt. Zur Abwehr von Gefahr hatte Harro immer seinen Dolch dabei. Sollte er doch kommen, der Meuchler, er würde ihn würdig empfangen. Harro ging zurück in seine Stube, nahm ein Schwefelholz aus dem Glas und rieb es an. Zischend erglühte die Flamme, und wenig später brannte der Docht wieder. Er setzte sich an seinen Tisch, beendete den Brief an Therese, nahm ein neues Blatt Papier und schrieb einen Hilferuf an den Police-Officer von St. Helier: »Ich werde bedroht, ein russischer Spion trachtet mir nach dem Leben.« Und er beschrieb die Vorkommnisse, erläuterte die Hintergründe seiner Angst, flehte um Hilfe. Dann versiegelte er den Brief, brachte ihn mit dem Vermerk »Urgent« und »secret« noch in der Nacht zum Revier und schob ihn unter der Tür des Büros durch.

Der letzte Brief

Am Morgen darauf fand Centenier Lelievre den Brief von Harro Harring auf der Fußmatte vor. Seufzend nahm er ihn an sich und legte ihn auf seinen Schreibtisch. Wenig später, er hatte gerade den Teekessel auf den Herd gestellt, stand der Absender auch schon in seinem Kontor. Harro Harring war ein alter Mann von 71 Jahren, er trug einen schwarzen verschlissenen Umhang mit abgeschabtem Pelzkragen. Das Kleidungsstück schlotterte um den dürren Körper. Auf dem Kopf trug er eine schwarze Fellkappe. Der Blick des Mannes war unruhig, sein Gesicht voller Falten und der Vollbart durchscheinend. Er wirkte unausgeschlafen und nervös. Seine Hände waren unruhig, schienen etwas fassen zu wollen. Er hob beim Sprechen die Arme, aber selbst wenn er gestikulierte, erschien das dem Centenier nur wie der Schatten einer Bewegung.

»Ach, Mr. Harring«, sagte der Centenier, »was treibt Sie schon wieder so früh zu mir? Der Tee?«

»Scherzen Sie nicht, Mr. Lelievre. Es ist ernst. Gestern Abend war der Schuft wieder vor meinem Haus und bedrohte mich.«

»Haben Sie ihn gesehen?«, fragte der Centenier.

»Seinen Schatten, und ganz deutlich habe ich gehört, wie er rief: Mörder.«

»Ah ja. War noch jemand im Haus?«

»Nein, Sie wissen doch, ich wohne allein.«

»Und die Nachbarn? Haben die etwas bemerkt?«

»Weiß ich nicht. Ich habe sie nicht gefragt.«

Lelievre stellte zwei Teetassen auf den Tisch und holte die Dose mit dem Tee aus dem Schreibtisch. »Darf ich Ihnen eine Tasse Tee anbieten, Mr. Harring?«

Harro nickte erleichtert und nahm seine Mütze ab.

»Wissen Sie, Mr. Harring«, sagte der Centenier, »ich glaube, die Gefahr ist vorüber.«

»Wie kommen Sie darauf?«, fragte Harro, der sich etwas beruhigt hatte, weil der Centenier seine Angst ernst zu nehmen schien. Lelievre nahm den sirrenden Wasserkessel vom Ofen und goss das heiße Wasser in die Kanne.

»Ich habe Constable Pirouet beauftragt, ein Auge auf die St. Johns Road zu werfen. Sie wissen, dass ist mein bester Mann.«

»Ja, ich weiß«, sagte Harring, wollte »aber« sagen, doch Lelievre sagte schnell:

»Sehen Sie, er wird jeden Fremden, der sich auch nur hundert Schritte Ihrem Haus nähert, kontrollieren.« Lelievre sah auf seine Uhr.

»Ja, aber gestern Abend, das war er wieder«, sagte Harro.

»Ich weiß«, sagte Lelievre. »Aber sagen Sie, was macht eigentlich Ihre Nichte?«

»Esche, ja die Esche«, einen Moment überlegte Harro. »Die ist hinüber nach Friesland, ist nicht da.«

»Na, der Tee ist fertig«, sagte der Officer, »seit meine Frau so krank ist, muss ich mir den Tee auch selbst kochen. Wann kommt sie denn wieder?«

»Sie sind da, wissen Sie, Centenier«, sagte Harro. »Seit dem Aufstand in Warschau, das sind jetzt schon 40 Jahre her, sind sie mir auf den Fersen. Erst war es der Baron Schweizer, später der Jäger, der sich Graf Schlump nannte, und jetzt wer weiß, wen sie mir auf den Hals gehetzt haben. Polens Feinde, wissen Sie?« Lelievre schenkte Tee ein und schob Harro die Tasse hin.

»Aber verehrter Harring, Sie wissen doch. Auf Jersey herrschen andere Gesetze.«

»Hm.« Harro seufzte, nahm einen Schluck Tee und schien ein wenig ruhiger zu werden.

»Ganz sicher. Machen Sie sich keine Sorgen.«

Wachtmeister Pirouet kam herein, und Lelievre sagte zu ihm: »Haben Sie etwas Verdächtiges in der St. Johns Road bemerkt?« Er sah den Wachtmeister an und zwinkerte ihm mit dem rechten Auge zu.

»Keine besonderen Vorkommnisse, keine Fremden«, meldete der Constabel.

»Gut, Pirouet, auch einen Tee?«

»Gern.«

Harro trank den Tee, bedankte und verabschiedete sich. Lelievre sah ihm nach, zog eine Schublade in seinem Desk auf und legte den Brief ungeöffnet auf einen Stapel. Es war Nummer siebzehn, allein im Mai. Er wusste von seinen Kollegen, dass er nicht der Einzige war, dem der Flüchtling seine Furcht mitteilte.

»I am my own enemy, not of mankind«

Mrs. Fearson, die Hausbesitzerin und Bewohnerin des Landhauses gegenüber, bemerkte es als Erste. Sie schickte nach Constable Pirouet, der informierte den Centenier, der gleich einen Arzt aus dem nahen Krankenhaus rufen ließ. Das war gegen Mittag. Am 15. Mai um halb zwei Uhr traf der Arzt im Myrtle Cottage, im Haus Nr. 42 in der St. Johns Road, ein. Er fand Harro Harring tot in seinem Schlafzimmer auf dem Boden in seinem Blut liegend. Das Blut hatte sein Hemd und den Boden schwarz gefärbt. In seiner linken Brust steckte ein langer schmaler Dolch. Der Mund offen, die Augen wie vor Schrecken starr. Neben dem Gesicht lag ein Glas auf dem Boden. In dem Glas die Köpfe von Zündholzern. Auf dem Tisch die dazugehörigen Streichhölzer ohne Kopf. Das Zimmer war in großer Unordnung. Ob ein Kampf stattgefunden hatte, die Unordnung neu war oder schon länger währte, konnte der Augenschein nicht feststellen. Neben dem Tisch hing ein Vogelkäfig. Der Käfig war mit einem Tuch verhängt. Als der Centenier nachsah, fand er einen Kanarienvogel stumm auf seiner Stange sitzend. Überall, auf dem Bett, dem Boden und dem Tisch lagen vom Verstorbenen in verschiedenen Sprachen beschriebene Papiere. Der Centenier las auf einem mit dem Datum 15. Mai: »I am my own enemy, not of mankind.« Ein Konvolut schienen Lebenserinnerungen zu sein, ein anderes Schreiben war mit »To the Enemies of Poland« überschrieben. Er überflog die Zeilen und blieb bei einem Vers hängen:

I was shot like a dog – I was drown'd like a cat / My hand behind me like a pirate bound; / I was to be killed at any rate / In diplomatic silence behind a gate; / And even on called Freedom's ground.

Man befragte alle, die den Verstorbenen in den letzen Tagen gesehen hatten. Dem einen war nichts aufgefallen, H. wäre freundlich wie immer gewesen, ein anderer, wie Mr. Asplet, berichtete, er habe den Verstorbenen am Vortag in Aufregung erlebt. Mehrere Behördenvertreter gaben an, Harring habe auch sie mit Briefen traktiert und behauptet, ein russischer Spion würde ihm nach seinem Leben trachten. Aber den Behörden der Insel war nicht bekannt, dass sich ein Fremder, schon gar kein Russe in St. Helier aufhielt. Die polnischen Exilanten lebten schon lange auf der Insel und waren dem Verstorbenen alle persönlich bekannt. Auch sie hatten niemanden bemerkt.

Der Postmeister, Mr. Edward Niel, sagte aus, dass der Verstorbene monatlich von einem gewissen Joseph Mazzini aus Italien eine Anweisung von einem Pfund Sterling erhielt, zwei Pfund hatte wie jeden Monat ein Mr. Brickson aus Newcastle geschickt, und die polnische Hilfsorganisation zahlte dem Verstorbenen monatlich zehn Shilling aus. Von anderen Einnahmen oder Verpflichtungen war der Polizei nichts bekannt. Auch fand man außer Tee und ein wenig Haferflocken keine nennenswerten Lebensmittel im Haus. An Wertgegenständen gab es einigen unbedeutenden Hausrat, der feinziselierte Dolch mit der Gravur HARRO steckte in seiner Brust, eine größere Zahl von gebundenen und ungebundenen Büchern und Briefen lag überall im Haus herum, Malutensilien und kleinere Zeichnungen und Ölgemälde des Verstorbenen fand man in einer Ecke im Schlafzimmer. Die Bilder zeigten Motive von der Küste Jerseys.

Der Arzt schrieb in den Totenschein: »Im Zustand der Verwirrung erstach er sich selbst.« Eine Untersuchung zur Todesursache ergab kein anderes Ergebnis. Der Arzt notierte: »Der Körper wies keine Anzeichen von äußerer Gewalt auf außer dem Einstich zwischen der sechsten und siebten Rippe. Der Dolch, der sich noch in der Hand des Verstorbenen befand, stach in den unteren Teil des Herzensbeutels. Im Magen wurden keine Spuren von Gift gefunden.«

Da niemand etwas anderes vermutete, blieb es dabei: Harro Paul Harring starb von eigener Hand.

Friede

Victor Hugo nannte diesen kargen Friedhof der Flüchtlinge »unser Westminster und St. Denis«. Heute ein vergessener Acker gegenüber dem örtlichen Supermarkt an einer Durchgangsstraße. Immerhin. Es ist der einzige Ort, wo an ihn erinnert wird. Seine »Stella Villa« in St. Helier ist abgerissen, es gibt sie nicht mehr. An ihrer Stelle ist dort jetzt ein Parkplatz für ein paar Reihenhäuser. Verschwunden ist auch der Ibenshof bei Wobbenbüll in Friesland, wo er am Tag von Goethes 49. Geburtstag geboren wurde und die Irrfahrten seines Lebens begannen.

Sein Grab liegt einige Kilometer entfernt an der Straße nach St. John auf dem Friedhof Macpéla. Das ist ein von einer niedrigen Felsmauer umgrenztes Rasenstück, von der örtlichen Kirche so weit entfernt, dass sich kein Zusammenhang ergibt. Harros Grab ist im Archiv unter der Nr. 74 verzeichnet. Eine rohe kantige Granitstele mit der Aufschrift:[79]

PAUL HARRO HARRING.
BORN AT IBENSHOF AUGUST 28 1798.
DIED MAY 15 1870
und dem Wort »Friede«.

Epilog und Dank

»Krieg über Harro Harring« – der Abgrund des Vergessens

Harring hat den Autor seiner Lebensgeschichte geradezu heimgesucht, wie ein Bild und ein paar Koffer, die Jahrzehnte in einem Archiv vergessen worden waren und einem beim Aufräumen auf die Füße fallen. Das Material musste erst einmal vom Staub der letzten hundert Jahre befreit werden, bevor zu erkennen war, was sich auf dem Bild und in den Papieren befindet. Immer wieder – ich beschäftige mich mit Harring schon seit fast 20 Jahren – kam mir der Protagonist meiner Ermittlungen wie eine fiktive Figur vor, und wenn ich seinen Namen erwähnte, hielt man mich – abgesehen von ein paar Eingeweihten – für einen Romancier, der nach Stoff sucht.

Harring war aus nahezu allen Geschichtsdarstellungen verschwunden – wie Leo Trotzki aus der Geschichte und den Fotos der KPdSU unter Stalin. Doch je mehr Licht auf das dunkle Bild fiel, desto mehr drängte der Abgebildete wieder in den Vordergrund und verlangte seinen Platz. Auf Harring gestoßen bin ich durch einen Zeitungsbericht zum 150. Jahrestag seiner Rede in Bredstedt im Jahr 1998. Was dort von ihm berichtet wurde, mutete so skurril an, dass ich ihm sofort verfiel.

Biografische Arbeiten über Harro Harrings Zeitgenossen Karl Marx, Giuseppe Mazzini, Heinrich Heine oder Ludwig Börne sind Legion. Bei dem friesischen Literaten und Rebellen ist die Faktenlage auf den ersten Blick übersichtlicher, weil spärlicher. Zum einen gibt es die von Harring verfassten Bücher nicht mehr. Obwohl in der von Thomas Thode zusammengestellten, kommentierten Bibliografie »Harro Harrings sämtliche Werke«[80] 145 Werke – vom gedruckten Gedicht auf einem Blatt bis zum tausendseitigen Roman, vieles auch doppelt – aufgeführt sind, hat keines überlebt, will sagen, ist heute noch, außer in ausgesuchten Archiven und im Internet, zugänglich.

Die öffentliche Beschäftigung begann mit einem biografischen Essay im Jahr 1844 von dem US-amerikanischen Diplomaten Alexander H. Everett, der Harring darin als großen europäischen Demokraten würdigte. Dann gab es einen kurzen Artikel in der »Allgemeinen Deutschen Biographie«,[81] in dem man Harring als »Revolutionsvagabunden« diffamierte. Heinrich von Treitschke übernahm diese Charakteristik und bezichtigte Harring in Anlehnung an Gustav Freytag der »geckenhaften Prahlerei«.[82]

Die bürgerlichen 1848-Revolutionäre, wie Harring, galten in der Geschichtsschreibung des 20. Jahrhundert bis weit nach dem Zweiten Weltkrieg als Verlierer der Geschichte. Lediglich Thusnelda Kühl porträtierte ihn 1906 in »Harro Harring, der Friese« als einen friesischen Volkshelden. Erst 1974 entdeckte der Germanist und Historiker Walter Grab die 1848er-Demokraten als Vorläufer der Republik und stellte Harring als »Odysseus der Freiheit« in ein ganz anderes Licht. Dieser Aufsatz war der Auftakt zu einer von Ulrich Schulte-Wülwer und Perke Heldt initiierten langjährigen Auseinandersetzung mit Harring und führte ab 1982 bis 2007 zu den 21 Heften der »Mitteilungen der Harro Harring Gesellschaft«. Ohne die darin versammelten Texte und vor allem ohne die jahrzehntelangen Forschungsarbeiten von Dr. Ulrich Schulte-Wülwer, seine Recherchen und Aufsätze, wäre dieses Buch nicht möglich gewesen. Wenn jemand noch mehr als ich an Harring gelitten hat, dann er. Ihm gebührt aller Dank und große Anerkennung.

Die öffentliche Beschäftigung mit Leben und Werk Harrings hat mehrere Phasen durchlaufen, die ausführlich von Frank Hethey in der Arbeit »Krieg über Harro Harring. Rezeptions- und Forschungsgeschichte (1870–1974)« dokumentiert werden.[83] Im deutschsprachigen Raum fand solche Beschäftigung im 19. Jahrhundert – außer in dem böswilligen Marx-Essay »Die großen Männer des Exils«, der zu seiner Zeit in den Archiven der Polizei verschwand und erst in Moskau wieder auftauchte – gar nicht statt. Zum einen zeigten die Verfolgung und Verbote durch die preußischen, russischen, österreichischen Obrigkeiten ihre Wirkung. Denn man durfte ihn ab 1831 weder treffen noch zitieren, rezensieren, noch singen oder lesen, wenn man nicht bestraft werden wollte. Seine Aufenthalte in England, Brasilien und den USA ließen ihn in deutschen Landen zu einem Fremden werden. Und nach 1848 zeigten seine Verwicklung in die undurchsichtige Schleswig-Holstein-Frage, sein Selbstbild als Skandinave und wohl auch seine zunehmende geistige Dunkelheit ihre Wirkung. Er wurde zwischen den wechselnden Fronten unsichtbar.

Die Repression und Nachstellungen durch die Obrigkeit verhinderten auch, dass sich eine breite freiheitliche und demokratische Bürgerschicht entwickeln konnte. Das Verbot der Preßvereine, die beständige Spitzelei bereiteten den Boden für den Obrigkeitsstaat und das Untertanentum, das zuerst im Kaiserreich fröhliche Urstände feierte, sich dann in den Klassenkämpfen entlud und dann geradewegs in Totalitarismus und Faschismus mündete.

Im 20. Jahrhundert versuchten verschiedene dänisch-friesische Aktivisten ihn für ihre nationale Frage zu vereinnahmen. Das hatte dann nur noch wenig mit ihm zu tun, der die Grenzfrage im Freiheitskampf schon 1848 für eine »Nebensache« hielt.

Warum sich heute noch mit Harring beschäftigen? Hatte Marx nicht recht, wenn er Harring der Naivität und Dummheit bezichtigte und ihn als »irrenden Ritter der Freiheit« verspottete? Im 19. Jahrhundert wurden die demokratischen und nationalen Bestrebungen des Vormärz als kleinbürgerlich karikiert. Das »Manifest der kommunistischen Partei« von Marx/Engels (1847/48) mit seinen Einteilungen in richtige und falschgläubige Sozialisten, in Freund und Feind, war fortan der Wende- und Blickpunkt der Geschichte. Nicht der Wiener Kongress, das Wartburgfest, das

Junge Europa, das Hambacher Fest, die Märzrevolution oder die Paulskirchenversammlung, mithin die Fragen von nationaler Einheit, staatlicher Souveränität, demokratischer Legitimation, Pressefreiheit, Frauenemanzipation waren Gegenstand der Betrachtung, sondern die Klassenfrage schrieb den Blickwinkel auf die Geschichte vor.

Dabei wurde und wird völlig unterschätzt, wozu Harring ab 1830 einen entscheidenden Beitrag lieferte. Er nahm Anteil an dem Kampf der Exil-Polen für die bürgerlich-demokratische Entwicklung in Europa. Harring beschrieb die Zustände in Polen unter russischer Herrschaft und trug einen Gutteil zur »Polenbegeisterung« der Deutschen bei. Die polnischen Soldaten, die sich im ersten Warschauer Aufstand gegen die russische Herrschaft auflehnten und verloren, gingen ins Exil und kämpften fortan als »heilige Schar« überall dort, wo es die Freiheit zu erkämpfen galt. Sie waren maßgeblich am Frankfurter Wachensturm und am gescheiterten Savoyer Zug beteiligt. Die rot-weiße polnische Flagge wurde wie Schwarz-Rot-Gold beim Hambacher Fest vorweg getragen. Sie waren es, die das »Junge Europa« massiv unterstützten. Es gab weder in Paris noch in Brüssel oder London demokratische Bewegungen, an denen die Exil-Polen nicht beteiligt waren. Harring und die Polen, das war eine tiefe Verbundenheit, die in Warschau begann und bis zu seinem Tod auf Jersey anhielt. Seine letzte Veröffentlichung richtete sich an »Die Feinde Polens«.

Auch wenn das Manifest »Das Junge Europa«, das Giuseppe Mazzini 1834 mit anderen in Bern verfasste und die Vision eines Europas ohne Grenzen und Fürsten formulierte, unter dem Druck des metternichschen Repressionsapparats keine Massenwirkung erzielen konnte, stellen wir heute fest, dass zumindest diese Idee – begrenzte – Wirklichkeit geworden ist.

Harring war unglücklich und oft glücklos, zur falschen Zeit am falschen Ort, er war innerlich heimatlos, und ihn trieben ein unbändiger Freiheitswille, eine manische Kreativität und eine maßlose Wut an. Er war so etwas wie der personifizierte Zeitgeist des Vormärz und der gescheiterten bürgerlichen Revolution. Harro Harring ist eine schwarze Möwe – eine Spezies, die wir so noch nie gesehen haben und der wir wohl auch nicht wieder begegnen werden. Gerade deshalb sollten wir ihn nicht vergessen.

Ich danke der Ferring-Stiftung in Alkersum auf Föhr, die sich um die Sammlung der Werke von Harring kümmert, für ihre Gastfreundschaft, der Landesbibliothek Kiel, die den Nachlass des Autors bewahrt und mir Zugang zu wichtigen Dokumenten ermöglichte, der Staatsbibliothek Hamburg und der Jersey Library in St. Helier auf Jersey, die sein Andenken bewahren, sowie dem Historiker Lutz Frisch, der mich auf die Spuren von Harring in Hambach aufmerksam machte.

Und natürlich danke ich all denen, die mir in den letzten 20 Jahren zur Seite standen, wenn mich wieder einmal das »Harring-Fieber« erfasste oder die schwarze Möwe mich verspottete: dem nimmermüden Yogi Reppmann, meinem Lektor und Freund Rüdiger Dammann und ganz besonders meinem Verleger Christian Strasser, der dieses Buch riskiert.

Peter Mathews
Berlin 2017

LITERATUR

Harro Harring. Ausgewählte Werke

Die vollständige Bibliografie siehe: Thomas Thode, *Harro Harring,* Eine kommentierte Bibliografie seiner Werke, Eutiner Landesbibliothek 2006

Blüthen der Jugendfahrt, Gedichte, entstanden zwischen 1812 und 1820, Kopenhagen 1821

Die Mainotten. Der Corsar, Dramatische Gedichte, Luzern 1825

Rhonghar Jarr, Fahrten eines Friesen in Dänemark, Deutschland, Ungarn, Holland, Frankreich, Griechenland, Italien und der Schweiz, München 1928, vier Bände
Daraus: Der Anhang *»Fragment über die Griechische Insurrection«,* erschien gleichzeitig, allerdings anonym in der von H. Heine und F. C. Lindner herausgegebenen Zeitschrift »Neue allgemeine politische Annalen«, Bd. 26
Daraus: *»Tragikomische Abenteuer eines Philhellenen«,* gekürzte und überarbeitete Fassung

Memoiren über Polen unter Russischer Herrschaft, Nach zweijährigem Aufenthalt in Warschau von Harro Harring verabschiedeten Junker von Kais. Russischen Leib-Garde-Lancier-Regiment, Leipzig 1831
Davon im selben Jahr eine englische, französische, schwedische Ausgabe

Erinnerungen aus Warschau, Nürnberg 1831

Der Pole, Ein Charakter-Gemälde aus dem dritten Decenium unsers Jahrhunderts, Bayreuth 1831

Splitter und Balken, Erzählungen, Lebensläufe, Reiseblumen, Gedichte und Aphorismen, nebst Briefen über Literatur von Harro Harring, Hof 1832

Der Russische Unterthan, Schluss zu den Memoiren über Polen, Straßburg 1832

Blutstropfen, Deutsche Gedichte, Straßburg 1832

Es ist kein Traum! Festgesang bei dem deutschen Maifest auf dem Hambacher Schloss, 27. Mai 1832, Neustadt a.H. 1832

Memoires sur la Jeune Italie sur les derniers événemes de Savoie. Par un témoin oculaire, Paris 1834
Worte eines Menschen, Dem Gläubigen von La Mennais gewidmet, Straßburg 1834
Die deutsche Ausgabe kam 1836 auf den »Index Romanus« der katholischen Kirche
Die Möwe, Gleichheit, Freiheit, Humanität, Deutsche Gedichte von Harro Harring, London 1835
Die Deutschen Mädchen, Ein Bild der Zeit. Dramatische Szenen, Brügge, in Flandern, Straßburg, im Elsass 1835
Skizze aus London, Besondere Vorrede zur Autobiographie eines Verbannten, Straßburg 1838
Dolores, A Novel of South America, New York 1846, Mehrere Ausgaben, 1858 auf Deutsch
Harro Harrings's erste Rede an die Nordfriesen, Rendsburg 1848
Die Zehn Gebote der Freiheit, Hamburg 1848
Testament fra America, riginalt Norsk Skuespil med Sang i fem Acter, Christiania 1850
Historisches Fragment über die Entstehung der Arbeiter-Vereine und ihren Verfall in Communistische Speculationen, London 1852
Der scheidende Engel und Hinango, Manuscript: Dem Zeugen der Wirkung magnetischer Kraft am Sterbebette eines Kindes und namentlich der Mutter gewidmet, Rio de Janeiro 1855
To The Enemies of Poland, St. Helier, Jersey, England 1869

Dies ist eine Auswahl der über 100 gedruckten Bücher und Schriften Harrings. Nicht berücksichtigt sind die vielen zerstreut in Zeitschriften erschienenen Beiträge sowie die unveröffentlichten Manuskripte, die größtenteils verloren gegangen sind. Harring hat außerdem eine große Zahl von Briefen, vor allem an seinen väterlichen Freund Todsen, hinterlassen, die in der Landesbibliothek Kiel verwahrt werden.

Über Harro Harring

Mitteilungen der Harro Harring Gesellschaft e.V. (MHHG)
Herausgegeben vom Präsidium der Gesellschaft, Redaktion Ulrich Schulte-Wülwer. Von Band 1 im Jahr 1982 bis Band 21 im Jahr 2007, daraus u.a.

Flöttmann, Holger Bertrand
Die Angst vor Nähe im Leben des Revolutionärs und Dichters Harro Harring, in: Angst. Ursprung und Überwindung, Vierte, aktualisierte und erweiterte Ausgabe, Stuttgart, Berlin, Köln 2000, S. 202–223

Grab, Walter
Odysseus der Freiheit, Harro Harring – ein nordfriesischer Revolutionsdichter, MHHG, Heft 1

Hamer, Hans-Ulrich
Die schleswig-holsteinische Erhebung im Leben von Harro Harring. Herausgegeben von der Harro-Harring-Gesellschaft, Heide 1998

Heldt, Perke
Autoren und Verleger. Die Literaten von New York und der Skandal um Harrings Roman »Dolores«, MHHG, Heft 2

Jessen-Klingenberg, Manfred
Harro Harring in Norwegen, in: Zeitschrift der Gesellschaft für Schleswig-Holsteinische Geschichte, Band 106, S. 175–200, Neumünster 1981

Kuehl, Tusnelda
Harro Harring – der Friese, Glückstadt 1906

Märker, Peter
Harro Harring und Caspar David Friedrich, in: Nordelbingen Band 49, Heide in Holstein 1980

Schulte-Wülwer, Ulrich
»Der Tod des Jünglings für die Revolution.« Eine frühe Zeichnung von Harro Harring für den dänischen Kronprinzen im Jahr 1819, MHHG, Heft 1
»Die Insel des Verrats« – Harro Harring auf Helgoland, MHHG, Heft 2

Harro Harring als Freund und Mitstreiter Mazzinis in den Jahren 1834–1836, MHHG, Heft 11/12
Harro Harring und die Folgen der Julirevolution – die Unruhen in Sachsen und der polnische Freiheitskampf 1830/31, MHHG, Heft 3
Die literarische Verarbeitung des griechischen Freiheitskampfes – Harro Harring als Theaterdichter 1822–1828, MHHG, Heft 4/5
Harro Harrings Verwicklung in den »Frankfurter Wachensturm« und seine Teilnahme am »Savoyer Zug«, MHHG, Heft 6/7
Harro Harring als Freund und Mitstreiter Mazzinis in den Jahren 1834–36, MHHG, Heft 11/12
Harro Harring in Brasilien, MHHG, Heft15/16
Harring als Philhellene 1821–23, MHHG, Heft 13/14
Harrings Duell in London 1837, MHHG, Heft 17/18
Harrings Bemühungen um Rückkehr in seine Heimat , 1854–1867, MHHG, Heft, 19/20

Steensen, Thomas
Harro Harring – ein Revolutionär. In: Ders.: Im Zeichen einer neuen Zeit. Geschichte Nordfriesland 1800–1918, 4. Aufl., Verlag Nordfriisk Instituut, Bräist/Bredstedt 2009, S. 71-74. ISBN 978-3-88007-330-2

Außerdem verwendete Literatur:

Bauer, Edgar
Konfidentenberichte über die europäische Emigration in London 1852–1861, Herausgegeben von Erik Gamby, Schriften aus dem Karl-Marx-Haus Trier, Nr. 38, Trier 1989

Biermann, Karlheinz
Victor Hugo, Reinbek 1998

Böhmer, Otto A.
Heinrich Heine, Zürich 2005

Börne, Ludwig
Werke in zwei Bänden, Berlin und Weimar 1964
Briefe aus Paris, Herausgegeben von Alfred Estermann, Frankfurt a. M. 1986

Büchner, Georg
Werke und Briefe, Band 1: Dichtungen, Übersetzungen, Der Hessische Landbote, Über Schädelnerven, Band 2: Briefe, Miszellen, Frankfurt a. M. 1982
Haenel, Erich und Kalkschmidt, Eugen
Das alte Dresden, Bilder und Dokumente aus zwei Jahrhunderten, Reprint Leipzig 1934
Hauschild, Jan- Christoph
Georg Büchner mit Selbstzeugnissen und Bilddokumenten, Reinbek 1992
Heine, Heinrich
Werke in fünf Bänden, Berlin und Weimar 1978
Die Memoiren Giuseppe Garibaldis. Herausgegeben von Alexandre Dumas, Berlin 1861
Eisler, Benita
Byron. Der Held im Kostüm, München 2001
Freiheit oder Tod. Bilder des Panagiotis Zografos über den Kampf der Griechen gegen die türkische Fremdherrschaft 1821 bis 1830. Mit Auszügen aus den Memoiren des Generals Makrygiannis, Leipzig und Weimar 1982
Frisch, Lutz
Deutschlands Widergeburt. Neustadter Bürger und das Hambacher Fest 1832, Neustadt an der Weinstraße 2012
Fuller, Margaret
Love Letters Love-letters of Margaret Fuller, 1845–1846: with an introduction by Julia Ward Howe; to which are added the reminiscences of Ralph Waldo Emerson, Horace Greeley and Charles T. Congdon (1903)
Gamby, Erik
Edgar Bauer. Junghegelianer, Publizist und Polizeiagent. Mit Bibliographie der E. Bauer-Texte und Dokumentenanhang, Schriften aus dem Karl-Marx-Haus, Nr. 32, Trier 1985
Gerlach, Antje
Deutsche Literatur im Schweizer Exil, Die politische Propaganda der Vereine deutscher Flüchtlinge in der Schweiz von 1833–1845, Frankfurt a. M. 1975
Gschwend, Lukas
Der Studentenmord von Zürich. Eine kriminalhistorische Unter-

suchung zur Tötung des Studenten Ludwig Lessing am 4. November 1835, Zürich 2002
Hansen, Peter
Sagen und Erzählungen der Sylter Friesen. Nebst einer Beschreibung der Insel Sylt als Einleitung, Lühr & Dircks, Garding 1875
Hosfeld, Rolf
Die Geister, die er rief. Eine neue Karl-Marx-Biografie, München 2009
Hosfeld, Rolf / Pölking, Hermann
Die Deutschen, 1815 bis 1918, Fürstenherrlichkeit und Bürgerwelten, München 2007
Hauschild, Jan-Christoph (HG)
Heinrich Heine; Leben Sie wohl und hole Sie der Teufel. Biographie in Briefen, Berlin 2005
Höfer, Anja
Johann Wolfgang von Goethe, dtv porträt, München 1999
Jasper, Willi
Keinem Vaterland geboren – Ludwig Börne. Eine Biographie, Hamburg 1989
Keller, Hans Gustav
Das »Junge Europa«, 1834–1836, Zürich – Leipzig 1938
Kreiser, Klaus
Istanbul. Ein historisch-literarischer Stadtführer, München 2001
Kurzke, Hermann
Georg Büchner. Geschichte eines Genies, München 2013
Lampedusa, Giuseppe Tomasi di,
»Ich sucht' ein Glück, das es nicht gibt ...« Byron-Shelley-Keats, Berlin 1999
Lisson, Frank
Politische Romantik oder Vom Widerspruch des Tuns, Sezession 42 /2011
Marx/Engels Gesamtausgabe (Mega), Band 2, Der Briefwechsel zwischen Marx und Engels 1854–1860, Berlin 1930
Mill, John Stuart
Ausgewählte Werke, herausgegeben von Ulrike Ackermann und Hans Jörg Schmidt, Band 1, John Stuart Mill und Harriet Taylor, Freiheit und Gleichberechtigung, Hamburg 2012

Neidhardt, Hans Joachim
Die Malerei der Romantik in Dresden, Leipzig 1976
Nipperday, Thomas
Deutsche Geschichte 1800–1866. Bürgerwelt und starker Staat, München 1983
Osterhammel, Jürgen;
Die Verwandlung der Welt. Eine Geschichte des 19. Jahrhunderts, München 2009
Poe, Edgar Allan
Die Tatsachen im Fall Waldmar, in: Edgar Allan Poes Werke. Gesamtausgabe der Dichtungen und Erzählungen, Band 2: Geschichten von Schönheit, Liebe und Wiederkunft. Herausgegeben von Theodor Etzel, Berlin 1922, Erstdruck in: American Review, Dezember 1845
Reinalter, Helmut (Hg.),
Die Junghegelianer. Aufklärung, Literatur, Religionskritik und politisches Denken, Frankfurt am Main 2010
Rippmann, Inge
Historisch-biographische Materialien zu Ludwig Börnes Schriften und Briefen; ein Beitrag zu Geschichte und Literatur des Vormärz, Berlin [u.a.] 1985.
Saager, Adolf
Giuseppe Mazzini. Die Tragödie eines Idealisten, Zürich 1935
Safranski, Rüdiger
Romantik. Eine deutsche Affäre, München 2007
Schopenhauer und die wilden Jahre der Philosophie. Eine Biographie, München 1987
Schmid, Susanne (HG)
Byron. Shelley. Keats. Ein biographisches Lesebuch, München 1999
Sichtermann, Barbara
Ich rauche Zigarren und glaube nicht an Gott. Hommage an Louise Aston, Berlin 2014
Siemann, Wolfram
Deutschlands Ruhe, Sicherheit und Ordnung. Die Anfänge der politischen Polizei 1806–1866, Tübingen 1985
Metternich. Staatsmann zwischen Restauration und Moderne, München 2010

Temme, Jodocus Donatus Hubertus
Der Studentenmord in Zürich. Criminalgeschichte, herausgegeben von Paul Ott und Kurt Stadelmann, Zürich 2006
Tetzner, Reiner / Wittmeyer, Uwe
Griechische Götter- und Heldensagen, nach den Quellen neu erzählt, Stuttgart 2008
Ueding, Gerd (HG)
Lord Byron. Ein Lesebuch mit Texten, Dokumenten und farbigen Abbildungen, Frankfurt am Main und Leipzig 1988
Quack-Eustathiades, Regine
Der Deutsche Philhellenismus während des griechischen Freiheitskampfes 1821–1827, München 1984
Venturini, D.Carl
Pragmatische Geschichte unserer Zeit. Das Jahr 1834, Leipzig 1836
Watson, Peter
Ideen: Eine Kulturgeschichte von der Entdeckung des Feuers bis zur Moderne, München 2006

Kataloge und Periodika

Allgemeine Zeitung für das Jahr 1834, erschienen 1835 in der Cotta'schen Buchhandlung
Caspar David Friedrich, Die Erfindung der Romantik, Katalog Museum Folkwang, Hamburger Kunsthalle, 2006
Künstlerleben in Rom. Bertel Thorvaldsen (1770–1844). Der dänische Bildhauer und seine deutschen Freunde, Nürnberg 1992 (Ausstellungskatalog)
Tür an Tür. Polen – Deutschland, 1000 Jahre Kunst und Geschichte, herausgegeben von Malgorzata Omilanowska unter Mitarbeit von Tomasz Torbus, Ausstellungskatalog Berlin o.J.

Personenregister

Anmerkungen

1 Karl Marx/Friedrich Engels, Werke, Berlin, Band 8, 3. Auflage 1972, S. 292ff.
2 Giuseppe Tomasi di Lampedusa: »Ich sucht' ein Glück, das es nicht gibt...«. Byron – Shelley – Keats, Berlin 1993, S. 47.
3 Harro Harring, Die Möwe. Gleichheit. Freiheit. Humanität. Deutsche Gedichte, London 1835.
4 Im Taufregister der Gemeinde Wobbenbüll ist am 28. August 1798 vermerkt: »Paul Harring, Harro, Wilhelm Martens und Margarete, geborene Tochter von Hans Sieverts, Ibenshof in Wobbenbüll.« Der Familienname war Harro, Harring ist der Sohn des Harro. Er nannte sich Harro Paul Harring oder nur Harro Harring. In Brasilien ist er als Paul Harro-Harring bekannt.
5 Harro Harring, Dichtungen, Königl. Taubstummen-Institut, Schleswig 1821, S. 5.
6 Christian Peter Hansen, Sagen und Erzählungen der Sylter Friesen. Nebst einer Beschreibung der Insel Sylt als Einleitung, Garding 1875.
7 Carl-Ludwig Fernow, Leben des Künstlers Asmus Jacob Carstens: ein Beitrag zur Kunstgeschichte des achtzehnten Jahrhunderts, Leipzig 1806.
8 Friedrich Schiller, Don Carlos, Infant von Spanien, ein dramatisches Gedicht, 1787.
9 Theodor Storm am 24. Juni 1867. In: Harrings Bemühungen um Rückkehr in seine Heimat 1854–1867, von Ulrich Schulte-Wülwer in: Mitteilungen der Harro Harring Gesellschaft (MHHG), Heft 19/20, S. 24.
10 Hans Gustav Keller, Das »Junge Europa«. 1834–1836, Zürich, Leipzig 1938, S. 24.
11 Ebd., S. 30.
12 Harring in einem Brief an Todsen, 25.2.1820. Landesbibliothek Kiel.
13 Harro Harring, Rhonghar Jarr. Fahrten eines Friesen in Dänemark, Deutschland, Ungarn, Holland, Frankreich, Griechenland, Italien und der Schweiz, 3 Bde., München 1828, Bd. 1, S. 193

14 Harro Harring, Serenaden und Phantasien eines friesischen Sängers, nebst Klängen während des Stimmens, München 1828, S. 186.
15 Harro Harring, An die Kreuzfahrer. 5. von 7 Strophen eines Gedichts am Tage der Abreise aus Marseille, gesprochen und in den »Originalien«, hg. von Georg Loz, Hamburg 1822. Zitiert nach: MHHG, Heft 13/14, S. 25.
16 Nach August Kestner: Römische Studien, Berlin 1850, zitiert nach: Künstlerleben in Rom. Bertel Thorvaldsen (1770–1844), der dänische Bildhauer und seine Freunde, Nürnberg 1991, S. 96.
17 Bernhard Moßdorf, geboren 1802 in Dresden, studierte nach seiner Rückkehr aus Griechenland in Leipzig Rechtswissenschaften, wurde Anwalt und später ein bedeutendes Mitglied des »Dresdner Bürgervereins«. Er schrieb 1831 den Entwurf für eine Verfassung, »wie sie das sächsische Volk wünscht«, wurde verhaftet, zu 15 Jahren Festungshaft wegen Rädelsführertum verurteilt und kam zwei Jahre später auf mysteriöse Weise auf der Festung Königstein ums Leben.
18 Erste Strophe des kolorierten Bilderbogens von Harro Harring »Griechenlands Befreyung vom Türkenjoche«, 1822, Germanisches Nationalmuseum Nürnberg.
19 Thomas Thode, Harro Harrings sämtliche Werke, Eutin 2005, S. 196.
20 Der Text ist Harrings Manuskript »Young Alfred« entnommen. Der Roman wurde nicht veröffentlicht und liegt als handschriftliches Manuskript im Harring-Nachlass in der Landesbibliothek Kiel. Cb 23.
21 Ulrich Schulte-Wülwer, Harro Harring und die Folgen der Julirevolution – die Unruhen in Sachsen und der polnische Freiheitskampf 1830/31, in: MHHG, Heft 3.
22 Heinrich Heines Werke in fünf Bänden, Berling und Weimar, 1978 Bd. 2, S. 454.
23 Georg Büchner, Werke und Briefe, 2. Band, Frankfurt a. Main, 1958, S. 365f.
24 Deutsches Mailied von Harro Harring, erschienen am 23. Mai 1832 (Straßburg).
25 Rippmann, Inge: Börne-Index: historisch-biographische Materialien zu Ludwig Börnes Schriften und Briefen; ein Beitrag zu Geschichte und Literatur des Vormärz, Berlin (u.a.) 1985, S. 253.

26 Heines Werke in fünf Bänden, 5. Band, Berlin und Weimar 1978, S. 252 f.
27 Adolf Saager, Giuseppe Mazzini, Zürich 1935, S. 95.
28 Thomas Thode, a.a.O., S. 208 f.
29 Adolf Saager, a.a.O., S. 110.
30 Angaben zu den polnischen Teilnehmern: Polski Słownik Biograficzny, Band 8, Warszawa 1959-1960, Text von Anna Owsińska.
31 Polski Słownik Biograficzny, Band 44, Warszawa 2006-2007, Text von Barbara Konarska.
32 Wielka Encyklopedia Powszechna PWN, Band 7, Warszawa 2002.
33 Polski Słownik Biograficzny, Band 23, Warszawa 1978, Text von Stefania Sokołowska.
34 Rüdiger Safranski, Romantik. Eine deutsche Affäre, München 2007, S. 245.
35 Keller, a.a.O., S. 53.
36 Wolfram Siemann, Deutschlands Ruhe, Sicherheit und Ordnung. Die Anfänge der politischen Polizei 1806-1866, Tübingen 1985, S. 139.
37 Wolfram Siemann, a.a.O., S. 139.
38 Peter Watson, Ideen: Eine Kulturgeschichte von der Entdeckung des Feuers bis zur Moderne, München 2006, S. 959.
39 Ebd., S. 962.
40 Ebd., S. 964.
41 Carl Schmitt, Politische Romantik, zitiert bei Frank Lisson, Politische Romantik oder Vom Widerspruch des Tuns, Sezession 42, 2011.
42 Peter Watson, a.a.O., S. 963.
43 Ludwig Börne, Werke II, S. 697.
44 Ebd., S. 819.
45 Antje Gerlach, Deutsche Literatur im Schweizer Exil. Die politische Propaganda der Vereine deutscher Flüchtlinge in der Schweiz von 1833–1845, Frankfurt a. M. 1975, S. 112ff.
46 Ulrich Schulte-Wülwer, Harro Harring als Freund und Mitstreiter Mazzinis in den Jahren 1834–1836, in: MHHG 11/12, S. 20.
47 Allgemeine Zeitung des Judentums, 9.Mai 1837: »Am 6. April wurde der wegen Theilnahme an der Ermordung Lessings in Untersuchung gezogene Jude Zacharias Aldinger, gen. Baron von Eyb, vom hiesigen Kriminalgerichte beurtheilt, und zwar jenes Verbrechens nicht schuldig befunden, aber wegen Gebrauchsfalschen Namens

und falscher Schriften zu einjähriger Gefängnisstrafe verurteilt. Auffallend ist es, dass für den Aldinger noch kürzlich Geld von unbekannter Hand angekommen sein soll.«

48 Lukas Gschwend, Der Studentenmord von Zürich. Eine kriminalhistorische Untersuchung zur Tötung des Studenten Ludwig Lessing am 4. November 1835, Zürich 2002.

49 Ulrich Schulte-Wülwer, Harro Harring als Freund und Mitstreiter Giuseppes Mazzinis 1834–36, in: MHHG, Heft 11/12, Anm. 77.

50 Jürgen Osterhammel, Die Verwandlung der Welt, eine Geschichte des 19. Jahrhunderts, München 2009, S. 647.

51 Harro Harring, Skizze aus London, Straßburg 1838, S. 102f.

52 Ulrich Schulte-Wülwer, Harrings Duell in London 1837, in: MHHG17/18, S. 11.

53 Harro Harring, a.a.O., S. 111.

54 Ulrich Schulte-Wülwer, Harro Harring in Brasilien, in: MHHG 15/16, S. 42.

55 Der brasilianische Musikwissenschaftler Tiago de Olivira Pinto entdeckte auf Harrings Zeichnung »Tanzende Neger« eine der Capoeira ähnliche Darstellung und eine »Spießgeige mit Kalbassenresonator, die der Spieler wie eine europäische Violone mit einem runden Bogen streicht« sowie eine Art Lamellophon. Für ihn zwar kein Beweis, aber ein starker Hinweis, dass Harring Tänzer und Musik mit dem Rundbogen zentralafrikanischer Herkunft beobachtet und später in seiner Zeichnung für den Betrachter »europäisiert« hat. Es ist eines der wenigen Dokumente, die eine afrikanische Herkunft dieser Tradition nahelegen. In: Tiago de Oliveira Pinto, Capeira, Samba, Candomblé, Afro-Brasilianische Musik im Recongavo, Bahia, Museums für Völkerkunde Berlin, Folge 52.

56 Ebd., S. 50

57 Perke Heldt, Autoren und Verleger, in: MHHG 2, S. 32.

58 Ulrich Schulte-Wülwer, in: MHHG 15/16, S. 53.

59 Harro Harring, Dolores, Buch 4, S. 281 f.

60 Ulrich Schulte-Wülwer, a.a.O., S. 54.

61 Carl Christian Vogel von Vogelstein, 1834.

62 Margaret Fuller, Love letters, Brief vom 28.2.1845.

63 Zitiert nach Perke Heldt, Autoren und Verleger. Die Literaten von New York und der Skandal um Harrings Roman »Dolores«, in: MHHG 2, S. 34.

64 Margaret Fuller hatte inzwischen ihre Europareise angetreten und würde von ihr nicht zurückkehren. Sie interviewte George Sand und Thomas Carlyle, lernte ihre große Liebe, den Marchese Angelo Ossoli kennen, und die Beiden gerieten unversehen in die kriegerischen Auseinandersetzungen um die Römische Republik. Als sie 1850 nach Amerika zurückkehren wollte, ertrank sie mit Mann und Kind beim Untergang der »Elisabeth« vor der amerikanischen Küste.

65 Zitiert nach Hans-Ulrich Hamer, Die schleswig-holsteinische Erhebung im Leben von Harro Harring, Heide 1998, S. 44.

66 Edgar Bauer, Konfidentenberichte über die europäische Emigration in London 1852–1861, Herausgegeben von Erik Gamby, Schriften aus dem Karl-Marx-Haus Trier, Nr. 38, Trier 1989, S. 471.

67 Einen prägnanten Eindruck von Leben und Werk vermittelt Barbara Sichtermann in ihrer Hommage an Louise Aston. »Ich rauche Zigarren und glaube nicht an Gott«, Berlin 2014.

68 Das Volk, 7.4.1849.

69 Nachlass Harro Harring, LB Kiel.

70 Odd S. Lovoll, Harro Harring und seine Vertreibung aus Norwegen, in: MHHG 13/14.

71 Edgar Bauer a.a.O., S. 18.

72 Jenny Marx an Engels 11/13.8.1857, in: MEW Band 29, S. 644.

73 Helmut Reinalter (Hg.), Die Junghegelianer, Frankfurt a. M. 2010, S. 168.

74 Marx/Engels Werke, Band 8, Berlin 1972, »Die Großen Männer des Exils«, S. 292–298.

75 Marx an Engels, 3. März 1852, in: MEW 28, S. 38. Mazzini sei u.a. »L'imbécile", ein Narr.

76 Marx/Engels Gesamtausgabe, Dritte Abteilung, Band 2, Der Briefwechsel zwischen Marx und Engels 1854–1860, Berlin 1930, S. 229 f.

77 Harro Harring, Die zehn Gebote der Freiheit, Hamburg 1848.

78 Brief von Harring an Therese Harring, ohne Ort und Datum, wohl Jersey 69/70, Archiv Ferring Stiftung, Alversum auf Föhr.

79 Später wurde noch etwas hinzugefügt, sodass die vollständige Inschrift lautet: »FRIEDE / PAUL HARRO HARRING / BORN AT IBENSHOF / AUGUST 28 1798 / DIED MAY 15 1870 / A POLITICAL EXILE / MAN OF LETTERS / AND PAINTER, WHO FOUGHT FOR / FREEDOM, / HE WAS A DANE /AND A FRIEND OF / BYRON / GARIBALDI / AND MAZZINI.«

80 Thomas Thode, Harro Harring, Eine kommentierte Bibliografie seiner Werke, Eutiner Landesbibliothek 2005.
81 Allgemeine Deutsche Biographie, ADB, Band 10, Leipzig 1879. S. 641ff.
82 Heinrich von Treitschke, Deutsche Geschichte im 19. Jahrhundert, Bd. 4, Leipzig 1927, S. 590.
83 Demokratische Geschichte, Band 14.

Abbildungsverzeichnis

Harro Harring, 1848. Münchner Stadtmuseum, Sammlung Fotografie

S. 368: Unbekannter Lithograph: Harro Harring, 1849. Royal Danich Library

S. 382: Harro Harring. Foto um 1860. Schleswig-Holsteinische Landesbibliothek, Kiel

S. 388: Harro Harring. Foto um 1865. Schleswig-Holsteinische Landesbibliothek, Kiel